Geschichte und Geschehen

Niedersachsen **G2**

Ludwig Bernlochner
Giselher Birk
Friedhelm Büchse
Renate Fricke-Finkelnburg
Thomas Gollhardt
Edith Hambach
Inge Hanslik
Christine Held-Schrader

Jürgen Kochendörfer
Roswith Link
Rudolf Pfeil
Klaus Rentzmann
Erhard Rumpf
Jürgen Steinhäuser
Martin Thunich
Peter Völker

D1698939

Ernst Klett Verlag
Stuttgart Düsseldorf Leipzig

Geschichte und Geschehen
Niedersachsen G2
Geschichtliches Unterrichtswerk
für die Sekundarstufe I

Verfasser:
Ludwig Bernlochner: S. 130–147
Dr. Giselher Birk: S. 44–58, 64–79
Dr. Giselher Birk / Dr. Peter Völker: S. 59–63
Friedhelm Büchse: S. 150–154
Friedhelm Büchse / Dr. Inge Hanslik / Martin Thunich: S. 155–158
Renate Fricke-Finkelnburg: S. 252–261
Thomas Gollhardt: S. 6, 28–43
Dr. Edith Hambach: S. 121–129
Dr. Inge Hanslik: S. 176–179
Dr. Inge Hanslik / Martin Thunich: S. 194–195
Dr. Christine Held-Schrader: S. 272–281
Dr. Jürgen Kochendörfer: S. 191–193, 198–229
Roswitha Link: S. 232–239
Rudolf Pfeil: S. 7–27
Klaus Rentzmann: S. 116–119
Dr. Erhard Rumpf: S. 180–190
Jürgen Steinhäuser: S. 80–89, 92–112
Jürgen Steinhäuser / Dr. Peter Völker: S. 90–91
Martin Thunich: S. 262–271
Dr. Peter Völker: S. 113–115, 240–251

Einbandgestaltung: Manfred Muraro

Kartenbearbeitung: Justus Perthes Verlag Gotha GmbH
Kartenredaktion: Willi Stegner

Reinzeichnung der
Grafiken: Rudolf Hungreder, Leinfelden-Echterdingen

Gedruckt auf Papier aus
chlorfrei gebleichtem Zellstoff, säurefrei.
Umschlag mit PP-Folie kaschiert,
umweltverträglich und recycelbar.

1. Auflage

A 1⁴ 3 2 1 | 2001 2000 99 98

Alle Drucke dieser Auflage können im Unterricht nebeneinander benutzt werden, sie sind untereinander
unverändert. Die letzte Zahl bezeichnet das Jahr dieses Druckes.
© Ernst Klett Verlag GmbH, Stuttgart 1998. Alle Rechte vorbehalten.
Internetadresse: http://www.klett.de
Redaktion: Dr. Gabriele Möhring, Dr. Paul-Christian Schenck, Bernd Schmidt
Satz und Reproduktionen: Steffen Hahn Satz & Repro GmbH, Kornwestheim
Druck: Appl, Wemding
ISBN 3-12-410620-2 (flexibler Einband)
ISBN 3-12-410621-0 (fester Einband)

Inhalt

Ein Wegweiser durch dieses Buch

Wenn du in diesem Buch blätterst, fallen dir viele Bilder, Karten, Grafiken und unterschiedlich gestaltete Texte ins Auge. Diese Vielfalt in deinem Geschichtsbuch soll dir zeigen, auf welch unterschiedlichen Wegen man etwas über die Geschichte erfahren kann, welche verschiedenen Möglichkeiten es gibt, sich mit Geschichte zu beschäftigen und sie darzustellen. Folgende Erklärungen sollen dir helfen diese Möglichkeiten im Buch zu erkennen und mit ihnen umzugehen:

ADS

Dieses Buch umfasst sieben Themeneinheiten. Jede beginnt mit zwei besonders gestalteten Seiten, die wir *Auftaktdoppelseite (ADS)* nennen. An Bildern und Karten auf der ADS kannst du erkennen, worum es in den folgenden Kapiteln geht.

800 n. Chr. _____
1525 _____

Einige Kapitel beginnen mit einer *Zeittafel.* Hier findest du die wichtigsten Daten zum Kapitelthema auf einen Blick. Geschichte hat ja etwas mit Zeit zu tun, deshalb braucht man auch Daten, um zu wissen, wie geschichtliche Ereignisse miteinander zusammenhingen, was vorher und was nachher war.

VT

Alle Texte, die so breit wie dieser gedruckt sind, nennen wir *Verfassertexte (VT).* Am Rand werden sie durch Zwischenüberschriften gegliedert. Sie informieren dich zusammenhängend über geschichtliche Sachverhalte und wurden von Schulbuchautoren (meist Lehrerinnen und Lehrer) geschrieben – allerdings nicht immer im gleichen Stil. Auch daran erkennst du, wie unterschiedlich Geschichte dargestellt werden kann.

3

Dieses Geschichtsbuch enthält auch *Quellen* (z. B. Texte, Urkunden, Bilder) und andere *Materialien* (z. B. Schaubilder, Karten), die von den Autoren zusammengestellt wurden. Wir haben in jedem Kapitel alle Materialien zur besseren Orientierung durchnummeriert (mit Ziffern wie jener am Rand). Wenn im VT oder in Fragen auf Materialien verwiesen wird, sind diese mit „M" abgekürzt (M3 weist also auf Material 3 hin). Wie du mit den Materialien umgehst, lernst du natürlich im Unterricht. Aber auch das Buch gibt dir Hilfestellungen dazu:

Mit diesem *Schlüssel* werden in allen Bänden von „Geschichte und Geschehen" jene Texte gekennzeichnet, die zeigen, wie man an ein bestimmtes Material (Texte, Bilder, Karten u. a.) herangehen kann, um ihm Informationen zu entlocken. Auch im Inhaltsverzeichnis und im Verzeichnis der Namen, Sachen und Begriffe werden diese Elemente mit einem Schlüssel hervorgehoben.

Dieses Zeichen markiert *Fragen und Anregungen* am Ende eines Kapitels. Hier erhältst du Hinweise, wie du dich mit den Materialien des Kapitels auseinander setzen und dich weiter mit dem Thema beschäftigen kannst.

Renaissance:

Besondere *historische Grundbegriffe* sind in einem Kasten am Ende eines Verfassertextes erklärt. Du findest sie auch, indem du am Ende des Buches im Verzeichnis der Personen, Sachen und Begriffe nachschlägst. Dort sind sie in fetten Buchstaben gedruckt und so besonders hervorgehoben.

Verzeichnis der
Personen, Sachen
und Begriffe

Willst du dich nochmal über *Personen, Sachen und Begriffe* informieren, dann hilft dir ein Verzeichnis am Ende des Buches. Neben den Erläuterungen sind auch die Seiten angegeben, auf denen du ausführlicher darüber nachlesen kannst.

Beginnt eine neue Zeit?

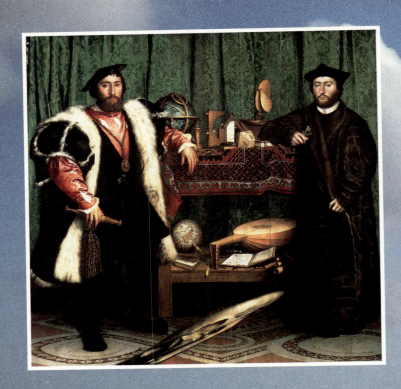

Rechts: Die Gesandten Jean de Dinteville und George de Selve, Gemälde von Hans Holbein dem Jüngeren (1497–1543)

	ca. 10 000 v. Chr.	ca. 1300 v. Chr.	ca. 300 v. Chr.
AMERIKA	steinzeitliche Jäger und Sammler	Maisanbau in Mexiko	Städte in Mexiko und in den Anden 
EUROPA		Ackerbau und Viehzucht in Mitteleuropa	Stadtstaat Rom herrscht über Mittelitalien

Vor- und Frühgeschichte · Antike

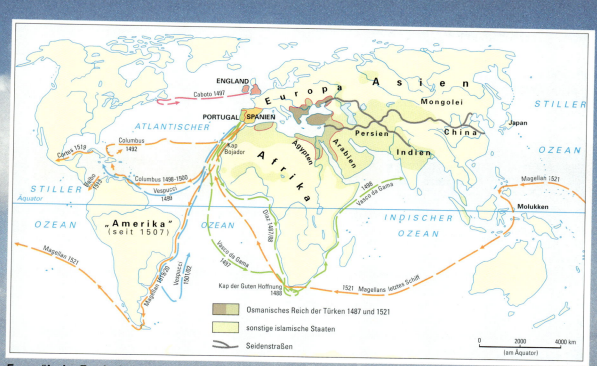

Europäische Entdeckungsreisen zwischen 1487 und 1521

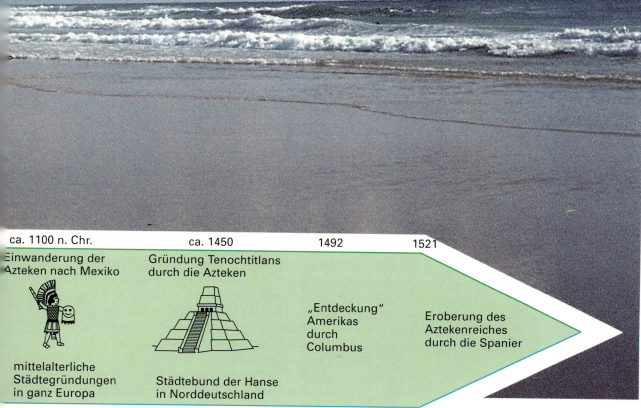

8

1. Handel bringt Wandel

Fernhandel erfordert praktisches Denken

„Erst wägen, dann wagen", lautet ein Sprichwort. Es führt zurück in das späte Mittelalter, in die Zeit der Fernhandelskaufleute, und meint, dass der kluge Kaufmann Nutzen und Risiko abwägen soll, bevor er ein Geschäft abschließt. Deutsche Fernhändler verkauften nämlich ihre Waren in Flandern oder Italien, italienische Großkaufleute bezogen Güter aus Spanien oder England. Mit nüchternem Geschäftssinn wollten sie beim An- und Verkauf oder beim Hinausschieben eines Geschäftes verdienen. In einem italienischen Geschäftsbrief aus dem 14. Jahrhundert heißt es: „Und es sagen die weisen Kaufleute, dass derjenige von großem Verstand ist, der manches Mal abwartet und beobachtet, und dass das Geld manchmal schon 10 oder 20 Prozent bringt, wenn es nur im Kasten ruht …"

Italien – frühes Handelszentrum

In Italien hatte sich dieser „neue Geist der Rechenhaftigkeit" am frühesten und am deutlichsten ausgeprägt. Seit den Kreuzzügen war der Handel im Mittelmeerraum beständig gewachsen. Städte wie Venedig und Genua waren Umschlagzentren für Luxusgüter und Massenwaren, z. B. Gewürze und Getreide. Venedigs Stadtregierung förderte den Handel auf besondere Weise. Seit dem 14. Jahrhundert ließ sie auf ihre Kosten Galeeren bauen und unter den Kaufleuten meistbietend zur Nutzung versteigern. Sie fuhren wahlweise mit Ruder- oder Segeltechnik und nutzten auch das Deck durch genormte Kistengrößen zweckmäßig aus. Dadurch verbilligten sich die Transportkosten.
Seit der Wende zum 15. Jahrhundert bevölkerten immer mehr italienische Handelsschiffe das Mittelmeer. Sie lieferten ihre Güter fast „fahrplangerecht" in den Lagerhäusern der Hafenstädte ab und nahmen neue Waren an Bord. Gehandelt wurde praktisch mit allem: In einem Frachtbrief aus dem Jahr 1396 werden z. B. 37 Ballen Pilgergewänder, 191 Barren Blei, 80 Kopf Sklaven und Sklavinnen als Transportgut vom Balkan nach Genua aufgeführt.

Geldwesen und Buchhaltung

Solch umfangreicher Handel ließ sich nicht mehr als reiner Warentausch durchführen. Darum sind das Geld- und Bankwesen in Italien vervollkommnet worden. Die Bank (italienisch „banco") war ursprünglich der Tisch, auf dem der Geldwechsler während dem Markt oder der Messe seine Münzsorten wie eine Ware ausgebreitet hatte und an dem Kaufleute fremde Münzen in heimische umtauschten. Immer häufiger ließen sie auch überschüssiges Geld, das auf Reisen herumzutragen beschwerlich und gefährlich war, als Einlage beim Wechsler. Sie erhielten darüber eine Quittung und konnten z. B. bei ihrem nächsten Aufenthalt am Messeort über ihr Bargeld wieder verfügen. An diesen Geschäften verdiente der Geldwechsler. Die Banken wurden immer wichtiger, sobald eine Ware nicht sofort bar bezahlt wurde. Häufig nämlich erkannte der Verkäufer vom Käufer einen Brief mit dem Versprechen an, den Kaufpreis erst zu einem späteren Zeitpunkt zu zahlen. Dieser Brief wurde Wechsel genannt. Die Banken kauften solche Wechsel billiger auf als zum genannten Betrag, trieben aber die volle Summe beim Schuldner ein. Aber nicht nur der Fracht- oder Geldverkehr sollte zweckmäßig erledigt werden. Auch die Führung eines Unternehmens sollte übersichtlich sein, denn die vielen Geschäfte in unterschiedlichen Städten von Süd- bis Nordeuropa, von Venedig bis Antwerpen und Lübeck, erforderten einen genauen Überblick. Deshalb entwickelten die Kaufleute zuerst in Italien die doppelte Buchführung: Sie schrieben auf der rechten Seite auf, was an Geld und Waren erworben wurde, was man also hatte (Haben). Dazu gehörte auch das

1 *Allegorie auf den Handel (Ausschnitt) Holzschnitt aus Nürnberg, 1585, von Jost Ammann (1539 bis 1591) – Welche Tätigkeiten eines frühneuzeitlichen Fernhändlers sind zu erkennen?*

gesamte Vermögen wie Schiffe, Transportbehälter, Lagerhäuser. Daneben notierten sie auf der linken Seite, was sie ausgegeben hatten, und zugleich das, was sie Handelspartnern und Banken noch zu zahlen hatten, also schuldeten (Soll).

Planung bringt Gewinn

Ein süddeutscher Kaufmann, der mit dem Gewürz Safran handelte, kam vielleicht in Barcelona an die begehrte Ware. Damit die Qualität des Safran nicht litt, musste er ihn zügig verkaufen, z. B. in Antwerpen, und dabei schneller sein als sein Konkurrent. Ein Bankier in Venedig hatte zum richtigen Zeitpunkt seinen Wechsel beim Schuldner in Genua zu kassieren, damit sein Wert nicht verfiel. Handelsmessen in Frankfurt am Main, Leipzig oder Lyon fanden in einem bestimmten Rhythmus im Jahresablauf statt. Wer Geschäfte machen wollte, musste rechtzeitig mit ausreichend Waren an Ort und Stelle sein. Das alles erforderte Planung und zwang dazu, auch mit der Zeit zu rechnen.

Gewissenskonflikt beim Gewinnstreben

Geschäfte ging der christliche Kaufmann mit Gottes Hilfe an. In einer Auftragsbestätigung aus London heißt es 1403: „Ihr sagt, ihr schreibt nach Venedig, uns 1000 Dukaten anzuweisen, womit wir im Namen Gottes und des Geschäfts nach

Eurem Willen in den Cotswolds (in Mittelengland) Wolle kaufen sollen. Mit Gott voran werden wir Euer Begehren ausführen, das wir wohl verstanden haben. In den allernächsten Tagen wird unser Neri (Teilhaber der Firma) in die Cotswolds gehen und versuchen, gute Sorten für uns zu erwerben."

Wenn die Güte Gottes dem Geschäft erhalten bleiben sollte, waren Ehrbarkeit und Maßhalten wichtige Voraussetzungen. Wie ließen sie sich aber erreichen, wenn man Gewinn machen wollte? Besonders das Verbot der Kirche, Zinsen zu nehmen, störte den Geschäftssinn empfindlich. Bis ins 14. Jahrhundert wurde jeder Zins von der Kirche als Wucher angesehen. Solange das Wirtschaftsleben fast ausschließlich durch die Landwirtschaft und den örtlichen Markt geprägt war, konnten die kirchlichen Bestimmungen wirksam sein. In einer Zeit des wachsenden Geldbedarfs aber wurden Verstöße gegen das Verbot immer häufiger. Zu große Geschäftstüchtigkeit zeigte auch ihre Schattenseiten. So beklagte ein Florentiner Kaufmann: „Jedermann strebt nur nach seinem vermeintlichen Vorteil. Sie beteuern zwar allesamt, wie leid es ihnen täte … aber keiner erhebt sich und sagt, dass man das nicht hinnehmen darf."

Um die Gewissensqualen wegen zu hoher Zinsen zu erleichtern, machte mancher Kaufmann eine Pilgerreise und spendete an Klöster und Armenhäuser. Auch darüber wurde genau Buch geführt, denn es waren sozusagen Tauschgeschäfte mit Gott. Manche Handelsgesellschaft errichtete selbst soziale Einrichtungen für bedürftige Bürger. Bekannt ist die Fuggerei in Augsburg. Sie wurde 1519 von dem reichen Augsburger Kaufmann Jakob Fugger gegründet, besteht aus 58 Häuschen mit je zwei Wohnungen und existiert noch heute. Nach wie vor sind die Bewohner verpflichtet, für die Seelen der Stifterfamilie zu beten.

2   Menschen im Umgang mit Geld
Unten: Schalterraum einer Bank in Florenz. Titelholzschnitt eines 1490 in Florenz erschienenen Lehrbuchs über Kaufmannskunst und Bankwesen.
Rechts: Zinsauszahlung. Umschlagblatt eines französischen Rechnungsbuches des Spätmittelalters. Die Schrift lautet übersetzt: „Zur Ehre Gottes, des Schöpfers".

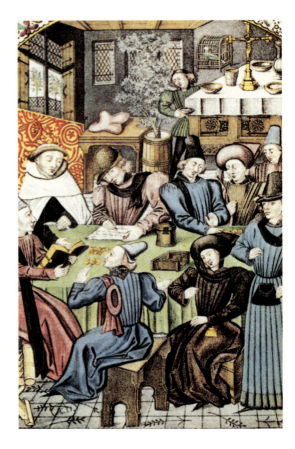

3 Die Fallstricke der Welt?

Am 24. Juni 1392 schrieb Ser Lapo Mazzei seinem Freund, dem Florentiner Großkaufmann Francesco Datini (1335–1410). Der Brief stammt wie die Zitate dieses Kapitels aus der ca. 100 000 Briefe umfassenden Geschäfts- und Privatkorrespondenz Datinis. Dieses Privatarchiv (siehe Kap. „Die Folter macht die Hexen") erlaubt den Wirtschaftshistorikern wichtige Einblicke in Denken und Geschäftspraktiken der Frührenaissance.

Francesco, ich habe hundertmal über Euch nachgedacht, beim Spazierengehen, im Bett, in meinem Arbeitszimmer, wann immer ich ganz allein war; und die Nächstenliebe zwingt mich, Euch
5 die Wahrheit zu sagen, die mich das Kostbarste dünkt, was es unter Freunden gibt …
Ich habe aus Euren Briefen schon von Euren Ängsten und Sorgen gehört, die Euch die Dinge dieser Welt verursachen. Aber nachdem ich sie
10 nun mit eigenen Augen gesehen habe, habe ich gemerkt, dass sie noch viel größer sind, als ich angenommen hatte. Wenn ich nur an den Verdruss denke, den Ihr mit dem Haus habt, das Ihr baut, mit den Filialen, die Ihr in fernen Ländern
15 unterhaltet, mit den Gastmählern, die Ihr ausrichtet, mit der ganzen Buchführung, die immer stimmen muss, und mit vielem anderen mehr, so scheint mir das alles das nötige Maß derart zu übersteigen, dass ich eingesehen habe, dass es
20 Euch nicht möglich ist, Euch auch nur eine Stunde der Welt und ihren Fallstricken zu entziehen. Doch Gott hat Euch überreich mit der Gnade irdischer Güter beschenkt und Euch dazu viele warnende Zeichen zukommen lassen. Ihr
25 seid jetzt an die 60 Jahre alt und braucht Euch nicht um Kinder zu sorgen – wollt Ihr denn warten, bis Ihr auf dem Totenbett liegt und die Pforten des Todes sich auftun, bevor Ihr in Euch geht? Kurzum, deshalb wünsche ich, Ihr würdet so klug
30 sein, mit vielen Eurer Angelegenheiten abzuschließen, von denen Ihr selbst sagt, dass sie noch nicht geregelt sind; und noch schneller könntet Ihr das Bauen einstellen und von diesen Euren Reichtümern und Einkünften noch mit der war-
35 men Hand Almosen spenden. Und möget Ihr sie so bewerten, wie sie zu bewerten sind, d. h. sie so besitzen, als ob sie nicht Euer Eigentum wären … Ich sage ja nicht, dass Ihr ein Mönch oder Priester werden sollt, aber dass Ihr Ordnung in Euer
40 Leben bringen müsst.

Zit. nach: Iris Origo, „Im Namen Gottes und des Geschäfts". Lebensbild eines toskanischen Kaufmanns der Frührenaissance. München 1985, S. 197 f.

1536: Italiener auf der Leipziger Messe

4 Briefmarken zu den Leipziger Messeterminen

*Sie wurden ab 1947 u. a. in der sowjetischen Besatzungszone ausgegeben. Die Briefmarke zur Frühjahrsmesse 1949 zeigt die Italiener Pietro und Lorenzo Saliti aus Pisa 1536 auf der Messe. Leipzig erhielt 1268 nach Frankfurt a. M. (1240) das Messeprivileg. –
Womit handeln die Italiener? Beschreibe die abgebildeten Personen.*

5 Messegeschäfte

Über die Geschäfte und Reisen eines Freiburger Kaufmannes zur Frankfurter Messe in den Jahren 1487/88 gibt uns sein Rechnungsbuch Auskunft. Der Historiker Rowan fasste 1974 in einer Untersuchung zusammen:

Er kauft hauptsächlich Weinstein, d. h. weinsaures Kalium, einen Niederschlag aus Weinfässern, der damals als Medizin und zu verschiedenen anderen Zwecken benutzt wurde, aus den Wein-
5 dörfern westlich und südlich der Stadt Freiburg. Dann transportiert er diese sehr schwere Ware auf dem Landweg über Kappel am Rhein nach Straßburg, worauf er mit einem Schiff nach Frankfurt am Main zur Frühjahrsmesse fährt. In
10 Frankfurt verkauft er den Weinstein gegen Tuch aus dem Norden unter Zuschuss von Bargeld, weil der Stoff wertvoller als der Weinstein war. Mit diesem Tuch kehrt er sofort wieder in die hiesige Gegend zurück und verkauft es auf den Märkten
15 in und um Freiburg. Danach macht er eine zweite Fahrt nach Frankfurt zur Zeit der Herbstmesse mit den gleichen Waren- und unter den gleichen Geldverhältnissen. Auf beiden Reisen treibt er als Nebengeschäft Handel mit Tragpferden [aus
20 Zurzach], weil der Weinstein erheblich schwerer als das zurück transportierte Tuch war. Während der Handel auf den beiden Reisen im Jahre 1487 und auf der ersten Fahrt im Jahre 1488 auf die geschilderte Weise verlief, wurde sein Tausch-

6 Kauffrau. *Holzschnitt aus einer 1571 in Lyon erschienenen Abhandlung über Arithmetik. Händlerinnen sind schon im 13. Jh. aus Genua (hier waren sie an 21,1% aller Handelsverträge beteiligt), Marseille, Lübeck und Köln bekannt. – Beschreibe mit Hilfe des VT, mit welchen „modernen" Methoden des frühneuzeitlichen Unternehmers diese Kauffrau arbeitet.*

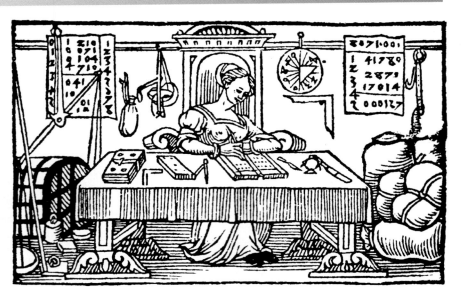

25 vorhaben im Jahre 1488 durch einen Schiffsunfall und eine daraus folgende Beschädigung eines großen Teils des Weinsteins offenbar erheblich beeinträchtigt. Infolgedessen musste er sein Verfahren im restlichen Teil des Jahres nach vorheriger
30 Beratung mit seinem geldgebenden Handelspartner stark ändern. Alle Verkäufe wurden nun nur noch gegen Bargeld vollzogen und neue, möglichst gewinnreiche Waren zu handeln versucht. So handelt er auf der zweiten Reise von
35 1488 und im restlichen Teil dieses Jahres mit folgenden neuen Waren: Branntwein, Messern und Pferden. Daneben betrieb er den An- und Verkauf von Tuch in der bisherigen Form. Der Ertrag

wurde aber auch dadurch nicht wesentlich geho-
40 ben. Er setzte sich also neue Reiseziele. München und Augsburg kamen zu Frankfurt hinzu. Aber die Marktverhältnisse in diesen neuen Städten waren ihm ziemlich fremd. Als er nach München kam, um Sensen zu kaufen, konnte er dort keine
45 fertige Ware finden. Er musste infolgedessen in Augsburg Messer kaufen. Am Ende des Jahres war er aus diesem Grunde noch sehr tief bei seinem Handelspartner verschuldet, und die Bereinigung des hieraus entstandenen Streites vor dem
50 Freiburger Gericht sollte noch Jahre dauern.

Steven W. Rowan, Die Jahresrechnungen eines Freiburger Kaufmanns 1487/88, in: Stadt und Umland, E. Maschke / J. Sydow (Hg.), Stuttgart 1974, S. 235 f.

a) Wo findest du im Verfassertext Beispiele dafür, dass Handels- und Geldgeschäfte zweckmäßig abgewickelt werden? Welche Gründe gab es für dieses Zweckmäßigkeitsdenken?

b) Untersuche anhand der Karte im Kapitel „Städtebünde und Fernhandel" den Handel im Mittelmeerraum. Wo lagen die Handelszentren? Welche Waren wurden transportiert? Wie verliefen die Handelsrouten?

c) Beschreibe die Abbildungen M2. Beachte dabei die Ausstattung der Räume und die Haltung der Menschen. Wo liegen Unterschiede? Was bedeuten sie?

d) Frage bei deiner Sparkasse oder Bank nach Herkunft und Bedeutung der Wörter Konto, Giro, Lombard, Diskont.

e) Warum macht sich Mazzei Sorgen um seinen Freund (M3)? Welche Teile des Briefes wirken modern, welche mittelalterlich? Was bedeutet hier „Ordnung"? Wie kam es zu der beschriebenen Spannung?

f) Welche Schwierigkeiten konnten sich im 15. Jahrhundert für einen Fernhandelskaufmann ergeben, der seine Waren auf der Frankfurter Messe verkaufen wollte (M5)?

2. Kapital wird eingesetzt

Norditalien – Schule deutscher Kaufleute

Wollte ein junger Mann aus Deutschland nicht bloß Krämer, sondern ein Handelsherr werden, erlernte er am besten jenseits der Alpen die neuen Handelspraktiken, vor allem das Geschäft mit dem Geld. Dazu musste er freilich wohlhabende Eltern haben, die mit dem zukünftigen Lehrherrn in der Ferne in Geschäftsverbindung standen. So konnte beispielsweise Jakob Fugger (1459 bis 1525), den seine Mitbürger später den Reichen nannten, seine Lehrzeit in Italien zubringen. Aus Venedig brachte er das kaufmännische Rechnen mit, als er 1479 in seine Vaterstadt Augsburg zurückkehrte.

Aufstieg der Fugger in Augsburg

Die Fugger gehörten in Augsburg nicht zu den alten Geschlechtern. Jakobs Großvater Hans Fugger war als ein Weber aus einem Dorf in die Stadt am Lech zugewandert. Hier hatte er sein Talent im Handel mit Garnen und Webwaren entdeckt. Er wollte nicht für Verleger arbeiten, sondern selber seine Waren verkaufen und aus Angebot und Nachfrage den besten Preis herausholen. In Flandern und Schwaben hatte sich wegen steigenden Bedarfs an Textilien die Heimarbeit im Textilgewerbe verbreitet. Ein Verleger lieferte den Bauern (manchmal auch den Zunfthandwerkern in der Stadt) Rohfasern oder Garne, stellte ihnen teilweise auch Webstühle und entlohnte sie für die von ihnen abgelieferten Stoffe. Diese verkaufte er dann auf eigene Rechnung auf Märkten und Messen.

Durch Heirat gelang es Hans Fugger, in die Oberschicht der Stadt aufzusteigen und damit Geld und Ansehen zu erwerben. Seine Söhne übten das Handwerk ihres Vaters nicht mehr aus, sondern trieben vor allem Handel mit Venedig. Jedoch erst Jakob der Reiche führte als Finanzgenie Kaufleuten und Politikern des damaligen Europas die Macht des Geldes vor Augen. Er zeigte ihnen, welche Möglichkeiten die Kombination von Handel, Produktion und Bankgeschäften in einer Familiengesellschaft bot. Auf zwei Gebiete konzentrierte sich sein in Italien geschulter Geschäftssinn: auf die Finanzierung des Bergbaus und auf Kreditgeschäfte mit dem Kaiser.

Bergbau als Silbergrube

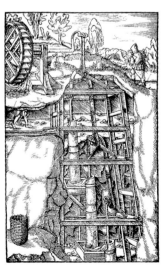

Weil der Handel zur Zeit der Fugger in Europa blühte wie nie zuvor, brauchten die Händler auch vermehrt Geld als Tauschmittel. Zur damaligen Zeit entsprach, anders als heute, der reine Materialwert der Münzen in etwa seinem Nennwert: 26 Gramm Silber waren ein Taler. Der Wert von einer Mark entspricht dagegen heute nicht dem Material der Münze, erst recht ist der Materialwert eines Hundertmarkscheines keine hundert Mark wert, sondern sein Wert ergibt sich aus der Leistung der Wirtschaft im Zusammenhang der Welthandelsbeziehungen. Wer also im 15. und 16. Jahrhundert ein Silberbergwerk besaß, konnte bares Geld damit machen. Auch Kupfer war daneben als Metall sehr gefragt, denn es wurde zur Herstellung von Bronze für die Produktion neuer Waffen benötigt. Jakob Fugger hatte diese Möglichkeiten im Bergbau erkannt. Gezielt wollte er den Erzabbau zur Vergrößerung seines Vermögens nutzen und „gewinnlichere Handlungen" vornehmen, wie es in der Fugger-Chronik heißt. Zunächst suchte er seinen Vorteil in der Geldnot des Erzherzogs von Tirol, den die Bevölkerung wegen seiner ständigen finanziellen Sorgen auch den „mit den leeren Taschen" nannte. Fugger lieh dem Erzherzog dringend benötigtes Geld und durfte als Gegenleistung das Silber und Kupfer der Bergwerke von Schwaz im Inntal behalten. Bei diesem ersten größeren Geschäft machte er 40 Prozent Gewinn.

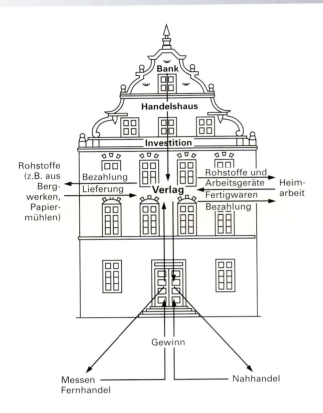

1 **Schema des Verlagssystems**
Erläutere anhand des Schaubildes, wie ein Verlag funktioniert. Stelle Vor- und Nachteile eines Verlages gegenüber einer traditionellen Handwerkerfamilie zusammen.

2 **Jakob Fugger, der Reiche,** in seinem Augsburger Kontor mit seinem Buchhalter. Buchillustration (16,5 x 20,3 cm) von 1520. – Welche Niederlassungen und Handelsverbindungen der Fugger nennen die Ablagefächer im Hintergrund (Antorff ist Antwerpen)?

Hinzu kamen bald weitere Bergwerke und Hüttenbetriebe in mehreren Ländern, denn Fugger verfügte nun im Gegensatz zu den Besitzern kleinerer Bergwerke über das Kapital, in neue, kostspielige Fördermethoden zu investieren. Die Konkurrenz schaltete er nach und nach aus, indem er ihre Preisabsprachen ständig unterbot, sodass am Ende nur noch das Unternehmen Fugger als alleiniger Kupferanbieter übrig blieb.

Monopole und wirtschaftliche Macht

Eine solche Monopolstellung blieb nicht unwidersprochen. Aus verschiedenen Motiven unterstützten seine Gegner, unter anderem Martin Luther, ein Verbot von Firmen mit mehr als fünfzigtausend Gulden Eigenkapital. 1523 wurde Jakob Fugger folgerichtig vor dem Reichskammergericht wegen Vergehens gegen das Monopolverbot angeklagt. Doch er hatte den Kaiser auf seiner Seite. Karl V. ließ aus gutem Grund das Verfahren einstellen: Nur mithilfe eines riesigen Kredites durch das Fuggerimperium war er auf den Kaiserthron des Heiligen Römischen Reiches gelangt. Jakob Fugger nämlich hatte die Handsalben (Wahlgelder) für die Kurfürsten bezahlt, den Wechsel des französischen Königs, der ebenfalls Kaiser werden wollte, über 300 000 Ecu dagegen nicht angenommen. Das Verhältnis zwischen den Habsburgern und den Fuggern zeigt, wie Geld Politik bestimmen und wirtschaftliche Macht politische Abhängigkeiten schaffen kann.

3 Altarbild in der St. Annenkirche, Annaberg, 1521

(Ausschnitt).
Nach ersten Silberfunden im Raum Freiberg wurden um 1470 im Westerzgebirge um Schneeberg ergiebige Silbervorräte entdeckt. Damals entstanden neue Bergbaustädte wie Annaberg, Wiesenthal und Marienberg. Das Bild zeigt, wie inmitten einer typischen Bergbaulandschaft zu Beginn des 16. Jh. Bergleute das Silbererz gewinnen. Nach einer Legende hat ein Engel die Stelle gezeigt, wo nach Silbererz geschürft werden sollte. Welche bergmännischen Arbeiten findest du auf dem Bild? Ordne sie in der Reihenfolge ihres Ablaufes.

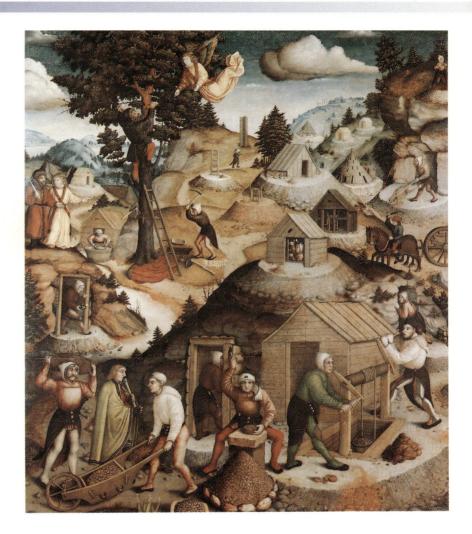

4 Bergbau: Pro und Contra

a) Im Buch über den Bergbau vom Arzt und Naturforscher Georg Agricola (1494–1555) kommen zuerst die Gegner des Bergbaus zu Wort:

Durch das Schürfen nach Erz werden die Felder verwüstet; deshalb ist einst in Italien durch ein Gesetz dafür gesorgt worden, dass niemand um der Erze willen die Erde aufgrabe ... Wälder und
5 Haine werden umgehauen; denn man bedarf zahlloser Hölzer für die Gebäude und das Gezeug, sowie um die Erze zu schmelzen. (Dadurch) aber werden die Vögel und andre Tiere ausgerottet, von denen sehr viele den Menschen
10 als feine und angenehme Speise dienen ... Die Erze werden gewaschen (und) ..., weil es die Bäche und Flüsse vergiftet, die Fische entweder aus ihnen vertrieben oder getötet ... so ist es vor aller Augen klar, dass bei dem Schürfen mehr
15 Schaden entsteht, als in den Erzen, die durch den Bergbau gewonnen werden, Nutzen liegt ...

b) Georg Agricola entgegnet:

Sie sehen nicht, dass sie Gott selbst schelten und eines Vergehens beschuldigen; denn sie sind ja der Meinung, er habe gewisse Dinge vergebens und ohne Grund geschaffen. Denn wenn die Me-
5 talle nicht wären, so würden die Menschen das abscheulichste und elendste Leben unter wilden Tieren führen; sie würden zu den Eicheln und dem Waldobst zurückkehren, würden Kräuter und Wurzeln herausziehen und essen, würden
10 mit den Nägeln Höhlen graben ... Da solches der Vernunft des Menschen ... gänzlich unwürdig ist, (müsse jedermann zugeben,) dass zur Nahrung und Kleidung die Metalle notwendig sind und dass sie dazu dienen das menschliche Leben zu
15 erhalten ... ich meinerseits sehe keinen Grund ein, warum dem, was von Natur ... gut ist, nicht ein Platz unter den Gütern gebühren soll.

G. Agricola, De re metallica. Basel 1556; deutsche Übersetzung 5. Aufl. Düsseldorf 1978, aus der Einleitung S. 4 ff.

5

Fördermaschine mit Kehrrad *aus dem Buch über den Bergbau von Georg Agricola (1494–1555), Arzt und Naturforscher.*
Der Maschinist kann über die beiden Hebel in seiner Hand das Wasser je nach Bedarf auf die linke oder rechte Seite des Wasserrades leiten und damit die Drehrichtung nach links oder rechts bestimmen und so das Seil auf- oder abrollen. Zuvor wurde das Wasser in Ledereimern von Mann zu Mann (ca. 500 bis 600 Wasserknechte) im Schacht nach oben gereicht.
In Schwaz in Tirol wurde 1556 ein solches Kehrrad nach Inbetriebnahme allgemein als Weltwunder bestaunt. Im späten Mittelalter betrieben Gewerke den Bergbau. Das waren Gemeinschaften von gleichgestellten Bergleuten. Sie arbeiteten eigenhändig im Berg und teilten sich die Gewinne nach ihren Anteilen. Tiefergelegene Erzadern erforderten einen höheren technischen Aufwand (siehe auch das Bild am Anfang des Kapitels), den die Gewerke mit ihren Gewinnen nicht mehr finanzieren konnten. Andere mussten deshalb Kapital beisteuern, investieren ohne selbst im Berg zu arbeiten. Schließlich war der Kapitaleinsatz dieser Unternehmer so angewachsen, dass ihnen das Bergwerk gehörte und die Bergleute als Lohnarbeiter von ihnen bezahlt wurden.

6   **Kaiserlicher Schutz**

Kaiser Karl V. an seinen Prokurator 1523:

Jakob Fugger, (u.a.) … haben sich bei uns darüber beklagt, dass du sie … vor Gericht geladen hast. Jakob Fugger und Andreas Grander sollen einen Monopolhandel betreiben, die anderen sol-
5 len unrechtmäßige Einkaufs- und Verkaufspraktiken angewandt haben. Die genannten Kaufleute erheben … Einspruch gegen die Vorladung. Sie haben uns untertänigst gebeten das Vorgehen gegen sie zu verbieten …
10 Nun sind wir der Meinung, dass im heiligen Reich kein Monopolhandel betrieben werden

soll und dass unziemliche, verbotene Einkaufs- und Verkaufspraktiken abgestellt werden sollen. Dennoch können wir zur Zeit aus bestimmten
15 Gründen nicht dulden, dass gegen die genannten Kaufleute in der geschilderten Weise vorgegangen und gegen sie ein Gerichtsverfahren eröffnet wird.
Deshalb befehlen wir dir, dass du … gegen die
20 genannten Kaufleute bis auf einen weiteren Befehl von uns nichts mehr unternimmst …

J. Strieder, Studien zur Geschichte kapitalistischer Organisationsformen. Monopole, Kartelle und Aktiengesellschaften im Mittelalter und zu Beginn der Neuzeit. München/Leipzig 1914, S. 370 f.

a) Erkläre, wie das Fuggerimperium entstanden ist und was dazugehörte. Vergleiche große Konzerne von heute mit dem Fuggerimperium.
b) Weshalb ist Karl V. gegen den Monopolhandel, lässt ihn aber bei Jakob Fugger und Andreas Grander zu (M6)?
c) Vergleiche die Ausführungen der Kritiker des Bergbaus (M4) mit dem Bild aus Annaberg (M3)
d) Das Pro und Contra zum Bergbau in M4 lässt sich auf andere technische Entwicklungen übertragen. Sucht Beispiele und diskutiert.

3. Im Mittelpunkt der Mensch

3.1 Eine neue Einstellung zum Menschen und zur Welt

14.–16. Jahrhundert ____ *Zeitalter der Renaissance und des Humanismus. Künstler und Gelehrte in Italien entdecken seit dem 14. Jahrhundert die Kunstwerke und die Literatur der Antike neu und machen sie zu ihrem Vorbild. Das neue künstlerische und wissenschaftliche Bewusstsein verbreitet sich unter den Gelehrten in weiten Teilen Europas.*

Kein Heil außerhalb der Kirche

Auf den meisten Bildern des Mittelalters wurden die Menschen und ihre Welt so dargestellt, wie es die Lehre der Kirche vorsah: Alles war von Gott geordnet und hatte seinen festen Platz. Das Leben verstand die Mehrzahl der Christen als Durchgangsstation zum Jenseits.

Auch wenn gelehrte Geistliche die Natur erforschten, geschah dies nur, um ihre Ordnung und Schönheit als Werk Gottes zu zeigen. Die Schriften vieler antiker Dichter, Naturforscher und Philosophen waren als „heidnisch" verabscheut und verboten. Erst ab dem 12. Jahrhundert durften die Werke des Griechen Aristoteles wieder studiert werden. Freilich sollten sie nur als Beweis dafür dienen, dass die christliche Lehre die einzig richtige auf Erden ist. Die meisten Menschen glaubten fest daran, was ihnen Eltern, Pfarrer und Kirchenbilder erzählten: Außerhalb der Kirche und ohne Priester und Bischöfe gebe es kein Heil für sie, sondern Unsicherheit, Bedrohung, Tod und vielleicht sogar ewige Höllenstrafen.

Wandel des Menschenbildes

Im 15. und 16. Jahrhundert entdeckten Gelehrte, die sich Humanisten nannten, dass Griechen und Römer eine andere Vorstellung vom Menschen hatten. Deshalb wollten sie mehr darüber wissen. Sie forschten nach verschollenen antiken Schriften und stellten fest, dass sie in Klosterbibliotheken in ganz Europa verstreut waren. In welchem Zustand sie ihr antikes Erbe antrafen, darüber war manch einer erschüttert. Im Jahr 1416 fand der italienische Humanist Poggio Bracciolini, wie er selbst berichtet, im Kloster St. Gallen die Abhandlung eines römischen Schriftstellers über die Redekunst. Sie sei mit Staub bedeckt und von Schmutz starrend gewesen. Sogleich habe er sie für Freunde abgeschrieben.

Was faszinierte diese Menschen so an der Kunst, der Literatur und der Philosophie der Griechen und Römer? In den Augen der Humanisten war bei ihnen der Mensch freier dargestellt. Er war nicht so sehr an religiöse Vorschriften gebunden und zum blinden Gehorsam verurteilt. Die Humanisten sahen darin keinen Gegensatz zur christlichen Religion. Im Gegenteil: War der Mensch wirklich das Ebenbild Gottes, so sollte er auch von seinen Fähigkeiten, zu denken, zu sehen, zu tasten und zu hören, uneingeschränkt Gebrauch machen. Nur so könne er die Welt und sich selbst recht entdecken.

Im Vergleich zur gesamten Bevölkerung waren die Humanisten eine kleine Minderheit. Die Masse der Menschen verharrte weiterhin kirchengläubig in ihrer eng begrenzten Welt. Nur in der reichen Oberschicht fanden die Humanisten mehr und mehr Freunde und Förderer. Selbst Päpste gehörten dazu, weil sie aus Familien stammten, die ihre Kinder von Humanisten hatten erziehen lassen.

1 **Die heilige Anna selbdritt** *(d. h. zu dritt, mit ihrer Tochter Maria und Jesus) ist seit der Annenverehrung im Mittelalter häufig dargestellt worden (Anna war Schutzheilige der Mütter, der Berg- und Kaufleute). – Vergleiche die Bilder, links von Luca di Tommè (1330–1389) und rechts von Leonardo da Vinci. Achte auf die Haltung der Personen, ihren Gesichtsausdruck, ihre Umgebung. Welche Auffassung vom Menschen und dem religiösen Geschehen stellst du jeweils fest?*

Streben nach Selbstdarstellung	Die ersten Humanisten lebten in Italien. Hier regierten in Städten wie Florenz, Mailand oder Venedig kein Kaiser, kein Papst und kein Bischof mehr, sondern eine oder mehrere patrizische Familien. Ihre wirtschaftliche Macht und Unabhängigkeit demonstrierten diese Eliten in Kunstwerken wie Bildern, Plastiken, Palästen und Kirchenbauten. Sie veranstalteten Bauwettbewerbe und wählten dann den besten Architektenentwurf aus. Auch die Päpste in Rom eiferten dem nach. Papst Leo X. beschäftigte beispielsweise den heute weltberühmten Michelangelo, um die Decken der Sixtinischen Kapelle zu bemalen.
Kritik an eitler Selbstgefälligkeit	Neue Moden und die Art, sich selbst und seinen Reichtum durch prunkvolle Feste und Aufzüge in den italienischen Städten darzustellen, stießen bei manchen Christen auf scharfe Kritik. War es nicht ein Widerspruch zur Lehre Jesu? Der Dominikanermönch Savonarola beispielsweise ermahnte in heftigen Predigten seine Zuhörer. Sie sollten sich zum einfachen Leben, zur Askese bekehren. Für das „gottlose Treiben" prophezeite er ein Strafgericht. Er veranstaltete ein „Feuer der Eitelkeiten", und die Florentiner errichteten auf dem Hauptplatz ihrer Stadt einen zwanzig Meter hohen Holzstoß und verbrannten darauf Schriften von Humanisten, Masken, modische Gewänder und Musikinstrumente.

Humanismus (lateinisch „humanus", d.h. den Menschen betreffend, menschlich, menschenfreundlich): Der Begriff bezeichnet eine seit dem 14. Jahrhundert in Italien beginnende geistesgeschichtliche Bewegung. Gelehrte, die sich nicht mehr nur an der kirchlich-christlichen Überlieferung orientierten, machten die römische und (später) die griechische Literatur des klassischen Altertums zu ihrem Vorbild. Je mehr die Humanisten in den Werken der Griechen und Römer „das Licht der Antike" leuchten sahen, um so mehr verfinsterte sich für sie die Zeit danach. Sie nannten diese Zwischenzeit vom Ende der Antike bis zu ihrer eigenen Gegenwart jetzt abschätzig „Mittelalter".

Lessing, Goethe, Schiller u. a. haben das humanistische Gedankengut wieder aufgenommen. Sie alle sahen im Menschenbild der klassischen Antike den wahren Ausdruck menschlicher Vollkommenheit.

2 Über die Möglichkeiten des Menschen

a) *Der Kirchenvater Augustinus (354–430), dessen Schriften für die Gelehrten im Mittelalter von großer Bedeutung waren, schrieb:*

Alles ist eitel. Was hat der Mensch für Gewinn von all seiner Mühe, mit der er sich abmüht unter der Sonne? An diesen Ausspruch knüpft er (gemeint ist der Prediger Kohelet in einer Schrift des
5 Alten Testamentes) Weiteres an und erwähnt die Drangsale und Irrungen dieses Lebens, und wie darüber die Zeit hinschwindet. In ihr gibt es nichts Festes, nichts Dauerhaftes. Aus all dem, was eitel ist unter der Sonne, hebt er hervor und
10 klagt: Zwar ist die Weisheit der Torheit so überlegen wie das Licht der Finsternis, ebenso wie der Weise Augen im Kopf hat, während der Tor im Dunkeln tappt, aber dennoch bricht das gleiche Geschick über alle herein … Denn Gott wird
15 alle Werke vor Gericht bringen, sie seien gut oder böse, und wäre einer auch ganz unbeachtet.

Aurelius Augustinus, Die Gottesbürgschaft (De civitate Dei). Frankfurt a. M. 1961, S. 103. Sprachlich vereinfacht durch d.Verf.

b) *Der italienische Humanist und Philosoph Pico della Mirandola (1463–1494) wurde von Papst Innozenz VIII. als Ketzer verfolgt, bis er sich vor seinem Tod zum strengen Christentum bekannte. 1486 hatte er geschrieben, Gott habe den Menschen durch keine unüberwindliche Schranken gehemmt. Pico fährt fort und lässt Gott sprechen:*

Ich habe dich in die Mitte der Welt gesetzt, damit du von dort bequem um dich schaust, was es alles in dieser Welt gibt. Wir haben dich weder als einen Himmlischen noch als einen Irdischen, we-
5 der als einen Sterblichen noch einen Unsterblichen geschaffen, damit du als dein eigener Bildhauer und Dichter, vollkommen frei, dir selbst die Form bestimmst, in der du zu leben wünschst. Es steht dir frei, in die Unterwelt des Viehs zu
10 entarten. Es steht dir ebenso frei, in die höhere Welt des Göttlichen dich durch den Entschluss deines eigenen Geistes zu erheben.

Pico della Mirandola, Über die Würde des Menschen. 2. Aufl., Fribourg/ Frankfurt a. M./Wien o. J., S. 52 f. (sprachlich leicht verändert)

a) Warum konnten sich neues Denken und Humanismus gerade in Italien entwickeln (siehe VT und die Karte im Kap. „Städtebünde und Fernhandel")?

b) Informiere dich in einem größeren Lexikon über deutsche Humanisten. Wähle einen Humanisten aus, der möglichst aus deiner Region stammt, und fertige eine knappe Übersicht über sein Leben an.

c) Überlege anhand deiner Kenntnisse über das Mittelalter, ob es berechtigt war, dass die Humanisten vom finsteren Mittelalter sprachen.

d) Vergleiche die Einstufung des Menschen im Text von Augustinus (M2a) mit der des Renaissancephilosophen Pico della Mirandola (M2b). Was hat sich geändert?

e) Betrachte das Bild von Hans Holbein d. J. auf der ADS. Wie stellt er die Menschen dar? Welche Bedeutung könnten die zwischen den beiden Personen abgebildeten Gegenstände haben? Vergleiche dieses Bild mit dem Selbstbildnis Dürers im nachfolgenden Kapitel. Was ist beiden darin gemeinsam, wie der Mensch dargestellt wird – wodurch unterscheiden sie sich von mittelalterlichen Darstellungen?

3.2 Suche nach dem Vollkommenen

**Ein neuer Stil
löst die Gotik ab**

Im Mittelalter hatten die Bauten des Altertums noch als Steinbrüche gedient, im 15. und 16. Jahrhundert, dem Zeitalter der Renaissance, wurde jedoch die ausgewogene Architektur der Griechen und Römer mehr und mehr zum Vorbild für Künstler. Architekten pilgerten nach Rom um sich Maße und Ornamente von Palästen und Tempeln zu notieren. Die Anregungen der antiken Vorbilder mischten sie mit ihren eigenen Ideen und schufen so einen neuen Stil.

Auch Maler und Bildhauer wollten eine Vorstellung vom idealen, vollkommenen Menschen vermitteln. Wie in der Antike stellten sie den Menschen häufig nackt dar um die Schönheit des Körpers unverhüllt sichtbar zu machen. Landschaften, Gebäude und Innenräume zeichneten und malten sie so, wie sie das menschliche Auge tatsächlich wahrnimmt. Man nennt diese damals völlig neue Art der Darstellung Zentralperspektive.

Leonardo da Vinci

Der neue Stil in der Malerei war vor allem das Ergebnis der veränderten Einstellung zum Menschen und zur Natur. An Leonardo da Vinci (1452–1519) wird das besonders deutlich. Er war Künstler, Techniker und Naturforscher in einer Person. Schon als Kind hatte er Interesse an der Natur, beobachtete ihre Einzelheiten und Merkwürdigkeiten und hielt sie in Skizzen fest. Als erwachsener Mann setzte er diese Studien fort, denn er wollte die Natur mit Hilfe des Verstandes (ratio) besser begreifen und ihre Gesetze für die Kunst und das alltägliche Leben der Menschen nutzbar machen. Um zu erfahren was im Inneren des

1 **Links: Gebäude des rekonstruierten Kapitols** in Rom. Ausschnitt aus einem Bild von Jacques Carlu. **Rechts: Fassade der Kirche S. Andrea** in Mantua (Italien) von Leon Battista Alberti aus dem Jahr 1470.

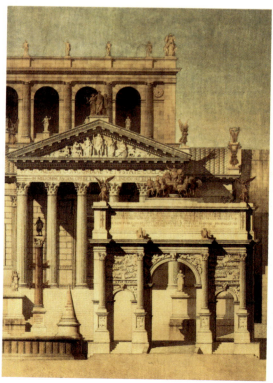

2 **Albrecht Dürer:** *Selbstbildnis von 1498, 52 x 41 cm (heute: Prado Madrid) und „Das große Rasenstück"*
(1503), 41 x 31,5 cm (heute: Albertina Wien). Dürer hat sich mehrfach selbst gemalt. Im Gegensatz zu
den Künstlern des Mittelalters signierte er sein Bild. Pflanzenmotive waren im Mittelalter nur dekorativ
oder gehörten zur Symbolsprache des Bildes.

menschlichen Körpers vor sich geht, sezierte (zergliederte) Leonardo Leichen. Im Mittelalter war so etwas verboten, weil der christliche Glaube lehrte, dass der Tote unversehrt seine Auferweckung durch Gott erwarten müsse. Jahrhunderte bevor das erste Flugzeug vom Boden abhob, entwarf Leonardo bereits einen Flugapparat, nachdem er zuvor genau den Vogelflug beobachtet hatte. Ebenso studierte er Erdablagerungen und Reste von Lebewesen der Vorzeit (Fossilien). Sie ließen ihn über die Entstehung des Lebens nachdenken und an der Geschichte von der Sintflut zweifeln. Der Zweifel, das rationale Vorgehen, das fragend-forschende Denken wurden ausschlaggebend für die geistige Entwicklung in der Neuzeit und führten zu Erfindungen und Entdeckungen.

Licht aus Italien

Die geographische Nähe Deutschlands zu Italien, die eng verknüpfte Geschichte beider Länder seit den karolingischen Königen und die Reisen deutscher Pilger, Kaufleute und Studenten auf die Apenninhalbinsel ließen die Ideen der italienischen Humanisten und Künstler nördlich der Alpen rasch bekannt werden. Der deutsche Humanist Rudolf Agricola (1444–1485) hatte sich schon früh zum kritischen Verstand bekannt: „Ich schwöre auf keines Meisters Worte, und so bin ich jeweils dem Autor gefolgt, der mir entsprochen hat, und wo mir niemand entsprochen hat, bin ich an seiner Stelle der Vernunft gefolgt." Albrecht Dürer (1471–1526) aus Nürnberg besuchte zweimal Italien. Er studierte dort die Zentralperspektive, suchte nach den Gesetzen der richtigen Proportionen und der überzeugenden Darstellung bis in kleinste Einzelheiten. Das Ergebnis seiner Studien verwirklichte er so genial in seinen Bildern, dass der Humanist Erasmus von Rotterdam von Dürer sagte, mit seinem Pinsel könne er selbst noch die menschliche Stimme wiedergeben. Die naturgetreue Schönheit, wie sie das menschliche Auge wahrnimmt, war für Dürer das höchste Ziel der Kunst.

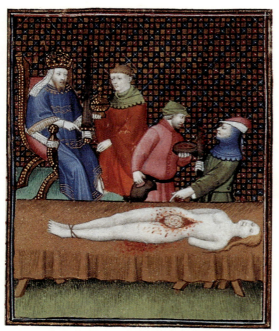
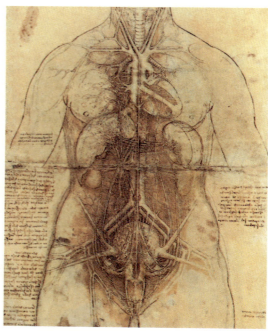

3 *Links: Französische Buchmalerei (1410), rechts: anatomische Studie Leonardo da Vincis*
Die Buchmalerei zeigt Kaiser Nero, wie er 59 n. Chr. die Leichenöffnung seiner ermordeten Mutter Agrippina überwacht. Wenn es sich um Vergiftungsverdacht handelte, wurden bereits im Altertum Sektionen (Leichenöffnungen) durchgeführt. Vergleiche die beiden Abbildungen, die nur knapp 50 Jahre auseinander liegen.

Renaissance (französisch, d. h. „Wiedergeburt", italienisch „rinascimento"): Seit dem Anfang des 15. Jahrhunderts entwickelten italienische Maler, Bildhauer und Architekten ein neues Verständnis von Kunst. Die Formen der Natur, die Kunstwerke der Antike, die Gesetze der Geometrie (Perspektive) wurden für sie maßgebend; die von mittelalterlichen Künstlern geschaffenen Formen lehnten sie ab. Sie sprachen von einer „Wiedergeburt" der Kunst und bezogen sich dabei auf die antike Kultur. Mit dem Begriff „Renaissance" wird heute nicht nur die Kunst des 14. bis 16. Jahrhunderts gekennzeichnet; die Wiederentdeckung der Antike veränderte das Weltbild und das Menschenbild so sehr, dass man diese Zeit auch als „Zeitalter der Renaissance" bezeichnet. Es ist die Zeit des Übergangs vom Mittelalter zur Neuzeit (um 1500).

---

4 *Über Leonardo da Vinci* schrieb der Maler, Baumeister und Kunstschriftsteller Giorgio Vasari (1511–1574) in seinen 1550 veröffentlichten Künstlerbiographien:

Trotz seiner Jugend war er der erste, der Vorschläge machte, um den Arnofluss in einen Kanal von Florenz bis Pisa zu fassen. Ebenso fertigte er Zeichnungen zu Mühlen, Walkmühlen und an-
5 deren Maschinen an, die durch Wasser getrieben werden, und da er die Malerei zu seinem eigentlichen Beruf wählte, übte er sich viel im Zeichnen nach der Natur … Täglich fertigte er Zeichnungen, um zu zeigen, wie man mit Leichtigkeit
10 Berge abtragen und durchbohren könne, um von einer Ebene zur anderen zu gelangen, wie mit Hebebäumen, Haspeln und Schrauben große Lasten zu heben und zu ziehen seien, in welcher Weise man Seehäfen ausräumen und durch
15 Pumpen Wasser aus den Tiefen heraufholen könne.

Außerdem rühmt Vasari in seinem Werk Leonardos Fähigkeiten als trefflicher Geometer (Landvermesser), begnadeter Bildhauer und Architekt, der viele Grundrisse und Pläne von Gebäuden entwarf und zeichnete.

Zit. nach: F. Schillmann (Hg.), Künstler der Renaissance. Berlin 1948, S. 172 f.

5 Die Renaissance – eine europäische Epoche
Die Bilder zeigen Beispiele der Architektur.

Schloss in Güstrow,
ab 1558

Longleat-House, Wiltshire, England,
ab 1568

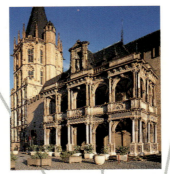

Schloss in Stadthagen, 1534–1544

Altes Rathaus in Köln,
ab 1569

Rattenfängerhaus in
Hameln, ab 1600

Escorial, Madrid, Spanien, ab 1563

Palazzo Ruccellai in Florenz,
Italien, erbaut 1447
vom Architekten Alberti

a) Vergleiche die Bauelemente der Gebäude des antiken Kapitols in Rom mit
der Fassade der Kirche S. Andrea (M1). Warum kann man von einer Renaissance sprechen?

b) Welche Gemeinsamkeiten haben die beiden Bilder M2 trotz unterschiedlicher Bildinhalte? Vergleiche sie mit Darstellungen aus dem Mittelalter.

c) Dürer signierte seine Bilder. Mittelalterliche Künstler blieben meistens anonym. Findest du dafür eine Erklärung?

d) Vasari stellt Leonardo da Vinci als idealen Menschen der Renaissance vor
(M4). Liste die Merkmale für einen solchen Menschen auf.

4. Bedeutet neues Wissen Fortschritt?

Drucken mit beweglichen Lettern

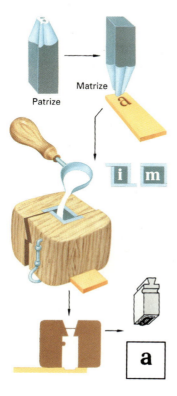

Hätte ein Fremder im Jahre 1453 eine Werkstatt in Mainz betreten, hätte er dort Ungewöhnliches gesehen. Was in den Räumen geschah, sollte jedoch geheim bleiben, und der Meister hatte seine Gesellen zum Schweigen verpflichtet. Er wollte nicht das Risiko eingehen, dass nach so vielen Jahren mühsamen Experimentierens ihm ein anderer seine Erfindung rauben würde um Geld aus ihr zu machen. Vielleicht würden sogar alle der Hexerei angeklagt, wenn bestimmte Leute von den Vorgängen in der Werkstatt wüssten.

Mitten zwischen Stößen von Papier und Pergament stand eine große hölzerne Presse, wie sie die Menschen dieser Weingegend aus der Kelter kannten. Anstatt jedoch auf Trauben presste ein Geselle durch Drehen einer Schraubspindel eine Platte auf einen Rahmen. Er war angefüllt mit Metallbuchstaben, auf denen ein Bogen Papier lag. Neben ihm schwärzte ein anderer die Buchstaben in einem zweiten Rahmen mit Farbe ein und benutzte dazu Lederballen aus Hundehaut. Denn die Hundehaut hat keine Poren und saugt daher die Farbe nicht ein.

Das Ergebnis ihrer Arbeit lag getrocknet und gestapelt neben der Presse: zweispaltig bedruckte Bögen. Das Besondere an ihnen war, dass einer dem anderen auf das Haar glich. Der Meister, es war Johannes Gutenberg (um 1397–1468), begutachtete sie und war vollständig zufrieden. Er nahm das Kernstück seiner Erfindung in die Hand, das Gießinstrument. Mit ihm war es zum ersten Mal möglich geworden, viele gleiche Exemplare eines einzigen Buchstabens aus einer flüssigen Metallmischung herzustellen. Unter den kleinen Gießkanal wurde eine Metallvorlage für den Buchstaben eingeklemmt, die Matrize. In sie floss das heiße Metall und erkaltete sofort. Auch die Länge der Buchstabenstiele war gleich, sodass keiner in der Druckform über den anderen herausragte und sich durch das Papier drückte. Nach dem Guss wurden die Buchstaben, die Lettern, im Setzkasten sortiert. Flink griff der Geselle in das richtige Kästchen um einzelne Lettern in einem sogenannten Winkelhaken nebeneinander zu stellen und zu Wörtern und Sätzen zusammenzufügen. Zeile für Zeile wurde dann in die Druckform

1 **Blick in eine Druckerwerkstatt** des 16. Jahrhunderts. Kupferstich von Phillipp Galle (1537–1612) nach einer Zeichnung von Jan von der Straet (1523–1605)

gestellt. Nach dem Druck wurden die Lettern gesäubert und konnten wieder einzeln im Setzkasten verschwinden um für ein neues Wort gebraucht zu werden. Vor Gutenberg war auch schon gedruckt worden. Der Text wurde dabei Zeit raubend in eine dicke Holzplatte spiegelverkehrt geschnitten. Damit waren die Buchstaben ein für allemal in diesem festen Block verbunden. Die Bücher, die so gedruckt worden waren, bezeichnete man daher auch als Blockbücher.

Der Bibeldruck

1445 begann Johannes Gutenberg mit seinem größten Vorhaben: dem Druck der Bibel in lateinischer Sprache. Große Mengen Papier, Druckerfarbe und Gussmetall mussten gekauft und Gehilfen eingestellt werden. Dafür reichte Gutenbergs eigenes Vermögen nicht aus. Also lieh er sich 1450 bei dem Mainzer Geschäftsmann Fust eine größere Summe Geld. Fünf Jahre arbeitete er darauf an seinem Druckwerk, das in seiner Schönheit bis heute als unübertroffen gilt (links Ausschnitt einer Seite). Gutenberg hatte sein Werk fast vollendet, da klagte Fust auf Rückzahlung der Schulden. Gutenberg jedoch war zahlungsunfähig, denn er hatte ja noch keine einzige Bibel verkauft. So musste er seinem Geldgeber die Werkstatt mit den fast fertigen Büchern überlassen. Fust brachte zusammen mit Gutenbergs ehemaligem Gehilfen Schöffer den Bibeldruck schnell zu Ende und machte das Geschäft seines Lebens. Gutenberg verarmte und lebte zuletzt von einer Unterstützung des Mainzer Erzbischofs.

Die Buchdruckerkunst breitet sich aus

1462 brach ein bewaffneter Konflikt um die Besetzung des Mainzer Bischofsstuhls aus. Die Buchdruckerwerkstatt von Fust und Schöffer wurde aufgelöst. Besitzer und Gesellen flohen und verbreiteten das Geheimnis der „Schwarzen Kunst" bis ins Ausland, sodass in großen deutschen, französischen und italienischen Städten Druckereien entstanden. Zunächst wurden weit gehend theologische Werke für Geistliche und Gelehrte gedruckt. Seit 1480 erschienen jedoch immer mehr Bücher aus den Bereichen Botanik, Pharmazie, Medizin, Recht und Geschichte. Besondere Bedeutung erlangten Veröffentlichungen über Geographie und Astronomie. Sie verbreiteten neues Wissen über Räume unserer Erde, Bewegungen der Himmelskörper und das neue heliozentrische Weltbild des Astronomen Nikolaus Kopernikus (1473–1543). Danach steht die Sonne (helios) und nicht die Erde im Zentrum unseres Planetensystems. Diese Bücher gaben also wichtige Anstöße für die Entdeckung neuer Meere und Kontinente.
Im Jahre 1500 existierten in 260 europäischen Orten ungefähr 1120 Druckereien und stellten bereits an die 35 000 Druckerzeugnisse her. Nachrichten und Informationen erreichten jetzt über schnell gedruckte Flugblätter und Bücher immer mehr Menschen in einer viel kürzeren Zeit. Dazu gehörten aber nicht nur Ideen, Gedanken und Wissen, das den Menschen nützte, ihr Leben bereicherte, sondern auch, was ihnen schadete, ihr Leben gefährdete oder sogar zerstörte.

Entdeckung und Verwendung des Schießpulvers in Europa

Bereits zwei Jahrhunderte vor Gutenberg muss einem Alchemisten ein Gemisch aus Salpeter, Holzkohle und Schwefel in einem Mörser explodiert sein. Es wurde „Schwarzpulver" genannt nach seinem möglichen Entdecker Berthold Schwarz. Seine Person bleibt für uns im Dunkeln, denn die Geschichtsforschung hat außer kurzen, widersprüchlichen Erwähnungen in alten Textquellen nichts Greifbares über ihn finden können. Sollte er ein Mönch gewesen sein, wie einige Historiker annehmen, dann wäre es verständlich, dass im Jahrbuch seines mutmaßlichen Klosters alle Eintragungen für den Zeitraum der Entdeckung sorgfältig vom Pergament abgeschabt worden sind, weil seine Entdeckung als Teufelswerk galt. Konnte etwas derart Zerstörerisches den Menschen einen Nutzen bringen? Sicher ist, dass die Chinesen das Schießpulver schon seit dem 9. Jahrhundert gekannt und für Signale und Feuerwerkskörper benutzt haben. In Europa wurde

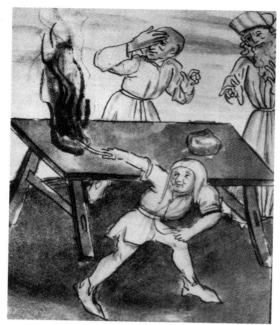

2 **Erproben von Schießpulver,** wie es eine Handschrift des Hofmuseums Wien aus dem 15. Jahrhundert zeigt.

Hye nachuolget vonn Büchsen geschoß / Pulver, fewerwerck/ wie man sich darmit auß ainer Statt/ Feste/ oder Schloß/ so von Feynden belägeret wer/ erretten/ Auch sich der Feind darmit erwören möchte.

3 **Titelblatt des sog. Feuerwerkbuches** Enthalten in Vegetius, Fünf Bücher von der Ritterschaft, Augsburg 1529

seine Explosivkraft jedoch dazu verwendet, um Kugeln aus Kanonen, Gewehren und Pistolen abzufeuern. Bögen, Armbrüste und Schleudern spielten von da an in Kriegen kaum mehr eine Rolle.

Der Kanonenbau verbessert Metallverarbeitungstechniken

Da Holz nicht widerstandsfähig genug war, schmiedeten die Geschützbauer die Wände des Waffenrohres zunächst aus Eisenstreifen zusammen (Büchsen) und verstärkten diese durch eiserne Reifen. Als sich die Kaliber vergrößerten, wurden die Kanonen aus Bronze gegossen und mithilfe eines Wasserrades ausgebohrt. Dabei hing der Rohling zunächst an Seilen senkrecht über dem Bohrer und leistete selbst den nötigen Vorschub. Dieses neue Verfahren der Metallbearbeitung wurde die Basis für die Entwicklung von Bohrmaschinen.

Feuerwaffen verändern die Kriegführung

Seit dem 15. Jahrhundert wurden die Geschützrohre auf Gestelle mit Rädern, sogenannten Lafetten, montiert und dadurch beweglicher. Mit ihnen konnten Truppen vor die Mauern von Burgen und Städten ziehen und über Verteidigungsgräben hinweg im Fernkampf aus Mörsern oder Langrohrgeschützen Mauerbreschen schlagen. Weil diese Waffen bei der Zündung einen donnerartigen Knall verursachten, wurden sie Donnerbüchsen genannt. Statt der gepanzerten Ritterheere kämpften jetzt Landsknechtshaufen gegeneinander. Sie bestanden aus Söldnern, die für ihr Kriegshandwerk Lohn (Sold) erhielten. Sie wurden von überall her aus Bauern- und Bürgersöhnen angeworben und von Landsknechtsführern – oft ehemaligen Rittern – befehligt. Sie vermieteten ihr „Fähnlein" von etwa 400 Mann an die Landesherren, wenn diese Krieg führen wollten. Der Sold wurde zumeist aus der Beute bezahlt. In anrückende Landsknechtshaufen konnte der Gegner jetzt aus großer Entfernung mit Donnerbüchsen schießen. Damit war ein Weg des „Fortschritts" beschritten, der anonymes Töten ermöglichte und letztendlich zu den computergesteuerten Massenvernichtungswaffen des 20. Jahrhunderts führte.

4

nach 1200	Der Kompass wird entwickelt.
um 1250	Das Schießpulver wird aus drei chemischen Substanzen gemischt.
1298	Das Handspinnrad wird gebaut.
vor 1300	Die Gewichtsräderuhr wird erfunden.
um 1300	Die ersten Brillen tauchen in Oberitalien auf.
1445	Johannes Gutenberg entwickelt den Druck mit beweglichen Lettern.
1492	Martin Behaim konstruiert in Nürnberg einen Globus.
um 1500	In Nürnberg wird der Schraubstock erfunden.
1510	Peter Henlein denkt sich in Nürnberg die Taschenuhr mit Stundenschlag aus.
1492–1559	Adam Riese aus Annaberg (Sachsen) verfasst Lehrbücher, die das Rechnen mit arabischen Zahlen und Dezimalzahlen förderten.

Nicht alle diese Erfindungen sind Ersterfindungen: Vom Kompass, dem Schießpulver und dem Letterndruck wissen wir heute, dass die Chinesen sie z.T. lange vor den Europäern gekannt haben.

5 **Über Waffen und Menschen**

Der Humanist Erasmus von Rotterdam (1466? bis 1536) in einem Brief an Antonius von Bergen:

Wir sind schlimmer als die Tiere, von denen nicht alle kämpfen, sondern nur die wilden. Sie aber kämpfen wenigstens mit ihren eigenen natürlichen Waffen, nicht, wie wir, mit durch teuflische
5 List ersonnenen Maschinen. Sie kämpfen für ihre Jungen oder um Nahrung; unsere Kriege entspringen meistens dem Ehrgeiz, dem Zorn, der Begierde oder einer anderen derartigen Krankheit der Seele. Kein Krieg laufe so glücklich ab,
10 dass er nicht mehr Böses als Gutes brächte. Niemand schade im Kriegführen seinem Feind, er hätte denn zuerst den Seinen manches Unheil angerichtet. – ‚Aber, wirst du sagen, das Recht der Fürsten muss gewahrt werden. Es steht mir
15 nicht an, vermessen über die Angelegenheiten der Fürsten zu sprechen. Doch dieses eine weiß ich, dass oft das höchste Recht das höchste Unrecht ist und dass es Fürsten gibt, die erst ausmachen, was sie haben wollen, und dann nach dem
20 einen oder andern Rechtsanspruch suchen um ihren Anschlag zu bemänteln.‘ Wie sollte jemand bei so viel Abmachungen und Verträgen je an einem Rechtstitel Mangel haben?

Zit. nach: Johan Huizinga, Europäischer Humanismus: Erasmus, Hamburg 1958, S. 77. Huizinga referiert den Brief des Erasmus nur und zitiert wörtlich die durch Anführungszeichen markierte Stelle.

a) Trage in eine Tabelle die Erfindungen ein, die in der Zeittafel aufgeführt sind (M4). Notiere dahinter positive und/oder negative Auswirkungen derselben.

b) Erläutere die Aussage eines Göttinger Gelehrten des 18. Jahrhunderts: „Mehr als das Gold hat das Blei die Welt verändert. Und mehr als das Blei in der Flinte das Blei im Setzkasten." Prüfe, ob du dieser Aussage zustimmen kannst.

c) Schlage im Lexikon nach, wann der Handsatz durch den Maschinensatz und dieser durch „neue Medien" ersetzt worden ist. Vergleiche die Zeitabstände.

d) Bereitet einen Besuch in einer Druckerei vor und führt ihn durch. Erläutert euren Eltern danach den Unterschied zur Abbildung M1.

e) „Gutenberg öffnete mit seiner Druckmethode das Tor zum Informationszeitalter." Erkläre.

f) Betrachte das Titelblatt des Feuerwerkbuches (M3). Erläutere an diesem Beispiel die Auswirkungen des Buchdruckes mit beweglichen Lettern.

g) Formuliere deine Antwort auf die Frage, die in der Überschrift dieses Kapitels gestellt ist. Tauscht eure Argumente untereinander aus.

5. Eine „Neue Welt" wird von Columbus entdeckt

Im 15. Jh. _____	*Portugiesische Schiffe dringen im Auftrag von Prinz Heinrich dem Seefahrer immer weiter an der westafrikanischen Küste nach Süden vor um einen Seeweg nach Indien zu finden; dieses Ziel erreicht schließlich 1497–99 Vasco da Gama.*
1492 _____	*Christoph Columbus stößt im Auftrag Spaniens auf seiner Suche nach einem westlichen Seeweg nach Indien auf einige mittelamerikanische Inseln, deren Ureinwohner er „Indianer" nennt. Mit seiner Entdeckungsreise leitet er die europäische Besitznahme der „Neuen Welt" ein.*

So könnten die Ureinwohner von Guanahani die Landung des Columbus erlebt haben

Als die Einwohner der kleinen Karibikinsel Guanahani an einem schönen klaren Herbstmorgen – nach unserer Zeitrechnung war es der 12. Oktober 1492 – die Hängematten in ihren Hütten verließen um wie gewohnt auf ihren Maisfeldern zu arbeiten oder mit ihren Einbäumen zum Fischen in die flache Lagune zu fahren, blieben sie am Strand wie angewurzelt stehen und sahen erstaunt hinaus auf das Meer. In der Bucht, die am Tage vorher noch leer gewesen war, lagen drei große schwimmende Häuser mit riesigen Tüchern an ihren hochragenden Stangen. Von diesen noch nie gesehenen Wasserfahrzeugen kletterten fremdartige Menschen in kleinere Boote, die neben den großen Schiffen schaukelten.

Als die Boote näher ans Ufer kamen, wurde das Staunen auf den rotbraunen Gesichtern der nackten Inselbewohner noch größer. Die Neuankömmlinge, die nun den Strand erreichten und ausstiegen, waren von Kopf bis Fuß in Kleidung eingehüllt, die zum Teil hell glänzte und aus einem festen Material zu sein schien. Ihre Gesichter waren weiß und von struppigen Haaren umrahmt. Drei der Fremden schwenkten Tücher an langen Stangen hin und her und einige trugen Stecken, die an den Spitzen hell im Sonnenlicht blitzten. Einer der drei Männer, die die Tücher schwenkten, schien der Häuptling zu sein, denn seinen Worten, die in einer unbekannten Sprache gegeben wurden, gehorchten die anderen. So rollte z. B. ein Mann ein großes gelbliches Blatt auseinander und zeichnete mit Hilfe einer Feder eigentümliche Zeichen darauf, wie der fremde Häuptling es ihm angab. Und dann geschah noch etwas Merkwürdiges: Die Fremden hatten einen einfachen behauenen Baumstamm mitgebracht, an dem oben noch ein Querholz befestigt war. Diesen richteten sie für alle weithin sichtbar auf.

Zahlreiche Ureinwohner umringten inzwischen neugierig die seltsamen Ankömmlinge und lächelten freundlich. Man versuchte sich mit Gebärden zu verständigen, weil keiner die Sprache des anderen verstand. Offensichtlich waren die Fremden mit friedlichen Absichten gekommen. Sie hatten Gastgeschenke dabei, die sie den Inselbewohnern überreichten. Diese betrachteten die bunten Ketten, roten Kappen und klingenden Gefäße neugierig und erstaunt und freuten sich darüber. Die Gabe der Weißen beantworteten sie damit, dass sie ihnen Papageien und Knäuel von Baumwollfäden als Gegengeschenke darboten. Auch wenn sie die Fremden nicht verstehen konnten, fiel ihnen doch auf, dass die Ankömmlinge sich für den Goldschmuck, den einige der Inselbewohner trugen, sehr interessierten.

So fand an diesem Tage die erste Begegnung zwischen den Weißen, die über ein fernes Meer gesegelt waren, und den rothäutigen Ureinwohnern einer kleinen Insel in der Karibik statt und keiner der Beteiligten ahnte, welche Folgen dieser Tag haben sollte.

1 *Die Landung des Columbus 1492* (kolorierter Kupferstich von Theodor de Bry aus seinem 13-bändigen Werk „Amerika" von 1594)

Altamerikanische Kulturen vor 1492

Bild unten: Goldarbeiten bei den Peruanern nach de Bry

Was wollten die Europäer?

Die Menschen, die auf der Insel Guanahani lebten, gehörten der indianischen Rasse an, welche seit der letzten Eiszeit ab ca. 40 000 v. Chr. aus Nordostasien über die damals noch bestehende vereiste Landbrücke zwischen den beiden Kontinenten Asien und Amerika eingewandert war. Im Verlauf der Jahrtausende hatten sich die rothäutigen Menschen über ganz Amerika und die benachbarten Inseln ausgebreitet.

Die Indianerkulturen unterschieden sich in ihrer Lebensweise und ihrer Sprache stark voneinander. In Nordamerika lebten nomadisierende Stämme vorwiegend von der Jagd. In Mittel- und Südamerika wohnten dagegen sesshafte Indianer als Ackerbauern, Handwerker und Händler in Dörfern und Städten. Einige Stämme lebten damals wie auch noch heute als steinzeitliche Jäger in den Tiefen des südamerikanischen Urwalds.

Obwohl schon um 1000 n. Chr. Wikinger von Island und Grönland aus zur nordamerikanischen Westküste gefahren und dort auch auf die Ureinwohner dieses Kontinents gestoßen waren, blieben diese Begegnungen zwischen den weißen und den roten Menschen doch nur Episode, sodass in Europa im 15. Jahrhundert niemand etwas von der Existenz dieser Rasse und ihres großflächigen Lebensraumes wusste.

Die 80 Männer, die am 12. Oktober 1492 auf der Insel Guanahani landeten, waren im August unter der Führung von Christoph Columbus mit drei Schiffen von Spanien aus zu einer Fahrt ins Ungewisse aufgebrochen. Columbus stammte aus Genua und hatte sich zuerst am Hof in Portugal erfolglos darum bemüht, für seine abenteuerlich klingenden Pläne einen Geldgeber zu finden. Schließlich bekam er vom spanischen Königspaar die Unterstützung, die er brauchte. Er war nämlich davon überzeugt, dass man, wenn man über das Meer im Westen segelte, die reichen Gewürz- und Goldregionen Ostasiens in kürzerer Zeit erreichen könnte. Denn er vermutete wie viele Wissenschaftler und Seefahrer seiner Zeit,

*Indianer beklagen
ihre Toten. (Kolorierter Kupferstich von
de Bry, 1593).*

dass die Erde keine Scheibe sei, sondern eine Kugel. Allerdings schätzte er die Entfernung zwischen Europa und Ostasien mit angeblich 2400 Seemeilen (ca. 4400 Kilometer) um mehr als die Hälfte zu kurz.

Was veranlasste Königin Isabella von Kastilien und König Ferdinand von Aragon, eine solch risikoreiche Fahrt ins Ungewisse zu unterstützen? 1453 hatten die Türken Konstantinopel erobert und dadurch war der Orienthandel der europäischen Kaufleute erschwert. Gewürze, Seide und Edelsteine verteuerten sich durch den türkischen Zwischenhandel derart, dass man neue Verbindungswege nach Asien und neue Goldquellen suchte. Darüber hinaus sollte der christliche Glaube weiterverbreitet werden.

Hochseetüchtige Schiffe wie die Karavellen, die mit Kanonen bestückt waren, verbesserte Karten und neue Hilfsmittel zur Orientierung auf dem Meer, wie der Kompass, versetzten die Seefahrer in die Lage, die bis dahin bekannten Küstenregionen zu verlassen und sich in die Weiten des Ozeans hinauszutrauen. Forscherdrang, Abenteuerlust und klare Planung vertrieben auch die letzten Ängste, die noch die mittelalterlichen Seefahrer davon abgehalten hatten, die Weltmeere zu befahren. Die Gerüchte über kochendes Wasser am Äquator oder Schiffe verschlingende Seeungeheuer hatten sich als haltlos erwiesen, seit portugiesische Schiffe weit in den Südatlantik vorgedrungen waren. Kein Seemann glaubte mehr, am Rand des Weltmeeres von der Erdscheibe herabkippen zu müssen.

Columbus und seine Mannschaft nutzten den Passatwind und legten mit ihren drei Schiffen im Schnitt über 150 Meilen pro Tag zurück. Als nach 10 Wochen endlich Land gesichtet wurde, stimmte die bisher zurückgelegte Strecke in etwa mit der von Columbus fälschlicherweise berechneten Entfernung nach Ostasien überein, sodass er glaubte, die von ihm entdeckte Bahamainsel Guanahani sei Indien vorgelagert.

**Der erste Kontakt
zwischen Weißen
und Indios**

*Tanz brasilianischer
Indianer. Häuptlinge
blasen die Tänzer mit
Tabaksrauch an um
ihnen den „Geist der
Stärke" zu übertragen.
(de Bry, 1593).*

Aus Dankbarkeit gegenüber Gott für das glückliche Gelingen seiner Expedition gab er der Insel den Namen „San Salvador" (Heiliger Erlöser) und erklärte sie zum Besitz der spanischen Krone. So wurden die Eingeborenen, die Columbus „Indianer" nannte, ungefragt als Untertanen der spanischen Herrscher betrachtet. Auf den Gedanken, dass die Insel den Ureinwohnern gehörte, kam er überhaupt nicht. Zu groß erschien ihm der Abstand zwischen diesen angeblich „unzivilisierten Wilden" und den europäischen Entdeckern. Da die unbewaffneten Inselbewohner die Neuankömmlinge wie gottähnliche Wesen bestaunten, war es ein Leichtes, die Überlegenheit des weißen Mannes zum Ausdruck zu bringen. Die Europäer waren davon überzeugt, dass christliches Recht dem heidnischen übergeordnet sei. Deshalb fühlten sie sich von Anfang an als rechtmäßige Besitzer der Insel. Den Indianern war eine derartige Denkweise unbekannt und sie nahmen die Fremden freundlich und arglos auf.

Columbus seinerseits verfolgte von Anfang an das Ziel aus dem entdeckten Land möglichst hohen Gewinn zu schlagen. Er schrieb in einem Bericht an das spanische Königspaar: „Ihre Hoheiten … können schon jetzt gewiss sein, dass ich ihnen so viel Gold verschaffen kann, als sie nur wollen … Überdies werden ihnen Gewürze, Baumwolle und [gummiähnliches] Mastixharz in jedem gewünschten Ausmaß zu Gebote stehen."

Auf die gleiche Weise wie Guanahani entdeckte Columbus noch andere Karibikinseln, darunter Kuba und Haiti, das er „Espagnola" nannte. Hier gründete er am 25. Dezember 1492 „La Navidad" (Weihnachten), die erste europäische Kolonie in der „Neuen Welt". Seine Rückkehr nach Spanien 1493 gestaltete sich als Triumphzug. Die fremden Früchte und Tiere erregten wie die „Rothäute", die Columbus aus der Karibik verschleppt hatte, das Interesse der Spanier.

2 **Die Lebensweisen von Indianern – mit europäischen Augen gesehen**
Die Reiseberichte der Entdecker aus der „Neuen Welt" wurden von Anfang an mit Illustrationen versehen, die den europäischen Betrachtern die Besonderheiten der Lebensweise der „Wilden" vermitteln sollten. Dabei ging es weniger um Wirklichkeitstreue, sondern vielmehr um das Herausstellen von exotischen Elementen. Das linke Bild (Ausschnitt) ist die älteste deutsche Darstellung südamerikanischer Indianer (1507). Das rechte Bild ist ein Holzschnitt von 1557.

1493 bis 1504 unternahm Columbus noch drei weitere Fahrten über den Atlantik, wobei er auch das Festland betrat. Bis zu seinem Tode war er aber davon überzeugt, eine neue Route nach Indien entdeckt zu haben. Erst die Reisen anderer Forscher zu Beginn des 16. Jahrhunderts brachten die Gewissheit, dass zwischen Europa und Asien ein bisher unbekannter Kontinent lag. 1508 schlug der Kartograph Waldseemüller vor, diesen nach dem Entdecker Amerigo Vespucci aus Florenz „Amerika" zu nennen.

Portugiesisch-spanische Konkurrenten bei den Entdeckungsfahrten

Schon vor Columbus hatten portugiesische Seeleute nach einem günstigen Seeweg nach Indien gesucht. Im Auftrag des Prinzen Heinrich des Seefahrers stießen sie im Verlauf des 15. Jahrhunderts immer weiter an der Westküste Afrikas entlang nach Süden vor. Als 1497–99 Vasco da Gama die Südspitze Afrikas umsegelte und schließlich nach Indien kam, war das Interesse der Europäer allerdings bereits mehr auf die von Columbus neu entdeckte Welt im Westen gerichtet. 1493 hatte sich Spanien vom Papst, der für die Christen als oberster Schiedsrichter in internationalen Fragen galt, das alleinige Entdeckerrecht in der „Neuen Welt" bestätigen lassen. 1494 teilten Spanien und Portugal im Vertrag von Tordesillas diese unter sich auf. Das heutige Brasilien wurde dadurch portugiesisches Interessengebiet, der größte Teil von Mittel- und Südamerika spanisches. So wurden die etwa 75 Millionen Ureinwohner Amerikas zu rechtlosen Untertanen der europäischen Entdecker.

Altamerika: Das Amerika vor 1492 (Entdeckung der „Neuen Welt") bezeichnet man als Altamerika. Der amerikanische Kontinent wurde seit ca. 40 000 v. Chr. von nordostasiatischen Stämmen besiedelt. Während die nordamerikanischen Indianerkulturen über lange Zeit Jäger und Sammler blieben, entwickelten sich in Mittelamerika und im südamerikanischen Westen Dorf- und Stadtkulturen mit differenziertem Gesellschaftsaufbau, gut organisierten Staaten und hohen Leistungen in Wirtschaft, Wissenschaft, Kultur und Technik. Am weitesten entwickelt waren die Kulturen der Maya (klassische Periode 600–900 n. Chr.) und der Azteken in Mexiko (Blüte ca. 1200–1521) sowie die Kultur der Inka im Andenhochland (Blüte 1438–1533).

3 **Toscanellis Weltkarte** (um 1470). Der italienische Arzt und Kartograph Toscanelli hatte in einem Briefwechsel mit Columbus diesen in seiner Idee bestärkt, dass ein westlicher Seeweg nach Indien möglich sei. Die Entfernungsberechnungen des Columbus basierten auf Toscanellis Karte (Rekonstruktion).

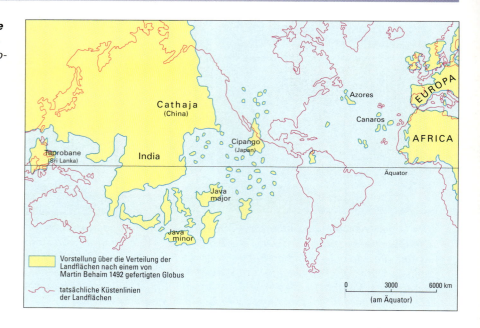

4 **Aus dem Bordbuch des Columbus**

Columbus' Aufzeichnungen über seine erste Reise sind nur in einer Abschrift des Bartholomé de Las Casas (1474–1566) erhalten. Das Bordbuch war an das spanische Herrscherpaar gerichtet.

Um zwei Uhr morgens kam das Land in Sicht … Wir warteten bis zum Anbruch des Tages … an welchem wir zu einer Insel gelangten, die in der Indianersprache „Guanahani" hieß. Dort erblick-

5 ten wir allsogleich nackte Eingeborene. Ich begab mich [mit den Kapitänen der beiden anderen Schiffe] an Bord eines mit Waffen versehenen Bootes an Land. Dort entfaltete ich die königliche Flagge, während die beiden Schiffskapi-

10 täne zwei Fahnen mit einem grünen Kreuz im Felde schwangen … Ich rief die beiden Kapitäne und auch all die anderen, die an Land gegangen waren, ferner … den Notar der Armada [Flotte] … und sagte ihnen, durch ihre per-

15 sönliche Anwesenheit davon Kenntnis zu nehmen, dass ich im Namen des Königs und der Königin … von der genannten Insel Besitz ergreife, und die rechtlichen Unterlagen zu schaffen, wie es sich aus den Urkunden ergibt, die dort

20 schriftlich niedergelegt wurden.

Sofort versammelten sich an jener Stelle zahlreiche Eingeborene der Insel. In der Erkenntnis, dass es sich um Leute handle, die man weit besser durch Liebe als mit dem Schwert retten und

25 zu unserem Heiligen Glauben bekehren könne,

gedachte ich, sie mir zu Freunden zu machen, und schenkte also einigen unter ihnen rote Kappen und Halsketten aus Glas und noch andere Kleinigkeiten von geringem Werte, worüber sie

30 sich ungemein erfreut zeigten … Ich beobachtete alles mit größter Aufmerksamkeit und trachtete herauszubekommen, ob in dieser Gegend Gold vorkomme. Dabei bemerkte ich, dass einige von diesen Männern die Nase durchlöchert und

35 durch die Öffnung ein Stück Gold geschoben hatten. Mithilfe der Zeichensprache erfuhr ich, dass man gegen Süden fahren müsse um zu einem König zu gelangen, der große goldene Gefäße und viele Goldstücke besaß … Also entschied ich

40 mich nach Südwesten vorzudringen um nach Gold und Edelsteinen zu suchen.

Euer Hoheiten können versichert sein, dass diese Länder … dermaßen schön und fruchtbar sind, dass man es unmöglich mit Worten schildern

45 kann. Diese Insel wie auch alle anderen Inseln gehören zum Besitze Eurer Hoheiten …; um die Herrschaft auszuüben, braucht man sich hier nur niederzulassen und den Eingeborenen aufzugeben, allen Befehlen nachzukommen … Sie besit-

50 zen keine Waffen, sind unkriegerisch, harmlos, nackt und feige, dass tausend von ihnen drei meiner Leute nicht an sich herankommen lassen würden. Dafür sind sie bereit zu gehorchen, zu arbeiten und alles Nötige zu vollführen.

Christoph Columbus, Bordbuch – Briefe – Berichte – Dokumente. Hg. v. Ernst G. Jakob. Bremen 1956, S. 88 ff.

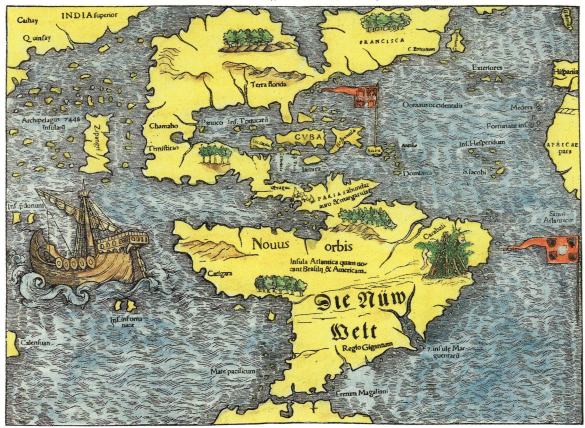

5 **Die „Neue Welt"** (Holzschnitt des Baseler Kartenzeichners Sebastian Münster, 1540). Die von Columbus und seinen Nachfolgern entdeckten neuen Länder zwischen Europa und Asien wurden ab 1506 in Weltkarten vermerkt, allerdings zunächst ohne Namen bzw. mit der Bezeichnung „terra incognita" (unbekanntes Land). Die „Cosmographia" Münsters wimmelt von fantastischen Darstellungen (z. B. von „Menschen" ohne Kopf mit dem Gesicht auf der Brust oder von sog. „Schattenfüßlern", die, wenn sie auf dem Rücken lagen, ihren großen Fuß als Sonnenschirm benutzen konnten). Diese Vorstellungen gingen auf antike Schriftsteller zurück.

a) Was kannst du der Karte auf der ADS und dem Text des Schulbuchautors über Ursachen und Ablauf der großen Entdeckungsreisen entnehmen?

b) Vergleiche die beiden Karten (M3 und M5) mit einer Karte Amerikas in deinem Schulatlas. Was verraten die Karten über die geographischen Kenntnisse und die Vorstellung von der Welt in der jeweiligen Zeit?

c) In diesem Kapitel wird der erste Kontakt zwischen Europäern und Indianern auf dreifache Weise dargestellt – im Lehrbuchtext zu Beginn des Kapitels, im Arbeitsteil (M4) und als Bild (M1). Vergleiche diese drei Darstellungen miteinander.

d) Was sagen die Bilder (M2) darüber aus, wie die Europäer im 16. Jahrhundert die Indianer gesehen haben?

e) Was ist in dem bekannten Lied „Ein Mann, der sich Columbus nannte" richtig dargestellt, was ist falsch? Schreibt ein neues Lied, möglichst aus der Sicht der Indianer.

6. Das Aztekenreich wird zerstört

Das Aztekenreich in Mexiko

Die Indianer, auf die Columbus 1492 traf, wurden von den Entdeckern als „unzivilisierte Wilde" angesehen, denn sie lebten nach europäischen Maßstäben in primitiven Verhältnissen. Anders sah es auf dem mittelamerikanischen Festland aus. Hier lebten z. B. die Azteken, ein kriegerisches Volk, welches seit dem 11. Jahrhundert n. Chr. von Norden her ins zentralmexikanische Hochland eingewandert war und auf den Inseln des Texcoco-Sees siedelte. Die Azteken nannten sich nach ihrem legendären Stammeshäuptling Mexitli auch „Mexica". Innerhalb von eineinhalb Jahrhunderten bauten sie ihre Herrschaft aus. Vermutlich 1325 gründeten sie ihre Hauptstadt Tenochtitlan, die ab 1430 das Zentrum eines Städtedreibundes wurde. Unter aztekischer Führung unterwarf dieser Bund in wenigen Jahrzehnten fast alle mexikanischen Stämme.

Die Azteken zwangen den Besiegten ihre Kultur und Sprache nicht auf, aber sie mussten an den Städtebund Tribute entrichten, die aztekische Steuereintreiber nach präzisen Listen erhoben. So stützte sich der große Reichtum der Azteken auf ihre militärischen Eroberungen. Ihre Kriegszüge waren so erfolgreich, weil für die Azteken der Krieg eine heilige Aufgabe, ein Dienst an den Göttern war. Kriegsgefangene wurden in einem genau festgelegten Ritual auf den Tempelpyramiden Tenochtitlans den Göttern, besonders dem Kriegsgott Huitzilopochtli, geopfert. In den Augen der Azteken war dies keine unmenschliche und grausame Tat, sondern ein ehrenvoller Tod, der die Götter gnädig stimmen sollte.

Die Kultur der Azteken war hoch entwickelt. Sie besaßen einen präzisen Kalender, verfügten über eine Bilderschrift und fertigten in der Goldschmiedekunst und

1 Die Gründung Tenochtitlans und seine Geschichte bis 1375
Darstellung in einer aztekischen Bilderhandschrift, dem „Codex Mendoza", die im Auftrag des spanischen Vizekönigs von Mexiko, Antonio de Mendoza, für Kaiser Karl V. um 1540 von einem aztekischen Künstler angefertigt wurde. Der Adler (Bildmitte) ist das Gründungssymbol für Tenochtitlan. Gemäß einer Prophezeiung sollten die wandernden Azteken dort siedeln, wo ein Adler in einem See auf einem Kaktus sitzend eine Schlange in den Fängen hielt – dies war nach der Legende im Texcoco-See der Fall. Heute findet sich dieses Symbol im Staatswappen Mexikos. Der damalige Herrscher der Azteken, Tenochtli, sitzt als einzige Figur auf einer Palmblättermatte. Die anderen Personen sind fürstliche Krieger. Unten ist der erfolgreiche Eroberungszug der Azteken gegen zwei Nachbarstädte dargestellt. Die Schädel der den Göttern geopferten Kriegsgefangenen wurden auf Gerüsten aufgereiht (Mitte rechts). Die blauen Quadrate am Rand symbolisieren jeweils ein Jahr der Regierungszeit Tenochtlis.

2 **Aztekische Kindererziehung**

*(aus dem „Codex Men-
doza", um 1540). Vater
und Mutter strafen ihre
Kinder und leiten sie
zur Arbeit an. Das Alter
der Kinder, die Essens-
rationen („Tortillas",
das sind Maisfladen-
brote) und die Nacht-
zeit (rechts oben) sind
jeweils durch Zeichen
angegeben.*

*Unten: aztekische Krie-
ger in der „Historia"
des Franziskanermön-
ches Bernardino de
Sahagún (1499–1540)*

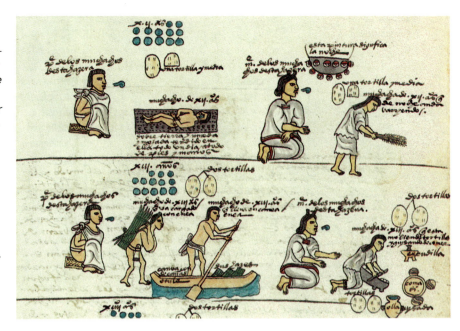

**Die Zerstörung
Tenochtitlans**

im Töpferhandwerk (ohne Töpferscheibe), in der Federmosaikkunst und in der Architektur hervorragende Werke. Die aztekischen Kinder wurden bis zum 15. Lebensjahr von ihren Eltern erzogen. Für die Jungen bestand danach Schulpflicht. Die nichtadligen Knaben besuchten das „Telpochcalli" (Jünglingshaus), wo sie eine landwirtschaftliche, handwerkliche und militärische Grundausbildung erhielten; die jungen Adligen gingen ins „Calmecatl" (Priesterhaus), um Lesen, Schreiben, Rechnen, Religion und Dichtkunst zu lernen. Die Mädchen heirateten meist mit 16 bis 18 Jahren.

Alle nichtadeligen Erwachsenen arbeiteten als Landwirte, Handwerker oder Händler. Von diesen unteren Ständen, die „Macehualli" (Arbeitende) genannt wurden, unterschieden sich stark die „Tecuhtli" (Herren). Diese bekleideten als Adlige die höchsten religiösen, politischen und militärischen Ämter. Für alle Männer bestand Wehrpflicht; wer sich im Krieg bewährte, konnte gesellschaftlich aufsteigen. An der Spitze des aztekischen Staates stand der „Tlacatecuhtli" (oberster Herrscher). Er hatte seinen Sitz in der Hauptstadt Tenochtitlan, der größten Stadt Altamerikas, die um 1500 n. Chr. über 300 000 Einwohner zählte. Diese Inselstadt war über drei Dämme mit dem Festland verbunden, über welche auch Trinkwasserleitungen führten. Die Stadt war in Wohnviertel eingeteilt und besaß mehrere Marktplätze, Palastanlagen mit zoologischen Gärten und im Zentrum einen großen Platz mit den Tempelanlagen. Der spanische Hauptmann Diaz berichtete: „Leute, die Konstantinopel und Rom [die größten Städte der ‚Alten Welt'] gesehen hatten, erzählten, dass sie noch nirgendwo einen so großen und volkreichen Platz gefunden hätten."

Die Blüte der Hauptstadt des Aztekenreiches endete am 13. August 1521. Diaz schrieb über diesen Tag: „In den Häusern im See und auf dem Land, in den Kanälen und auf vielen Plätzen lagen überall Leichen … Ich habe die Beschreibung der Zerstörung von Jerusalem gelesen. Ich weiß aber nicht, ob es dort so viele Tote gegeben hat." Der letzte aztekische Herrscher, Cauthemoc, wurde von den Eroberern der Stadt gefangen genommen und gehenkt. Das war das Ende des mächtigen Aztekenreichs.

**Wer waren
die Eroberer?**

Besiegt wurden die Azteken von dem spanischen General Fernando Cortés, der 1519 mit nur ca. 500 Soldaten von Kuba aus aufgebrochen war um den Gerüchten über ein unvorstellbar reiches Land in Mittelamerika nachzugehen. Cortés' Vorbild waren adlige Heerführer, die im 15. Jahrhundert Spanien von den muslimischen Mauren befreit hatten. In Anknüpfung an diese „Reconquista" (Wiedereroberung für die Christen) nannten sich die adligen Glücksritter in Amerika „Conquistadoren" (Eroberer). Der Gedanke der Christianisierung spielte für sie zwar auch eine gewisse Rolle, aber in erster Linie ging es ihnen um Ruhm, Macht und Gold. Cortés besiegte zunächst mehrere Indianerstämme, die sich ihm schließlich als Verbündete anschlossen, teils um sich von der aztekischen Vorherrschaft zu befreien, teils weil sie von den Spaniern dazu gezwungen wurden. Danach drang die Truppe des Cortés rasch ins mexikanische Hochland vor. Die Azteken waren über die Eindringlinge höchst besorgt, denn sie hielten diese für Götter. Cortés sah mit seinem weißen Gesicht, seinem Vollbart und seinem vergoldeten Helm für die Azteken so aus wie der Gott Quetzalcoatl. Dieser sollte einst über das Meer nach Osten entschwunden sein. Die Kampfkraft der Azteken war dadurch wie gelähmt und ihr Herrscher Montezuma (links ein anonymes zeitgenössisches Gemälde) ließ sich fast willenlos von den Spaniern gefangen nehmen. Im Kampf setzten die Spanier geschickt ihre Feuerwaffen und die für die Indianer Furcht erregende Reiterei ein. Außerdem wurden die Indianer durch eingeschleppte Krankheiten wie die Pocken so geschwächt, dass das einst mächtige Aztekenreich in nur zwei Jahren zerstört wurde. An der Stelle der aztekischen Hauptstadt errichteten die Spanier eine neue Stadt: Mexico.

3 **Der große Tempelplatz in Tenochtitlan** *(Rekonstruktionszeichnung). Im Zentrum der aztekischen Hauptstadt (heute: Mexiko-Stadt) befanden sich die wichtigsten Tempel. Links ist die Pyramide mit den Tempeln des Regengottes Tlaloc und des Sonnen- und Kriegsgottes Huitzilopochtli; in der Bildmitte befindet sich der runde Opferstein. Die blutigen Rituale dienten u. a. dazu, die Kraft der Sonne, die täglich viel Energie zum Nutzen der Menschen abgibt, wiederherzustellen. Nur der einst nach Osten geflohene Gott Quetzalcoatl verabscheute Menschenopfer – genauso wie die spanischen Conquistadoren, die man ursprünglich für Götter hielt.*

> **Conquista** (spanisch, d. h. Eroberung): In Anlehnung an die Befreiung des christlichen Spaniens von arabischer Herrschaft („Reconquista") wird die Zeit der Eroberung Mittel- und Südamerikas durch spanische Feldherren und Abenteurer im 16. Jahrhundert „Conquista" genannt. Die bekanntesten „Conquistadoren" waren Cortés, der Eroberer des Aztekenreiches in Mexiko, und Pizarro, der das Inkareich in Südamerika zerstörte. Die „Conquista" ermöglichte den Ausbau der spanischen Herrschaft in Amerika (Vizekönigreiche Neuspanien in Mexiko und Peru), wobei die alten Indianerkulturen rücksichtslos vernichtet wurden.

4 **Die Wirkung von Cortés' Soldaten**
Aztekische Gesandte berichten 1519 dem Herrscher Montezuma über die spanische Truppe:
Erschrocken hörte Montezuma davon, wie die Kanone brüllt, wie ihr Donner trifft, dass man taub und ohnmächtig wird und wenn der Schuss (aus dem Geschütz) fällt, wie eine Kugel aus sei-
5 nem Bauch herauskommt … Die Gesandten berichten: „Lauter Eisen ist ihre Kriegstracht … aus Eisen besteht ihr Schwert, aus Eisen ihr Bogen, aus Eisen ihr Schild, aus Eisen ihre Lanze. Und ihre Hirsche tragen sie auf dem Rücken, darauf
10 sind sie so hoch wie Dächer. Und überall ist ihr Körper eingehüllt. Nur ihre Gesichter sind nicht bedeckt. Ihre Haut ist weiß wie aus Kalk gemacht. Ihr Haar ist gelb, nur bei einigen schwarz …" Und als dies Montezuma hörte,
15 fürchtete er sich sehr, fiel fast in Ohnmacht …

Aus der Welt der Azteken. Die Chronik des Fray Bernardino de Sahagún. Frankfurt 1990, S. 251 f.

5 **Das Gold der Azteken**
Nach seiner Gefangennahme (1519) wird Montezuma von den Spaniern gezwungen ihnen die Schatzkammern zu öffnen:
Und nachdem sie an dem Schatzhause … angelangt waren, wurden alle Schmucksachen hervorgeholt, der Federschmuck …, die goldenen Brustscheiben, die Halsketten der Götterbil-
5 der … und nachdem alles Gold abgelöst war, zündeten sie alle die verschiedenen Kostbarkeiten an. Und das Gold schmolzen die Spanier in Barren und die grünen Edelsteine, so viel ihnen gefielen, nahmen sie an sich … sie nahmen alles,
10 was sie fanden, was ihnen gefiel. Danach gingen sie nach dem eigentlichen Schatzhause Montezumas … Man sah sie stolz aufgerichtet gehen, wie Tiere, gleichsam einander wegbeißend, hoch zufrieden …

Aus der Welt der Azteken. Die Chronik des Fray Bernardino de Sahagún. Frankfurt 1990, S. 266 f.

6 **Tempelpyramide und Kirche von Cholula**
Auf der Spitze der indianischen Tempelpyramide von Cholula, etwa 150 km südöstlich von Tenochtitlan, errichteten die spanischen Eroberer im 16. Jahrhundert eine katholische Kirche.

7   **Die Eroberung Tenochtitlans 1521.** *Der mexikanische Künstler Lienzo de Tlaxcala stellte um 1550 die Eroberung der Hauptstadt seines Landes in einer Bilderhandschrift dar.*

8   **Die Götter der Azteken.** *Hauptmann Diaz beschreibt (1568) die Aztekentempel und ein Gespräch zwischen Cortés und Montezuma:*
Auf einem [Sockel] stand der Gott der Hölle … Um seinen Leib wand sich ein Kreis von Figuren, die wie Teufel aussahen und lange nackte Schwänze hatten. Dem Ungeheuer waren an die-
5   sem Tag schon fünf Menschenherzen geopfert worden … [Cortés] sagte lächelnd zu Montezuma: „Ich kann nicht begreifen, wie ein so großer und weiser Herrscher wie Ihr an diese Götzen glauben kann, die doch keine Gottheiten
10   sind, sondern böse Geister, Teufel … Erlaubt uns auf die Spitze dieses Tempels ein Kreuz und in den Raum neben eurem Kriegs- und Höllengott ein Muttergottesbild zu setzen." … Montezuma antwortete … mit nur schlecht verhaltenem
15   Zorn: „In unseren Augen sind es gute Götter. Sie schenken uns Leben und Gedeihen, Wasser und gute Ernten, und wenn wir sie darum bitten, auch Siege. Deshalb … opfern wir ihnen."

Denkwürdigkeiten des Hauptmanns Bernal Diaz del Castillo, hg. v. G. A. Nareiß, Stuttgart 1965, S. 261 ff.

9   **Die Herstellung von Federarbeiten**
Die aztekischen Federarbeiter waren hoch spezialisierte Kunsthandwerker, die in der Hauptstadt Tenochtitlan in besonderen Vierteln wohnten und arbeiteten. Sie fertigten luxuriöse Mosaiken aus Federn farbenprächtiger Vögel (Papagei, Reiher, Kolibri, Quetzalvogel). Dabei wurden die Federn mit Kupfermessern zugeschnitten und auf einen Untergrund aus Agavefaserpapier nach vorgezeichneten Mustern dachziegelförmig aufgeklebt und z.T. mit Gold und Farbe ummalt. Diese Mosaiken schmückten Kleidungsstücke, Gebrauchsgegenstände, aber auch Schilde der Krieger.

a) *Nenne Gesichtspunkte, welche die Azteken als kulturell sehr hoch stehendes Volk kennzeichnen (M1, M3 und M9).*
b) *Wieso konnten nur 500 Spanier das mächtige Aztekenreich erobern (M4 und M7)? Was waren ihre Motive (M5, M6 und M8)?*
c) *Erläutere, welche religiösen Vorstellungen in M8 aufeinander prallen.*
d) *Entschlüssele das Bild M2. Was fällt dir an der aztekischen Erziehung auf?*
e) *Vergleiche das Stadtbild Tenochtitlans (M3) mit dem einer mittelalterlichen Stadt in Europa. Was verblüffte die Spanier beim Anblick Tenochtitlans?*

7. Die Kolonialherrschaft der Europäer

1524 _____	Als oberste Verwaltungs- und Gerichtsbehörde wird in Madrid für die spanischen Gebiete in Amerika der Indienrat gegründet.
1542 _____	Der Bischof Las Casas bewirkt durch seine Kritik an der Behandlung der Indianer eine gesetzliche Einschränkung der Indianer-Versklavung.
seit dem 16. Jh. _____	Neben Spanien und Portugal gründen auch andere europäische Mächte (Niederlande, Frankreich, England) überseeische Kolonien.
seit 1810 _____	Unabhängigkeitskriege in Mittel- und Südamerika beenden die spanische und portugiesische Kolonialherrschaft in der „Neuen Welt".

Die Spanier errichten ihre Herrschaft in der „Neuen Welt"

Seit Beginn des 16. Jahrhunderts besiedelten die Spanier die „Neue Welt". Die spanische Krone war von Anfang an daran interessiert, die neu entdeckten und eroberten Gebiete wirtschaftlich zu nutzen. Hauptziel war, die Einnahmen des Staates durch Gold- und Silbereinfuhren aus Amerika zu steigern. So wurden z. B. allein aus Haiti in knapp 20 Jahren über 15 000 Kilogramm Gold exportiert. Alles, was die neuen überseeischen Gebiete betraf, wurde ab 1524 vom Indienrat in Madrid aus gesteuert. Dadurch war eine planvolle Kolonisierung von „Las Indias", wie die spanischen Territorien in Amerika genannt wurden, möglich: Einwanderung, Landverteilung, Städtegründungen, Gewinnung von Bodenschätzen, Handelsbeziehungen und Eingeborenenmission wurden unter staatlicher Aufsicht geregelt. So durchdrangen die Spanier die „Neue Welt" und machten die spanische Sprache und Kultur in Lateinamerika (Mittel- und Südamerika) heimisch.

Die Lage der Indianer

Am spanischen Königshof hatte sich nach langen Diskussionen von Juristen und Theologen die Auffassung durchgesetzt, dass die amerikanischen Ureinwohner nicht Sklaven, sondern freie Untertanen seien. Sie sollten durch Mission und christliche Erziehung zivilisiert werden. Aber die meisten spanischen Siedler teilten diese Meinung nicht. Dem staatlichen Auftrag, die ihnen zugeteilten Indianer im christlichen Glauben zu unterweisen, kamen viele Spanier nur halbherzig nach. Für die meisten von ihnen waren die Indianer nur billige Arbeitskräfte. Die Lebensweise der meist nicht sesshaften Ureinwohner deuteten sie als Faulheit, der man am besten mit erbarmungsloser Härte begegnen müsse.

So wurden in den Gold- und Silberbergwerken des Andenhochlandes, auf den großen Zuckerrohr- und Baumwollplantagen und beim Perlentauchen in der Karibik die Indianer zu Tausenden Opfer der unmenschlichen Arbeitsbedingungen. Viele starben auch an Krankheiten wie Masern, Grippe, Typhus und Pocken, welche die Europäer einschleppten und gegen die die Eingeborenen keine körpereigenen Abwehrstoffe besaßen. Allein in Mexiko ging die indianische Bevölkerung innerhalb der ersten 50 Jahre nach der Eroberung durch Cortés von 25 auf 3 Millionen zurück.

Las Casas – der Fürsprecher der Indianer

Die meisten Kritiker an der Ausbeutungspraxis der Spanier waren Missionare, die für eine menschliche Behandlung der Indianer eintraten. Unter ihnen ragte Bartolomé de Las Casas, später Bischof in Mexiko, besonders hervor. Mit zahlreichen Eingaben und Beschwerden wandte er sich ab 1515 immer wieder an den spanischen Hof. Er konnte nicht hoffen, bei den Kolonisten selbst auf Ver-

1 *Oben:* **Indianer werden vor die Hunde geworfen,** *weil sie gegen christliche Moralvorstellungen verstoßen haben.*
Rechts: **Negersklaven im Bergbau** *(Kupferstiche von Theodor de Bry 1595). – Welche Merkmale der Kolonialherrschaft sind den Bildern zu entnehmen?*

ständnis zu stoßen, denn diese waren davon überzeugt, dass die Verknechtung der Eingeborenen ein gottgegebenes Recht und wirtschaftlich notwendig sei. Die Kritik von Las Casas wurde als Nestbeschmutzung angesehen. Man warf ihm vor, die spanische Herrschaft in Amerika zu gefährden. Immerhin erreichte Las Casas 1542 ein Verbot der Indianersklaverei durch den spanischen Kaiser Karl V. Jedoch gelang es nicht, dieses Gesetz in den Kolonien konsequent durchzusetzen. Das Engagement von Las Casas für die Indianer führte außerdem dazu, dass Indianersklaven durch Negersklaven ersetzt wurden. Dies hatte Las Casas selbst vorgeschlagen, später aber wieder bereut. Man schätzt, dass vom 16. bis zum 18. Jahrhundert über 10 Millionen Schwarze aus Afrika nach Amerika verschleppt wurden.

Das Ende der spanischen Kolonialherrschaft

Zu Beginn des 19. Jahrhunderts endete die spanische und die portugiesische Kolonialherrschaft in Amerika. Im 18. Jahrhundert waren die Kolonialherren zu großem Wohlstand gelangt, und sie strebten danach, sich vom iberischen Mutterland zu lösen. Sie empfanden es als Bevormundung, dass ihre amerikanischen Angelegenheiten immer noch von Europa aus geregelt wurden. Über 90 Prozent aller Weißen waren inzwischen in der „Neuen Welt" geboren und fühlten sich mehr als Amerikaner denn als Spanier bzw. Portugiesen. Zwischen 1810 und 1825 erkämpften sich die Kolonien unter Führung des Venezolaners Simon Bolivar ihre Selbständigkeit; auf dem Boden der ehemaligen Kolonialreiche entstanden so 27 unabhängige Einzelstaaten in Lateinamerika.

Die Europäisierung der Welt

Spanien und Portugal hatten seit Ende des 15. Jahrhunderts die „Neue Welt" unter sich aufgeteilt. Diese Regelung akzeptierten andere europäische Seemächte wie Holland, Frankreich und England nicht, denn schließlich wollten auch sie an den unermesslichen Reichtümern der überseeischen Gebiete teilhaben. Da sie die spanisch-portugiesische Vorherrschaft in Lateinamerika nicht brechen konnten, wandten sie sich nach Nordamerika und gründeten dort Kolonien. Außerdem

2 Die Spanische Kolonialherrschaft in Lateinamerika

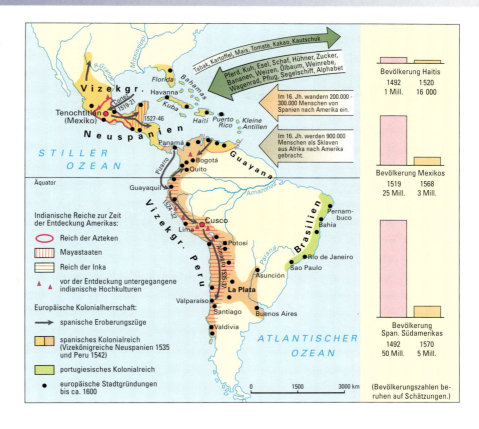

errichteten sie in großer Zahl Handelsstützpunkte und Siedlungsgebiete an den Küsten Afrikas und Asiens. Dieser Wettlauf um Kolonien artete z.T. in regelrechte Kriege der Kolonialmächte gegeneinander aus. Schließlich gerieten fast alle überseeischen Gebiete in Abhängigkeit von Europa. Der weltumspannende Handel der westeuropäischen Kolonialmächte führte Edelmetalle, Gewürze, Nutzpflanzen und wichtige Rohstoffe in Hülle und Fülle in die „Alte Welt" und schuf eine wichtige Grundlage für den wachsenden Wohlstand in Europa.

Im Gegenzug wurden europäische Pflanzen und Tiere in die Kolonien exportiert, wodurch sich die dortigen Lebensverhältnisse z.T. drastisch wandelten. Europäische Waren durchdrangen die überseeischen Regionen ebenso wie die europäische Lebensweise. So gewann Europa in politischer, wirtschaftlicher und kultureller Hinsicht seit der Entdeckung Amerikas weltweit ein derartiges Gewicht, dass man zurecht von einer Europäisierung der Welt spricht.

Kolonialismus: Seit dem „Zeitalter der Entdeckungen" eroberten europäische Staaten überseeische Gebiete, um diese als Wirtschafts-, Siedlungs- oder Militärkolonien zu nutzen. Man unterscheidet drei Phasen kolonialer Ausdehnung: 1. den Kolonialismus des 16. bis 18. Jahrhunderts, vornehmlich in Amerika; 2. den Kolonialismus des 18. und 19. Jahrhunderts, hauptsächlich im asiatischen Raum, und 3. den Imperialismus des ausgehenden 19. Jahrhunderts, der sich auf Afrika und den pazifischen Raum erstreckte. Die wichtigsten Kolonialmächte waren zunächst Spanien und Portugal, dann Holland, Frankreich und England, gegen Ende des 16. Jahrhunderts auch Russland wegen seiner Ausbreitung nach Sibirien, in der zweiten Hälfte des 19. Jahrhunderts gehörten auch Belgien, Deutschland und die USA dazu.

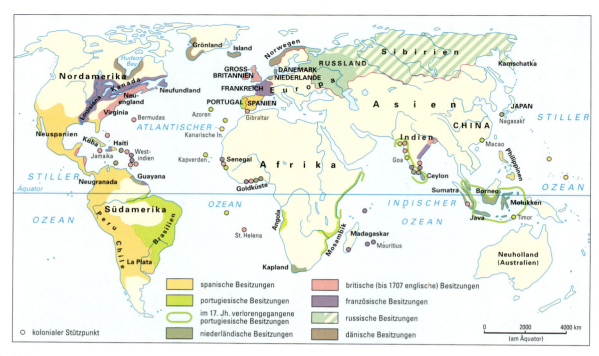

3 **Die europäischen Kolonien bis zur Mitte des 18. Jahrhunderts**

Map legend:
- spanische Besitzungen
- portugiesische Besitzungen
- im 17. Jh. verlorengegangene portugiesische Besitzungen
- niederländische Besitzungen
- britische (bis 1707 englische) Besitzungen
- französische Besitzungen
- russische Besitzungen
- dänische Besitzungen
- ○ kolonialer Stützpunkt

0   2000   4000 km
(am Äquator)

4 **Die Kolonialpolitik der Spanier**

Bartolomé de Las Casas (1474–1566) schrieb in seinem „Kurz gefassten Bericht von den Verwüstungen der Westindischen Inseln":

Die sogenannten Christen, welche hier [in Amerika] landeten, wählten zwei ganz untrügliche Mittel, diese bejammerungswürdigen Nationen auszurotten und sie gänzlich von der Oberfläche
5 der Erde zu vertilgen. Fürs Erste bekriegten sie dieselben auf die ungerechteste, grausamste, blutgierigste Art; und zweitens brachten sie alle diejenigen ums Leben, von denen sie fürchteten, dass sie nach Freiheit seufzen … So verfuhren sie
10 mit allen den Großen des Landes und allen freigeborenen Untertanen; im Kriege aber ließen sie überhaupt nur Weiber und Kinder am Leben. Sie bürdeten denselben die härtesten, schwersten, drückendsten Lasten auf, die nicht einmal Vieh
15 ertragen kann, geschweige denn Menschen … Die einzige und wahre Grundursache, warum die Christen eine so ungeheure Menge schuldloser Menschen ermordeten und zugrunde richteten, war bloß diese, dass sie ihr Gold in ihre Gewalt
20 zu bekommen suchten. Sie wünschten nämlich, in wenigen Tagen sich mit ihren Schätzen zu bereichern und sodann sich ungleich höher empor zu schwingen, als es ihr Stand und ihre Verhält-

nisse erlaubten. Es geschah, ich muss es nur sa-
25 gen, weil sie einen so unersättlichen Geiz und Stolz besaßen, dass ihresgleichen in der ganzen Welt wohl schwerlich zu finden ist. Es geschah, weil sie in diesen reichen und fruchtbaren Ländern sich festzusetzen wünschten …
30 Ich, Fray Bartolomé de Las Casas, ward durch Gottes Barmherzigkeit bewogen, mich an den Spanischen Hof zu verfügen und daran zu arbeiten, dass das Höllenheer aus Indien verjagt würde, damit jene unzählbaren Seelen, die Jesus
35 Christus mit seinem Blute erlöste, nicht rettungslos und auf ewig verloren gehen, sondern vielmehr ihren Schöpfer erkennen und selig werden möchten … Ich hege die größte Hoffnung, der Kaiser und König von Spanien, Don Carlos, der
40 Fünfte dieses Namens, werde hierdurch erfahren, wie boshaft und pflichtvergessen mit seinen Untertanen und Ländern, gegen Gottes und Sr. Majestät Willen verfahren worden ist und noch verfahren wird, und sodann … ernstlich darauf
45 bedacht sein jenen Übeln abzuhelfen und dieser neuen Welt, welche Gott ihm als Verehrer und Beförderer der Gerechtigkeit anvertraute, Hülfe und Beistand zu leisten.

Las Casas, Kurzgefasster Bericht von den Verwüstungen der Westindischen Inseln, hg. von H. M. Enzensberger. Frankfurt a. M. 1966, S. 8 ff. und S. 121 f.

5 Bevölkerungsentwicklung Lateinamerikas
(z.T. geschätzt)

Jahr	Weiße	Mischlinge	Indianer	Schwarze
1492	–	–	75 000 000	–
1570	138 000	220 000	9 827 000	40 000
1650	729 000	670 000	9 175 000	835 000
1825	4 349 000	6 252 000	8 211 000	4 188 000
1988	167 794 000	198 881 000	36 970 000	34 608 000

R. Konetzke, Die Indianerkulturen Altamerikas und die spanisch-portugiesische Kolonialherrschaft. Frankfurt 1968, S. 102 ff. und nach: Der Fischer Weltalmanach 91. Frankfurt
1990.

6 Gold- und Silberausfuhr von Amerika
nach Spanien (in Kilogramm)

Periode	Gold	Silber
1503–1510	4 963	–
1511–1520	9 153	–
1521–1530	4 889	148
1531–1540	14 466	86 193
1541–1550	24 957	177 573
…	…	…
1591–1600	19 451	2 707 626
…	…	…
1641–1650	1 549	1 056 430
1651–1660	469	443 256

Politische Weltkunde I/3. Das Werden einer neuen Zeit. Stuttgart 1984, S. 14.

7 Jubiläumskritik durch
Indianer in einem
Artikel der „Badischen
Zeitung" (Nr. 174)
vom 30.07.1991

500 Jahre Amerika

Indianer üben Kritik an Feiern

RIO DE JANEIRO (dpa). Amerikas Indianer sehen mit gemischten Gefühlen den Feierlichkeiten zur 500. Wiederkehr der Entdeckung des amerikanischen Kontinents entgegen, die für das kommende Jahr in der alten und neuen Welt vorbereitet werden. „Es gibt nichts zu feiern", sagte der Präsident der brasilianischen Indianerstiftung (Funai), Sidney Poßuelo. „Die westliche und christliche Zivilisation kann auf absolut nichts stolz sein, denn was sich nach der Entdeckung Amerikas ereignete, war eine unerbittliche und tragische Unterdrückung der indianischen Völker." Indianer-Vertreter mehrerer Län-

der kritisierten vor allem die geplanten enormen Geldausgaben für die Entdeckungsfeiern. Allein ein Monument in der Dominikanischen Republik zur Erinnerung an die Landung von Christopher Kolumbus 1492 soll 40 Millionen Dollar Kosten. Das Geld sollte nach ihrer Meinung besser zur Unterstützung der meist bitterarmen Überlebenden der Indianerbevölkerung verwendet werden.

Als zwei Jahre nach Kolumbus der Portugiese Pedro Alvaro Cabral in Brasilien landete, lebten dort fünf Millionen Indianer. Heute sind es noch 230 000, die verstreut in 180 Gruppen vor allem im Amazonasgebiet siedeln. Die Weißen hätten den Namen Gottes benutzt, „nur um uns auszuplündern und in die Armut zu stürzen", sagte die Indianerführerin Ana Maria Guacho aus Ekuador. Für ihre nordamerikanische Cherokee-Kollegin Jane Elliot war Kolumbus schlicht „ein Mörder".

a) Wie wird die spanische Kolonialherrschaft in M4 und auf den Bildquellen dargestellt?

b) Stelle anhand der Statistiken (M5 und M6) und der Karte (M2) die unmittelbaren Auswirkungen der Kolonialherrschaft auf Lateinamerika dar.

c) Beschreibe anhand der Weltkarte (M3) die koloniale Aufteilung der Erde unter die europäischen Mächte.

d) Warum kritisieren lateinamerikanische Indianer die Feierlichkeiten zur 500. Wiederkehr der Entdeckung Amerikas (M7)? Hältst du diese Kritik für berechtigt? Führt zur Klärung dieser Frage in eurer Klasse ein Streitgespräch, in dem Europäer und Indianer über dieses Problem diskutieren.

e) Tragt zusammen, was ihr aus anderen Unterrichtsfächern über das aktuelle Verhältnis zwischen den ehemaligen Kolonialmächten und den lateinamerikanischen Staaten wisst. Gibt es Zusammenhänge mit der alten Kolonialherrschaft? Stellt euer Ergebnis als Wandzeitung dar.

Reformation – Glaubensspaltung –

ATLANTISCHER

OZEAN

Nordsee

SCHOTTLAND

Irland
Dublin

ENGLAND
London

Amsterdam

Niederlande

NORWEGEN

Oslo

Personalunion

DÄNEMARK

Kopenhagen

Hamburg

Elbe

Wittenberg

Sachsen

Frankfurt

SCHWEDEN

Helsingfors

Stockholm

Estland

Livland

Riga

Kurland

Danzig

Preußen

Weichsel

Vilnius

Warschau

POLEN

ZARENTUM

Nowgorod

Moskau

MOSKAU

Düna

LITAUEN

Kiew

Dnjepr

Prag

Böhmen

Donau

München

Bayern

Wien

Eidgenossen

Mailand

Genua

FRANKREICH

Paris

Loire

Bordeaux

Lyon

Rhône

Po

VENEDIG

KIRCHEN-
STAAT

Rom

Neapel

Neapel

PORTUGAL

Lissabon

Tajo

Toledo

Madrid

SPANIEN

Barcelona

Ebro

Ungarn

Ofen

Belgrad

Siebenbürgen

Walachei

Bukarest

Donau

Moldau

Krimkhanat

Schwarzes Meer

Sofia

OSMANISCHES

Adrianopel

Konstantinopel

Saloniki

REICH

Athen

Dnjestr

Sardinien

Algier

Tunis

(osmanisch)

Palermo

Sizilien

Mittelmeer

Kreta
(venez.)

Zypern
(venez.)

Ägypten

habsburgische Länder		lutherisches Bekenntnis	
Gegner Karls V.		reformiertes Bekenntnis	
Grenze des Heiligen Römischen Reiches Deutscher Nation		englische Staatskirche (anglikanische Hochkirche seit 1534)	

0   250   500 km

Europäische Mächte und Glaubensspaltung bis zum Jahre 1560

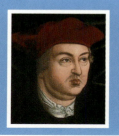

Glaubenskämpfe

Oben: Der Weinberg des Herrn. Altarbild aus der Mönchskirche in Salzwedel von Lukas Cranach dem Jüngeren (1515–1586), heute: Johann-Friedrich-Danneil-Museum Salzwedel. Unten von links nach rechts: Martin Luther und seine Frau Katharina von Bora, Kurfürst Friedrich der Weise, Kardinal Albrecht von Brandenburg, Jakob Fugger, Johann Eck, Erasmus von Rotterdam, Philipp Melanchthon, Thomas Müntzer und Karl V.

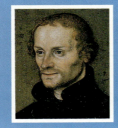

1. Geschäft mit der Seele und Kritik an der Kirche

1517 _____ *Der Augustinermönch und Doktor der Theologie Martin Luther (1483–1546) veröffentlicht in Wittenberg 95 Thesen „Über die Kraft der Ablässe".*

Ablasshandel Tetzels

Im Jahre 1517 zog als Gesandter des Papstes ein wortgewaltiger Prediger durch das Gebiet um Magdeburg. Wo der Dominikanermönch Tetzel in eine Stadt kam, wurden die Glocken geläutet und der ganze Ort zog mit Fahnen, Kerzen und Gesang in langer Prozession ihm und seinem mit vielen Zetteln behängten Wagen entgegen. Dann ließ Tetzel in der Kirche ein großes rotes Kreuz zwischen zwei Fahnen mit dem Wappen des Papstes errichten. Mit eindringlichen Worten beschwor er die Gläubigen einen der mitgebrachten Zettel zu kaufen und damit ihr Seelenheil zu retten. Frauen brauchten für den Kauf ausnahmsweise nicht ihre Ehemänner zu fragen. Sogar künftige Sünden sollten mit diesen Ablassbriefen getilgt werden. Auch verstorbene Angehörige, so verkündete Tetzel, könnten aus dem fürchterlichen Fegefeuer freigekauft werden, in dem die Toten vor dem Einzug in das Paradies ihre Sündenstrafen abbüßten. „Sobald das Geld im Kasten klingt, die Seele aus dem Fegefeuer springt", lautete einer der wirksamsten Werbesprüche.

Luthers 95 Thesen

Schlosskirche zu Wittenberg, Holzschnitt von L. Cranach d. Ä., 1509

Im benachbarten Wittenberg hatte der sächsische Kurfürst den Ablasshandel zwar untersagt, doch hörte dort der Augustinermönch Dr. Martin Luther bei der Abnahme der Beichte, mit welch marktschreierischen Mitteln der Ablass in der Umgebung vertrieben wurde. Als Theologieprofessor wusste er, dass die Kirche schon seit langem auf Bußleistungen wie z. B. eine Wallfahrt verzichtete, wenn der Sünder dafür der Kirche spendete. Er wusste auch, dass man sagte, die Kirche würde über ein riesiges Guthaben verfügen, das Christus und alle Heiligen mit ihren unendlich vielen guten Werken angefüllt hatten. Von diesem Guthaben, Gnadenschatz genannt, konnte sie dem Sünder etwas abgeben, damit seine Sünden vor dem göttlichen Richter nach dem Tod nicht so schwer wogen. Vernahm man jetzt die Worte der Ablasshändler, so waren die Anteile am Gnadenschatz käuflich. Was aber wurde einem durch den Kauf eines Ablassbriefes eigentlich erlassen? Das war damals nicht geklärt. War es nur die Strafe für kleinere Sünden, die ein Mensch zutiefst bereute, oder war es etwa die gesamte Sündenschuld, auch ohne dass der Sünder wirklich Reue empfunden hatte und sein Verhalten zu ändern beabsichtigte? Luther veröffentlichte deshalb am 31. Oktober 1517 95 Thesen, mit denen er zu einem wissenschaftlichen Streitgespräch „Über die Kraft der Ablässe" einlud. Auch an das Portal der Schlosskirche zu Wittenberg (Bild links) soll er die Ablassthesen angeschlagen haben. In der These 36 hieß es: „Jeder Christ, der wahrhaft Reue empfindet, hat Anspruch auf vollkommenen Erlass von Strafe und Schuld, auch ohne Ablassbrief."

Ämterhäufung Albrechts von Brandenburg

Diese Thesen schickte Luther zusammen mit einem besorgten Brief an den Kardinal Albrecht von Brandenburg, damit dieser seine Ablasshändler zu anderem Predigen zwinge. Luther wusste allerdings nicht, dass der Brandenburger am Ablasshandel ganz besonders interessiert war. 1514 war der vierundzwanzigjährige Albrecht zum Erzbischof von Mainz gewählt worden, obwohl er schon Erzbischof von Magdeburg und Bischof von Halberstadt war. Diese Ämterhäufung war so ungewöhnlich, dass Papst Leo X. Zehntausende von Gulden für die

1 **Martinus Luther,** *ein dyener Jhesu Christi,
und ein wideruffrichter Christlicher leer (Holzschnitt, 1521, von Hans Baldung gen. Grien,
nach einer Vorlage von Lukas Cranach)
Lebensdaten des Reformators Martin Luther:
*1483 Eisleben, † 1543 ebendort; 1488–1501
Schulbesuch in Mansfeld, Magdeburg und
Eisenach; nach zwei Monaten brach er 1505
das Jurastudium in Erfurt ab und trat ins
strenge Kloster der Augustiner-Eremiten ein.
1507 Priesterweihe, ab 1508 theologische Vor-
lesungen an der Universität Wittenberg:
1509/10 in dienstlichem Auftrag in Rom;
1512 Doktorpromotion und Professor für Bibellektüre.*

2 **Papst Leo X. mit seinen beiden Vettern,**
*den Kardinälen Luigi de Rossi und Giulio de'
Medici, der 1523 als Clemens VII. zum Papst
gewählt wurde. (Gemälde auf Holz von Raffael, 1517/18, 153 x 119 cm, heute: Florenz,
Galleria degli Uffizi)
Leo X., *1475 als Giovanni de' Medici, Sohn
Lorenzos des Prächtigen, des Stadtherren von
Florenz, mit 13 Jahren Kardinal, 1513 Wahl
zum Papst. In seiner siebenjährigen Amtszeit
verbrauchte er die Einkünfte von drei Päpsten
für seine Elefantenwärter, Musiker und Dichter,
für Jagden und Karneval, für den Kauf antiker
Handschriften und Aufträge an Baumeister
und Maler wie z. B. Raffael.*

Bestätigung der Wahl verlangte. Damit der neugewählte Erzbischof ihm dieses Geld auch bezahlen konnte, schrieb Leo X. einen „vollkommenen Ablass" aus, angeblich einzig und allein für den Neubau der Peterskirche in Rom. Jedoch durfte Albrecht von Brandenburg die Hälfte der Einnahmen behalten, die in seinen Territorien erwirtschaftet wurden. Damit sollte er seine Schulden beim Papst abzahlen.

***Verlangen
nach Reformation***

Viele Menschen waren damals nicht nur in der Ablassfrage an einer gründlichen Reformation, d. h. „Reform der Kirche an Haupt und Gliedern", interessiert. Sie wollten die ursprüngliche Ordnung der Kirche wiederherstellen, und der Katalog der von ihnen festgestellten Mängel war lang: Kriegslüsterne Päpste, die Unsummen für ihre prunkvolle Hofhaltung im neuen Vatikanpalast verschwendeten, machtgierige Adlige, die sich in ein Bischofsamt nach dem anderen einkauften, bestechliche geistliche Richter, die bei Ehe- und Eidesbruch ihre ungerechten Urteile fällten, disziplinlose Mönche, deren täglicher Speisezettel immer üppiger wurde, ungebildete Priester, die mit ihrem barbarischen Latein nicht einmal die Messe korrekt lesen konnten.

Frömmigkeit der Gläubigen

Solche kirchlichen Missstände empörten die Menschen deshalb so stark, weil ihr Leben viel stärker als heute vom christlichen Glauben bestimmt war. Überall waren z. B. kostbare Altäre oder Kirchenfenster gestiftet worden. An manchen Orten war fast jeder zehnte Einwohner Priester, Mönch oder Nonne; immer mehr Eltern gaben ihren Kindern statt der alten germanischen Vornamen die Namen von Heiligen. Und als der 22-jährige Jurastudent Martin Luther – bis dahin ein „hurtiger und fröhlicher junger Geselle" – im Juli 1505 bei Erfurt in ein furchtbares Gewitter kam, soll er in seiner Angst gerufen haben: „Hilf, liebe Sankt Anna, ich will ein Mönch werden." Zwei Wochen später trat er gegen den Willen seines ehrgeizigen Vaters, eines kleinen Bergbauunternehmers aus der Grafschaft Mansfeld, in das streng geführte Kloster der Augustiner-Eremiten von Erfurt ein.

3   Das Fegefeuer und wie man es vermeiden kann
Vorder- und Rückseite eines Altarflügels (Gemälde auf Fichtenholz, 113,2 x 64,7 cm und 113,5 x 64,5 cm, um 1480, Regensburg, heute: Museen der Stadt Regensburg). Links eine der seltenen Darstellungen des Fegefeuers, in dem die Verstorbenen z. B. wegen ihres Geizes und ihrer Eitelkeit büßen. In den Händen der Engel: Wein und Hostien. Auf der rechten Tafel ist dargestellt, wie sich Hölle oder Fegefeuer vermeiden lassen. Rechts oben ein sogenanntes Beinhaus.

4 Ablasshandel

a) *Aus einer Predigt des Ablasshändlers Tetzel:*
Du Priester, du Adliger, du Kaufmann, du Frau, du Jungfrau, du Braut, du Jüngling, du Greis, tritt in deine Kirche, die die Kirche des heiligen Petrus ist … Weißt du nicht, dass alle Dinge der Men-
5 schen so verstanden werden, als ob sie (nur) an einem seidenen Faden hingen und das ganze Leben auf der Erde nur ein Kampf sei? Folglich lasst uns kämpfen … für das Heil unserer Seele und nicht für den Leib, der heute lebt und mor-
10 gen nicht (mehr) … Wisse, dass jeder, der gebeichtet, bereut und Almosen in den Schrein getan hat, soviel ihm der Beichtvater geraten hat, eine volle Vergebung aller seiner Sünden haben wird … Eilet alle zum Heil eurer Seele. Habt ihr
15 nicht die Stimmen eurer Eltern und anderer Verstorbener gehört, die rufen …: „Erbarmt euch, erbarmt euch wenigstens meiner; denn wir leiden unter sehr harten Strafen und Foltern, von denen ihr uns durch ein geringes Almosen los-
20 kaufen könnt – und ihr wollt es nicht?!" Öffnet eure Ohren, denn der Vater sagt zum Sohn und die Mutter zur Tochter: „Wir haben euch gezeugt, ernährt, erzogen und unseren Besitz zurückgelassen, und ihr seid so grausam und
25 hartherzig, dass ihr nun, da ihr uns so leicht befreien könnt, nicht wollt, und zulasst, dass wir in die Flammen geworfen werden, und unsere verheißene Herrlichkeit verzögert?!" Ihr könnt nun Beichtzettel haben, durch deren Kraft ihr im Le-
30 ben und in der Sterbestunde und in allen Fällen, so oft ihr wollt, volle Vergebung der Strafen für (eure) Sünden habt.

Zit. nach: Helmar Junghans, Die Reformation in Augenzeugenberichten. Düsseldorf 1967, S. 43 f.

b) *Brief Martin Luthers an Erzbischof Albrecht von Mainz vom 31. Oktober 1517:*
Hochwürdiger Vater in Christus, durchlauchtigster Kurfürst wollet mir verzeihen, dass ich, die Hefe der Menschen, ein solches Maß von Vermessenheit habe, dass ich wage, auf einen Brief
5 an Eure höchste Erhabenheit zu sinnen …

5 Ablasskiste,

in der die Gelder für die Ablassbriefe gesammelt wurden. Die drei Schlüssel zu den Schlössern waren auf die drei Nutznießer des Geldes verteilt: das Fuggersche Bankhaus, die Römische Kurie und den Erzbischof bzw. einen anderen Landesherren

Es wird im Lande unter dem Schutz Eures erlauchten Titels der päpstliche Ablass zum Bau von Sankt Peter feilgeboten. Ich klage dabei nicht so sehr über das Geschrei der Ablassprediger, das
10 ich (persönlich) nicht gehört habe. Wohl aber bin ich schmerzlich erzürnt über die grundfalsche Auffassung, die das Volk daraus gewinnt. Offenbar glauben die unglücklichen Seelen, ihrer Seligkeit sicher zu sein, sobald sie nur einen Ablass-
15 brief gelöst haben, ebenso glauben sie, dass die Seelen sofort aus dem Fegefeuer fahren, sobald sie das Lösegeld in den Kasten gelegt haben. Weiter: So kräftig sei diese Ablassgnade, dass jede noch so große Sünde vergeben werden könne, selbst in
20 dem unmöglichen Fall, wenn einer – nach ihren Worten – die Mutter Gottes geschändet hätte. Endlich soll der Mensch durch diesen Ablass von jeglicher Strafe und Schuld frei werden.
Ach lieber Gott, so werden die Seelen, die Eurer
25 Fürsorge, teurer Vater, anvertraut sind, zum Tode unterwiesen! Und die schwere Verantwortung, die von Euch um dieser Seelen willen gefordert wird, wächst immer mehr an. Darum kann ich in dieser Sache nicht länger schweigen …
30 Euer unwürdiger Sohn Martin Luther, Augustiner, berufener Doktor der Theologie.

Zit. nach: Heinrich Fausel, D. Martin Luther. Leben und Werk. München und Hamburg 1966, S. 86–88.

a) Untersuche, was sich aus M3, M4 und M5 über die Frömmigkeit vor der Reformation ablesen lässt und welche Rolle dabei das Geld spielt.
b) Vergleiche die beiden Bilder M1 und M2. Welcher Eindruck soll von den Personen vermittelt werden? (Achte dabei auch auf die Gegenstände.)
c) Vergleiche das, was Luther vom Ablasshandel gehört hat (M4b) mit der Predigt Tetzels (M4a). Warum lehnt Luther den Ablasshandel ab?

2. Martin Luther wird angeklagt

1521 _____ Nach dem Bann des Papstes wird Luther vor den Reichstag in Worms geladen. Dort wird die Acht gegen ihn und seine Anhänger verkündet (Wormser Edikt).

1 **Passional (Leidensweg) Christi und Antichristi;** *paarweiser Holzschnitt aus der Werkstatt Lucas Cranachs d. Älteren, Anfang 1521 in Wittenberg gedruckt (ca. 11,8 x 9,6 cm). Links: Die Tempelreinigung (vgl. die Geschichte in der Bibel, Joh. 2, 13–22); rechts: Der Papst unterzeichnet Bannbriefe*

Rom reagierte auf Luthers Thesen

Schon 1516 hatte ein päpstlicher Gesandter aus Deutschland nach Rom geschrieben: „Viele, viele warten hier auf den richtigen Mann, um das Maul gegen Rom aufzureißen." Jetzt, nach Luthers Thesenveröffentlichung, meldete er dem Papst, neun Zehntel der Deutschen erhöben das Feldgeschrei „Luther" und der Rest schreie „Tod der römischen Kurie". Trotzdem reagierte der Papsthof in Rom, die Kurie, zunächst nicht allzu rasch und energisch. Ein voller, betrunkener Deutscher, der schnell wieder nüchtern werde, habe sich zu Wort gemeldet; das Ganze sei bloßes Mönchsgezänk zwischen dem Augustinerorden Luthers und den Dominikanern, zu denen Tetzel gehörte. Immerhin hatte der päpstliche Palastmeister Prierias schon im Dezember 1517 – in nur drei Tagen, wie er sich rühmte – ein vernichtendes Gutachten gegen Luther ausgearbeitet: „Wer sagt, die Kirche dürfe das nicht tun, was sie tatsächlich tut, der ist ein Ketzer." Doch erst im Juni 1518 wurde der Ketzerprozess gegen Luther eröffnet; im August sollte er in Rom erscheinen, wo ihm die sichere Hinrichtung drohte.

Verhör in Augsburg: Schrift oder Papst

Da stellte sich Luthers Landesherr, der sächsische Kurfürst Friedrich der Weise, schützend vor den Professor seiner Universität Wittenberg: Nur auf deutschem Boden sollte Luther durch einen päpstlichen Gesandten verhört werden dürfen.

Luther widerrief jedoch bei dem viertägigen Verhör im Oktober 1518 in Augsburg nichts, obwohl es der Gesandte zunächst mit väterlicher Milde versuchte. Doch für Luther war nicht mehr der Papst die oberste Autorität in Glaubensdingen, sondern allein Gottes Wort in der Heiligen Schrift: „Solange diese Beweisstücke feststehen, kann ich nichts anderes tun und weiß nur, dass man Gott mehr gehorchen muss als den Menschen."

Leipzig: Konzilien können irren

Im Juni 1519 ließ sich Luther während einer Disputation in Leipzig zu einer weiteren schwerwiegenden Behauptung hinreißen. In der Auseinandersetzung mit dem Ingolstädter Theologieprofessor Johannes Eck, die vor zahlreichem interessierten Publikum geführt wurde, behauptete er – angeblich durch den „Übermut und die Arroganz" von Eck provoziert –, dass auch Konzilien in Fragen des Glaubens irren können.

Bannung Luthers

Trotzdem wurde Luther noch nicht mit dem Kirchenbann belegt. Der Papst nahm weiterhin Rücksicht auf den sächsischen Kurfürsten. Dieser sollte mit seiner Wahlstimme verhindern, dass nach dem Tode des Kaisers Maximilian wieder ein Kaiser aus dem Hause Habsburg gewählt wurde. Der Papst sah nämlich seinen Kirchenstaat durch die vielen Länder der Habsburger umklammert. Deshalb soll Leo X. dem sächsischen Kurfürsten sogar versprochen haben, er werde Luther zum Kardinal erheben.

Als die Kurfürsten 1519 dann doch den 19jährigen Enkel Maximilians als Karl V. zum Kaiser gewählt hatten, verzögerte die Kurie den Lutherprozess nicht mehr länger. Im Sommer 1520 unterschrieb der Papst die Bann-Androhungsbulle. Luther ließ sie im Dezember von seinen Studenten verbrennen. Ihm war in der Zwischenzeit klar geworden, dass das Papsttum „der Stuhl des wahren und leibhaftigen Antichrist ist, gegen dessen Lug und Trug und Bosheit zum Heil der Seelen uns alles erlaubt ist".

Reichstag zu Worms

Als Luther 1521 endgültig aus der kirchlichen Gemeinschaft ausgeschlossen war, wagte es der junge Kaiser Karl V. nicht, sofort – wie an sich üblich – die Acht über den gebannten Ketzer zu verhängen, d. h. ihn für vogelfrei zu erklären, sodass er keinerlei Rechtsschutz mehr genoss. Die meisten Reichsfürsten wollten, dass zuvor auf einem Reichstag über Luthers Sache beraten wurde. Karl V. lud ihn deshalb nach Worms, „der Lehre und Bücher halber, die seit einiger Zeit von dir ausgegangen sind". Für die Hin- und Rückreise wurde ihm freies Geleit (Sicherheit) garantiert.

Am späten Nachmittag des 18. April 1521 stand Luther vor dem Kaiser und den fast hundert Fürsten des Reiches. Weitere Hunderte von Beratern und Zuhörern standen in dem überfüllten, von Fackeln erhellten und unerträglich heißen Saal des Wormser Bischofshofes. Luther wirkte unsicher und beklommen; man verstand seine Worte kaum, so leise sprach er. Doch in der Sache blieb er fest. Er berief sich auf sein „Gewissen, in Gottes Wort gefangen", und wollte sich nur durch die Bibel und klare Vernunftgründe widerlegen lassen. Der Kaiser reagierte daraufhin mit dem Wormser Edikt (links die Titelseite des Originals vom 8. Mai 1521). Darin wurde Luther geächtet, d. h. jeder konnte ihn gefangen nehmen oder sogar umbringen, ohne dafür bestraft zu werden. Außerdem wurde ihm verboten, seine Lehren weiter öffentlich zu vertreten und zu verbreiten.

Reformation Luthers

Als Luther von Worms nach Wittenberg zurückkehrte, ließ ihn der sächsische Kurfürst zum Schein überfallen und auf die Wartburg (Thüringen) in Sicherheit bringen. Dort übersetzte Luther in den nächsten Monaten das Neue Testament ins Deutsche, um so allen Gläubigen das Wort Gottes unmittelbar zugänglich zu

Reformation (lateinisch „reformatio", das bedeutet Umgestaltung, Verbesserung): Vor Luther bezeichnete man mit diesem Begriff eine Reform (Erneuerung) der Kirche, mit der man den ursprünglichen, als gut angesehenen Zustand wiederherstellen wollte. Später wird der Begriff auf die von Luther ausgelöste religiöse Erneuerungsbewegung des 16. Jahrhunderts übertragen, die dann zur Bildung evangelischer Kirchen führte. Für die Reformatoren ist das Evangelium (die frohe Botschaft) der Bibel alleinige Norm des Glaubens. Deshalb wird die Lehrgewalt des Papstes und die besondere Stellung der Priester abgelehnt. Der einzelne Mensch steht mit seinem Gewissen allein und unmittelbar vor Gott. Er braucht keine Priester mehr als Vermittler. Es gilt das „allgemeine Priestertum der Gläubigen". Allein durch die Gnade Gottes und nicht durch gute Werke ist der an sich sündige Mensch vor Gott gerechtfertigt.

machen. Mit seiner vielgedruckten Bibelübersetzung schuf er eine in ganz Deutschland verständliche Schriftsprache. Aber auch Luthers andere zahlreiche Veröffentlichungen wurden viel gelesen. Populär war nicht nur die schon vorher weit verbreitete Kritik der Gebrechen der Kirche, sondern auch die radikale Forderung, den geistlichen Stand, den Klerus, abzuschaffen. Priester waren als Vermittler des göttlichen Heils, z.B. beim Spenden der Sakramente, jetzt nicht mehr notwendig, und die Klöster sollten als „des Teufels Schlammpfützen" dem Boden gleichgemacht werden. Die Nicht-Kleriker, die Laien, erhielten damit aber ein ganz neues Selbstbewusstsein: Ihre Arbeit als Handwerker oder Bauern wurde nun zum wahren Gottesdienst.

2 *„Gesetz und Gnade – Sündenfall und Erlösung".* Altarbild von Lukas Cranach d. Ä. und Werkstatt (Gemälde auf Holz, später in zwei Teile zersägt, 71,9 × 59,6 und 72,6 × 60,1 cm, heute: Nürnberg, Germanisches Nationalmuseum)
Die linke Seite zeigt Christus als Weltenrichter und Moses mit den 10 Geboten des Alten Testaments. Der sündige Mensch wird von Tod und Teufel in die Hölle getrieben. Rechts ist die Verkündigung, Kreuzigung, Auferstehung und Himmelfahrt Christi dargestellt. Der Mensch erkennt (unter Anleitung Johannes des Täufers), dass er durch die Gerechtigkeit Gottes beschenkt und „allein durch die Gnade Gottes" erlöst wird.

3 *Auf dem Reichstag zu Worms*, 1521. Martin Luther vor Kaiser Karl V. und den Kurfürsten. Kolorierter Holzschnitt aus: L. Rabus, Historien der Heyligen Ausserwählten Gottes Zeugen, Straßburg 1557.
Text auf dem Bild: *Intitulentur libri* (Die Bücher sollen mit ihren Titeln genannt werden.) Hier stehe ich, ich kann nicht anders, Gott helfe mir, Amen.

4 *Auf dem Reichstag zu Worms, Bericht von 1541:*
Anno Domini 1521 war der große Reichstag zu Worms, dahin Luther durch den neuen Kaiser Carolum zitiert worden war und geleitete ihn ein Herold durch Erfurt, Gotha, Eisenach etc. Wo
5 Luther (auf dem Weg nach Worms) in eine Stadt kam, lief ihm das Volk entgegen und wollte den Wundermann sehen, der so kühn wäre und sich wider den Papst und alle Welt wandte. Etliche trösteten ihn unterwegs sehr übel, dass, weil so
10 viele Kardinäle und Bischöfe zu Worms auf dem Reichstag wären, man ihn allda flugs zu Pulver brennen würde, wie dem Hus (Reformator aus Böhmen, 1415 während des Konzils von Konstanz auf dem Scheiterhaufen verbrannt) zu Kon-
15 stanz geschehen war. Aber denen antwortete Luther: „Und wenn sie gleich ein Feuer machten, das zwischen Wittenberg und Worms bis an den Himmel reichte, so wollte er doch (in Worms) erscheinen und Christum bekennen und densel-
20 ben walten lassen." …

Der Kaiser saß mit allen Kurfürsten samt allen Fürsten und Bischöfen des Reiches; die Grafen, Herren und Ritter standen. Und als Luther vortreten sollte, ward ein solches Gedränge, dass
25 man mit Hellebarden einen Raum machen musste. Es waren wohl vier Kardinäle und Legaten (päpstliche Gesandte) aus Rom da, die alle nach Luthers Blut dürsteten. Als nun Luther dastand, der sein Leben lang den Kaiser nicht gesehen
30 hatte, meinte alle Welt, er würde so erschrecken, dass er nicht würde reden können. Aber da redete er so getrost, vernünftig und bedächtig, als wäre er in seinem Hörsaal in Wittenberg und war die Summa: dass er sich zu den Büchern, die er
35 veröffentlicht habe, bekenne und dieselben auf helle, klare, gewisse Gottesworte gegründet habe und sie, wenn nötig, noch weiter belegen und erklären wolle. Und damit es jedermann verstünde, redete er lateinisch und deutsch.

Nach: Friedrich Myconius, Geschichte der Reformation, in: Otto Clemen (Hg.), Voigtländer Quellenbücher, Bd. 68. Leipzig o. J. (um 1900), S. 34 f.

a) Wie wird in den beiden Holzschnitten M1a und M1b begründet, dass der Papst der Antichrist sei?
b) Erarbeite aus dem Bild M2, was Luther in seiner Lehre von Gott besonders wichtig war.
c) Untersuche den Bericht M4 und gib an, auf welcher Seite der Verfasser dieses Berichtes steht.
d) Vergleiche die drei Darstellungen zum Wormser Reichstag miteinander: Verfassertext, M3 und M4.

3. Der „gemeine Mann" erhebt sich

1524/1525	Nach ersten Unruhen der Bauernschaft im südlichen Schwarzwald weitet sich der Aufstand zum großen deutschen Bauernkrieg aus.
1526	Die letzten Aufständischen werden im Erzbistum Salzburg, in der Steiermark und in Tirol besiegt.

Aufruhr der Bauern

1 Fähnrich mit Forderung der Bauern, 1522

Im Sommer 1524, so lesen wir in einer zeitgenössischen Chronik, habe es in der Grafschaft Stühlingen im Südschwarzwald einen Aufruhr der Bauern gegen ihren Herrn, den Grafen Sigmund von Lupfen gegeben. Mitten in der Ernte nämlich hätten sie für die Gräfin Schneckenhäuslein sammeln müssen, damit diese „garn daruff winden khindte". Sie machten sich ein „fenlin weiß, rot und schwartz" und zogen mit 1200 Mann zum Kirchweihfest ins habsburgische Waldshut, wo der evangelische Pfarrer Balthasar Hubmaier großen Zulauf hatte. Dort habe man Rat gehalten und eine „Evangelische Bruderschaft" gebildet. Jedes Mitglied zahlte einen halben Batzen und mit diesem Geld schrieben sie „in alle land" bis nach Meißen und Trier, dass sie ihren Herren (mit Ausnahme des Kaisers) nicht mehr gehorsam sein und alle Schlösser und Klöster zerstören wollten.

Im folgenden Frühjahr 1525 weitete sich der Aufstand rasch auf ganz Schwaben, das Elsass und Franken aus. Schließlich war das Reich bis nach Thüringen im Norden und Tirol im Süden von der Empörung erfasst. Die bewaffneten Bauern stürmten und zerstörten Hunderte von Burgen und Klöstern. Auch viele Städte öffneten den Bauern ihre Tore. Hier erhielten die Bauern Zulauf von den kleinen Leuten der Ackerbürger, Handwerker und Lohnarbeiter. Auch sie hofften auf eine Besserung ihrer sozialen und rechtlichen Lage.

Reformprogramm der Bauern

2

Die erschreckten Obrigkeiten schienen zunächst die Forderungen der Bauern erfüllen zu wollen. Am deutlichsten werden diese in den 12 Artikeln der Bauernschaft in Schwaben. Sie wurden Anfang 1525 in der Reichsstadt Memmingen aufgestellt. Verfasst hatte sie Sebastian Lotzer, ein einfacher Handwerker, zusammen mit dem Pfarrer Christoph Schappeler, der seit 1520 an der Stadtkirche St. Martin evangelisch predigte. Diese Programmschrift der Bauern wurde in drei Monaten in 25 weiteren Drucken verbreitet (links eine Titelseite). In den 12 Artikeln wird die Obrigkeit zwar grundsätzlich anerkannt und gewaltsames Vorgehen abgelehnt. Die Bauern beschweren sich jedoch über zu hohe Abgaben und die Steigerung der Frondienste, die sie für ihre Herrschaft unentgeltlich zu leisten hatten. Vor allem aber wollen sie, dass die Leibeigenschaft gänzlich beseitigt werde, da vor Gott alle Menschen gleich seien. Und weil nach dem Schöpfungsbericht der Bibel Gott den Menschen „Gewalt über alle Tiere, über den Vogel in der Luft und über den Fisch im Wasser" gegeben hat, soll es ein freies Recht aller auf Bau- und Brennholz, auf freie Weide und Jagd geben. Verlangt wird aber auch, dass die bäuerliche Gemeinde den Pfarrer ein- und absetzen solle und dass die Abgabe des Zehnten für die Versorgung des Pfarrers und der Armen verwendet werde. Sollte eine der Forderungen nicht mit dem Wort Gottes in der Heiligen Schrift übereinstimmen, so wollte man sofort von ihr ablassen.

Der Revolutionär Thomas Müntzer

Radikaler als die Verfasser der 12 Artikel war der Prediger Thomas Müntzer. Schon als evangelischer Pfarrer in Allstedt und Mühlhausen (Thüringen) hatte er den Fürsten und Herren ins Gewissen geredet und in ihnen die „Grundsuppe

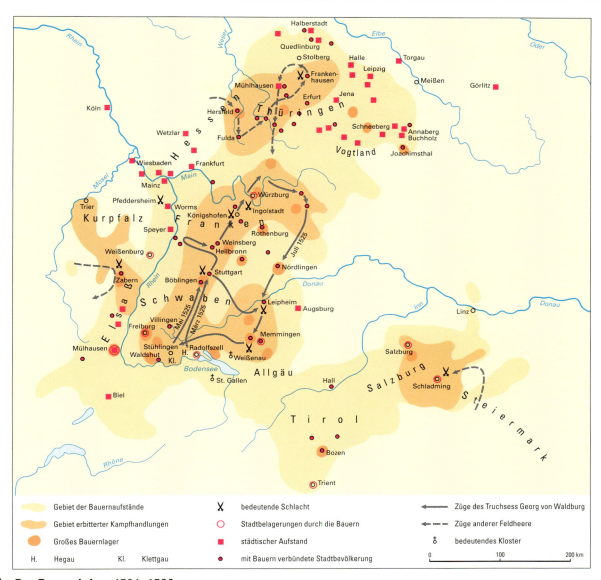

3 Der Bauernkrieg *1524–1526*

allen Wuchers, der Dieberei und Räuberei" gesehen. 1525 führte er die aufständischen Bauern in Thüringen an und sagte vor seiner Enthauptung auf der Folter aus, er habe darum die Empörung gemacht, dass alles Eigentum gemein
werde (allen gehören solle). Jedem sollte dann „nach seiner Notdurft" ausgeteilt
werden, und „welcher Fürst, Graf oder Herr das nicht hätte tun wollen und dem
Evangelium nicht beitreten, dem sollte man den Kopf abschlagen oder hängen".
Müntzer sah in den Armen und Unterdrückten die Auserwählten Gottes. Gott
habe sie beauftragt, die gottlosen Fürsten zu vernichten, die ihre Untertanen so
schinden, dass der arme Mann keine Gelegenheit fände, lesen zu lernen und
damit zum rechten Glauben zu finden.

**Luther
und die Bauern**

Für Luther war Müntzers Reden und Handeln „lauter Teufelswerk". Aber auch
den anderen Bauernführern warf er vor, das Evangelium angeblich ganz fleischlich misszuverstehen. Die Heilige Schrift gebe keine genauen Anleitungen dafür,

4 **Die Hinrichtung des radikalen Bauernführers Jakob Rohrbach** am 21.5.1525 in Neckargartach bei Heilbronn; Zeichnung von 1550.
Der Text lautet:
„Jacob Rohrbach hatt auffruhr geraten/des muß er werden gebratten/bey Neckargartach an einr weyden/must er des feurs flam leyden/Bis er sein leben Endt/Sein leib zu pulver wardt verbrendt/Jacob Rohrbach von/Böckingen, des/ auffrührers endt."
Der Odenwälder Haufen unter Führung von Rohrbach eroberte an Ostern 1525 die Festung Weinsberg und jagte die adligen Verteidiger durch die Spieße und erstach sie. Obwohl diese Gewalttat eine Ausnahme bei der Erhebung der Bauern blieb, war sie doch auch ein Wendepunkt. Gegner und Kritiker der Aufständischen, u. a. auch Luther, forderten von da an bedingungslose Härte im Vorgehen gegen die Bauern.
Unten: **Denkmalskizze zum Ausgang des Bauernkrieges** von Albrecht Dürer, 1525

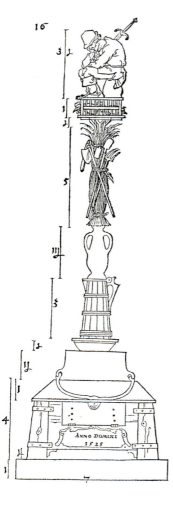

wie man das „weltliche Reich" gerecht ordnen sollte. Ein Leibeigener könne genauso gut wie ein Gefangener als Christ frei sein, auch wenn ihm die äußere Freiheit fehle. Vor allem aber lehnte Luther jeden gewaltsamen Widerstand – auch gegen eine ungerechte Obrigkeit – ab. Nur mit Worten dürfe sich ein Christ widersetzen: „Leiden, leiden, Kreuz, Kreuz ist der Christen Recht, das und gar nichts Anderes!" Deshalb ermahnte Luther zwar die Fürsten, den vielen berechtigten Forderungen der Bauern nachzugeben. Als er aber von den Gewalttätigkeiten der Bauern hörte, forderte er die Fürsten auf, „wider die räuberischen und mörderischen Rotten der Bauern" mit gutem Gewissen dreinzuschlagen. Es gebe nichts Schädlicheres und Teuflischeres als einen aufständischen Menschen.

Als die Fürsten diese Schrift Luthers zu lesen bekamen, war die Entscheidung schon gefallen. Die Obrigkeiten hatten sich von ihrem anfänglichen Schrecken erholt und gemeinsam Landsknechte angeworben. Nach der siegreichen Schlacht Karls V. gegen den König von Frankreich bei Pavia in der Lombardei waren viele dieser Söldner arbeitslos geworden. Innerhalb von wenigen Tagen vernichteten die Truppen des Schwäbischen Bundes unter Georg von Waldburg ein Bauernheer nach dem anderen: bei Leipheim die Oberschwäbischen, bei Böblingen die Württembergischen, bei Königshofen die Fränkischen. Der Herzog von Lothringen ließ durch seine Söldner an die 18 000 Bauern bei Zabern abschlachten und in der Schlacht von Frankenhausen in Thüringen fielen etwa 5000 Bauern, auf der Gegenseite sechs Landsknechte.
Nach der Niederlage der bewaffneten Bauernhaufen folgte ein schlimmes Strafgericht für Anführer und Mitläufer. Die Scharfrichter verdienten jetzt gut an den vielen Hinrichtungen und Verstümmelungen. Auch ließen sich die Herren den angerichteten Schaden mehr als angemessen bezahlen. Die Bauernschaft, die sich aus den Karrenstricken herausgelöst habe – so ein Bürger aus Bern –, sei jetzt mit Ketten in den Wagen eingespannt worden. Jedenfalls blieben die Bauern noch drei Jahrhunderte lang von ihren Grundherren abhängig und ohne persönliche Freiheit.

5 „Unleidliche Frondienste"

Im April 1525 überreichten die Bauern der Grafschaft Stühlingen (am Hochrhein) ihrer Obrigkeit eine Beschwerdeschrift mit 62 Artikeln:

24. Dass wir mit mancherlei Frondienst werden beschwert:

Item (ebenso) darüber hinaus, so werden wir durch unsere Herrschaften und ihre Amtsleute mit
5 mancherlei unleidlichen Frondiensten beschwert und dadurch verhindert, da wir in einer rauen Landesart gelegen, unsere Güter zu bebauen; und wissen nicht, wie unsere Weiber und Kinder zu ernähren … Bitten deshalb zu erkennen, dass wir
10 künftig solche Frondienste zu tun nicht schuldig sind … Und zwar sind dies die unleidlichen Frondienste: Wir müssen einen Tag Hafer, den anderen Hanf binden, dann wieder ackern und säen, item brachen (nach der Ernte pflügen), Ödland
15 ackern, säen und eggen, schneiden und in die Scheuer fahren und so gedroschen wird, aus der Scheuer in das Schloss fahren … Wir müssen auch den Wein von Rielasingen, desgleichen auch von Künsheim aus dem Elsass und wo seine Gnaden
20 kauft, nach Stühlingen mit unserem eigenen Futter fahren. Auch müssen wir das Schloss nicht allein mit Brennholz, sondern auch mit Bauholz versorgen, item die Äcker roden und säubern, item den Mist auf die Äcker fahren und ausbreiten. Item
25 so wir säen wollen und es am ungünstigsten ist, davon abzustehen, so müssen wir Wurzeln graben, Morcheln pflücken, Wacholder abschlagen, Erbsen brechen, damit unsere gnädigen Herren Schlehenkompott machen können … Auch müssen wir
30 die Jagdhunde aufziehen, so lange das den Amtleuten gefällt, was uns nicht allein beschwerlich ist mit der Atzung (Fütterung), sondern auch schadet unseren Hühnern und anderem Geflügel, das wir nicht können groß bringen, sondern das von den
35 Hunden Schaden nimmt … Item wir haben von alters her auf unseren Gütern, die wir schwer bisher haben müssen verzinsen und versteuern, Reifstangen und Häsleinstecken (Stecken aus Haselnuss), davon man Schienen für die Körbe oder
40 Gerten machen kann, abgehauen, wodurch der arme Mann seine Nahrung hat können verbessern. Das wird uns jetzt durch die Herrschaft genommen und verboten. Ist unsere Bitte, als Recht zu erkennen, dass sie schuldig sind, uns ungehindert,
45 wie wir's denn von alters her im Brauch gehabt, solchen Brauch wieder zu gestatten und darum kein Verbot zu tun noch zu strafen.

Zit. nach: Günter Jäckel, Kaiser, Gott und Bauer. 2. Aufl. Berlin 1983, S. 392–394.

6 Luthers Ermahnungen, 1525

1. An die Fürsten und Herren.

Zum Ersten mögen wir niemand auf Erden solchen Aufruhrs verdanken, denn euch Fürsten und Herren …, die ihr, noch heutigen Tags verstockt,
5 nicht aufhört zu toben und wüten wider das heilige Evangelium … Dazu ihr im weltlichen Regiment nicht mehr tut, denn dass ihr schindet und besteuert, bis der arme gemeine Mann nicht kann noch mag länger ertragen …
10 (Die Bauern) haben 12 Artikel aufgestellt, unter welchen einige so billig und recht sind, dass sie euch vor Gott und der Welt den guten Namen nehmen … Den ersten Artikel, in dem sie begehren, das Evangelium zu hören, und das Recht,
15 einen Pfarrer zu wählen, könnt ihr nicht abschlagen. Dagegen kann und soll keine Obrigkeit etwas unternehmen. Ja, die Obrigkeit soll nicht wehren, was jedermann lehren oder glauben will, es sei Evangelium oder Lügen. Es ist genug, dass sie Auf-
20 ruhr und Unfrieden zu lehren abwehrt. Die anderen Artikel, die leibliche Beschwerung anzeigen, wie Leibfall, Auflagen und dergleichen, sind ja auch billig und recht. Denn die Obrigkeit ist nicht dazu eingesetzt, dass sie ihren Nutzen und Mut-
25 willen an den Untertanen suche, sondern den Nutzen und das Beste schaffe für den Untertanen …

2. Ermahnung der Bauern

Erstens. Liebe Brüder, ihr führt den Namen Gottes und nennt euch eine christliche Rotte oder Vereinigung und gebt vor, ihr wolltet nach
30 dem göttlichen Recht verfahren und handeln. Wohlan, so wisst ihr ja auch …: „Du sollst den Namen Gottes, deines Herrn, nicht unnützlich führen!" … Zum Zweiten. Dass ihr aber die seid, die Gottes Namen unnützlich führen und schän-
35 den, ist leicht zu beweisen … Denn hier steht Gottes Wort und spricht durch den Munde Christi: „Wer das Schwert nimmt, soll durch das Schwert umkommen" (Matth. 26,52) … Zum
40 Dritten: Ja, sprecht ihr, die Obrigkeit ist zu böse und unerträglich. Denn sie wollen uns das Evangelium nicht lassen und drücken uns allzu hart und verderben uns so an Leib und Seele. Ich antworte: Dass die Obrigkeit böse und ungerecht ist,
45 entschuldigt weder Zusammenrotten noch Aufruhr. Denn die Bosheit zu strafen, das gebührt nicht einem jeglichen, sondern der weltlichen Obrigkeit, die das weltliche Schwert führt, wie Paulus (Römer 13,4) sagt.

Nach: D. Martin Luthers Werke. Weimarer Ausgabe, Bd. 18, 1908 = Weimar 1964, S. 279–334, Bearb. d. Verf.

7 *Plünderung eines Klosters.* Jakob Murer, 1525 Abt des Klosters Weißenau bei Ravensburg, verfasste unmittelbar nach dem Aufruhr eine bebilderte Chronik. Das Verhalten der Bauern wird beschrieben: „Essen und Trinken, Vollsein, einander Schlagen, Zerschlagen der Türen von Küche und Pfisterei (Bäckerei), dort zu nehmen, was ihnen gefiel. Wegführen (Mann und Frau) Wein und Brot."

8 *Der Abt erzählt,* wie er nach Ravensburg geritten ist, um 2000 Landsknechte anzuwerben. „Do das mine buren inne wurden (merkten), do luffend (liefen) sie all, ain dairf (Dorf) nach dem ander in das goczhus, mier ze schweren; sagent, si werend ferfürt wairden."
Letztes Bild der Weißenauer Chronik von 1525.

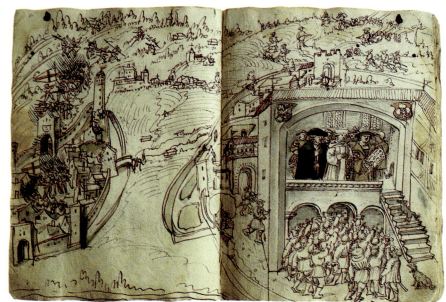

a) Orientiere dich anhand der Materialien über den Verlauf des Bauernkrieges. Untersuche dabei, aus welcher Sicht die Bilder M2, M4, M7, M8 die Ereignisse darstellen.

b) Welche bäuerlichen Belastungen und Forderungen werden aus M5 deutlich? Vergleiche die Begründungen in M5 mit den 12 Artikeln (VT).

c) Wie unparteiisch ist Luthers Urteil in M6? Formuliere eine Antwort an Luther aus der Sicht der Verfasser der 12 Artikel.

d) Welcher Zusammenhang zwischen Reformation und Bauernkrieg lässt sich dem Darstellungstext und M1 entnehmen?

e) Worin stimmen die Bauern und ihre Anführer mit Luther überein, worin weichen sie voneinander ab (VT und M6)?

f) Deute die Denkmalskizze von Dürer (M4) zum Ausgang des Bauernkrieges.

4. Evangelische Kirchen entstehen

1526 _____ Auf dem 1. Reichstag zu Speyer wird beschlossen, ein jeder Reichsstand
solle in Religionsfragen so regieren, wie er es „gegen Gott und die Kaiserliche Majestät hofft zu verantworten".

1529 _____ Auf dem 2. Reichstag zu Speyer protestieren die Vertreter von 14 evangelischen
Reichsstädten und fünf Fürsten gegen die Aufhebung dieses Beschlusses;
daher kommt die Bezeichnung Protestanten. Das Marburger Religionsgespräch
bringt keine Einigung zwischen Lutheranern und Zwinglianern.

1530 _____ Die Evangelischen legen auf dem Augsburger Reichstag das „Augsburger
Bekenntnis" vor. Eine Einigung mit den Altgläubigen wird nicht erreicht.

1531 _____ Evangelische Reichsstände schließen in Schmalkalden ein Schutzbündnis.

Verlangen nach Reformation

In den Jahren vor und nach dem Bauernkrieg verlangten in den meisten Städten Deutschlands die Bürger und Bürgerinnen von ihrem Rat endlich evangelische Prediger einzustellen, die Gottes Wort klar und lauter ohne jeden menschlichen Zusatz verkünden sollten. Immer mehr Leute aßen jetzt ohne Bedenken an den Fastentagen Fleisch und gingen nicht mehr zur Beichte. Wenn ein altgläubiger Priester weiterhin die „Papistische" Messe in lateinischer Sprache feierte, so sprengte die Gemeinde diese Art von Gottesdienst, indem sie laut deutsche Lutherlieder sang. An manchen Orten stürmten Radikale – übrigens gegen den Willen Luthers – die Kirchen und zertrümmerten die wertvollsten Altarbilder oder schlugen den Heiligenbildern die Köpfe ab. So wollten sie ihre Mitmenschen vor Aberglauben und „Götzenanbetung" bewahren.

Reformation durch den Rat

Wie sich die Stadtregierungen gegenüber dem Druck der Bürgerschaft verhielten, hing auch von Fragen ab, die mit dem Glauben wenig zu tun hatten: Würden sie durch die neue Lehre an Macht und Ansehen verlieren? An wen würde das Vermögen der Klöster und frommen Stiftungen in der Stadt fallen? Wer müsste also die Kosten für die Pfarrer, die Waisen- und Armenhäuser, Spitäler und Schulen übernehmen? Und vor allem: Konnte der Rat selbstständig entscheiden, weil die Stadt die Reichsfreiheit besaß, oder musste er Rücksicht nehmen auf den Willen des Landesfürsten – also z.B. des Bischofs von Hildesheim oder Osnabrück, der welfischen Herzöge in Celle, Calenberg oder Wolfenbüttel?

Landesfürstliche Reformation

Die Entscheidung eines Fürsten für oder gegen die neue Lehre hing in starkem Maße von allgemeinen politischen Überlegungen ab: der Stellung des Fürstenhauses gegenüber dem Kaiser und benachbarten Fürsten; der Chance, durch die Verstaatlichung („Säkularisation") des Kirchenbesitzes wertvolle Ländereien zu erwerben; der Möglichkeit die „Sorge für das Seelenheil" der Untertanen zur Stärkung der eigenen Macht zu nutzen. Die Handlungsmöglichkeiten der Fürsten waren unterschiedlich: Herzog Ernst „der Bekenner" von Braunschweig-Lüneburg konnte den Widerstand des Rates in Lüneburg viel später überwinden als in dem übrigen Herzogtum; Herzog Erich I. von Calenberg konnte die Reformation in Hannover nicht verhindern, hielt aber persönlich und für das Herzogtum am alten Glauben fest. Erst seine Witwe, Herzogin Elisabeth, die noch zu Lebzeiten ihres Mannes lutherisch geworden war, führte nach dem Tod des Herzogs als Regentin für ihren unmündigen Sohn die neue Lehre ein.

1 **Reformation im Bereich des heutigen Niedersachsen,** *Zeitpunkte der Einführung*

Fürsten und Landeskirchen

Wie die neue Religion ausgeübt werden sollte und wer predigen durfte, bestimmten in der Regel die Fürsten als „Notbischöfe". Fürstliche Beauftragte, so genannte Visitatoren, wachten darüber, dass z. B. das Abendmahl unter „beiderlei Gestalt", d. h. mit Brot und Wein an alle Gottesdienstteilnehmer ausgeteilt wurde, die Predigt im Mittelpunkt des Gottesdienstes stand und die Leute vom Fluchen, Trinken, Kartenspiel und anderen „ärgerlichen und sündhaften Lastern" abließen. Geistliche, die am alten Glauben festhalten wollten, wurden entlassen. Damit die neuen evangelischen Pfarrer wussten, wie die Bibel richtig auszulegen war, mussten sie an einer Universität Theologie studiert haben. Auch wurde erwartet, dass sie wie Luther eine Ehe schlossen und eine Familie gründeten. Luther hatte 1525 die ehemalige Nonne Katharina von Bora geheiratet, die zum Vorbild wurde für die Rolle und die Funktionen, die alle Pfarrfrauen von nun an zu erfüllen hatten.

Andersgläubige werden verfolgt

Verlangt wurde auch, dass die Pfarrer alle Taufen in die neu angelegten Kirchenbücher eintrugen. Damit sollten die so genannten Täufer aufgespürt werden, die ihre Kinder nicht mehr taufen ließen. Sie akzeptierten nur die Taufe von Erwachsenen, weil Kinder- und Säuglingstaufe nicht mit der Bibel übereinstimmten. Auch den Kriegsdienst lehnten sie ab und weigerten sich irgendeinen Eid abzulegen. Daher galten sie allen Obrigkeiten als aufrührerisch und wurden blutig verfolgt. „Wer widerruft, wird geköpft; wer nicht widerruft, wird verbrannt" hieß es z. B. in einer Anweisung des katholischen Herzogs von Bayern. Nicht geduldet und ausgewiesen wurden zumeist auch die Anhänger Huldrych Zwinglis, der die Stadt Zürich in der Schweizer Eidgenossenschaft reformiert hatte. Zwingli lehnte alle Bilder in der Kirche ab und bei der Abendmahlfeier waren ihm Brot und Wein nur Zeichen für Christi Leib und Blut. Luther dagegen las aus der Bibel, dass Christus in Wein und Brot konkret leiblich gegenwärtig ist und war darin eins mit den Katholiken.

2 *Übergabe des Augsburger Bekenntnisses an Kaiser Karl V. im Jahre 1530. Das Gemälde im Rathaus von Bad Windsheim (Franken), 1601, ist ein typisches „Lesebild" zu diesem Ereignis, das in zahlreichen Gemälden und Plakat-Drucken auf ähnliche Weise dargestellt wird: Im Vordergrund steht immer die Übergabe der Bekenntnisschrift durch lutherisch gewordene Reichsstände. In der Mitte werden Merkmale der evangelisch-lutherischen Konfession dargestellt, u. a. die Taufe und die Austeilung des Abendmahls in beiderlei Gestalt, Predigt des Evangeliums, Katechismusunterricht, Kirchengesang und Eheschließung. Im Hintergrund werden die Anhänger Zwinglis verjagt; der Teufel im Vordergrund liest zusätzlich die Namen der „Ketzer" vor.*

3 **Durchführung der Reformation – zwei Beispiele**
a) *Im Herzogtum Braunschweig-Lüneburg setzte Herzog Ernst „der Bekenner" (1521–1546) die Reformation durch. In einer Biografie aus dem Jahre 1719 heißt es dazu:*

Herzog Ernst wurde noch bei Lebzeiten seines Vaters, Herzog Heinrich, regierender Fürst. Und deswegen konnte der Durchlauchtigste Ernst den neu aufgegangenen Glanz des evangelischen
5 Gnadenlichts erscheinen lassen und seinen Untertanen die göttliche Wahrheit bekannt machen, die er teilweise von Luther persönlich gehört und ständig mit ihm beraten hatte. Teilweise hatte er die Lehre auch aus Luthers
10 Schriften entnommen, die, wie er nach sorgfältiger Prüfung erfahren hatte, mit den Worten der Bibel übereinstimmten. Deswegen sorgte er in kluger Voraussicht dafür, dass einige geschickte Prediger in aller Behutsamkeit für die
15 neue Lehre warben. Und es war die Fürstliche Residenzstadt Celle der erste Ort, in dem der Schall der evangelischen Wahrheit erklingen sollte. Hierbei ist es nötig, dass wir uns um den genauen Zeitpunkt des seligen Anbruchs dieses
20 Gnadenlichts in den Braunschweig-Lüneburgschen Landen kümmern. Und dazu können wir sicher das Jahr 1523 angeben. Außerdem finde ich, dass im Jahre 1524 sich schon fremde Untertanen in unserem Lande aufgehalten haben um
25 das Evangelium zu hören (z. B. Braunschweiger Bürger in Adenbüttel). Und der vortreffliche sächsische und kurbrandenburgische Geheimrat von Seckendorf sagt in seiner unvergleichlichen guten Geschichte des Luthertums: „Herzog
30 Ernst zu Lüneburg, der zu Celle residierte, hat mit Zustimmung seiner Brüder und nach Vorbild seines Onkels, des Kurfürsten Johann von Sachsen, zu reformieren angefangen und damit Martin Ondermark beauftragt, Pfarrer zu Celle, der
35 Luther sehr ähnlich war, und dabei keinerlei

Gewalt gebraucht … Und weil er wusste, dass die Prediger oft von seinen Beamten nicht geachtet oder grob behandelt wurden, so ließ er ein Gesetz veröffentlichen, in dem er allen Predigern
40 befahl, dass sie ihre Beschwerden nicht an die Beamten, sondern gleich an ihn selber bringen sollten, mit der Versicherung, er wolle dafür sorgen, dass sie gerecht behandelt würden."

nach: Das Leben Ernesti, Braunschweig 1719, S. 11–15; 26 f.

b) In der Stadt Hannover standen Rat und Bürgerschaft lange Zeit auf der Seite ihres katholischen Landesfürsten. Es entwickelte sich aber eine zunächst kaum wahrgenommene reformatorische Bewegung, deren Stärke schlagartig sichtbar wurde, als sich im August 1532 die „gemeine Bürgerschaft" gegen den Rat und die „großen Ämter" vereinigte. Der Rat, unterstützt von Herzog Erich II., widersetzte sich vor allem den Forderungen nach Einführung der neuen Lehre. Daraus erwuchs eine mehrjährige bürgerkriegsähnliche Krise, in deren Verlauf der Rat sogar aus der Stadt floh. Erst im Juli 1534 wurde durch eine neue Ratsverfassung der innere Friede wiederhergestellt; gegen Zahlung von 40 000 Gulden an den Herzog durfte die neue Lehre eingeführt werden.
Auslöser der Unruhen war der Beschluss des Rates die Marienkapelle vor dem Ägidientor abbrechen zu lassen. In einer allgemeinen Versammlung der Bürger (16. August 1532) wurde in einem umfangreichen Katalog von Beschwerden gegen die Ratspolitik u. a. Folgendes gefordert:

4. Ebenso begehren und bitten die Alterleute[1], Werkmeister und die ganze Meinheit[2] freundlich und demütiglich, dass die ehrsamen Bürgermeister, Rat und Geschworenen zuerst und vor allen
5 Dingen nach dem Reich Gottes und seiner Gerechtigkeit trachten, also dass wir mit gelehrten Predigern versorgt werden mögen, die das lautere, wahre, beständige Evangelium von Christus predigen mögen nach der Wahrheit.
10 5. Ebenso begehren die Bürger, dass diejenigen, die von Gott gelehrt sind oder lesen können, die Bibel auf Deutsch – es sei das Alte oder das Neue Testament sowie die Psalmbücher – frei lesen und singen mögen und dadurch keinen Schaden
15 haben …
6. Ebenso soll niemand mehr als 24 Fuder Gerste kaufen. Davon darf er 6-mal Broyhan[3] brauen und den Rest zu seinem Nutzen gebrauchen …
7. Ebenso bitten und begehren die Alterleute

4 *Herzog Ernst der Bekenner. Porträt in der Veste Coburg, signiert „I.S." (vielleicht Jost Stettner?). Das Gemälde gehört zu einer Serie von sieben Brustbildern protestantischer Fürsten aus dem zweiten Drittel des 16. Jahrhunderts. Bei diesem Bild ist es nicht ausgeschlossen, dass es sich um eine Kopie eines Bildes oder einer Zeichnung von Lukas Cranach handelt.*

20 und die Meinheit, dass, wenn sich jemand dem Rat gegenüber ungebührlich äußern sollte, er nur mit Hausarrest bestraft wird; dass ein jeder Bürger vor dem Gefängnis bewahrt bleiben und es ihm gestattet werden möge, sich gerichtlich zu
25 verantworten.
8. Ebenso, zu verhindern, dass von der Juden Haus und seinem Vorkaufsrecht großer Schaden für die Stadt entsteht.
9. Ebenso, dass die Pfaffen wegen ihre offenkun-
30 dig schändlichen Lebens – Hurerei und Dirnen – das in der ganzen Stadt bekannt ist, bestraft werden sollen.
10. Ebenso, dass die Höker ihren Einkauf und Verkauf so einrichten sollen, dass er für die ganze
35 Stadt unschädlich ist.
14. Ebenso, dass alles, was für die Stadt bestimmt ist an allerlei Lebensmitteln, auf den Markt kommen möge.
15. Ebenso, dass die Knochenhauer draußen auf
40 den Dörfern einkaufen können, was sie auf dem Markt verkaufen wollen, aber zur Versorgung ihres eigenen Haushalts sollen sie einkaufen, wie wir anderen auch.
18. Ebenso beklagen sich die Bürger, dass jüngst
45 – noch nicht lange vergangen – die rechtschaf-

5 *Der Schwur der Bürger von Hannover* am 26. Juni 1533. Der Sprecher der Meinheit steht auf einem Block und lässt schwören, dass sie alle „nun fortan evangelische Brüder seien und als einander treue Bürger achten und dem Evangelium Jesu Christi beständig bleiben wollen". Wandgemälde von Ferdinand Hodler, um 1900, Neues Rathaus Hannover

fenden Prädikanten abgesetzt worden seien und denselben Gewalt und Unrecht geschehen sei …

20. Ebenso, dass die Müller in den Mühlen unseren Bürgern nicht gern helfen mit dem
50 Mahlen des Korns, sondern vielmehr den Auswärtigen.

21. Ebenso, dass das Korn in der Mühle ein wenig verbilligt werden soll.

22. Ebenso begehren die Bürger auch, dass man
55 die Zahl der Kühe verringern soll, nämlich pro Haus 4 oder pro Bude 2.

23. Ebenso wollen die Meinheit samt allen Ämtern das ernstlich so gehalten haben, dass Gottes Wort lauter und rein öffentlich in unserer Stadt
60 Hannover gepredigt werden möge, sodass ein jeder Einwohner zu Hannover das frei hören, lesen oder sagen und singen möge …

25. Ebenso sollen die Bäcker wieder Roggen-

semmeln für einen halben Pfennig backen nach
65 alter Gewohnheit.

30. Ebenso sind da einige Bürger, die beklagen sich, dass ihnen die Brunnen verweigert werden und sie die nicht benutzen dürfen nach ihrer Bequemlichkeit.

70 32. Ebenso begehrt die Meinheit zu Hannover von dem ehrsamen Rat, dass man einmal des Jahres die Meinheit zusammenkommen lassen solle.

38. Ebenso, dass der Wein und das Einbeck'sche Bier im Stadtkeller ein wenig verbilligt werden
75 möge.

1 Alterleute/Werkmeister: Handwerksmeister
2 Meinheit: allgemeine Bürgerversammlung)
3 Broyhan: hannoversches Bier
4 Vorkaufsrecht: Bestimmte Waren mussten zuerst Juden angeboten werden. Sie entscheiden dann, ob sie diese erwerben wollten oder ob Hannoveraner sie kaufen konnten.

Johannsen/Schmid/Schmitz (ed.), Die Einführung der Reformation in Hannover. Hannover 1983, S.10 ff. und S. 46 f.

a) M2 ist ein „Lesebild", d. h. es sollte auch den Menschen verständlich sein, die nicht lesen konnten. Übersetze die Aussagen der einzelnen Bildgruppen so, dass wesentliche Inhalte der lutherischen Lehre ohne den dabeistehenden Text begriffen werden können.

b) Beschreibe anhand der Karte M1 die Ausbreitung der lutherischen Lehre. Welche Rolle spielte die Reformation für deine Region oder Stadt? Finde heraus, ob es Besonderheiten gab. Versuche dies in einer Bücherei oder im Heimatarchiv deines Ortes oder eines Ortes in der Nähe aufzuspüren.

c) In welchen Punkten sieht der Biograf Herzog Ernsts Besonderheiten der Reformation im Fürstentum Lüneburg? Wie beurteilt er den Fürsten? (M3a).

d) Erkläre mithilfe von M3b, warum die Reformation in Hannover so schwierig durchzuführen war. Versuche ein Drehbuch oder ein Protokoll für die Beratungen von Schöffen und Ratsherren zu verfassen.

5. Der Kaiser duldet nur ein Bekenntnis

1529	Ein türkisches Heer belagert Wien.
1547	Im Schmalkaldischen Krieg siegt Karl V. über die protestantischen Reichsstände.
1552	Die mit dem französischen König verbündeten Protestanten zwingen den Kaiser zur Flucht aus Innsbruck.
1555	In Augsburg wird ein Religionsfrieden geschlossen.

Der Kaiser als Schutzherr der Kirche

Schon als ganz junger Mann, am Beginn seiner kaiserlichen Herrschaft, hatte sich Karl V. dazu bekannt, dass ihn nichts so sehr bedrücke wie die lutherische Glaubensabweichung und dass er deshalb zur Unterdrückung dieser „Ketzerei" seine Königreiche und Herrschaften, sein Leben und seine Seele daransetzen wolle. Diese Erklärung passte gut zu dem Amt, in das Karl 1519 gewählt worden war; denn der Kaiser galt zu dieser Zeit noch immer als der Schutzherr und das weltliche Haupt der Kirche. Auch schien Karls Macht unbegrenzt. In seinem Reich ging, wie man sagte, die Sonne nicht unter. Das Haus Habsburg oder Österreich, dem Karl angehörte, hatte nämlich durch geschickte Heiratspolitik ein großes Reich erworben. Die Abkürzung AEIOU für „Alles Erdreich ist Oesterreich untertan" schien so keine Übertreibung zu sein.

Triumph des Kaisers

Trotzdem dauerte es mehr als ein Vierteljahrhundert, bis Karl V. über seine protestantischen Gegner im Reich triumphieren konnte. Sie hatten sich seit 1531 im Schmalkaldischen Bund gegen ihn zusammengeschlossen. 1547 setzte er mit seiner Armee bei Mühlberg in Sachsen über die Elbe. Er verglich sich dabei mit Caesar, als er den Rubikon überschritt. Zuvor hatte er am Ufer ein zerbrochenes Kruzifix gesehen; er hielt an und sagte: „O Christus, gewähre mir die Gnade, die Schmach zu rächen, die man dir angetan hat." Nach der siegreichen Schlacht auf der anderen Seite des Flusses konnte er den sächsischen Kurfürsten gefangen nehmen, den er zunächst hinrichten lassen wollte. Bald geriet auch der andere Anführer der protestantischen Partei, Philipp von Hessen, in kaiserliche Gefangenschaft. Der Kaiser war jetzt stark genug, die Reichsstände nach Augsburg zu laden. Die Stadt hielt er mit seinen Truppen besetzt und so konnte er auf einem „Geharnischten Reichstag" seine Bedingungen diktieren: Einschränkung der Mitspracherechte der Fürsten und Reichsstädte und völlige Rückkehr der Evan-

1 Heiratspolitik der Habsburger

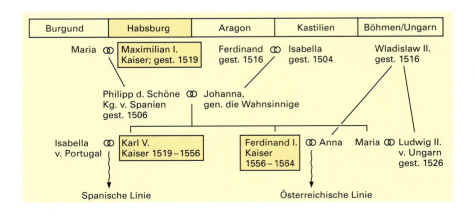

2 **Kaiser Karl V.,** *von Gicht und Asthma geplagt,*
am Abend nach seinem Sieg bei Mühlberg
an der Elbe, Gemälde von Tizian, 1548
(279 x 332 cm, heute: Madrid Prado)

3 **Suleiman II. der Prächtige** (um 1494–1566)
empfängt eine ungarische Gesandtschaft.
Miniatur im Nüzhet ül-achbar de sefer-i Siget-
var des Feridun Ahmed, Istanbul.

gelischen in die katholische Papstkirche; für eine Zwischenzeit gestand der Kaiser den evangelischen Territorien nur die Priesterehe und den Laienkelch zu, d. h. sie durften weiterhin das Abendmahl unter beiderlei Gestalt genießen.

Abwehr der Türken und Krieg mit Frankreich

Karl V. hatte deshalb so lange für seinen Sieg über das protestantische Lager in Deutschland benötigt, weil er jahrzehntelang durch andere Kriege abgelenkt war. Nachdem Suleiman II. 1520 Sultan geworden war, wandte sich das Osmanische Reich mit seiner ganzen Kraft gegen Europa, wie seit der Eroberung des christlichen Konstantinopel im Jahre 1453 nicht mehr: 1521 fiel Belgrad, 1526 wurde Ungarn überrannt, 1529 belagerte eine große türkische Armee Wien. Auch in den folgenden Jahren war der Kaiser zur Abwehr dieser Gefahr auf die finanzielle Hilfe der protestantischen Fürsten und Städte angewiesen. Deshalb hatte er diesen immer wieder Zugeständnisse gemacht und die Religionsstreitigkeiten ruhen lassen. Karl führte aber auch einen andauernden Krieg gegen die französischen Könige. Diese fühlten sich durch den habsburgischen Besitz besonders eingeengt und scheuten sich nicht – für die damalige Zeit eine Ungeheuerlichkeit –, ein Bündnis mit den moslemischen Türken zu schließen.

Flucht und Abdankung des Kaisers

Nur fünf Jahre nach seinem glänzenden Sieg bei Mühlberg hastete Karl über die winterlichen Alpen von Innsbruck nach Villach um nicht gefangen gesetzt zu werden. Die Fürstenopposition im Reich hatte sich in der Zwischenzeit verschworen und mithilfe des französischen Königs Heinrich II. eine Armee zusammengestellt. Sie wollten, wie sie sagten, die „viehische spanische servitut"

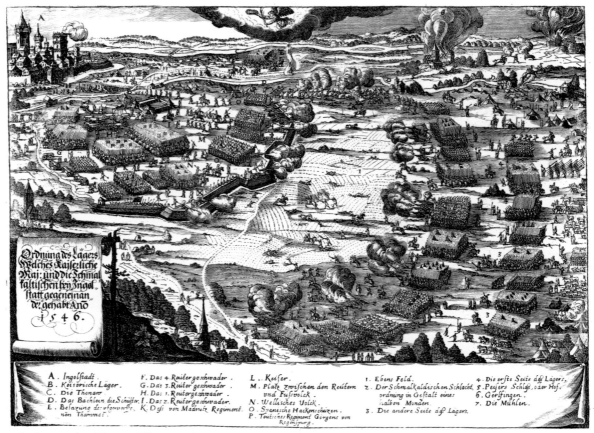

4 „*Ordnung des Lägers,* Welches Kaiserliche Maj(estät) und die Schmalkaltischen bey Ingolstatt gegeneinander gehabt" 1546, Kupferstich, unbekannter Künstler, um 1546. Unten: Erklärung zur Aufstellung
der Heere. – Die Erfindung des Schießpulvers veränderte den Krieg. Erläutere dies anhand des Bildes.

(Knechtschaft) des Kaisers abschütteln und die fürstliche libertet (Freiheit)
wiederherstellen. Dem unvorsichtigen Karl aber war keine Zeit mehr geblieben,
selber Landsknechte anzuwerben; eine ständig bereitstehende Armee konnte
damals kein Herrscher in Europa bezahlen. Die demütigende Flucht vor seinen
Feinden bestärkte den Kaiser in seinem Entschluss, abzudanken und sich für den
kurzen Rest seines Lebens in eine der entlegensten Gegenden Spaniens zurück-
zuziehen.

**Augsburger
Religionsfrieden**

Ferdinand, Karls Bruder und Nachfolger im Reich, hatte keine Bedenken, jetzt in
einen vielfach herbeigesehnten Religionsfrieden einzuwilligen. Immer noch hoffte
man zwar auf eine Vereinigung der Konfessionen, doch sollten bis dahin „auf
Dauer" Katholiken und Lutheraner friedlich miteinander auskommen. Andere
reformierte Glaubensrichtungen wie die Zwinglianer blieben ausgeschlossen. Auch
blieb die freie Wahl des Bekenntnisses auf die Fürsten, Stadtregierungen und
Reichsritter beschränkt. Geistliche Fürsten sollten künftig auf ihre Herrschaft verzichten, wenn sie evangelisch wurden. Die Untertanen hatten sich nach dem jeweiligen Bekenntnis ihres Landesherrn oder ihrer Stadtobrigkeit zu richten. Es galt
das Prinzip „cuius regio, eius religio – wessen Herrschaft, dessen Religion". Die
Bauern und Bürger hatten zwar das Recht, aus Glaubensgründen auswandern
zu dürfen; es fehlte ihnen aber fast immer das Geld um sich aus der Leibeigenschaft freizukaufen bzw. um als Stadtbewohner das Abzugsgeld zu bezahlen.

5

Sendschreiben König Heinrichs II. von Frankreich, des „Rächers der Freiheit Deutschlands und der gefangenen Fürsten" an die Reichsstände.*

Von Gottes Gnaden Wir Heinrich der Zweite, König zu Frankreich etc. entbieten Euch … unsere Freundschaft, günstigen Gruß, geneigten Willen, Gnade und alles Gute …

5 Unterdessen kommen uns privatim allerlei schwere Klage vor Ohren von vielen Kurfürsten, Fürsten und anderen trefflichen Leuten Teutscher Nation, die sich zum höchsten beklagen, daß sie mit unerträglicher Tyrannei und
10 Servitut (Knechtschaft) von dem Kaiser unterdrückt würden und in ewige Dienstbarkeit und Verderben geführt würden. Auch ihrer Macht und ihres Geldes dermaßen entblößt würden, daß zuletzt daraus nichts Gewisseres erfolgen
15 könnte, als daß eine Monarchie (Alleinherrschaft) dem Kaiser und dem Haus Österreich aufgerichtet und erbauet würde. Welches zu vernehmen uns fürwahr zum höchsten beschwerlich gewesen ist, nicht allein darum, dieweil wir
20 mit den Teutschen einen gemeinsamen Ursprung haben, denn es sind unsere Vorfahren (d. h. die Franken) auch Teutsche gewesen, sondern auch von wegen unserer alten Freundschaft. Deshalb haben wir aus göttlicher Eingebung
25 nicht allein ein Bündnis mit den genannten Fürsten und Ständen des Reiches aufgerichtet, sondern uns auch dazu entschlossen, daß wir alle unsere Macht, Hilfe, Rat, Freunde, auch unsere eigene Person mit den genannten Fürsten und
30 Ständen in eine Gemeinschaft setzen wollen …, daß die alte löbliche Freiheit wiederum hergestellt werde.

* Die untere Hälfte der ersten, links abgebildeten Seite des Sendschreibens mit dem Siegel der Bourbonenkönige ist nicht abgedruckt.

Nach: Geschichte in Quellen III, München 1966, S. 199–203, Bearb. d. Verf.

6 **Bekenntnis des Kaisers**
Der spanische Chronist Santa Cruz berichtet von einer angeblichen Rede des Kaisers in Madrid 1528:

… Auch denke ich nicht, nach Italien zu ziehen, die Städte und Herren zu unterdrücken, Staaten wegzunehmen und mich zu bereichern, denn das wäre das Verhalten eines Tyrannen, nicht eines
5 gnädigen Fürsten. Ihr alle seid Zeugen, dass ich nur Kriege geführt habe um das, was mir gehört, niemals um fremdes Gut …
Um die Wahrheit zu sagen, ist das Ziel meiner Fahrt nach Italien, den Papst zu einem allgemei-
10 nen Konzil zu zwingen in Italien oder Deutschland, gegen die Häresien (Glaubensabweichungen) und für die Reform der Kirche. Ich schwöre zu Gott und seinem Sohne, dass nichts in der Welt mich so bedrückt wie die Häresie Luthers
15 und dass ich das Meinige dafür tun werde, dass die Historiker, die von der Entstehung dieser Ketzerei in meinen Tagen erzählen, auch hinzufügen, dass ich alles dagegen unternommen habe; ja ich würde in dieser Welt geschmäht und
20 im Jenseits verdammt werden, wenn ich nicht alles täte, die Kirche zu reformieren und die verfluchte Ketzerei zu vernichten.

Nach: Geschichte in Quellen III, S. 229, Bearb. d. Verf.

a) Vergleiche die beiden Herrscherdarstellungen M2 und M3.
b) Zeige anhand der Karte (ADS) und der Grafik M1 die Auswirkungen der Heiratspolitik der Habsburger. Denke auch an die Nachbarstaaten.
c) Wie begründet der französische König sein Eingreifen zugunsten der deutschen Fürsten (M5)? Nimm zu dieser Begründung Stellung.
d) Warum duldet der Kaiser nur das Bekenntnis der Altgläubigen (M6)?
e) Was wirft der französische König Karl V. vor (M5)? Wie beurteilt Karl V. seine Politik (M6)?

6. Wie reagiert die katholische Kirche?

1545–1563 _____ In Trient tagt ein großes katholisches Konzil, das wichtige Lehr- und Reformbeschlüsse fasst.

Zusammenleben der Konfessionen

Nach dem Augsburger Religionsfrieden von 1555 schien es zunächst möglich, dass die Anhänger Luthers und die der alten Kirche auf Dauer friedlich miteinander zusammenleben könnten. Anders als z.B. in Spanien oder Italien spürte keine mächtige Inquisition mit grausamen Untersuchungsmethoden Ketzer auf, die dann in den Feuertod geschickt wurden. In Deutschland gab es Gegenden, wo Andersgläubige nicht einmal unbedingt ausgewiesen wurden. Der Herzog von Jülich erlaubte es seinen Untertanen sogar, ganz wie sie wollten, das heilige Abendmahl nur mit Brot oder mit Brot und Wein wie die Protestanten zu nehmen. In Städten wie Bautzen, Ravensburg oder Biberach benutzten die beiden Konfessionen der Katholiken und der Protestanten die gleichen Kirchen, entweder nacheinander oder durch ein Gitter in der Mitte der Kirche getrennt. Im westfälischen Münster sang man beim Gottesdienst lutherische Kirchenlieder, feierte aber die Messe nach katholischem Brauch in lateinischer Sprache. Auch wurden damals nicht selten Ehen zwischen den Konfessionen geschlossen.

Kalenderstreit

Eine Generation später aber lebten die Konfessionen immer seltener friedlich nebeneinander; man stritt sogar über den richtigen Kalender. Papst Gregor XIII. hatte 1582 den alten, von Caesar eingeführten Kalender dadurch verbessert, dass er zehn Tage strich. Außerdem sollte das Jahr am 1. Januar und nicht wie bisher am 1. März beginnen. Gegen diese „papistische Neuerung" wandten sich viele Protestanten in Deutschland, so auch die evangelische Bevölkerungsmehrheit in Augsburg. Trotzdem verbot die überwiegend katholische Stadtregierung, dass 1584 am „evangelischen" Himmelfahrtsdonnerstag Läden und Werkstätten geschlossen wurden. Nur mühsam konnte dieser Konflikt geschlichtet werden. Bis zum Jahre 1700 blieb in Deutschland die Zeitrechnung konfessionell geteilt.

Neuordnung der katholischen Kirche

Die Auseinandersetzungen zwischen Katholiken und Protestanten war auch deshalb schärfer geworden, weil sich in der Zwischenzeit die altgläubige Kirche erneuert hatte und dadurch stärker und selbstbewusster geworden war. Dies war ein Ergebnis der Arbeit einer großen Kirchenversammlung, des Konzils von Trient. Fast 20 Jahre lang war in der norditalienischen Bischofsstadt getagt worden. Unter der Leitung von päpstlichen Beauftragten (Legaten) beschloss die Versammlung aus mehrheitlich italienischen Bischöfen auf insgesamt 25 Abschlusssitzungen die Glaubenssätze des katholischen Bekenntnisses. Da sich die katholische Kirche in Trient schroff von lutherischen Auffassungen abgrenzte, war eine Aussöhnung mit den Protestanten jetzt endgültig unmöglich geworden. Grundlage des Glaubens war für das Konzil nicht allein die Heilige Schrift, wie die evangelische Seite sagte, sondern mit „gleicher frommer Hingabe und Ehrerbietung" (und nicht nur mit „ähnlicher", wie auch erörtert wurde) sollten ebenso die „Glaubenswahrheiten" hingenommen werden, die sich aus der tausendjährigen kirchlichen Überlieferung und früheren Konzilsbeschlüssen ergaben. Demzufolge wurde aufgrund der kirchlichen Tradition die Zahl der Sakramente auf sieben festgelegt; für die Anhänger Luthers ließen sich aber nur Taufe und Abendmahl als Sakramente biblisch begründen.

1 **Das Konzil von Trient** wird 1545 von Papst Paul III. eröffnet. Fresko (Wandmalerei) der Brüder Zuccari im Palazzo Farnese von Caprarola (Italien) aus dem Jahre 1560.

Reformbeschlüsse

Das Konzil wollte aber auch Missstände der alten Kirche beseitigen. Deshalb sollten die Priester besser als bisher in neu zu gründenden Priesterseminaren ausgebildet werden. Von den Bischöfen wurde verlangt sich innerhalb ihrer Bistümer aufzuhalten und alle Geistlichen gewissenhaft zu kontrollieren, dass diese z. B. nicht ins Wirtshaus gingen oder mit Frauen zusammenlebten. Es dauerte allerdings lange Zeit, bis alle Reformbeschlüsse Wirklichkeit wurden.

Die Gesellschaft Jesu

Eine wichtige Hilfe bei der Erneuerung der katholischen Kirche leistete der neue Mönchsorden der Gesellschaft Jesu, der sogenannten Jesuiten. Der spanische Adlige Ignatius von Loyola (1491–1556) hatte gegen anfänglichen päpstlichen Widerstand 1540 erreicht, dass seine Gemeinschaft als Orden anerkannt wurde. Die Jesuiten verstanden sich als Soldaten Christi und wollten bedingungslos ihrem General und dem Papst gehorchen, um die „Heiden" und die protestantischen „Ketzer" zum katholischen Glauben zu bekehren. Bald reichte ihre Missionstätigkeit bis nach China, Japan und vor allem Südamerika. (Auf dem nebenstehenden Bild ist Jesuitenpater Ricci, 1552–1610, mit einem chinesischen Mitbruder zu sehen. Ricci studierte ausführlich die fernöstlichen Religionen und war sehr erfolgreich bei seiner Mission in China, weil er fernöstliche Kultur mit katholischen Glaubensinhalten verband.) Bei Loyolas Tod hatte der Jesuitenorden schon 1000 Mitglieder, die besonders in Deutschland hervorragende Schulen gründeten. An ihnen erzogen sie die Söhne aus vornehmen und einflussreichen Familien zu treuen Katholiken. Auch an vielen katholischen Fürstenhöfen betätigten sie sich als Prinzenerzieher und Beichtväter und gewannen oft großen Einfluss, wenn es darum ging, das Vordringen der Reformation wieder rückgängig zu machen.

Gegenreformation

Nach dem Trienter Konzil fühlten sich immer mehr katholische Herrscher ermutigt ihre konfessionell abtrünnigen Untertanen zur römisch-katholischen Kirche

2 **Allegorie auf das Missionswerk der Jesuiten**
(Gewölbefresko von Fra Andrea Pozzo in der Barockkirche S. Ignazio in Rom, 1691–94).
In der Mitte Gott Vater, Christus und Heiliger Geist; am Rande die vier Erdteile. Engel geleiten Heilige des Jesuitenordens in die Nähe zu Christus. An oberster Stelle der Gründer des Ordens, Ignatius von Loyola, der von dem göttlichen Lichtstrahl getroffen wird. Von ihm wird das Licht auf die vier Erdteile gelenkt.
(1) Beschreibe, wie der Maler die Bedeutung der katholischen Kirche und des Jesuitenordens zum Ausdruck bringt.
(2) Vergleiche mit den Kirchenbildern M3 und M5 des nachfolgenden Kapitels.

zurückzuführen und die in Religionssachen Gleichgültigen im katholischen Glauben zu stärken. Beispielsweise sollten die Gläubigen morgens die Heilige Messe besuchen und zum Morgen- und Abendgeläut Maria, die Mutter Gottes, begrüßen. Kirchliche Feste wurden mit Wallfahrten, Theateraufführungen und prächtigen Prozessionen wie z. B. an Fronleichnam wiederbelebt. Nach dem Vorbild in protestantischen Territorien wurde nach der Predigt die katholische Lehre mittels eines Katechismus auswendig gelernt. Ein Text aus dem Katechismus mit Frage und Antwort wurde vorgelesen, die Kirchenbesucher mussten es wiederholen und wurden anschließend abgefragt. Andersgläubige waren Schikanen ausgesetzt oder mussten sogar das Land verlassen. Deshalb wird die Rekatholisierung auch als Gegenreformation bezeichnet. Erfolgreich war die Gegenreformation z. B. in Köln und am Niederrhein, im Fürstbistum Würzburg, im Herzogtum Bayern und später im habsburgischen Österreich.

Konfession (lateinisch „confessio", das bedeutet Bekenntnis): Darunter versteht man die schriftliche Zusammenfassung von Glaubenssätzen, z.B. das Augsburger Bekenntnis von 1530 für die Lutheraner oder das Tridentinische Glaubensbekenntnis von 1564 für die Katholiken. Man bezeichnet mit diesem Begriff dann auch eine religiöse Gemeinschaft mit einem bestimmten Bekenntnis (z.B. römisch-katholische oder evangelische Konfession).

3 **Katholische Priester beschweren sich**

Die Priesterschaft der schweizerischen Kantone Uri, Schwyz und Unterwalden wenden sich 1579 an ihre weltliche Obrigkeit:

Kam da der Bischof von Vercelli an und will uns zu des heiligen Tridentinischen Konzils Satzungen drängen. Unseres Erachtens geht er dabei aber gegen die Ordnung des heiligen Konzils
5 vor …

Zum Dritten: Wo der Bischof selber visitierte (überprüfte), wie in den Hauptpfarreien, hat er entweder lateinisch oder welsch (italienisch) gepredigt und hernach durch einen Dolmetscher
10 deutsch nachsprechen lassen, gleich als hätte man in deutschen Landen keine Prediger, die das Wort Gottes verkünden, und als ob er uns erstmals den christlichen Glauben lehren wollen …

Zum Vierten fängt die Reform bei den Priestern
15 an. Da gebietet er allen Priestern, die Konkubinen[1] und Kinder haben, sie sollen sie von ihnen tun … Wenn unser Bischof selber Konkubinen und Bastarde[2] zu haben pflegt, was sollen dann seine Priester anders tun, als was sie von ihm
20 hören und sehen? Die Reform soll billig von ihm als am Haupt anfangen, wenn die Päpstliche Heiligkeit unser Bistum zu reformieren begehrt …

Das Tridentinische Konzil gebietet, jeder Bischof
25 solle alle Sonntage und Festtage selber predigen, er sei denn durch eine rechte Ursache verhindert: Unser Bischof hat sein Leben lang nie gepredigt. (Jeder Geistliche) … auch wenn er Kardinal wäre, soll sich mit seiner (einen) Pfründe[3] begnügen,
30 wenn sie zu seinem Lebensunterhalt ausreicht: Unser Bischof hat das Kardinalat vom Heiligen

Georg in Velabro (in Rom), welches jährlich mehr als 60 000 Dukaten Einkommen hat, und das große Bistum Konstanz, die Abtei und die
35 Herrschaft in der Reichenau, die Herrschaft Meersburg und die Kaplanei zu Sipplingen. Das heilige Konzil gebietet (auch), ein jeder Inhaber eines kirchlichen Amts solle in seiner Kirche persönlich residieren oder sitzen: Unser Bischof ist
40 jetzt mehr denn zehn Jahre nie in seinem Bistum gewesen, welches doch gar groß und allenthalben von mancherlei Sekten umgeben und erfüllt ist. Das heilige Konzil gebietet, es solle jeder Bischof in seinem Bistum ein Seminar oder eine
45 Schule aufrichten, darin arme Knaben, die gute Köpfe zum Studieren haben, aufgenommen und unterwiesen und hernach zu Priestern und zum Kirchendienst geweiht werden sollen: Unser Bischof richtet nicht allein kein Seminar ein, sondern
50 schickt das große Geld (das er in seinem Bistum bekommt) alles nach Italien. Gott gebe, wo die armen Schüler gelehrt und junge Priester erzogen werden! …

Zum andern hat oben genannter Bischof von
55 Vercelli uns verboten, dass ein Priester in Wirtshäuser oder Trinkstuben gehe bei 10 Kronen Buße. Und das wäre unser Nutzen, wenn wir es hielten; aber wenn wir keine Weiber in unseren Häusern haben können, die uns kochen, wo sollen wir
60 dann essen? Bitte schön, sollen wir die Stuben heizen, kochen, beten, studieren, Gemüse bringen, Messe halten und predigen miteinander?

1 Frauen, die mit Priestern in eheähnlicher Gemeinschaft leben
2 Nichteheliche Kinder
3 Kirchenamt mit einem bestimmten Einkommen

Zit. nach: Karl-Heinz Neubig (Hg.), Anbruch der Neuzeit. München o.J., S. 132.

a) Warum war es nach M3 schwer, die Reformbeschlüsse der katholischen Kirche zu verwirklichen?

b) Welche Personen haben nach Bildquelle M1 am Konzil teilgenommen?

c) Welche Gegenstände hat der Maler in den Mittelpunkt des Bildes (M1) gestellt? Welche Bedeutung hatten sie für die Streitigkeiten der Konfessionen?

7. Calvinisten ringen in Westeuropa um Glaubensfreiheit

1559	Der Reformator Johannes Calvin (1509–1564) gründet in Genf eine Akademie zur Verbreitung seiner Lehre.
1562–1598	Die calvinistischen Hugenotten kämpfen in Frankreich um die Anerkennung ihres religiösen Bekenntnisses.
1566–1581 (1648)	Im niederländischen Freiheitskampf erringen die nördlichen, überwiegend calvinistischen Provinzen ihre Unabhängigkeit von Spanien.

Reformation in Europa

Die katholische Reform zeigte Wirkung. Das protestantische Luthertum breitete sich jetzt kaum mehr aus. Immerhin waren außerhalb Deutschlands die Kirche in Dänemark, Schweden und Norwegen im Sinne Luthers reformiert worden. Auch England hatte sich vom Papst und der katholischen Kirche losgesagt, und bis 1540 waren dort alle Klöster aufgehoben worden. Der englische König war nun das Oberhaupt der neuen anglikanischen Kirche. In Italien, Portugal und Spanien dagegen waren Anhänger Luthers schnell aufgespürt und zumeist als Ketzer hingerichtet worden. Auch in Frankreich und den Niederlanden war die Reformation für ihre Anhänger zunächst ungünstig verlaufen; in der zweiten Hälfte des 16. Jahrhunderts bildeten sich aber in beiden Ländern immer mehr Gemeinden, die den Lehren des Genfer Reformators Calvin folgten.

Calvin in Genf

Nach Calvins Lehre sollte an der Abendmahlfeier nur teilnehmen dürfen, wer ein reines Leben führte. Deshalb meldeten Aufsichtspersonen in Genf die Vergehen und Laster der Gemeindemitglieder an die Pfarrer und „Ältesten", die – wenn Ermahnungen nichts halfen – einzelne bestrafen konnten. Im Haus des Stadthauptmanns Perrin war einmal getanzt worden. „Sie wurden alle ins Gefängnis geworfen", schrieb Calvin darüber in einem Brief. Als derselbe Perrin anlässlich einer Trauung lachen musste, kam er für acht Tage ins Gefängnis und musste sich anschließend vor der ganzen Gemeinde entschuldigen. Ein Hersteller von Spielkarten wurde arbeitslos, weil Calvin jedes Glücksspiel verboten hatte, und deshalb schimpfte er über ihn. Zur Strafe musste er im Sünderhemd

1

Johannes Calvin, *55jährig und von schwacher Gesundheit, aus der Sicht seines Studenten Bourgouin.*
Jean Cauvin (oder Calvinus) war, eine Generation jünger als Luther, 1509 in Nordfrankreich geboren. 1534 musste er wegen seiner evangelischen Über-zeugung aus Frankreich fliehen. Zwei Jahre später veröffentlichte er in Basel seine „Einrichtung des christlichen Glaubens". Im gleichen Jahr kam er auf einer Reise nach Genf, wo er nur eine Nacht bleiben wollte.
Im Gasthaus beschwor man ihn, bei der Refor-mation der Genfer Kirche zu helfen. So blieb Calvin bis zum Ende seines Lebens in Genf, um sein Reformprogramm zu verwirklichen.

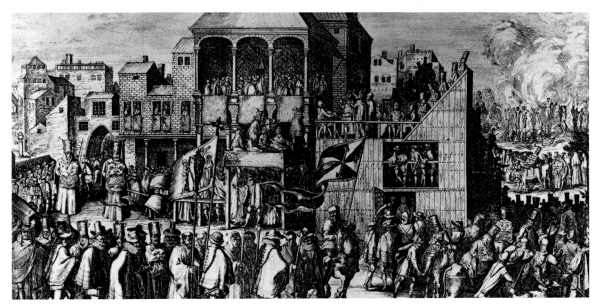

2 Autodafé-Prozession (*großformatige anonyme Radierung, Ausschnitt*). *1558 wurden in Valladolid (Nordspanien) 14 Mitglieder einer 30-köpfigen protestantischen Glaubensgemeinschaft verbrannt. Die „Ketzer" erkennt man an ihren Hüten und Schandhemden, den sog. Sanbenitos, die begnadigte „Ketzer" oft noch jahrelang in der Öffentlichkeit tragen mussten. Verstorbene „Ketzer" wurden als Puppe, unter Umständen zusammen mit ihrem Sarg, zum Hinrichtungsplatz gebracht.*

mit brennender Fackel durch die ganze Stadt laufen und seine Schuld bekennen. Auch wurden alle Wirtshäuser geschlossen oder zu Erbauungslokalen gemacht, wo der Wirt für fromme Gespräche zu sorgen hatte.

**Prädestination –
Vorherbestimmung**

Der Ruf Genfs als einer „Stadt Gottes" verbreitete sich rasch. Viele neue Bürger zogen deshalb von weither zu. Sie waren von der Klarheit der Argumente Calvins beeindruckt. Calvin betonte z. B. sehr die Allmacht Gottes. Aus der göttlichen Majestät folgerte er, dass die Menschen von Anbeginn der Welt an entweder zum Guten oder zum Bösen (und damit zur Seligkeit oder Verwerfung) vorherbestimmt (prädestiniert) seien. Gott habe uns erwählt Gläubige zu sein, „ehe wir im Mutterschoß empfangen seien". Dies bedeutete aber für die Sünder und bösen Menschen keine Entschuldigung. Auch sie sollten Gottes Gerechtigkeit und Herrlichkeit anerkennen. Calvinisten sah man in der Folgezeit besonders fleißig arbeiten, oft mehr als Angehörige anderer Konfessionen. So wurden sie reicher, ohne jedoch verschwenderisch zu leben. Wohlstand und Reichtum wurden für sie zu einem äußeren Zeichen zu den Auserwählten Gottes zu zählen.

„Gott im Brote"?

Das Abendmahl war für Calvin nicht nur eine Gedenkfeier (wie für die Anhänger Zwinglis in Zürich). Calvin glaubte an die wirkliche, allerdings geistige Anwesenheit Christi bei der Abendmahlfeier. Christus war damit für ihn nicht der „Gott im Brote", wie er den Standpunkt der lutherischen Protestanten verspottete. Für diese und auch für die Katholiken waren nämlich Brot und Wein der wirkliche Leib und das wirkliche Blut Christi.

**Ausbreitung
des Calvinismus**

Calvin schrieb unermüdlich Briefe, bis nach Ungarn, Polen und Schottland um neue Anhänger zu gewinnen. Junge Leute aus ganz Europa kamen nach Genf um an der 1559 gegründeten Akademie zu studieren. Über sie urteilte John

3 *Calvinistischer Gottesdienst*
Im 17. Jahrhundert baute sich die im lutherischen Nürnberg nicht geduldete reformierte Gemeinde im benachbarten Dorf Stein eine Kirche. Nur in wenigen Gegenden Deutschlands wurde die calvinistisch-reformierte Konfession das vorherrschende Bekenntnis. – Vergleiche die Lehre Calvins mit dem Kirchenraum und der Sitzordnung der Menschen.

Knox, der spätere Reformator Schottlands, dass es seit der Apostel Zeiten keine Stätte gegeben habe, wo das Evangelium in solcher Kraft und Reinheit gelehrt wurde. Deshalb schrieb Calvin (in einem Brief nach Frankreich): „Schickt uns Holz, und wir machen Pfeile daraus."

Auseinandersetzung um Macht und Glauben in Frankreich

Calvin fand in Frankreich immer mehr Anhänger, die dort Hugenotten genannt wurden. 1559 war der französische König Heinrich II. an einer Turnierverletzung gestorben, und die besonders harte Verfolgung von Protestanten war jetzt beendet. Sogar Mitglieder des Königshauses wandten sich nun dem Calvinismus zu. Deshalb fürchtete eine katholische Adelspartei, die Hugenotten wollten zunächst die königliche Politik bestimmen und dann ganz Frankreich in ihrem Sinn reformieren. Es begann ein fast 30 Jahre lang dauernder Bürgerkrieg. In ihm war die „Bluthochzeit" von 1572, die sogenannte Bartholomäusnacht von Paris, ein schlimmer Höhepunkt. Anlässlich der Hochzeit des calvinistischen Heinrich von Navarra mit der Schwester des Königs hielten sich viele Hugenotten in der Stadt auf. Die Königinmutter und die katholische Partei nutzten diese Gelegenheit. Hinterhältig wurden Tausende von Hugenotten ermordet. Erst 1598 gewährte König Heinrich IV. im Toleranzedikt von Nantes den Hugenotten Schutz vor Verfolgung. Zuvor war der calvinistische König Katholik geworden, um als König in ganz Frankreich anerkannt zu werden. Paris (d. h. die Königsherrschaft), so sagte er, war ihm „eine Messe wert".

Freiheitskampf der Niederlande

Auch in den spanischen Niederlanden (heute Belgien und Holland) hatten die Calvinisten seit ungefähr 1560 immer mehr Gemeinden gegründet. Im August 1566 kam es zu einem großen Bildersturm, bei dem viele Hunderte von Kirchen demoliert wurden. Deshalb schickte der Landesherr, der spanische König Philipp II., Truppen unter der Führung Herzog Albas zur Bestrafung. Da Alba auch die Steuern kräftig erhöhte, schlossen sich jetzt fast der ganze Adel und auch das wohlhabendere Bürgertum dem Aufstand an. Für die Calvinisten unter ihnen war der Kampf auch deswegen berechtigt, weil der König in ihrer Sicht die wahre Religion unterdrücken wollte. Nach jahrzehntelangen schweren Kämpfen behaupteten die nördlichen Provinzen ihre Unabhängigkeit. Der mehrheitlich katholische Süden blieb weiterhin unter habsburgischer Herrschaft.

Calvinismus (oder Kalvinismus): Mit diesem Begriff wird die evangelisch-reformierte Glaubensrichtung bezeichnet, die die Lehren des Genfer Reformators Johannes Calvin vertritt. Calvinisten werden oft auch als Reformierte bezeichnet. Sie unterscheiden sich vor allem in der Abendmahlslehre und in der starken Betonung der Prädestination, d. h. der Vorherbestimmung des Lebens durch Gott von den evangelisch-lutherischen Kirchen. Anhänger Calvins waren vor allem in Westeuropa (und später in Nordamerika) erfolgreich.

4 Aus einem Brief Calvins (25. 11. 1560).

Zum heiligen Abendmahl darf keiner kommen, der nicht seinen Glauben bekannt hat. Deshalb werden jährlich vier Prüfungen abgehalten, an denen die Kinder befragt und eines jeden Fort-
5 schritte festgestellt werden … Was die Erwachsenen angeht, so wird jährlich eine Inspektion jeder Familie abgehalten … Der Pfarrer ist von einem Ältesten begleitet. Dabei werden dann die neu Zugezogenen auch geprüft.
10 Die Sittenzucht wird folgendermaßen gehandhabt: Jährlich werden zwölf Älteste gewählt … Vor das kirchliche Gericht wird nur vorgeladen, über wen dies einstimmig beschlossen wird …

So werden Flucher, Trunkenbolde, Hurer, Rauf-
15 bolde und Streitsüchtige, Tänzer und Reigenführer und dergleichen Leute vorgeladen. Wer nur leicht gefehlt hat, wird mit freundlichenWorten zurechtgewiesen und entlassen. Bei schweren Sünden ist die Rüge strenger, der Pfarrer tut sie
20 dann nämlich in den Bann, wenn auch nur für kurze Zeit; dadurch werden sie vom Abendmahl ausgeschlossen, bis sie um Verzeihung bitten … Verachtet jemand verstockt die kirchliche Macht und lässt nicht innerhalb eines Jahres von seinem
25 Trotze, so wird er vom Rat auf ein Jahr ausgewiesen.

Zit. nach: Karl Heinrich Peter (Hg.), Briefe zur Weltgeschichte. München 1964, S. 59 ff.

5 Calvinistischer Bildersturm in den Niederlanden. Radierung von Jan Luyken nach einem Kupferstich von 1588 (33,9 x 34,7 cm). Die Inschrift lautet: „De Beeldestormerey in den Jaare 1568 in Vlaenderen en Braband begonnen en in wynig Tyds door gans Nederland verspreit."

a) Erarbeite aus M4 und M5, was die calvinistisch-reformierte Glaubensrichtung von anderen Konfessionen unterscheidet. Welche Merkmale des Calvinismus werden nicht angesprochen?
b) Finde Gründe dafür, was Menschen an der Lehre Calvins faszinierte (VT).
c) Erkläre Verbindungen zwischen Politik und Religion (VT).

8. Glaubenseifer und Machtgier – der Dreißigjährige Krieg

1618–1648	Im Dreißigjährigen Krieg ringen die Staaten Europas um Glaubensfragen und Machtpositionen.
1618–1623	Im böhmisch-pfälzischen Krieg besiegt die katholische „Liga" die protestantische „Union".
1625–1629	Der Krieg weitet sich nach Norddeutschland aus, als der dänische König zur Unterstützung der Union in den Krieg eintritt. Erneut siegt die Liga.
1630–1635	Der schwedische König Gustav Adolf greift aufseiten der Union in die Kämpfe ein und dringt bis nach Süddeutschland vor. Er fällt in der Schlacht bei Lützen.
1635–1648	Französische und schwedische Heere durchziehen Deutschland im Kampf gegen die Liga und den habsburgischen Kaiser.

„Union" und „Liga"
Europäischer Krieg
auf deutschem Boden

Der Augsburger Religionsfriede hatte 1555 nur den regierenden Fürsten Religionsfreiheit gebracht. Die Untertanen mussten die Konfession ihrer Herren annehmen. Katholiken und Protestanten versuchten nach 1555 die Religionslandschaft in Deutschland zu ihren Gunsten zu ändern. Gegen solche Versuche der Katholiken schlossen sich die Protestanten zur „Union" zusammen. Jene antworteten mit dem Gegenbündnis „Liga".

Prager Fenstersturz

In Böhmen hatte der Adel vom Kaiser 1609 das Recht der freien Religionsausübung erlangt. Als der Kaiser 1618 dieses Zugeständnis seines Vorgängers nicht bestätigen wollte, drangen ein gutes Dutzend böhmischer Adliger in den Hradschin, die Prager Burg ein und warfen dann zwei kaiserliche Räte mitsamt einem Sekretär aus dem Fenster der Burg. Trotz des 15 Meter tiefen Sturzes landeten jedoch die Bestraften wider Erwarten lebend auf einem Misthaufen und konnten entkommen. Nach dieser Rebellion wählten die böhmischen Stände sich einen neuen König, den calvinistischen Kurfürsten Friedrich V. von der Pfalz. Dieser residierte allerdings nur einen Winter lang auf dem Hradschin, dann vertrieben den „Winterkönig" Truppen der Katholischen Liga unter der Führung des bayerischen Herzogs Maximilian. Dieser führte für seinen Vetter und Schwager, den habsburgischen Kaiser Ferdinand II., diesen Krieg. Er wollte damit dem katholischen Glauben dienen; als Belohnung erhielt er neben der Oberpfalz die Kurwürde seines vom Kaiser geächteten pfälzischen Vetters Friedrich V. Aber auch für den Kaiser hatte sich der Feldzug gelohnt: Nach zahlreichen Todesurteilen, Vertreibungen und Enteignungen des mehrheitlich protestantischen böhmischen Adels konnte er über das zwangsweise zum Katholizismus zurückgebrachte Land ohne weiteren ständischen Widerstand regieren.

Ausweitung des
Krieges

Nach der Niederlage des Winterkönigs hatten protestantische Söldnerführer wie der Bischof Christian von Halberstadt oder Ernst von Mansfeld auf eigene Faust für die pfälzische und die evangelische Sache weitergekämpft und damit den Krieg nach Norddeutschland ausgeweitet. Obwohl sich schließlich auch die Niederlande und der dänische König aufseiten der Evangelischen einmischten, waren doch die Heere der Liga unter Tilly und der Kaiserlichen unter Albrecht von Wallenstein erfolgreicher. 1629 erließ deshalb Kaiser Ferdinand ohne Mit-

1 **Prager Fenstersturz**
*Kupferstich von
Matthäus Merian
(1593–1650) aus dem
„Theatrum Euro-
paeum" von 1635*

wirkung des Reichstages das sogenannte Restitutionsedikt. Danach sollten alle geistlichen Territorien und Besitztümer, die seit 1552 evangelisch geworden waren, zurückgegeben (restituiert) und wieder katholische werden. Auf diese Weise konnte der Kaiser seine Verwandten und Anhänger belohnen. Den kaiserlichen Generalissimus Wallenstein, dem Ferdinand für die Kriegsführung große Summen schuldete, machte er sogar zum Reichsfürsten und beschenkte ihn mit dem Herzogtum Mecklenburg, dessen rechtmäßige Herzöge aus ihrem Besitz vertrieben wurden.

**Europäische Koalition
gegen die Habsburger**

Gegen diese Versuche des Kaisers, „auf der Spitze des Schwertes" einen „absoluten Dominat" über das Reich zu erreichen und ohne Mitwirkung der Reichsstände als „Universalmonarch" zu herrschen, wandten sich nun auch die mit Ferdinand bislang verbündeten katholischen Fürsten. Sie setzten beim Kaiser die Entlassung des mächtigen General-Oberst-Feldhauptmann Wallenstein durch, und auch als Herzog von Mecklenburg konnte Wallenstein nicht mehr viel ausrichten, da am 6. Juli 1630 der Schwedenkönig Gustav Adolf als Retter der evangelischen Sache, wie er verkündete, auf dem deutschen Schlachtfeld erschienen war und rasch die Oberhand in ganz Nord- und Mitteldeutschland erhielt, 1632 sogar München besetzen konnte. Als der Kaiser in seiner Not erneut Wallenstein berief (ihn allerdings zwei Jahre später durch Offiziere ermorden ließ) und als der Schwedenkönig in der Schlacht bei Lützen gefallen war, schien sich die Kriegsgunst wieder für die Kaiserlichen zu wenden. Sie erhielten jetzt auch noch mehr Hilfe von den spanischen Habsburgern. Da entschied sich 1635 Kardinal Richelieu, der die Politik des katholischen Frankreich bestimmte, offen auf der Seite des evangelischen Schweden in den Krieg gegen die Habsburger einzutreten, und so wurde Deutschland noch weitere schreckliche 13 Jahre verwüstet.

Elend des Krieges

Es gab kaum noch eine Gegend im Reich, die in der Zwischenzeit nicht „verheert" worden war. Hungersnöte und Seuchen, die den Gewalttaten und Plünderungen der Soldateska folgten, ließen die Bevölkerung in vielen Landstrichen auf weniger als die Hälfte absinken. Als der englische Botschafter 1630 zum Kurfürstentag nach Regensburg reiste, stellte er fest, dass „von Köln bis Frankfurt alle Städte, Dörfer und Schlösser in Trümmern, ausgeraubt und niedergebrannt"

2 **„Lagerszene"** *(Gemälde um 1635) Die Söldnerarmeen des 30-jährigen Krieges, unterschiedslos aus Protestanten und Katholiken zusammengestellt, waren oft mehrere 10 000 Mann stark. Bauernsöhne aus Deutschland, aber auch aus Kroatien, Polen, Schottland und vielen anderen Ländern erhofften sich als Reiter, Musketiere und Pikeniere ein sorgenfreieres Leben als die ihren Gewalttaten ausgesetzte Zivilbevölkerung. Aber auch die „Soldateska" war oft schlecht ernährt und wurde oft mehr durch Infektionskrankheiten als durch Verwundungen hinweggerafft. Der Versorgung der Armeen diente die riesige Bagage, auf deren Lagermarkt die Soldaten ihren Sold und Plündergut gegen Schnaps und Lebensmittel tauschten. Ausgemusterte Soldaten zogen in Marodeurbanden durchs Land, quälten und mordeten die Landbevölkerung um an deren letzte Habseligkeiten zu kommen.*

waren. „Auf den Türschwellen sitzen fast verhungerte Kinder; in Bacharach „werden die armen Leute mit Gras im Mund tot aufgefunden". In Mainz „liegen viele sterbend im Straßendreck und können kaum kriechen um die Almosen seiner Exzellenz in Empfang zu nehmen". Im Rheinland ließ man Friedhöfe bewachen, damit die frisch Bestatteten nicht wieder ausgegraben werden und ihr Fleisch verkauft wird. In einem Dorf auf der Schwäbischen Alb fand sich eine Bibel mit dem Eintrag: „Überall ist Neid, Hass und schlimmer Ding – der Krieg hat uns so gelehrt. Vom Dorf stehen nur noch ein paar Häuslein. Wir Leut leben wie die Tier, essen Rinden und Gras. Kein Mensch kann sich denken, dass so etwas vor uns geschehen ist. Viele Leute sagen, es sei jetzt gewiss, dass kein Gott ist."

Friedensverhandlungen in Münster und Osnabrück

Trotz der allgemeinen Not und obwohl sich offensichtlich keine der Kriegsparteien militärisch durchsetzen konnte, dauerte es fünf lange Jahre, bis die 82 Gesandtschaften, die im katholischen Münster und im evangelischen Osnabrück eingetroffen waren, sich auf einen Friedensschluss einigen konnten. In der Religionsfrage hatte man immerhin eingesehen, dass „durch Krieg keine Seelen zu gewinnen sind". Deshalb wurde der 1. Januar 1624 als Stichtag bestimmt und

3 *Überfall auf Landleute*
Radierung von
H. U. Franck, 1645

Unten:

Landsknecht und Marketenderin. *Marketenderinnen zogen mit den Soldaten und lebten vom Verkauf ihrer Waren im Soldatenlager. Im Theaterstück „Mutter Courage und ihre Kinder" von Bertold Brecht geht es um eine Frau, die als Marketenderin am Krieg verdient aber ihre Kinder durch den Krieg verliert.*

die Konfessionsverteilung dieses „Normaljahres" 1624 für alle Zukunft garantiert und gleichsam eingefroren. Damit waren nun auch neben den Lutheranern die calvinistischen Reformierten rechtlich anerkannt, und wenn ein Landesherr künftig die Religion wechselte, musste die Bevölkerung seines Territoriums diesen Konfessionswechsel nicht mitmachen. Auch wurde die kaiserliche Macht im Westfälischen Frieden auf Dauer beschränkt: Die Mitwirkung des bald ständig tagenden Reichstages wurde garantiert, und in Glaubensfragen wurde künftig nach Konfessionen getrennt beraten und danach einvernehmlich entschieden. Die Landesfürsten hatten nun das Recht, Bündnisse untereinander und auch mit auswärtigen Mächten zu schließen, allerdings nicht gegen Kaiser und Reich. Sehr schwierig war es, neben Frankreich auch Schweden in den Frieden einzubeziehen. Beide Königreiche erhielten zu ihrer „Satisfaktion" Territorien des Reiches übertragen. Außerdem musste eine große Summe Geldes aufgebracht werden, um die schwedische Soldateska abzufinden.

Als im Oktober 1648 der Friede endlich beschworen worden war, wurde er im ganzen Reich mit Freudengeläut gefeiert und mit Liedern und Gedichten wie dem von Paul Gerhardt bejubelt: „Gottlob, nun ist erschollen, das edle Fried- und Freudenwort, dass nunmehr ruhen sollen die Spieß und Schwerter und ihr Mord. Wohlauf und nimm nun wieder dein Saitenspiel hervor, o Deutschland und singt Lieder in hohen vollen Chor! Erhebe dein Gemüte zu deinem Gott und sprich: Herr deine Gnad und Güte bleibt dennoch ewiglich."

a) Berichte, welche Folgen der Krieg für die Bewohner der Städte und Dörfer hatte (VT und M3).
b) Informiere dich z. B. in einem Archiv oder einem Heimatmuseum nach den Auswirkungen des 30-jährigen Krieges in deiner Region.
c) „Durch Krieg sind keine Seelen zu gewinnen." Welchen Schluss zogen daraus die Kriegsparteien beim Friedensschluss von Münster und Osnabrück?

Herrscher, Staaten und Untertanen:

Das Schloss Versailles. Der Maler Jean Baptiste Martin hat es 1690 mit Blick aus dem königlichen Schlafzimmer gemalt.
Links: Schloss Augustusburg in Brühl bei Köln um 1755. Der Kölner Erzbischof und Kurfürst Clemens August ließ das Schloss zu reinen Repräsentationszwecken ab 1725 bauen.
Rechts oben: Herrenhausen – Sommerschloss der Kurfürsten von Hannover seit 1680. Der große Garten entstand in den Jahren von 1666 bis 1700.
Rechts unten: Schloss Sanssouci bei Potsdam (erbaut 1745 bis 1747). Ausschnitt eines Entwurfes, den Friedrich II. maßgeblich beeinflußt hat.

Der Absolutismus in Europa

1. Wie mächtig ist der König von Frankreich?

1614	Die Generalstände werden zum letzten Mal vor 1789 einberufen.
1624–1661	Die Kardinäle Richelieu (bis 1642) und Mazarin bauen als Erste Minister die Macht des Königs weiter aus.
1648–1653	Französische Adlige versuchen im Aufstand der Fronde vergeblich, ihre Entmachtung durch den König zu verhindern.

Aufstand der Fronde

In der Nacht vom 5. auf den 6. Januar 1649 flüchtet die Königin von Frankreich, Witwe des verstorbenen Ludwigs XIII., heimlich mit ihrem noch minderjährigen Sohn, dem zehnjährigen König Ludwig XIV., aus Paris. Teile des Adels und des städtischen Bürgertums rebellieren gegen den mächtigsten Mann Frankreichs, den verhassten italienischen Kardinal Mazarin, der als Erster Minister gemeinsam mit der Königin die Regierungsgeschäfte für den minderjährigen König führt. Die Aufständischen nennen sich nach einem Spielzeug „la fronde" (die Schleuder). Sie fordern den Verzicht auf ständige Steuererhöhungen, die stärkere Kontrolle der königlichen Gesetze durch die Parlamente und die Rückgabe verschiedener Rechte, die die Könige und ihre Minister ihnen in den letzten Jahrzehnten genommen haben. Auch Mazarin muss vor den Aufständischen fliehen. Wie ist es zum Aufstand der Fronde gekommen?

Die Macht des Königs ...

Im 15. und 16. Jahrhundert hatten die französischen Könige als oberste Lehnsherrn die Krondomäne (der königliche Hausbesitz) auf Kosten ihrer Vasallen ständig vergrößert. Um 1600 umfasste die Ausdehnung des königlichen Besitzes erstmals die gesamte Fläche des Königreiches. Der französische König war damit Herr über das bevölkerungsreichste Land Europas mit etwa 20 Millionen Menschen. Seine Macht war gewaltig: er entschied über Krieg und Frieden, war oberster Gesetzgeber und oberster Gerichtsherr, ernannte und entließ die königlichen Minister, besaß das Münzmonopol, konnte den Geldwert festsetzen, adelte verdiente Bürger, erteilte Privilegien und gewährte Begnadigungen. Dennoch war die Macht des Königs nicht unbegrenzt.

... und ihre Grenzen

Um Steuern erhöhen zu können benötigte der König die Zustimmung der Generalstände. Diese setzten sich aus Vertretern der drei Stände, des Klerus und Adels und des Dritten Standes (Bürger und Bauern) zusammen, die auf Versammlungen in allen Landesteilen gewählt wurden. Nur der König hatte das Recht die Generalstände einzuberufen. Die Ständevertreter konnten Beschwerden über Missstände aus ihren Provinzen vortragen, die der König entweder aufgriff, um sie durch ein Gesetz abzustellen oder aber erst gar nicht beachtete. Seit 1614 fühlten sich die Könige stark genug um die Generalstände nicht mehr um ihre Zustimmung zu fragen und die Steuerfestsetzung allein vorzunehmen.

Grenzen der Königsmacht konnten auch die acht obersten Gerichtshöfe, die sogenannten Parlamente, ziehen. Sie waren auf die großen Städte verteilt und setzten sich aus hohen Adelsvertretern zusammen. Als Hüter des Rechts beanspruchten sie, dass königliche Gesetze nur dann Gültigkeit hätten, wenn sie von den Gerichtshöfen bestätigt worden seien. Zwar konnte der König durch persönliches Erscheinen in den Parlamenten die Bestätigung erzwingen, doch ließ er in der Regel Gesetzesänderungen durch die Parlamente zu.

Sonderstellung der Hugenotten

Vorübergehend erschüttert wurde die zunehmende Machtausweitung der französischen Könige nach der Reformation. Der Adel hatte sich in zwei religiöse Lager gespalten: die Calvinisten und die Katholiken (vgl. Kap. „Calvinisten ringen in Westeuropa um Glaubensfreiheit" in Band A2). Beide versuchten auf das Königshaus Einfluss zu nehmen. 30 Jahre währte der bewaffnete Kampf um die Macht, bis er nach dem Tode Heinrichs III. ein vorläufiges Ende fand.

König Heinrich III. starb 1589 ohne einen Thronfolger. So fiel seinem nächsten Verwandten die Krone zu. Heinrich von Navarra aus dem Geschlecht der calvinistischen Bourbonen musste zunächst zum katholischen Glauben übertreten, denn ein calvinistischer König wäre im katholischen Frankreich nicht akzeptiert worden. Um die Spaltung des Landes, die durch den Religions- und Bürgerkrieg entstanden war, zu beenden, erlaubte Heinrich den Protestanten 1598 im Edikt von Nantes, ihren reformierten Glauben frei auszuüben. Darüber hinaus bewilligte er den Hugenotten (Name für die französischen Protestanten) über 150 Sicherheitsplätze. In diesen vorwiegend von Hugenotten bewohnten Städten stellten diese den Stadtkommandanten und unterhielten eigene Truppen, die der König teilweise bezahlte. Vielen Katholiken gingen die Toleranzartikel des Ediktes aber viel zu weit.

Richelieus Politik

Die Sonderstellung der Hugenotten währte auch nicht allzu lange. Als 1624 der energische Kardinal Richelieu (Bild links) von Ludwig XIII. zum Ersten Minister ernannt wurde, war sein politisches Streben allein darauf gerichtet die Macht des Königs und damit auch die der Kirche so weit wie möglich auszuweiten. Hugenotten und ein selbständiger und selbstbewusster Adel standen dem im Wege. Richelieu nahm daher eine hugenottische Rebellion zum Anlass, um deren Hochburg La Rochelle einzunehmen. Damit war der politischen Sonderstellung der Hugenotten ein Ende gemacht. Allerdings wagte es Richelieu nicht auch ihre religiöse Freiheit einzuschränken. Größere Schwierigkeiten bereiteten ihm die Adligen. Verschiedene befestigte Adelssitze ließ er schleifen. Er erhöhte die Zahl der königlichen Aufseher in den Provinzen, die sogenannten Intendanten. Vor allem sollten sie die zivile und militärische Verwaltung durch die Adligen besser überwachen um die königlichen Steuereinnahmen zu erhöhen. Den königlichen Gerichtshöfen nahm Richelieu 1641 das Recht Gesetze zu bestätigen. Auflösen konnte er diese Einrichtungen aber nicht.

1 **Frondeure** der drei Stände vor dem noch minderjährigen König Ludwig XIV. und seiner Mutter Anna von Österreich (zeitgenössischer Kupferstich)
(1) Das Bild verrät, wie der Aufstand der Fronde endete.
(2) Beantworte die Frage der Kapitelüberschrift für die Zeit nach Richelieu.

2. Der Star des 17. Jahrhunderts auf seiner Bühne: Der Sonnenkönig Ludwig XIV. in Versailles

Ludwig XIV. übernimmt die Regierung

Nach dem Tod Kardinal Mazarins 1661 übernahm Ludwig XIV. mit 23 Jahren selbst die Regierung. Im gleichen Jahr fand eines der größten gesellschaftlichen Ereignisse der Zeit statt: die Einweihung des Schlosses von Nicolas Fouquet. Dieser hatte sich als Finanzminister Mazarins schamlos auf Staatskosten bereichert und sich ein prachtvolles Schloss bauen lassen. Durch die pompöse Einweihungsfeier wollte er sich dem jungen König als neuer Minister empfehlen. Ludwig empörte sich über diese Anmaßung. Drei Wochen später ließ er ihn verhaften. Die Baumeister aber beauftragte er, für ihn selbst ein Schloss zu bauen, welches das Schloss Fouquets in jeder Hinsicht übertreffen sollte.

Der Bau von Versailles

Ludwig XIV. entschied sich für den Ausbau eines kleinen Jagdschlosses seines Vaters nahe dem Dorf Versailles, 20 Kilometer von Paris entfernt. Außerhalb der unruhigen Hauptstadt, inmitten von großen Wäldern sollte ein Ort entstehen, den er allein vollständig und dauerhaft prägen wollte. Noch hundert Jahre vor Ludwig waren die französischen Könige mit ihrem Hof von Burg zu Burg gezogen. Erst nachdem alle aufständischen Adligen unterworfen und die Grenzen zum Ausland gesichert waren, konnte der Schutz der Burg aufgegeben und ein Schloss als ständiger Wohn- und Regierungssitz errichtet werden. Von 1661 bis 1689 waren bis zu 36 000 Arbeiter in Versailles beschäftigt. Nicht wenige von ihnen starben am Sumpffieber, der Malaria. 6 000 Pferde mussten die Baumaterialien herbeischaffen. 1682 siedelte der gesamte Hof von Paris nach Versailles über. Bis zu seinem Tod 1715 ließ Ludwig XIV. das Schloss ständig erweitern.

Der Sonnenkönig

Geometrischer Mittelpunkt und zentraler Schaulatz der gesamten Anlage war das Schlafzimmer des Königs, welches in der Mitte des Zentralbaus nach Osten zur Stadt hin lag. Wenn die aufgehende Sonne in das königliche Schlafzimmer

1 **Das Schloss und die Gärten von Versailles** *vor dem Ausbau durch Ludwig XIV. von der Stadtseite aus gesehen (Gemälde von Pierre Patel 1668). Ludwigs Finanzminister Colbert: „Eure Majestät wissen, dass in Ermangelung großer Kriegstaten nichts die Größe und den Geist eines Fürsten in höherem Maße kennzeichnet wie die Errichtung von Bauten; die Nachwelt misst Sie mit dem Maßstab dieser erhabenen Gebäude."*

schien, sollte von dort aus das höfische Leben seinen Ausgang finden und der Staat regiert werden. Zu Beginn seiner Herrschaft hatte sich Ludwig die Sonne als königliches Sinnbild ausgesucht, so wie die Sonne den Planeten durch ihre Strahlen Licht gibt, so sollten von ihm alle Macht und Ordnung ausgehen. Überall war das Symbol der Sonne zu finden: am Hofgitter, in den Appartements und im Park; auch auf Bildern ließ sich Ludwig als Sonnenkönig darstellen.

Eine künstliche Landschaft entsteht

Im Westen des Schlosses entstand eine riesige Gartenanlage mit Springbrunnen, Wasserfällen und langen Kanälen. Entwässerungsgräben von 170 Kilometer Länge sollten die Sümpfe trockenlegen. Arbeiter rissen ganze Dörfer ab um Platz für die Kanäle zu schaffen. Auf ihnen fuhren Miniaturen der königlichen Flotte zum Vergnügen des Königs. Skulpturen römischer Helden und Götter säumten die Alleen. Um die Wasseranlagen zu versorgen wurde Wasser über komplizierte Leitungen und Pumpstationen aus der Seine herbeigeleitet.

Der Hofadel

Möglichst viele Vertreter des Hochadels sollten auf Wunsch des Königs im Schloss wohnen. In seiner unmittelbaren Nähe konnte Ludwig nämlich seine adligen Gegner besser kontrollieren (vgl. vorangehendes Kapitel). Wer nicht am Hof anwesend war, der zählte für ihn nicht. So mussten immer mehr Adlige an den Hof ziehen, wollten sie ihren Einfluss nicht ganz verlieren. Währenddessen verfielen ihre Landgüter. Erbrachten die Güter nichts mehr, so wurden die Hofämter ihre einzigen Einnahmequellen.

Im Unterschied zu den repräsentativen Appartements der Königsfamilie mussten sich die Adligen mit kleinen Wohnungen zufrieden geben, die als qualvoll eng beschrieben wurden. Ludwigs Schwägerin, Lieselotte von der Pfalz, berichtet, dass das Schloss wegen der vielen Menschen sehr schmutzig gewesen sei und die sanitären Einrichtungen allein aus Nachttopf und Nachtstuhl bestanden hätten.

Ludwig XIV. hatte die Gartenfront als monumentale Schauseite des Schlosses anlegen lassen. Die 580 Meter lange Gartenfassade sollte den Höflingen, die sich im großen Spiegelsaal und in den Gärten tummelten und vergnügten, die über-

2 **Schloss und Stadt Versailles** von der Gartenseite aus nach dem Ausbau durch Ludwig XIV. (Zeichnung von Israel Silvestre). Die Gartenfront ist 580 Meter lang. Am Hof lebten mit allen Bediensteten bis zu 20 000 Menschen in 2 000 Räumen. Dazu zählte eine Leibwache von mehreren tausend Mann, 338 Köche, 125 Sänger, 80 Pagen, 74 Kapläne, 68 Quartiermeister, 62 Herolde, 48 Ärzte, 40 Kammerherrn, 12 Mantelträger, 8 Rasierer, 3 Bindenknüpfer.

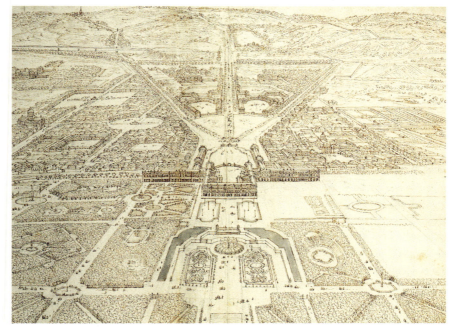

3 Herrscherbild König Ludwigs XIV.
Das Gemälde wurde in der Werkstatt des königlichen Hofmalers Hyacinthe Rigaud angefertigt. Es zeigt Ludwig XIV. 1701 im Alter von 63 Jahren in Lebensgröße. Das gesamte Bild ist 2,77 Meter hoch und 1,94 Meter breit. Über dem Kopf des Königs ist in den Bilderrahmen eine große Sonne geschnitzt (hier nicht abgebildet). Das Bild war ursprünglich für den spanischen Hof bestimmt, wo der Enkel Ludwigs die spanische Thronfolge antreten sollte. Ludwig selbst fand jedoch so großen Gefallen an dem Bild, dass er es behielt und seiner Kunstsammlung in Versailles beisteuerte (heute: Louvre, Paris)

Bildinterpretation
1. Schritt: Das Bild genau betrachten

(1) Welchen Platz nimmt der König auf dem Bild ein? – Beschreibe die Haltung. (2) Wohin schaut er? – Aus welcher Position schaut der Betrachter des Bildes auf den König? (3) Beschreibe die Bekleidung und die Haartracht. (4) Wie ist der Raum um den König herum ausgestattet? (5) Mache eine Liste mit wichtigen Einzelheiten des Bildes und ordne ihnen die verwendeten Farben zu. (6) Wie sind Krone, Schwert und Zepter dargestellt? – Welche Bedeutung haben sie? (7) Beschreibe das Bild im Säulenschaft (unterer Teil der Säule). (8) Was kannst du über den Maler in Erfahrung bringen? (9) Stelle dir vor, wie das Bild in Originalgröße auf den Betrachter wirkt. (10) Wann wurde das Bild gemalt? Für welchen Ort war das Bild bestimmt?

2. Schritt: Einzelheiten erklären

Viele Einzelheiten des Bildes können mit Hilfe der Informationen in diesem Kapitel und durch gemeinsames Nachdenken in der Klasse erklärt werden.

4 *Der englische Dichter W. M. Thackeray*
(1811–1863) zeichnete eine Karikatur (ein Spottbild) auf den Sonnenkönig. –
(1) Vergleiche Herrscherbild M3 und Karikatur. Beschreibe, wie Ludwig jeweils auf dich wirkt.
(2) Lies dazu M7. Jetzt wirst du sagen können, warum sich Ludwig wie auf dem Bild M3 und nicht anders gemalt haben wollte.

Rex   Ludovicus   Ludovicus Rex

Vergnügen als Pflicht

Der Adel hatte keine andere Aufgabe als sich zu vergnügen und um die Gunst des Königs zu buhlen. Man hörte ein Konzert im Saal des Apollon, spielte Karten und Billard im Saal des Merkur; man traf sich zu einem Ball im Spiegelsaal, wohnte einer Theateraufführung von Molière oder einer Oper von Lully im Marmorhof bei. Doch diese Hoffeste waren für die Beteiligten kein reines Vergnügen, denn zahlreiche Etiketten mussten beachtet werden. In der nächsten Nähe des Königs durften sich nur diejenigen aufhalten, die ihre adlige Herkunft bis ins 14. Jahrhundert nachweisen konnten. Immer dienten die Feste dazu, das Ansehen des Königs zu erhöhen, der stets im Mittelpunkt der Veranstaltung stand. Der König selbst erstellte die strengen Kleiderordnungen für diese Veranstaltungen. Um die teure Garderobe bezahlen zu können mussten sich die Höflinge oft hoch verschulden. Aber niemand konnte den Hof verlassen ohne Ruf und finanziellen Ruin zu riskieren.

Herrscherbilder zum Sprechen bringen
Ein Herrscherbild stellt eine berühmte Persönlichkeit des politischen Lebens dar. Der Herrscher gibt einem Künstler den Auftrag ihn so darzustellen, wie er gesehen werden möchte. So bleibt keine Einzelheit zufällig, alles hat seine Bedeutung. Für den Historiker sind diese Einzelheiten Informationen aus erster Hand. Sie sagen ihm, wie sich der Herrscher selbst verstand und wie er sich die Beziehung zu seinen Untertanen vorstellte. Um dies zu erkennen, muss man das Bild in allen Einzelheiten anschauen, um dann anschließend ihre Bedeutung zu erklären:
– Wie ist der Herrscher auf dem Bild plaziert? Wie ist seine Haltung? Wie ist die Umgebung gestaltet? Welche Position wird dem Bildbetrachter zugewiesen? Wie groß ist das Bild im Original?
– Wie sind Kleidung und Haartracht dargestellt?
– Welche Herrrschaftszeichen sind abgebildet, wie sind sie plaziert?
– Welche Farben wurden für welche Gegenstände verwendet?
– Für welchen Ort ist/war das Bild bestimmt?
– Welche Informationen gibt es über den Maler?

5   **Ludwig XIV. empfängt den Kurfürsten von Sachsen in Versailles** *(Bildausschnitt).*

7   **Die Wirkung von Prunk und Zeremonien**
Johann Christian Lünig beschäftigte sich in der ersten Hälfte des 18. Jahrhunderts damit.

Wenn man dem gemeinen Volk hundert und aber hundertmal mit auserlesensten Worten und Gründen vorstellte, dass es seinem Regenten deswegen gehorchen sollte, weil es dem göttlichen
5 Befehl und der gesunden Vernunft gemäß wäre, dieser König sich aber in Kleidung und sonst allem so schlicht wie ein gemeiner Bürger aufführte, so würde man wenig ausrichten. Allein man stelle demselben Volk einen Fürsten dar, der
10 prächtig gekleidet, mit vielen Hofleuten umgeben, von verschiedenen auswärtigen Prinzen verehrt und von einer ansehnlichen Garde bedeckt ist, so wird das Volk anfangen, sich über diese Hoheit zu verwundern. Diese Verwunderung
15 aber bringen Hochachtung und Ehrfurcht zuwege, von welchen Untertänigkeit und Gehorsam herkommen. Und aus diesem Grunde haben sich die frömmsten Könige unter dem Volk Gottes nicht enthalten, ihren Hofhaltungen
20 durch angeordnete Zeremonien und prächtige Feiern Ansehen zu geben.

Zit. nach: Martin Warnke, Das Bild als Herrschaftsbestätigung. Funkkolleg Kunst, 19. Sendung, Sendejahr 1984/85.

6   **König Heinrich II. der Heilige,** *um 1010 in einem Sakramentenbuch.*
Die Schrift im Bild lautet: Siehe, hier wird gekrönt von der Macht Gottes und gesegnet, Heinrich, der fromme König, erlaucht durch die Reihe der Ahnen. Der Engel wehr von ihm die Not ab und reicht ihm die Lanze. Er ergreift auch das Schwert, das ihm die Furcht voranträgt.
Bischof Ulrich von Augsburg († 973) links: Ulrich möge das Herz und die Taten des Königs segnen.
Bischof Emmeran von Regensburg († 715) rechts: Emmeran stehe ihm bei und gebe ihm sanften Trost. –
Wende die einzelnen Schritte der Bildinterpretation bei diesem Bild an. Beachte dabei auch folgende Fragen: Welche Personen umgeben Heinrich? Welche Aufgaben haben sie? Vergleiche Darstellung und Lage der Herrschaftsinsignien bei Heinrich II. und bei Ludwig XIV. Beantworte anhand der beiden Bilder: Worauf stützte der mittelalterliche König seine Macht, worauf Ludwig XIV.?

8 Das Hofzeremoniell. *Der Herzog von Saint-Simon (1675 bis 1755), seit 1691 am Hofe Ludwigs, schreibt in seinen Erinnerungen über das Lever des Königs:*

Um acht Uhr früh weckte der erste Kammerdiener den König, worauf der Aufstehende Weihwasser nahm und ein Gebet sprach. Inzwischen waren die Prinzen des königlichen Hauses und
5 danach einige Vertreter des höchsten Adels eingetreten. Es kamen die vier Minister, die Vorleser, Apotheker, Ärzte, die Silberbewahrer, einige Offiziere und Kammerdiener. Nachdem der König eine kleine Perücke aufgesetzt hatte, erschienen
10 die Kammerherrn, die ihrem Herrn die Namen der bedeutenderen, Einlass heischenden Persönlichkeiten ins Ohr flüsterten, und sofort traten die anwesenden Kirchenfürsten und Kardinäle, Gesandten, Marschälle und andere Großwürden-
15 träger ein, denen der breite Schwarm der Höflinge folgte. Der König zog sein Nachthemd aus, übergab die Reliquien, die er während der Nacht auf bloßem Leibe trug, dem ersten Kammerdiener und verlangte sein Taghemd. Die Darreichung
20 dieses Kleidungsstückes bildete den Höhepunkt der ganzen Zeremonie. Das Recht, dem König das Hemd zu reichen, stand Monsieur (dem Bruder des Königs) oder, wenn dieser abwesend war, den Söhnen und Enkeln des Königs zu. Wenn er an-
25 gezogen war, betrat er das anliegende Gemach, wo er Ministerrat zu halten pflegte, und verkündete das Programm des Tages, das auf die Minute genau eingehalten wurde.

Nach: Th. Stendel, Der Fürstenstaat, Berlin 1933, S. 1ff. (Text gekürzt).

9 Das Schloss Versailles
Der Herzog Saint-Simon schreibt:

Versailles ward erwählt. Der trübseligste, undankbarste aller Orte: aussichts-, wald- und wasserarm, wo der Boden Sand oder Sumpf und die Luft infolgedessen ungesund war. Es gefiel ihm,
5 auch die Natur zu tyrannisieren, sie der Kunst und dem Geld zu unterwerfen. Planlos reihte er ein Gebäude neben das andere: Hässliches und Schönes, Großartiges und Kleinliches, alles bunt durcheinander … Die Gärten verraten erstaunli-
10 che Prachtliebe. Aber sie sind geschmacklos und laden nicht zum Aufenthalt ein … Die Wege sind mit Kies bedeckt. Man zerschneidet sich beinahe die Sohlen darauf, würde aber ohne ihn bald im Sand, bald im Schlamm versinken. Überall ist die
15 Natur vergewaltigt worden und man mag wollen oder nicht: man wird davon abgestoßen und angewidert … Wozu noch weiter von den ungeheuerlichen Fehlern des Riesenpalastes reden, der Unsummen verschlungen hat, mit allem, was
20 dazu gehört … Das ist eine ganze Stadt, wo ehedem nur ein elendes Wirtshaus stand und jenes Gartenschlösschen, das Ludwig XIII. hatte bauen lassen … Es dominierte in ihm die Sucht, die Natur sich untertänig zu machen.

Geschichte in Quellen, Bd. 3, München 1976, S. 432.

10 Das Hofleben
Saint-Simon berichtet über das Leben am Hof:

In allem liebte er Glanz, Verschwendung, Fülle. Es war wohlberechnet, dass er die Sucht, ihm hierin nachzueifern, in jeder Weise begünstigte. Er impfte sie seinem Hofe ein. Wer alles draufge-
5 hen ließ für Küche, Kleidung, Wagen, Haushalt und Spiel, der gewann sein Wohlwollen. Indem er so den Luxus gewissermaßen zur Ehrensache und für manche zur Notwendigkeit machte, richtete er nacheinander alle zugrunde, bis sie
10 schließlich einzig und allein von seiner Gnade abhingen. So befriedigte er seinen Hochmut und seinen Ehrgeiz. Die Rangunterschiede verschwanden in einem allgemeinen Wirrwarr.

Nach: a. a. O., S. 432 (Text gekürzt).

a) *Ludwig führt Gäste durch die Schlossanlage. Er holt sie auf dem Schlossvorhof ab. Beschreibe die Anlage aus der Sicht des Königs oder seiner Gäste.*

b) *Was ist für Finanzminister Colbert der Zweck des Schlosses (M1)? – Wie beschreibt der Adlige Saint-Simon das Schloss (M9)? Was ist davon sachliche Information, mit welchen Wörtern wertet Saint-Simon?*

c) *Erläutere die Methoden, mit denen Ludwig den Adel von sich abhängig machte (M8, M10, VT).*

d) *Vergleiche das Schloss mit einer Burg. – Welche Aufgaben hatte die Burg, welche das Schloss zu erfüllen? – Zeige das am Burg- bzw. am Schlossbau.*

e) *Wie werden Politiker heute dargestellt? Sammle Fotografien bzw. Zeitungsausschnitte und vergleiche sie mit den Herrscherbildern von Ludwig XIV. und von Heinrich II.*

3. Europa im Barock

1600 bis 1750 _____ *Kirchen, Klöster und Schlösser werden im barocken Stil gebaut.*

Französisch ist „in"

Der Glanz von Versailles strahlte auf Europa über. Viele Fürsten wollten selbst das Leben eines Sonnenkönigs in einem bombastischen Schloss führen. Auch dem europäischen Adel erschien das Leben des Versailler Höflings, des Honnet homme, als erstrebenswert. Dessen aufwendige und teure Art sich zu kleiden, seine Höflichkeit (d. h. wie man sich am Hof verhält) und auch seine Verhaltensweisen kennzeichneten bald den Adel in ganz Europa. In Deutschland wurde er Ehrenmann oder Kavalier, in England gentleman genannt. Der Kavalier ging nicht, sondern er schritt auf seinen hohen Absätzen würdevoll einher. Er liebte die großartige Pose. Alles musste aufwendig sein, die Oper lang und die Orgel groß, die Romane dick und das Diner à la Versailles, ein Menü mit vielen Gängen. Französisch wurde zur Modesprache des europäischen Adels.

Die Erziehung

Das Leben am Hof erforderte eine neue Erziehung der jungen Adligen. An die Stelle des theoretischen Universitätsstudiums trat die praktische Ausbildung an Ritterakademien. Auf Hofbällen erlernten die Heranwachsenden die höfische Redekunst und das Antichambrieren (d. h. einflussreichen Leuten zu schmeicheln; ursprünglich bedeutete es, vor dem Schlafzimmer hoher Herrn mit seinem Anliegen zu warten). Zur Ausbildung gehörte auch die „Kavalierstour" durch Europa, auf der die jungen Adligen Bildung erhalten und Weltkenntnis erwerben sollten. Wer es sich leisten konnte, beschäftigte einen eigenen Hofmeister zur Erziehung seiner Kinder, wenn möglich einen französischen.

Der neue Baustil

Den Repräsentationswillen der europäischen Fürsten unterstützte ein neuer, aus Italien kommender Baustil. Nach der Reformation hatten die Protestanten nicht nur den übertriebenen Reliquienkult verworfen, sondern auch Heiligenbilder und -statuen aus ihren Kirchen entfernt. Von Rom aus entwickelte sich eine katholische Gegenbewegung. Je schlichter die Protestanten ihre Gotteshäuser gestalteten, desto kostbarer wurden jetzt die katholischen Kirchen und Klöster ausgestaltet. Die ersten Kirchen dieser Art gehen auf den italienischen Baumeister Bernini (1598–1680) zurück. Ab 1680 verbreitete sich der Stil in den katholischen Gebieten des Deutschen Reiches. In der beeindruckenden Gestaltung der neuen Kirchen und Klöster sahen die Fürsten ein geeignetes Mittel für ihre Selbstdarstellung und ließen ihre Schlösser im gleichen Stil bauen.

Die Formen des Barock

Kritiker des neuen Baustils nannten ihn im nachhinein abwertend *barock*, weil er die ausgewogenen Regeln der römischen und griechischen Architektur missachtete. Goldschmiede gebrauchten das portugiesische Wort *barocco* für eine unregelmäßig geformte Perle. Schaut man aber genauer hin, so sieht man, dass die Formen des Barock überhaupt nicht unregelmäßig sind, sondern ein streng aufeinander bezogenes geometrisches Formenspiel darstellen. Ellipse, Oval, Kreis und Raute bestimmen die Grundrisse der barocken Bauten wie auch einzelner Bauelemente. Alle Details ordnen sich der Funktion des Gesamtbaus unter. Später wurde der Begriff auch auf die Dichtung und Malerei, die Musik und den Tanz jener Zeit übertragen.

1 **Herrenhausen**
*Sommerschloss der
Kurfürsten von Han-
nover seit 1680.
Das Schlossgebäude
wurde im Zweiten
Weltkrieg durch Bom-
ben zerstört. Der
Garten hat heute
noch das barocke
Aussehen.*

2 **Schloss- und Klosterkirche Clemenswerth** in
Sögel (Emsland). Erbaut 1773 bis 1739 – ein Beispiel des Spätbarock.

3 **Celle.** Die Wasserburg der Herzöge wurde um
1560 in ein Schloss umgewandelt. Um 1670
wurde das Schloss im Barockstil umgebaut.

4. Die Säulen der absolutistischen Macht

Das stehende Heer

1 *Ludwig XIV. als Feldherr, Gemälde von Rigaud; unten ein ehemaliger Soldat*

Im Mittelalter konnten die Könige keine größeren Kriege ohne die Unterstützung der Adligen, ihrer Vasallen, führen. Darauf konnten sie sich zum einen nicht immer verlassen und zum anderen forderten die Adligen dafür immer mehr Rechte. Deshalb gingen die Monarchen dazu über Soldaten, so genannte Söldner, für die Dauer eines Krieges zu kaufen. Und nach dem Ende des Dreißigjährigen Krieges 1648 rüsteten verschiedene europäische Fürsten ihre besoldeten Heere überhaupt nicht mehr ab. So auch in Frankreich: Die Kriegsminister Ludwigs XIV. machten aus dem Söldnerheer ein stehendes Heer. Dafür mussten Soldaten angeworben und Kasernen gebaut werden. Zwischen 1664 und 1703 wurde die Stärke der Armee von 45 000 auf 450 000 Mann erhöht. Der Staat rüstete alle Soldaten mit Waffen und einer einheitlichen Uniform aus. Die Regimenter übten in regelmäßigen Manövern ihre Einsatzbereitschaft. Alleiniger Oberbefehlshaber dieses stehenden Heeres aber war der König. Die einst so mächtigen Adligen standen in der militärischen Rangordnung nun klar unter ihm. Der (Schwert-)Adel erhielt die neue Aufgabe das Offizierscorps der königlichen Armee zu stellen. Mit dem neu organisierten Heer und einer neuen Kriegsflotte von 120 Schiffen wagte es Ludwig den Kampf um die Vorherrschaft in Europa aufzunehmen. Weil ständig Soldaten die Grenzen zum Ausland bewachten, wurden die mittelalterlichen Mauern der französischen Städte und der befestigten Adelssitze überflüssig. Folglich mussten Städte und Adel ihre Feuerwaffen abliefern; die Mauern wurden geschleift und damit möglicher Widerstand im Landesinneren im Keim unterbunden.

Kriege um die Vorherrschaft in Europa

Nach Kriegen gegen die spanischen Niederlande und die niederländische Republik eroberten die französischen Truppen mitten im Frieden innerhalb von vier Jahren 600 Dörfer und Städte im Elsass, darunter auch Straßburg. Der habsburgische Kaiser akzeptierte 1684 die französischen Eroberungen, da ihn die Belagerung Wiens durch türkische Truppen völlig beanspruchte. In vier großen Kriegen versuchte Ludwig die Vorherrschaft in Europa zu erringen. Trotz beachtlicher Teilsiege scheiterte er letztlich. Die europäischen Mächte schlossen sich nach der französischen Eroberung des Elsass zu einer Allianz zusammen um eine Vormachtstellung Frankreichs zu verhindern und das Gleichgewicht der europäischen Mächte zu bewahren.

Eine neue Verwaltung

Das Hofleben in Versailles und das Heer waren mit enormen Kosten verbunden, die nur durch neue Steuern gedeckt werden konnten. Eine zentrale Verwaltung sollte die Steuereinnahmen im ganzen Land sicherstellen. An oberster Stelle standen nach dem König die Minister für Außen-, Kriegs- und Finanzpolitik. Unabhängig vom König konnte jedoch keiner von ihnen Entscheidungen fällen. Ludwig XIV. bevorzugte für diese Ämter sachkundige Männer aus dem Bürgertum. Solche Leute waren ihm zumeist treu ergeben. Und das zählte für ihn mehr als die adlige Abkunft. Bis ins 17. Jahrhundert hatten Gouverneure aus dem Hochadel die Provinzen eigenmächtig verwaltet. Daher ersetzte Ludwig die 40 alten Provinzen durch 33 neue Verwaltungsbezirke, um dort ebenfalls Männer seines Vertrauens als Verwaltungsfachleute zu benennen. Auch sie waren meist bürgerlicher Herkunft, ortsfremd und wurden von Zeit zu Zeit an einen anderen Ort versetzt. Ihr Titel verrät ihre Aufgabenstellung: Intendanten des Gerichts, der Polizei und der Finanzen, Kommissare für die verschiedenen Steuerbezirke des Königreichs zur Vollstreckung der Befehle des Königs.

2 **Die Säulen der absolutistischen Macht:**
Hof in Versailles, stehendes Heer, Verwaltung, Justiz, Kirche, Wirtschaft (Merkantilismus), Untertanen

Nur der König erlässt die Gesetze

Welchen Zweck die neue Verwaltung erfüllen sollte, wird am Beispiel des neuen Bezirkes „Provence" deutlich. Dort gab es immer noch eine Ständeversammlung, die traditionsgemäß neue Steuern erst bewilligen musste. Ludwigs Finanzminister Colbert forderte den Intendanten der Provence auf, eine große Geldsumme einzutreiben, die für die Kriegführung dringend benötigt wurde. Als die Ständeversammlung sich mehrfach weigerte zuzustimmen, schrieb Colbert an den Intendanten: „Ich habe dem König über das fortgesetzt schlechte Betragen der Ständeversammlung der Provence berichtet und da Seine Majestät nicht länger geneigt ist dies zu dulden, hat er die nötigen Befehle gegeben, sie nach Hause zu schicken, und zugleich zehn Lettres de cachet (geheime Haftbefehle) erlassen, um die zehn am übelsten Gesinnten unter den Abgeordneten [in die Normandie und Bretagne] zu verschicken. Sie erhalten diese Erlasse und Befehle mit der nächsten Post und ich brauche Ihnen wohl nicht zu empfehlen, sie pünktlich und genau auszuführen."

Der König als oberster Richter

Der König konnte also, um seinen Befehlen Nachdruck zu verleihen, durch geheime Haftbefehle jeden Untertan verhaften lassen, verbannen oder ein schon bestehendes Gerichtsurteil abändern. Neu war auch die Ernennung eines Polizeidirektors für Paris. Dieser baute eine Polizei auf um den königlichen Willen auch auf der Straße durchzusetzen. Sie sorgte für die öffentliche Sicherheit und übte die Zensur über alle missliebigen Schriftsteller und Druckereien aus.

Der Amtsadel

Steuererhöhungen allein reichten nicht aus die ständig steigenden Staatsausgaben zu decken. Eine neue Einnahmequelle erkannten der König und sein Finanzminister darin Ämter zu verkaufen oder auf Zeit zu verpachten. Begehrt waren vor allem die ertragreichen Steuerpachtstellen. Der Steuerpächter gab dem König eine pauschale Summe und hatte dafür das Recht, in einem bestimmten Bezirk Steuergelder einzutreiben, die alle in seine eigene Tasche flossen. Andere Ämter und Adelstitel wurden weniger wegen der Gewinnmöglichkeiten, sondern wegen des hohen Ansehens gekauft. Für den König bildete der Ämterverkauf eine einträgliche Geldquelle. In Geldnöten schuf er einfach neue Ämter. So wuchs die Zahl der Amtsinhaber schließlich auf 40 000. In der königlichen Verwaltung besetzte dieser Amtsadel die wichtigen Beamtenstellen. Vor allem für die durch Handel und Gewerbe reich gewordenen Stadtbürger ermöglichte der Ämterkauf einen sozialen Aufstieg in den Adelsstand.

Ein Gott, ein Glaube, ein Gesetz, ein König

Gemäß dem Grundsatz ein Gott, ein Glaube, ein Gesetz, ein König versuchte Ludwig XIV. zunehmend auch auf kirchliche Angelegenheiten Einfluss zu nehmen. Zwar scheiterte sein Plan einer vom Papst unabhängigen französischen Nationalkirche; es gelang ihm aber über die Kirchengüter zu verfügen und auf die Besetzung der hohen Kirchenämter durch die Ernennung ihm genehmer Kandidaten Einfluss zu nehmen. Zunehmend gab er auch dem Drängen katholischer Kreise nach, die den Katholizismus als Staatsreligion forderten. Seit 1680 verstärkten sich daher wieder die Verfolgungen der anderthalb Millionen Hugenotten, die etwa ein Zehntel der Gesamtbevölkerung ausmachten. Hugenottische Schulen wurden geschlossen und hugenottische Kinder zwangsweise im katholischen Glauben erzogen. In den Häusern der Hugenottenfamilien wurden jeweils zwei Dragoner (berittene und mit einem Gewehr bewaffnete Soldaten) zwangsweise einquartiert; diese sollten die Hugenotten durch Schikanen wie Raub, Auspeitschungen und Misshandlungen zur Rückkehr zum katholischen Glauben bewegen.

Hugenotten fliehen in das Ausland

Obwohl Ludwig XIV. es bei Galeerenstrafe verbot Frankreich zu verlassen, flohen ungefähr 200 000 Hugenotten und suchten Asyl im protestantischen Ausland, in England, in den Niederlanden und in deutschen Staaten. Andere traten zum katholischen Glauben über. Auf Schloss Fontainebleau verkündete Ludwig XIV. am 18. Oktober 1685 die Aufhebung des Ediktes von Nantes. Alle protestantischen Gottesdienste wurden verboten und die Kirchen zerstört. Das protestantische Ausland protestierte.

Eine Liste der nach Brandenburg geflüchteten Hugenotten führt um 1700 unter anderem folgende Berufe an: 257 Landwirte, Tabakpflanzer, Weinmeister, 236 Weber, 130 Wollspinner, 119 Schuster, 88 Schneider, 53 Wundärzte, 46 Prediger, 26 Tuchmacher, 26 Hutmacher, 25 Gerber, 25 Wirte und Köche, 23 Bäcker, 18 Schmiede, 14 Tischler, 13 Maurer, 13 Näherinnen, 10 Notare, 9 Rechtsanwälte, 9 Ärzte, 7 Zimmerleute, 6 Tapetenmacher, 2 Handschuhmacher, 1 Seidenspinner.

Absolutismus (lateinisch „legibus absolutus", d. h. von den Gesetzen losgelöst): Dieser Begriff bezeichnet eine Regierungsform, in der der Fürst die Macht der Stände und ihre Mitwirkung an der Regierung weitgehend ausgeschaltet hat. Er allein erlässt die Gesetze, denen er selbst nicht unterworfen ist. Gleichzeitig ist er oberster Richter. Sein Rechtsspruch hat letzte Gültigkeit. Der Fürst ist für seine Politik nur Gott verantwortlich.

Um seine absoluten Herrschaftsansprüche durchzusetzen, waren eine gut funktionierende, zentralistische Verwaltung und ein stehendes Heer erforderlich. Ihre hervorragende Stellung demonstrierten die Herrscher durch kostspielige Bau- und Kunstwerke. Im 17. und 18. Jahrhundert ahmten die Fürsten Europas die absolutistische Regierungsweise Ludwigs XIV. nach.

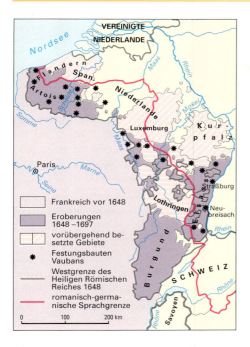

3 **Die Grenze zwischen Frankreich und dem Deutschen Reich 1648–1713 (links) und die Festung Neu-breisach im Elsass** *(Luftaufnahme aus heutiger Zeit). – Um die Grenze und die Eroberung des Elsass abzusichern ließ Ludwigs Militäringenieur Vauban 33 neue Festungen bauen. 300 alte Anlagen wurden instand gesetzt. Für diese gigantischen Bauvorhaben benötigte Vauban Tausende von Arbeitern. Meist waren es zwangsverpflichtete, abhängige Bauern, Sträflinge, Galeerensklaven und verurteilte Solda-ten, die diese Sklavenarbeit ausführten.*

4 **Ziele und Praxis der Außenpolitik**
Ludwig schrieb 1670 an den Thronfolger:
Alle die schönen Bestimmungen über Bündnisse, Freundschaftsbeteuerungen, das Versprechen einander alle möglichen Vorteile zukommen zu lassen, bedeuten nichts anderes, als dass sie (die
5 Vertragschließenden) sich lediglich bewaffneter Übergriffe und öffentlicher Feindseligkeiten ent-halten wollen. Geheime Vertragsverletzungen, die nicht an die Öffentlichkeit dringen, erwartet jeder vom anderen. So könnte man denn sagen,
10 dass man sich auf beiden Seiten der Verpflich-tung enthebt, die Verträge zu beobachten, und dass man daher eigentlich auch nicht gegen die Verträge verstoßen kann. Denn man hat die Be-stimmungen nicht wörtlich genommen. Man
15 muss sich eben der Worte bedienen, wie man es ja auch in anderer Weise in der Welt auf dem Gebiet der Höflichkeitsformeln sieht, die durch-aus notwendig sind, wenn Menschen miteinan-der leben wollen, aber keinerlei tiefere Bedeu-
20 tung haben.

Ludwig XIV. Memoiren, Basel 1931, S. 51/52. Zit. nach: Geschichtliche Weltkunde, Quellenlesebuch 2, S. 84/85.

a) *Vergleiche Ludwigs Ansichten über Bündnisse und Verträge in der Politik (M4) mit seiner konkreten Außenpolitik (VT).*
b) *Stelle einen Zusammenhang zwischen dem stehenden Heer und den Festungsbauten Vaubans (M3) einerseits und dem Niederriss französischer Stadtmauern und befestigter französischer Adelssitze sowie dem Schloss von Versailles andererseits dar.*
c) *Betrachte die Auflistung der Berufe der aus Frankreich geflohenen Huge-notten (VT). – Überlege die Folgen für die französische Wirtschaft.*
d) *Erläutere die Säulen der absolutistischen Macht (M2). Erkläre, welche Bedeutung jede einzelne für die Machtentfaltung des Königs hatte.*

5. Woher nimmt der König sein Geld?

Wer soll das bezahlen?

Der Bau von Versailles, das Hofleben, vor allem aber die Kriege ließen die Staatsausgaben derart ansteigen, dass Ludwig XIV. und sein Finanzminister sich immer wieder neue Einnahmequellen überlegen mussten. Um die Eroberung der Pfalz (1688–1697) zu finanzieren, schreckte Ludwig nicht mehr davor zurück, von allen Untertanen eine Sondersteuer, die Kopfsteuer, einzufordern (vgl. M7). Aber Adel und Klerus waren bisher von allen Abgaben befreit. Der Adel leistete heftigen Widerstand. Deshalb musste die Kopfsteuer auch nach drei Jahren wieder abgeschafft werden. Ein erneuter Versuch, den Adel im spanischen Erbfolgekrieg (1701–1713/14) zu besteuern scheiterte ebenfalls. Von da an hatte wieder der Dritte Stand, Bürger und Bauern, allein die ganze Steuerlast zu tragen.

Nur der Dritte Stand zahlt Steuern

Neben der direkten Steuer, die jeder Angehörige des Dritten Standes auf sein Einkommen oder seinen Grundbesitz zu zahlen hatte, gab es (indirekte) Steuern auf das Salz und andere Waren, ebenso auf Importwaren. Wege-, Fluss- und Brückenzölle erlaubten es nur wenigen wohlhabenden Kaufleuten ihre Waren außerhalb der eigenen Region anzubieten. Die Zölle machten die Waren zu teuer um sie andernorts noch mit Gewinn verkaufen zu können. Die Höhe der direkten Steuern wurde nicht für einzelne Personen, sondern immer für einen ganzen Ort festgelegt. Ein einflussreicher Bürger musste dann den Gesamtbetrag bei den Einwohnern einfordern. Dabei blieben Ungerechtigkeiten nicht aus.

Colberts Merkantilismus

Abnehmen kann man aber nur demjenigen etwas, der auch etwas hat. Dies erkannte Jean Baptiste Colbert (1619–1683, Bild links), der 1665 das Amt des Generalkontrolleurs der Finanzen übernahm. Er stammte aus einer reichen Tuchmacherfamilie aus Reims. Colbert wollte die Wirtschaft umfassend durch den Staat unterstützen um damit die Steuerleistung der Bürger zu erhöhen. Neue und bessere Verkehrswege und die Abschaffung von Zöllen im Inland sollten den Transport von Waren erleichtern. Bürger, die ein Geschäft oder eine Manufaktur (siehe M4) eröffnen wollten, erhielten großzügige Förderungen durch den Staat. Colberts Wirtschaftspolitik hat vielen wohlhabenden und zugleich risikofreudigen Bürgern zu wirtschaftlichem Erfolg und gesellschaftlichem Ansehen und Aufstieg verholfen, wie dem Amtsadel (vgl. Kap. 5). Spätere Gegner nannten Colberts Wirtschaftskonzept Merkantilismus.

Merkantilismus: Damit ist eine Wirtschaftspolitik gekennzeichnet, die eng mit dem absolutistischen Staat gekoppelt ist. Sie geht davon aus, dass der Reichtum an Geld (d.h. das zu Münzen geprägte Edelmetall) über Größe und Macht eines Staates entscheidet. Durch Ausfuhren ins Ausland (Export) soll möglichst viel Geld ins Land geholt werden, um gleichzeitig teure Einfuhren (Importe), die Geld abführen, durch hohe Zölle zu verhindern. Inländische Unternehmer und Kaufleute werden durch staatliche Privilegien gezielt gefördert. Spätere Kritiker nannten diese Wirtschaftspolitik, die auf den franz. Finanzminister Colbert zurückgeht, abschätzig Merkantilismus, da der Staat die Kaufleute (franz. „mercantile", d.h. kaufmännisch) als Träger der Wirtschaft unterstützte. Sie lehnten umfassende staatliche Eingriffe in die Wirtschaft ab.

Privilegien: Im Merkantilismus handelt es sich dabei um staatliche Genehmigungen, ein bestimmtes Gewerbe betreiben zu dürfen. In der Regel waren damit Zuschüsse, Steuererlässe oder die Befreiung von öffentlichen Aufgaben (z.B. Soldateneinquartierungen) verbunden.

1 Die Wirtschaft Frankreichs unter Ludwig XIV. und Colbert

Colberts Ziel war es die Macht und den Reichtum des Staates zu vermehren. – Stelle anhand der Karte die Maßnahmen seiner Wirtschaftspolitik dar. Benutze dazu auch die Quelle M2.

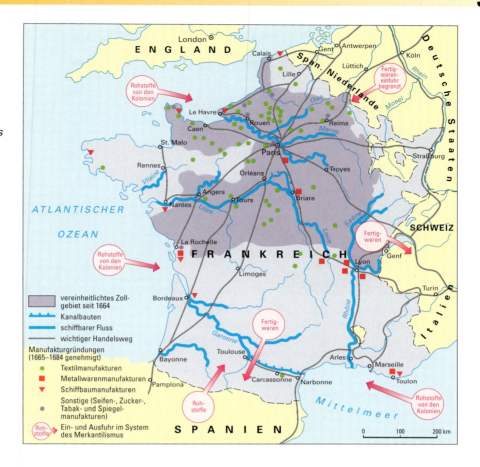

vereinheitlichtes Zollgebiet seit 1664
Kanalbauten
schiffbarer Fluss
wichtiger Handelsweg
Manufakturgründungen (1665–1684 genehmigt)
● Textilmanufakturen
■ Metallwarenmanufakturen
▼ Schiffbaumanufakturen
● Sonstige (Seifen-, Zucker-, Tabak- und Spiegelmanufakturen)
Ein- und Ausfuhr im System des Merkantilismus

2 Das Wirtschaftsprogramm Colberts. In einer Denkschrift vom 3. August 1664 schrieb Colbert: Die Holländer führen Industrieprodukte bei uns ein um im Austausch dafür von uns die für ihren Konsum und Handel nötigen Materialien zu beziehen. Würden stattdessen Manufakturen bei
5 uns eingerichtet, so hätten wir nicht nur deren Erzeugnisse für unseren Bedarf, sondern wir hätten auch noch Überschüsse für die Ausfuhr, die uns wiederum einen Rückfluss an Geld einbrächten. Dies aber ist das einzige Ziel des Handels
10 und das einzige Mittel, Größe und Macht dieses Staates zu vermehren …
Außer den Vorteilen, die die Einfuhr einer größeren Menge Bargeld in das Königreich mit sich bringt, wird sicherlich durch die Manufakturen eine Million zur Zeit arbeitsloser Menschen
15 ihren Lebensunterhalt gewinnen. Eine ebenso beträchtliche Zahl wird in der Schifffahrt und in den Seehäfen Verdienst finden und die fast unbegrenzte Vermehrung der Schiffe wird im gleichen
20 Verhältnis Größe und Macht des Staates vermehren. Um diese Ziele zu erreichen schlage ich vor: Es sollte jährlich eine bedeutende Summe für die

Manufakturen und die Förderung des Handels ausgeworfen werden. Desgleichen bezüglich der
25 Schifffahrt: Zahlungen von Gratifikationen (Zuschüssen) an alle, die neue Schiffe kaufen oder bauen oder große Handelsreisen unternehmen. Die Landstraßen sollten ausgebessert, die Zollstationen an den Flüssen aufgehoben werden.
30 Man bemühe sich die Flüsse im Innern des Königreiches schiffbar zu machen; man prüfe sorgfältig die Frage einer Verbindung der Meere (Mittelmeer-Atlantik-Kanal).

J. B. Colbert, Introduction, Bd. II 1, S. 263, 266–272. Zit. nach: Geschichte in Quellen, München 1976, S. 447 f. (Text gekürzt).

3 Französischer Staatshaushalt (Schätzungen heutiger Geschichtsforscher) in Livres

	Staatseinnahmen	Ausgaben	Schulden
1661	32 Mio.	?	17 Mio.
1667	63 Mio.	?	?
1669	70 Mio.	70 Mio.	?
1678	99,5 Mio.	129,5 Mio.	?
1680	?	?	47,5 Mio.
1715	69 Mio.	132 Mio.	3500 Mio.

4 **Spielkartenmanufaktur in Paris um 1680** *(zeitgenössisches Gemälde)*
Manufakturen waren Großbetriebe, in denen vorwiegend Handarbeit geleistet wurde. (Der Begriff wird aus den lateinischen Worten: manu = mit der Hand, facere = machen, gebildet.) Der Maler hat sieben verschiedene Arbeitsgänge dargestellt. Für jeden Arbeitsgang waren andere Arbeitskräfte zuständig.

5 **Gründung einer Manufaktur**

Ludwig XIV. erteilte 1665 dem Holländer van Robais folgende Konzession:

Wir gestatten … dem genannten van Robais sich in der Stadt Abbéville mit fünfzig holländischen Arbeitern niederzulassen und dort eine Manufaktur für feine Tuche einzurichten … und zu
5 diesem Zweck dreißig Webstühle dort aufzustellen. Wir wollen, dass er und seine bei der Manufaktur tätigen ausländischen Gesellschafter und Arbeiter als wahre Franzosen eingestuft und angesehen werden. Sie werden auch während der
10 Laufzeit dieser Konzession von allen übrigen Abgaben, Steuern, Soldateneinquartierungen, städtischen Diensten, Frondiensten und sonstigen öffentlichen Lasten befreit sein. Und damit sie in der gleichen Religionsfreiheit leben können, in
15 der sie aufgewachsen sind, gestatten wir dem Unternehmer und seinen Gesellschaftern und Arbeitern, sich weiterhin zur angeblich reformierten Religion zu bekennen. Wir ordnen an, dass dem Unternehmer die Summe von
20 12 000 Livres bar bezahlt und ausgehändigt werde. Und damit der Antragsteller in voller Freiheit den Gewinn seiner Arbeit genießen kann, haben wir allen Arbeitern und anderen Personen verboten, während der Zeit von zwan-
25 zig Jahren diese Tuchsorte nachzuahmen.

Zit. nach: Politische Weltkunde I, Teil 3, Stuttgart 1972, S. 51 f.

6 **Die Arbeit in einer Manufaktur** *beschrieb der schottische Wirtschaftsfachmann Adam Smith (1723 bis 1790) ein Jahrhundert nach Colbert:*

Einer zieht den Draht, ein anderer richtet ihn, ein dritter schrotet ihn ab, ein vierter spitzt ihn zu, ein fünfter schleift ihn am oberen Ende, damit der Kopf angesetzt wird … So ist das wenig
5 wichtige Geschäft der Stecknadelfabrikation in ungefähr 18 verschiedene Verrichtungen verteilt … Ich habe eine kleine Fabrik dieser Art gesehen, wo nur zehn Menschen beschäftigt waren und manche daher zwei oder drei verschiedene Ver-
10 richtungen zu erfüllen hatten. Obgleich nun diese Menschen sehr arm und darum nur leidlich mit den nötigen Maschinen versehen waren, so konnten sie doch, wenn sie tüchtig daranhielten, zusammen zwölf Pfund Stecknadeln täglich lie-
15 fern. Ein Pfund enthält über 4 000 Nadeln von mittlerer Größe. Es konnten demnach diese zehn Menschen täglich über 48 000 Nadeln machen. Da jeder den zehnten Teil von 48 000 Nadeln machte, so … machte er 4 800 Nadeln an einem
20 Tage. Hätten sie dagegen alle einzeln und unabhängig gearbeitet und wäre keiner für dies besondere Geschäft angelernt worden, so hätte gewiss keiner 20, vielleicht nicht eine Nadel täglich machen können.

Adam Smith, Untersuchungen über Natur und Ursache des Wohlstandes der Nationen. 1776, zit. nach: Hans Pfahlmann, Die industrielle Revolution. Würzburg 1974, S. 28.

7 *Einzug der Kopfsteuer. Das zeitgenössische Bild entstand im Auftrag des Königs. Es zeigt, wie sich gute und königstreue Untertanen beim Einzug dieser Steuer verhalten sollten. – Dargestellt wird auch, wie die Steuererhebung vor sich ging. Wie verhielt der Adel sich wirklich? Vergleiche mit der Darstellung im VT.*

10 nis mehr zwischen dem Einkommen des Steuerpflichtigen und der Steuer, mit der man ihn belastet. Außerdem werden die Abgaben mit der äußersten Härte eingetrieben. Leute von Macht und Ansehen erreichen es oft durch ihren Einfluss, dass der Steuerbetrag einer oder mehrerer

15 Gemeinden weit unter die ihrer Zahlungskraft entsprechenden Höhe gesenkt wird. Natürlich fällt diese Entlastung der einen Gemeinde zwangsläufig anderen benachbarten Gemeinden zur Last. Die andere Ursache liegt in dem gerin-

20 gen Güterverbrauch, der wiederum auf zwei andere zurückzuführen ist. Die eine besteht in der Höhe und Menge der Gebühren und Binnenzölle, die oft ebenso hoch sind wie der Preis und der Wert der Güter. Die andere Ursache sind die

25 unerhörten Schikanen der bei der Erhebung der Gebühren tätigen Beamten. Denn um die Güter von Ort zu Ort zu transportieren muss man mit einer Unzahl von Dienststellen verhandeln. So gibt es Waren, die [woanders] Absatz finden

30 könnten, die man aber umkommen lässt, weil man den Transport nicht wagt.
Diese Armeen von Steuerpächtern und Unterpächtern mit ihren Gehilfen aller Art sind die Blutegel des Staates, zahlreich genug um die

35 Galeeren zu füllen!

Nach: Geschichte in Quellen Bd.3, München 1970, S. 460–463.

8 **Kritik an der Wirtschaftspolitik**

a) *Ludwigs Festungsbaumeister Vauban untersucht 1698 in einer Denkschrift die Gründe, warum trotz des großen Reichtums Frankreichs an Menschen, Rohstoffen und produzierten Waren der Großteil der Franzosen so arm ist.*
(Es) liegt an den Kriegen, die Frankreich seit langer Zeit beunruhigt haben, und an der fehlerhaften Wirtschaftspolitik. Die Einkommenssteuern (tailles) stellen eine der Ursachen des Übels dar.

5 Nicht, weil sie durchweg zu hoch wären, sondern weil bei ihrer Veranlagung das rechte Verhältnis fehlt. Mit einem Wort, sie sind zur Willkür geworden, denn es besteht überhaupt kein Verhält-

b) *Selbstkritik des Königs*
Auf dem Sterbebett sagte Ludwig XIV. seinem fünfjährigen Urenkel und Thronfolger:
Du wirst einmal ein großer König werden. Aber tue es mir nicht gleich, sondern lasse die Finger vom Bauen und vom Kriegführen … Denke an deine Aufgabe und an deine Verpflichtungen ge-

5 genüber Gott, achte darauf, dass deine Untertanen dich ehren. Lass dich gut beraten und handle entsprechend, versuche das Los deines Volkes zu bessern, wie ich es unglücklicherweise nie tun konnte.

Nach: Funkkolleg Kunst. Studienbegleitbrief 6, Weinheim/Basel 1985, S. 122 (Text gekürzt).

a) Stelle dir vor, du wärest von einem Handwerksbetrieb in eine Manufaktur übergewechselt. Wie hätte sich deine Arbeit verändert (M4, M6)? – Welche Vor- und Nachteile hatte die neue Art der Produktion?

b) Wie wurden ausländische Fachleute ins Land gelockt (M5)? – Welchen Vorteil erbrachte diese Maßnahme für die französische Wirtschaft?

c) Stelle Erfolge und Misserfolge der Wirtschaftspolitik Colberts zusammen (M2, M3, M8a). Wodurch wurden der absoluten Königsmacht Grenzen gesetzt (M3, M8a und b)?

6. Die ungleichen Untertanen: Klerus und Adel, Bürger, Bauern und Bettler

1. Stand: Klerus	2. Stand: Adel	3. Stand: Bürger und Bauern		
Gesamtzahl ca. 130 000 Personen = ca. 0,5 % der Bevölkerung	*Gesamtzahl* ca. 350 000 Personen = ca. 1,5 % der Bevölkerung	*Gesamtzahl* ca. 24 Mio. Personen = ca. 98 % der Bevölkerung		
Zusammensetzung	*Zusammensetzung*	*Zusammensetzung*		
Hoher Klerus (adliger Herkunft) = Bischöfe, Äbte, Äbtissinnen, Prälaten und Domherrn: ca. 10 000 Personen *Niederer Klerus* (bürgerlich-bäuerlicher Herkunft) = Priester, Nonnen Mönche: ca. 120 000 Personen	*Hofadel* ca. 4 000 Familien *Amtsadel und Landadel* restliche Familien	*Bürger* Selbständige in Handwerk, Handel und Bankwesen Sonstige *Bauern* Acker-, Wein- und Viehbauern Landarbeiter, Tagelöhner	Männer 1 Mio. 0,465 Mio. 1,426 Mio. 2,5 Mio.	Frauen und Kinder 3 Mio. 0,6051 Mio. 5,2 Mio. 7,5 Mio.
Privilegien (vor allem des hohen Klerus) Befreiung vom Militärdienst; Steuerbefreiung (Ausnahmen: „Freiwillige" Abgaben); Recht zur Erhebung des Zehnten; eigene Gerichtsbarkeit	*Privilegien* Steuerbefreiung; Feudalrechte (Anspruch auf Frondienste, Jagdrecht); Anrecht auf Ämter und Pfründe; Bezahlte Ehrenstellen in Verwaltung und Armee	*Privilegien* keine *Verpflichtungen* Einkommensteuer; Abgaben an Grundherrn; Im Kriegsfall Stellung von Soldaten und Einquartierungen von Soldaten		

2 **Klage eines Fräuleins**

der Hals mit Perlen umgehängt,
die Brust mit Spitzen ausgezieret,
der Leib ganz eng zusamm' geschrenkt,
die Kleidung fällt mir noch so schwer –
Ach – wenn ich nur kein Fräulein wär'.
6. Wenn einer auf die Hand darf küssen,
so heißt es schon recht große Gnad',
der Mund darf es niemalen wissen,
was Küssen vor ein Wirkung hat;
was hilft mich alle Gnad' und Ehr' –
Ach – wenn ich nur kein Fräulein wär'.
7. Ein Bauern-Mädchen braucht nicht lange,
wenn sie spricht, Hänschen, komm zu mir,
so geht er gleich mit schnellem Gange,
legt sich ins warme Bett zu ihr;
meins aber bleibt beständig leer –
Ach – wenn ich nur kein Fräulein wär'.

2. Ich mußt' fast alle Sprachen kennen
zu Haus muß ich manierlich seyn,
daß man mich kann modeste nennen,
sonst sperrt man mich ins Kloster ein,
daß ich nichts mehr von lieben hör' –
Ach – wenn ich nur kein Fräulein wär'.
3. Der Kopf wird alle Tag' frisiert,

Klagelied eines Fräuleins, 17./18. Jahrhundert, von Hans Ostwald überliefert.

3 *Bauernfamilie vor gemeinsamer Schüssel beim Tischgebet, Kupferstich von A. v. Ostrade, 1653.*

4 Die Ausgegrenzten

Im 18. Jahrhundert wurden Menschen aus der Gesellschaft ausgegrenzt, die keinem ehrbaren Beruf nachgingen. In Württemberg zählte eine Verordnung von 1747 dazu:

Fremde und einheimische Vaganten und Bettler, Landstreicher, Deserteurs, Hackbrettler, Sackpfeifer und dergleichen herumziehende Spielleute, fahrende Schüler, Scheuren-Kremer, wel-
5 che sonderlich mit allerhand geringen Sachen, z. B. Zahnstierer, Zahnpulver, Arzneien, Haar-Poudre, Blumensträußen, Schuhschwärze, gedruckten Liedern, die sie wohl auch absingen und dergleichen herumgehen, Taschenspieler,
10 Gaukler, Tierführer, Quacksalber … mit keiner Fürstl. Konzession versehenen Kollektanten, unbekannte Fremde, im Land nicht ansässige Bürstenbinder, Kessler.

F. Schubert, Mobilität ohne Chance . Zit. n.: R. van Dülmen, Kultur und Alltag in der Frühen Neuzeit. Dorf und Stadt, München 1992, S. 178 (Text gekürzt).

5 Kritik an den wirtschaftlichen Zuständen

Der Festungsbaumeister Vauban 1698:

Ich habe häufig Gelegenheit gehabt, die meisten Provinzen des Königreiches zu besuchen. Ich bin zu der Wahrnehmung gelangt, daß in der letzten Zeit fast ein Zehntel der Bevölkerung sich durch
5 Betteln erhält; daß von den übrigen neun Zehnteln fünf nicht in der Lage sind, das erste Zehntel durch Almosen zu unterstützen, weil sie selber diesem Elendszustand um Haaresbreite nahe sind. Von den verbleibenden vier Zehnteln sind
10 drei außerordentlich schlechtgestellt und von Schulden und Prozessen bedrängt. In dem zehnten Zehntel gibt es keine zehntausend geringe oder große Familien, von denen man sagen könnte, daß es ihnen wirklich gut geht.

S. de Vauban, Projet d'une Dixme Royale. Zit. nach: Gesch. in Quellen Bd. 3, München 1976, S. 460 f. (gekürzt).

6 Behandlung unliebsamer Untertanen

Unter Ludwig XIV. wurde in Paris das Zucht- und Irrenhaus La Salpetrière gegründet. Eine Verordnung aus Bayern berichtet über eine ähnliche Einrichtung in München 1682:

Damit nun heilloses Gesindel vertrieben, übermütige Herrendiener, liederliche Handwerksburschen, nichtsnutzige Lehrjungen und sträflich Schülerbuben in besserem Zaum, Gehorsam und
5 Respekt gegen ihre Herrschaften, Meister und Lehrer gehalten, faule Handwerker und Tagwerker, die lieber feiern als um Lohn arbeiten zur Buße, Arbeit und besserem Lebenswandel gebracht werden oder an einen solchen Ort gesetzt
10 werden, an dem sie niemanden mehr belästigen, hat Ihre Kurfürstliche Durchlaucht beschlossen, ein Zuchthaus in München errichten zu lassen. Darin sind bereits schlimme Leute untergebracht und werden bei schlechtem Essen und harter Ar-
15 beit mit Rutenzüchtigung oder auf anderem Weg empfindlich bestraft.

Gekürzt nach P. Lahnstein, Das Leben im Barock. Stuttgart 1974, S. 142.

a) Vertreter der drei Stände unterhalten sich über ihre Privilegien und über die Steuern, die sie zahlen müssen (M1 und M2, vorangehende Kapitel).

b) Warum grenzte sich der Dritte Stand von den sog. unehrbaren Berufen ab (M4)? Untersuche die einzelnen Berufe. – Urteile und begründe aus deiner Sicht.

c) Wie beurteilt das Fräulein den Bauernstand im Vergleich zu ihrem Stand (M2)? Wie sehen Vauban und der Maler die Lage der Bauern (M3, M5)?

d) Wozu diente das Zuchthaus (M6)? Welches Interesse hatten die Fürsten daran?

7. Das 17. und 18. Jahrhundert: Die Welt wird neu erklärt

Mitteilung des Astronomen Galilei an alle Naturforscher

> Enthält und erklärt Beobachtungen, die kürzlich mit Hilfe eines neuartigen Augenglases gemacht wurden am Anlitz des Mondes an unzähligen Fixsternen sowie an vier Planeten, die noch nie bisher gesehen wurden … Was aber alles Erstaunen weit übertrifft und was mich hauptsächlich veranlaßt hat, alle Astronomen und Philosophen zu unterrichten, ist die Tatsache, daß ich nämlich vier Wandelsterne (es waren die Jupitermonde) gefunden habe, die keinem unserer Vorfahren bekannt gewesen und von keinem beobachtet worden sind. Vielleicht werden von Tag zu Tag weitere, bedeutendere Entdeckungen entweder von mir oder von anderen mit Hilfe eines ähnlichen Gerätes gemacht werden.

Entdeckungen im Weltall

Der italienische Gelehrte Galileo Galilei (1564–1642) schrieb dies 1610. In seiner Mitteilung spürt man noch seine Erregung angesichts einer solch ungeheuerlichen Entdeckung, denn seine Beobachtungen widersprachen völlig dem Welterklärungsmodell des Aristoteles (siehe M1), das allgemein anerkannt war und auch von der katholischen Kirche als einzig gültiges vertreten wurde.

Galilei war nicht der einzige, der am Himmel neue Beobachtungen gemacht hatte. Die junge Hochseeschiffahrt erforderte eine immer exaktere Sternenbeobachtung. Außerhalb von Europa entdeckte man neue Sternkonstellationen, die das geozentrische Weltbild in Frage stellten. Der Forscher Nikolaus Kopernikus hatte bereits 1543 behauptet, daß die Erde sich im Laufe des Tages um ihre eigene Achse drehe und in einem Jahr die Sonne umkreise. 1572 war ein bis dahin nicht bekannter Stern am Himmel zu sehen. Astronomen berechneten, daß er jenseits vom Mond liegen müsse. Demnach konnte auch dort Neues entstehen und Altes vergehen, was bis dahin keiner für möglich gehalten hatte. Die Himmelsbeobachtungen wurden durch die Erfindung eines holländischen Brillenschleifers um 1600 möglich: das Fernrohr (links Ausschnitt eines Kupferstiches von 1632). Galilei hörte davon und baute „das Augenglas" sofort nach und bestätigte schließlich die Theorie des Kopernikus.

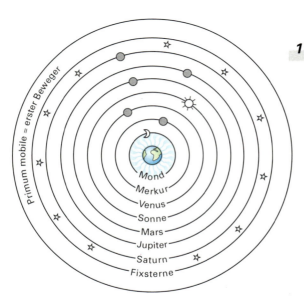

1 Das Weltbild des Aristoteles *(384 bis 322 v. Chr.), von Ptolomaios (87 bis 150 n. Chr.) bestätigt. Der griechische Philosoph Aristoteles hatte gelehrt, daß die Erde im Zentrum des Weltalls stehe und die Sonne und Sterne sich um die Erde bewegen (geozentrisches Weltbild, von griechisch „geos", d. h. die Erde). Für ihn war die Welt zweigeteilt: zum einen die Erde und der Luftraum bis zur Mondsphäre, darüber der ewige Himmel bis zum „ersten Beweger", von dem alles ausgeht. Alle Dinge und Erscheinungen auf der Erde seien unvollkommen, veränderlich und endlich, wohingegen jenseits der Mondsphäre die Erscheinungen vollkommen, unveränderlich und unendlich seien.– Zeichne das neue Weltbild des Kopernikus auf.*

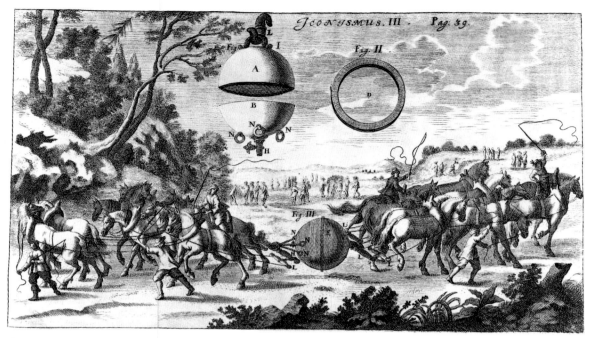

2 **Otto von Guerickes (1602–1686) Versuch mit den Halbkugeln,** *1657 (Kupferstich von Caspar Schott, 1664). Guericke entwickelte verschiedene Luftpumpen, mit denen er Luft aus Gefäßen absaugen und so ein Vakuum herstellen konnte. In Magdeburg zeigte er 1657, daß zwei aufeinandergelegte und leergepumpte Halbkugeln nicht einmal von 16 Pferden auseinandergerissen werden konnten. Er schrieb: „Daher können Gelehrte, die sich allein auf ihre Gedanken oder Schlußfolgerungen stützen und die Erfahrung verschmähen, keine bündige Aussage über die natürliche Beschaffenheit der Welt machen; denn wenn sich das menschliche Denken nicht auf Versuche stützt, wird es oft weiter von der Wahrheit abirren, als die Sonne von der Erde entfernt ist." – Was war an den Forschungsmethoden neu?*

Zit. nach: M. Heidelberger / S. Thiessen, Natur und Erfahrung. Von der mittelalterlichen zur neuzeitlichen Naturwissenschaft, Reinbek 1981, S. 69.

Naturwissenschaft gegen Kirchenlehre

Doch es kam zum Streit zwischen den Vertretern der Naturwissenschaften und der katholischen Kirche. Denn die Bibel bestätigte angeblich die Unbeweglichkeit der Erde. Das Inquisitionsgericht in Rom untersagte 1633 Galilei die Verbreitung der neuen Lehre. Zunächst hielt er sich nicht an die Anweisung, beugte sich aber schließlich unter Androhung der Folter doch.

Nur der Verstand und eigene Erfahrungen zählen

Der Engländer Agricola Carpenter sagte 1652: „Ich könnte niemals meine Vernunft zugunsten der Meinung der Alten aufgeben." Das eigene Denken, die Vernunft, löste bei den Wissenschaftlern nach und nach das Vertrauen auf die Wahrheit der überlieferten Weltsicht ab. Mit Hilfe des geplanten Experiments wurde überprüft, ob sich ein Ding oder eine Erscheinung unter den gleichen äußeren Bedingungen immer gleich verhält. War dies der Fall, konnte man ein allgemeingültiges Gesetz aufstellen. Galilei verglich die Welt mit einem Buch, welches man nur lesen könne, wenn man die Sprache der Mathematik verstehe, dessen Buchstaben Dreiecke, Kreise und andere geometrische Figuren seien. Gelehrte wie er gingen davon aus, daß sich die ganze Welt mit dem Verstand (lateinisch „ratio") erfassen und erklären ließe und daß die neuen Erkenntnisse, die man so über die Natur gewinnen würde, die Menschheit endlich aus Unrecht und Chaos in eine glückliche Zukunft führen könne. Dieser Glauben an die Macht der Vernunft und die Zurückführung aller Erscheinungen des Lebens und der Natur auf nachprüfbare Gesetzmäßigkeiten wird als „Rationalismus" bezeichnet.

Die Herrschenden bemächtigen sich des neuen Wissens

Die neuen Wissenschaftler lehrten nicht an den Universitäten – dort bestimmte noch die Kirche – sondern an den von den Herrschern neu gegründeten wissenschaftlichen Zentren. Damit wurde die Vorherrschaft der Kirche im Bildungswesen gebrochen. Ludwig XIV. gründete z. B. 1666 die Akademie der Wissenschaften in Paris, wo mit den Geldern des Königs besonders praktisch anwendbare Techniken erforscht wurden: z. B. die Pump- und Waffentechnik sowie die Verbesserung von Handwerksgeräten. Der König benutzte das neue Wissen, um die Natur nach seinem Willen gestalten zu lassen. Schloß- und Gartenanlagen sollten den Sieg des menschlichen Verstandes über die Natur zeigen.

Der neue Glaube an die Vernunft des Menschen

Die neuen Erkenntnisse in der Astronomie, Chemie, Biologie, Mathematik, Medizin interessierten nur einen kleinen Kreis von Wissenschaftlern, zumal die Forschungsergebnisse in der Regel in lateinischer Sprache veröffentlicht wurden. Aber seit der Jahrhundertwende (1700) gründeten Adlige und reiche Bürger in England und Frankreich, später auch in Deutschland, in vielen Städten Clubs, um die neuen Ideen und Erkenntnisse der Wissenschaftler zu diskutieren. Immer mehr gebildete Menschen vertrauten darauf, daß durch die Vernunft und die Anwendung der neuen Naturwissenschaften die Lebensumstände und das Verhältnis der Menschen untereinander verbessert werden könnten. Sie gingen davon aus, daß jeder, gleich welcher Herkunft und Rasse, vernünftig denken und handeln könne. Von den alten Autoritäten, der Kirche und des Königtums, erwarteten die „aufgeklärten" Menschen immer weniger die Lösung von Problemen wie Krankheiten, Hunger, Gewalt und dem Tod. Alle Menschen sollten nicht erst im Jenseits, sondern schon auf der Erde glücklich werden.

Wortführer der Aufklärung: Locke, Rousseau

Wie seine aufgeklärten Zeitgenossen so glaubte auch der Philosoph, Komponist und Pädagoge Jean Jacques Rousseau (1712 bis 1778) an die Vernunft in jedem Menschen. Rousseau entwickelte Ideen, wie ein Staat nach den Regeln der Vernunft aussehen müßte. Er hatte bereits von dem englischen Arzt und Philosophen John Locke (1632 bis 1704) gehört, daß keine Regierung ohne die Zustimmung des Volkes existieren könne. Rousseau ging darüber hinaus. In seinem Werk „Der Gesellschaftsvertrag" machte er deutlich, daß Regierende und Regierte immer schon durch einen Vertrag aneinander gebunden sind, auch wenn ein solcher Gesellschaftsvertrag nie wirklich von beiden Seiten unterschrieben wurde. Würde ein Herrscher seine Aufgaben nicht erfüllen, dürften seine Untertanen den Vertrag als gebrochen ansehen und schuldeten ihm künftig weder Treue noch Gehorsam. Solche Gedanken untergruben die absolutistische Herrschaftsform, denn sie billigten den Untertanen gegenüber dem Monarchen einklagbare Rechte zu. Rousseau beschäftigte besonders die Frage, wie die Erziehung von Kindern in einer reformierten Gesellschaft aussehen müsse. In seinem Erziehungsroman „Emile" (1762) gab er eine neue Antwort (s. M5).

Voltaire

Neben Rousseau wurde der Philosoph und Schriftsteller Voltaire (1694 bis 1778) zum bedeutendsten Wortführer der Aufklärung. Er bekämpfte den religiösen Fanatismus der beiden christlichen Konfessionen und wandte sich gegen Vorurteile jeder Art. Er trat für die Befreiung der Bauern aus der Leibeigenschaft und die rechtliche Gleichstellung aller Menschen ein.

Montesquieu

Der französische Schriftsteller Montesquieu (1689 bis 1755) forderte in seinem Werk „Der Geist der Gesetze", 1748, daß die drei Aufgaben der Staatsgewalt: Gesetzgebung, Verwaltung und Rechtsprechung, zum Schutze der Untertanen auf drei voneinander völlig unabhängige Organe aufgeteilt werden müßten. In seinem Staat hätte es also keinen absolut regierenden Herrscher mehr gegeben.

3 **Aufklärungsschriften** (oben von 1790) riefen auch zu Fleiß, Ordnungsliebe und zum Gehorsam gegenüber der Obrigkeit auf.

4 **Aufklärung** (Kupferstich von Daniel Chodowiecki, 1726 bis 1801). – Interpretiere die Darstellung mit Hilfe des Grundbegriffs unten.

Die „Enzyklopädisten" In Frankreich versuchten die Philosophen Denis Diderot und Jean Le Rond d'Alembert alles verfügbare Wissen der Zeit in einem Nachschlagewerk zu sammeln. Bildung und Wissen galten ihnen als Voraussetzung dafür, daß die Menschen tugendhafter und glücklicher würden. Die „Encyclopédie" (aus dem Griechischen, d. h. „die allgemeine Lehre") erschien von 1751 bis 1772 in 35 Bänden.

Verbreitung der neuen Ideen Die Aufklärer fanden sich in Lesegesellschaften zusammen, die eigene Leihbibliotheken unterhielten. Um 1750 gab es in Deutschland ca. 500 Wochenschriften mit Namen wie „Der Menschenfreund" oder „Der Weltbürger", die ihre Leser auf unterhaltsame Weise belehren wollten. Sie kämpften gegen Vorurteile und Aberglauben, schilderten ein tugendhaftes Leben als angenehm und lohnend. In jedem Menschen müsse die Vernunft über die Leidenschaft herrschen. An Rousseau orientiert wurden Ratschläge für eine naturgemäße und vernünftige Kindererziehung gegeben. Jedoch machten die Leser nicht mehr als ein Prozent der Bevölkerung aus. Am Ende der Aufklärungszeit (um 1800) konnten in Deutschland immerhin zwischen 25 und 30 Prozent der Bevölkerung lesen.

Aufklärung (französisch „lumières", englisch „enlightenment"): Eine in Europa im 18. Jh. von gebildeten Menschen vertretene Grundeinstellung, die vom Glauben an die Vernunft in jedem Menschen geprägt ist. Der Gebrauch des eigenen Verstandes (lat. ratio, d. h. Vernunft, Verstand) befreie die Menschen aus den alten Abhängigkeiten der Kirche und des Königtums und führe zu mehr Glück, Toleranz und Selbstbestimmung. Mit Hilfe der Wissenschaften und durch eine vernünftige Erziehung mache die Menschheit ständig Fortschritte auf eine bessere Welt hin .

5 Was ist Erziehung?

Rousseau schrieb dazu im „Emil" (siehe VT):

1. Was soll man also von jener barbarischen Erziehung denken, die die Gegenwart einer ungewissen Zukunft opfert, die ein Kind mit allen möglichen Fesseln bindet und damit beginnt, es unglücklich zu machen, um ihm für die Zukunft ein angebliches Glück zu bereiten, das es vielleicht nie genießen wird? Man quält das unglückliche Kind um seines Wohls willen.

2. Mein Schüler (bis zum 12. Lebensjahr) oder vielmehr der Schüler der Natur schwatzt nicht, er handelt. Er weiß nichts von dem, was in der Welt vorgeht, aber er kann das für ihn Richtige tun. Da er sich ständig bewegt, muß er viele Dinge beobachten und viele Wirkungen kennenlernen. So erwirbt er frühzeitig große Erfahrung. Er erhält seinen Unterricht von der Natur und nicht von den Menschen … Wer eine Kunst ausüben will, der muß sich zuerst die Werkzeuge beschaffen. Um denken zu lernen, müssen wir also … unsere Sinne und Organe üben. Alle Bosheit entspringt der Schwäche. Das Kind ist nur böse, weil es schwach ist. Macht es stark und es wird gut sein. Wer alles kann, tut niemals Böses.

3. In der Sozialordnung sind alle Plätze gekennzeichnet; jeder muß für seinen Platz erzogen werden. Verläßt einer seinen Platz, so ist er zu nichts mehr zu gebrauchen. In Ägypten mußte der Sohn den Beruf des Vaters übernehmen, und die Erziehung hatte ein gesichertes Ziel. Bei uns bleiben nur die Ränge (Stände) bestehen, und die Menschen wechseln ständig. Niemand weiß, ob er seinem Sohn nicht schadet, wenn er ihn für seinen Stand erzieht. In der natürlichen Ordnung sind alle Menschen gleich; ihre gemeinsame Berufung ist: Mensch zu sein. Wer dafür gut erzogen ist, kann jeden Beruf nicht schlecht versehen. Ob mein Schüler Soldat, Priester oder Anwalt wird, ist mir einerlei. Vor der Berufswahl der Eltern bestimmt ihn die Natur zum Menschen. Leben ist ein Beruf, den ich ihn lehren will. Nach meiner Meinung ist der am besten erzogen, der die Freuden und Leiden dieses Lebens am besten zu ertragen vermag. Daraus folgt, daß die wahre Erziehung weniger vorschreibt als praktisch übt.

4. Rousseau forderte für die Mädchen eine andere Erziehung. Zwar seien Mann und Frau grundsätzlich gleich, aber in allem, was mit dem Geschlecht zusammenhängt, gibt es bei der Frau und dem Mann gleich viele Ähnlichkeiten wie Verschiedenheiten. Daraus ergibt sich: der eine muß aktiv und stark sein, der andere passiv und schwach. Steht dieser Grundsatz fest, so folgt daraus, daß die Frau eigens geschaffen ist, um dem Mann zu gefallen. Es ist weniger zwingend notwendig, daß ihr der Mann auch seinerseits gefällt: sein Vorzug liegt in der Kraft, er gefällt allein dadurch, daß er stark ist. Die Erforschung der abstrakten Wahrheiten, die Prinzipien und Axiome der Wissenschaften, alles, was auf die Verallgemeinerung der Begriffe abzielt, ist nicht Sache der Frauen. Ihre Studien müssen sich auf das Praktische beziehen. Die Frau hat mehr Witz, der Mann mehr Genie. Die Frau beobachtet, der Mann zieht Schlüsse.

Nach: J. J. Rousseau, Emil oder über die Erziehung, Paderborn 1978, 1. Auszug S. 55; 2. Auszug S. 104, 111, 44; 3. Auszug S. 14 f.; 4. Auszug S. 385 f., 420 f.

6 Der absolutistische Staat reagiert

Kaum war Rousseaus Buch erschienen, wurde es von der Pariser Polizei beschlagnahmt.

Die Justiz verkündete, „daß sich überallhin ein Buch mit dem Titel „Emile oder über die Erziehung" verbreitet und daß sein Verfasser in unheilvoller Weise als großer Meister der Verführung und der Verwirrung allzu bekannt ist und sein Werk, in gleichem Maße wider den Glauben und die guten Sitten, mit einer Begierde gelesen wird, die ihnen nur verderblich sein kann." *Das Pariser Parlament ordnete an,* „daß das nämlich gedruckte Buch im Hofe des Palais vom Scharfrichter des Hohen Gerichts zerrissen und verbrannt werde." *Der Verkauf wurde verboten. Weiter verfügte das Parlament,* „daß man den genannten J. J. Rousseau aufgreife, in Verhaft nehme und nach den Gefängnissen bringe, auf daß man ihn daselbst verhöre." *Rousseau floh in die Schweiz.*

Nach: Michael Soètard, Jean Jacques Rousseau, Zürich 1989, S. 97 f.

a) Stelle die im VT erwähnten Erfindungen und Entdeckungen zusammen. Ergänze sie mit Hilfe des Lexikons durch weitere Erfindungen dieser Zeit.

b) Rousseaus Ideen (VT, M5) waren damals neu und aufgeklärt. Erkläre.

c) Schreibe einen Brief an Rousseau aus der Sicht eines Adligen (M5, M6).

d) Was ist von den Ideen Rousseaus heute verwirklicht, was ist noch nicht eingelöst und welche Vorstellungen haben sich gewandelt?

8. Brandenburg-Preußen wird europäische Großmacht

1640–1713	*Unter Kurfürst Friedrich Wilhelm und seinem Sohn Friedrich III. (als König Friedrich I.) entwickelt sich die Mark Brandenburg zum Königreich.*
1713–1740	*Friedrich Wilhelm I. errichtet den preußischen Militär- und Beamtenstaat.*
1740–1786	*Friedrich II. regiert als aufgeklärter Monarch und macht Preußen zur Großmacht.*

Die Hohenzollern in Brandenburg

Auf der Karte unten wird deutlich, wie sich aus der kleinen Mark Brandenburg ein großer Flächenstaat entwickelt hat. Das geschah unter dem Geschlecht der Hohenzollern, die 1415/17 als südwestdeutsche Grafen vom König die Kurfürstenwürde und die Mark Brandenburg als Lehen erhielten. Durch eine geschickte Heiratspolitik fielen ihnen dann im Westen die Herrschaften Kleve, Mark und Ravensberg und im Osten Hinterpommern und das Herzogtum Preußen zu. Damit das Gebiet nicht wieder auseinanderfiel, verbot ein Gesetz die Erbteilung. Kurfürst Friedrich Wilhelm (1640–1688) gelang es in einem Krieg zwischen Schweden und Polen, in dem er sich mal auf die eine, mal auf die andere Seite stellte, 1660 die volle Souveränität über das Herzogtum Preußen zu gewinnen. Bis dahin war der polnische König der oberste Lehnsherr Preußens gewesen.

1 **Die Entwicklung Brandenburg-Preußens 1415/17–1795**

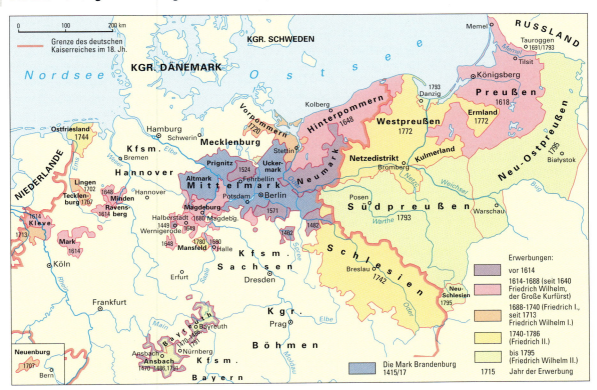

Stehendes Herr und eigene Finanzverwaltung

Wie Ludwig XIV. ging auch Kurfürst Friedrich Wilhelm nach dem Dreißigjährigen Krieg daran ein stehendes Heer aufzubauen. Er entließ seine 4000 Söldner nicht wieder, sondern quartierte sie in die Häuser der Stadtbürger ein. Alle Soldaten mussten sich für eine längere Dienstzeit verpflichten und sich einer strengen militärischen Disziplin unterwerfen. Auf verschiedenen Landtagen gelang es dem Kurfürsten sich mit dem Adel über die Finanzierung des neuen Heeres zu verständigen. Die Adligen bewilligten ihm Steuern und erlaubten außerdem, die Gelder durch eigens dafür vorgesehene kurfürstliche Beamte einzutreiben. Dies war der Anfang einer zentralen Finanzverwaltung. Dafür musste Friedrich Wilhelm den Adligen das Privileg der Steuerfreiheit und die volle Rechts- und Polizeigewalt auf ihren Gütern zugestehen.

Französische „Asylanten" werden Berliner

Am 18. Oktober 1685 hob der französische König Ludwig XIV. das Toleranzedikt von Nantes auf. 200 000 französische Hugenotten mussten aus Frankreich fliehen (vgl. Kap. 1 und 5 des Großabschnitts). Elf Tage später reagierte Kurfürst Friedrich Wilhelm darauf mit dem Edikt von Potsdam. Es wurde auf 500 zweisprachigen Flugblättern in den hugenottischen Wohngebieten Frankreichs verbreitet. Der Große Kurfürst, wie Friedrich Wilhelm nach einer siegreichen Schlacht über die Schweden 1675 genannt wurde, bot den Hugenotten Asyl in Brandenburg an und versprach ihnen sie sechs Jahre lang von allen Steuern zu befreien und sie beim Aufbau einer neuen Existenz finanziell zu unterstützen. Etwa 20 000 Glaubensflüchtlinge kamen, sechstausend von ihnen gründeten in Berlin eine französische Kolonie. Die Bevölkerung von Berlin wuchs so um ein Drittel. Mit dem Potsdamer Edikt hatte der Große Kurfürst erreicht, was er wollte. Die Einwanderer waren handwerklich und wissenschaftlich sehr gut ausgebildet. Sie führten über 40 neue Berufszweige ein und gründeten die ersten Manufakturen. So gab es mehr Arbeitsplätze und auch mehr und bessere Waren in Brandenburg zu kaufen. Außerdem wuchs durch die französischen Emigranten die Bevölkerung, die nach den Verwüstungen durch den Dreißigjährigen Krieg auf etwa 1 Million Menschen geschrumpft war. Als Ergebnis flossen mehr Steuern in die Staatskasse. Allerdings verlief die Ansiedlung der Hugenotten nicht reibungslos. Die ansässige Bevölkerung störte sich daran, dass sie für die Neubürger Wohnraum zur Verfügung stellen musste und Abgaben zu leisten hatte. Im Lauf der Zeit verlor sich jedoch die Abneigung gegenüber den protestantischen Einwanderern, denn die Neubürger überzeugten durch ihren Fleiß und ihren Erfolg und hatten zudem die gleiche Konfession.

Sondergesetze für die Minderheiten der Juden und der Sinti

Der Kurfürst erlaubte auch wohlhabenden jüdischen Familien sich anzusiedeln und auf Wochen- und Jahrmärkten Handel zu treiben. Dafür mussten sie an den Kurfürsten als Landesherrn jährliche Schutzgelder zahlen. Verlor ein Jude sein Geschäft oder machte sich einer straffällig, so hatte die gesamte jüdische Gemeinde mit dem Besitz aller zu haften. Vollkommen unerwünscht waren die Sinti (Zigeuner) in Brandenburg. Wie Arme und Bettler galten sie als unnützes Gesindel. Nach dem Gesetz konnte ein Aufenthalt für sie mit Hinrichtung am Galgen enden.

Der Kurfürst wird König

Der Große Kurfürst hatte durch seine Politik Brandenburgs Stellung in Europa gestärkt. Ziel seines Sohnes, Friedrich III. (Regierungszeit 1688 bis 1713), war es der neuen Machtstellung mit der Königswürde auch die äußere Anerkennung zu verschaffen. Innerhalb des Deutschen Reiches konnte es aber nur einen König geben. Aber das Herzogtum Preußen lag außerhalb der Grenzen des Deutschen Reiches. Der Kurfürst von Brandenburg war hier souverän und nicht dem König als oberstem Herrn untergeben. Er konnte das Herzogtum also durchaus zum

2 *„Die Gerechtigkeit".*
Militärstrafen im
18. Jahrhundert.
In den Kriegsartikeln
Friedrich Wilhelms I.
von 1713 hieß es u. a.:
Welcher Soldat sich
dem Amtskommando
der Offiziere wider-
setzt, sei es auch nur
mit Worten, derselbe
soll mit dreißigma-
ligem Gassenlaufen
belegt werden. Wel-
cher Soldat ... davon-
läuft, sei es auf Mär-
schen, im Feld, Lager
... soll ohne alle Gnade
mit dem Strang vom
Leben zum Tod
gebracht werden.–
Welche Strafen werden
dargestellt?

Königtum aufwerten. Doch wollte Friedrich einen solchen Schritt nicht ohne das Einverständnis des Kaisers machen. Der gab sein Einverständnis erst, als Friedrich ihm 8 000 Soldaten Unterstützung im Krieg gegen den französischen König Ludwig XIV. zusagte. Friedrich III. setzte sich 1701 in Königsberg selbst die Königskrone auf und nannte sich nun Friedrich I. König in Preußen.

Eine neue Auffassung
vom Herrscheramt:
Friedrich Wilhelm I.

Friedrich Wilhelm I. (1713 bis 1740), der im Gegensatz zu seinem Vater jeden Luxus am Hof ablehnte, verfolgte zwei Ziele: Die verstreuten Gebiete seines Landes (siehe M1) zu einem einheitlichen Staat zu verbinden und diesem Staat eine führende Rolle unter den europäischen Großmächten zu verschaffen. Um in allen Landesteilen den königlichen Willen durchzusetzen bedurfte es einer zentralen Verwaltung. 1723 schuf er in Berlin eine oberste Behörde für alle Verwaltungsangelegenheiten, das Generaldirektorium. Beamte verwalteten hier die Ausrüstung und Versorgung des Heeres, das Postwesen, die Steuern sowie die königlichen Manufakturen. Hier entstanden neue Konzepte für ein einheitliches Verkehrswesen und zur Besiedlung brachliegender Landesteile. Alle Minister und Beamte unterstanden einer strengen Dienstordnung und hatten dem König als Vorsitzendem der Behörde bedingungslos zu gehorchen. Eine starke Armee sollte die Position Brandenburg-Preußens in Europa stärken. Werbeoffiziere zogen durch das Land um Soldaten zu rekrutieren und die Regimenter zu verstärken. Dabei wurden die jungen Männer oft mit Betrug in die Armee gelockt, entführt oder mit anderer Gewalt gezwungen. Sobald Werber in die Nähe kamen, suchten daher die jungen Männer besonders in den Grenzregionen das Weite, so dass in der Erntezeit Arbeitskräfte fehlten. Unter den Bauern und Adligen regte sich folglich gewaltsamer Widerstand gegen die Werber.

„Ein unglücklich
Mittelding zwischen
Bauer und Soldat"

Um der Willkür bei der Rekrutierung ein Ende zu machen, Bauern und Adel zufrieden zu stellen, bestimmte Friedrich Wilhelm I. 1733, dass jedes Regiment in seinem Kanton (Bezirk) Soldaten rekrutieren durfte. Seitdem wurden die

3 **Das Mährische Viertel in Neusalz an der Oder.** *Bereits der Große Kurfürst hatte 1685 20 000 Hugenotten nach Brandenburg geholt. Unter Friedrich II. konnten weitere 300 000 Menschen nach Preußen einwandern. Im eroberten Schlesien ließ er für protestantische Aussiedler aus dem katholischen Böhmen, Mitglieder der Herrnhuter Brüdergemeine, ab 1743 in Neusalz das Mährische Viertel errichten. Dort betrieben sie eine Textilverarbeitung und konnten ihren Glauben ungestört leben. Für die ansässige Bevölkerung stellten sie keine Konkurrenz dar. Sie lebten über ein Jahrhundert als eigenständige Gemeinschaft innerhalb der preußischen Gesellschaft.*

Bauernjungen schon im Kindesalter in den Regimentslisten erfasst („Kantonsystem"). Jedes Jahr gab es eine Exerzierzeit von drei Monaten, die restliche Zeit wurden die Soldaten als „Urlauber" auf die Felder nach Hause geschickt. Damit war der „Bauernsoldat" geschaffen. Während der Exerzierzeit wurden die Soldaten bei Bürgern in den Garnisonsstädten einquartiert. Kasernen gab es noch nicht. Trotz ihres Militärdienstes mussten die Bauern die Armee weiterhin mit Nahrung versorgen, bei Festungsbauten mit anpacken und Heeressteuern zahlen. Einzelne Großbauern und Stadtbürger mit Grundbesitz erhielten gegen eine Abgabenleistung im Einzelfall eine Befreiung vom Heeresdienst.

Gutsherr und Offizier: der adlige Junker

Um für die wachsende Armee genügend qualifizierte Offiziere zu haben zwang Friedrich Wilhelm I. den großgrundbesitzenden Adel zum Offiziersdienst. Die adlige Jugend wurde in besonderen Militärschulen, sog. Kadettenanstalten, zum Offizier erzogen. Als Gegenleistung gewährte der König den Gutsbesitzern in ihrem Bezirk weitgehend selbständig über die bäuerlichen Untertanen zu regieren. In den Händen des Junkers (Gutsherr) lag fortan die Polizeigewalt und die Gerichtshoheit. Außerdem führte er die Aufsicht über Kirchen und Schulen. Die Bauern waren als Soldaten der Befehlsgewalt adliger Offiziere unterstellt, als „Beurlaubte" hatten sie oft dem gleichen Adligen, ihrem Gutsherrn, zu dienen. Folglich setzten sich militärische Tugenden wie Ordnung, Disziplin, bedingungsloser Gehorsam, Abgabe von Eigenverantwortung an die Vorgesetzten auch in anderen Lebensbereichen als preußische Tugenden durch.

Friedrich II. überfällt Schlesien

1740 folgte Friedrich II., 28 Jahre alt, Friedrich Wilhelm I. auf dem Thron. Von seinem Vater übernahm er das Ziel, Preußen zu einer militärischen und politischen Großmacht zu machen. So wuchs die Stärke des Heeres von 80 000 (1740) auf 180 000 Mann (1786). Im Jahr von Friedrichs Thronbesteigung starb

4 *Friedrich II. überwacht die Kartoffelernte.* – Gemäldeausschnitt von R. Warthmüller, 1886. Friedrich verfügte 1757: Es ist Euch (Landräten) aufgegeben worden, den, ... sonderlich der Armuth, so nützlichen Anbauung der Kartoffeln Euch bestens angelegen sein zu lassen, denen Kreis-Einsassen den großen Nutzen davon begreiflich zu machen und selbige zu fleissiger Anbauung ... zu animiren ...

auch der österreichische Kaiser Karl VI. Der junge Preußenkönig sah die Chance gegeben, die zu Österreich gehörende reiche Provinz Schlesien zu erobern. Preußische Regimenter marschierten in Schlesien ein und besetzten es. Die Österreicher konnten Schlesien nicht behaupten. Die Tochter Karls VI., die neue Kaiserin Maria-Theresia, musste die Provinz 1742 an Preußen abtreten.

Der Siebenjährige Krieg

Als Folge eines Krieges zwischen England und Frankreich um die Kolonien in Amerika hatte sich England mit Preußen und Frankreich mit Österreich, Russland, Schweden und Sachsen verbündet. Die Koalition um Österreich wollte den preußischen Machtzuwachs rückgängig machen, Österreich Schlesien zurückerobern. Der übermächtigen Koalition glaubte Friedrich nur Herr zu werden, indem er 1756 den Krieg selbst überraschend begann. Dem 120 000 Mann starken preußischen Heer stand eine zweieinhalb Mal stärkere Übermacht gegenüber. Nach sieben Kriegsjahren brachte der plötzliche Tod der russischen Zarin Elisabeth die glückliche Wende für Preußen. Ihr Sohn und Thronfolger Peter III. war ein Verehrer Friedrichs. Er schloss Frieden mit Preußen. Auch die anderen Mächte willigten angesichts allgemeiner Erschöpfung in den Frieden ein, der 1763 abgeschlossen wurde. Schlesien blieb preußischer Besitz. In den Schlachten von 1756 bis 1763 starben 120 000 preußische, 69 000 österreichische und 42 000 russische Soldaten.

Aufgeklärte Politik eines absolutistischen Monarchen

Um die enormen Summen für das Militär aufzubringen musste der Staat mehr Steuern einnehmen. Zum einen nahm Friedrich sich den französischen Merkantilismus zum Vorbild und unterstützte Handel und Gewerbe (vgl. Kap. 6). Zum anderen ließ er bisher unkultiviertes Gebiet urbar machen und besiedeln. Allein zwischen 1746 und 1752 entstanden dadurch 122 neue Dörfer.

Aber Friedrich II. hatte neben seiner Vorliebe für das Militärische noch eine andere Seite: schon in jungen Jahren beschäftigte er sich mit den Ideen der Aufklärung. Mit dem französischen Aufklärer Voltaire pflegte er einen regen Briefwechsel. Gebildete Männer lud er zum Meinungsaustausch an seine Tafelrunde. Er las die Werke französischer Dichter, schrieb selbst Abhandlungen in französischer Sprache und komponierte Musikstücke, die noch heute im Radio zu hören sind.

5   *Alltag preußischer Soldaten*

Der in die Armee gezwungene Söldner Ulrich Bräker aus der Schweiz schrieb 1788:

Bald alle Wochen hörten wir nämlich neue ängstigende Geschichten von eingebrachten Deserteurs, die, wenn sie noch so viele List gebraucht,
5 sich in Schiffer und andere Handwerksleuthe, oder gar in Weibsbilder verkleidt, in Tonen und Fässer versteckt, u. d. gl. dennoch ertappt wurden. Da mussten wir zusehen, wie man sie durch 200 Mann achtmal die lange Gasse auf und ab Spießruthen laufen ließ, bis sie athemlos hinsan-
10 ken – und des folgenden Tags aufs neue dran mussten … (Wir mussten) oft ganzer fünf Stunden lang in unsrer Montur eingeschnürt wie geschraubt stehn, in die Kreutz und Querre pfahlgerad marschieren und ununterbrochen blitz-
15 schnelle Handgriffe machen; und das alles auf Geheiß eines Offiziers, der mit einem furiosen Gesicht und aufgehobnen Stock vor uns stuhnd und alle Augenblicke wie unter Kabisköpfe drein zu hauen drohete … Und kamen wir dann
20 todmüde ins Quartier, so giengs schon wieder Hals über Kopf, unsre Wäsche zurecht machen und jedes Fleckgen auszumustern … Gewehr, Patrontasche, Kuppel, jeder Knopf an der Montur, alles musste spiegelblank geputzt seyn.
25 Zeigte sich an einem dieser Stücke die geringste Unthat oder stand ein Haar in der Frisur nicht recht, so war, wenn er auf den Platz kam, die erste Begrüßung eine derbe Tracht Prügel.

U. Bräker, Der arme Mann im Tockenburg, zit. nach: Preußen Zur Sozialgeschichte eines Staates, Reinbek 1981, S. 41.

6   *Schule für alle?*

Friedrich Wilhelm I. hatte 1717 die allgemeine Unterrichtspflicht in Teilen von Brandenburg-Preußen verordnet. Die Kinder sollten vom 5. bis zum 13. Lebensjahr zur Schule gehen. Doch kamen die meisten allenfalls im Winter zur Schule. In der übrigen Zeit mussten sie zu Hause mithelfen. Zwar wurden bis 1740 insgesamt 1500 Volksschulen eingerichtet, doch hatte das Edikt keinen durchschlagenden Erfolg. Friedrich II. legte deshalb 1763 im Königlich-Preußischen General-Landschul-Reglement die Schulpflicht für Landschulen erneut fest:

Zuvörderst wollen Wir, dass alle Unsere Untertanen, denen die Erziehung der Jugend obliegt, ihre eigenen sowohl als die ihrer Pflege anvertrauten Kinder, wo nicht eher, doch höchstens vom fünf-
5 ten Jahre ihres Alters in die Schulen schicken, auch damit ordentlich bis ins dreizehnte und vierzehnte Jahr kontinuieren und so lange zur Schule halten sollen, bis sie nicht nur das Nötigste vom Christentum gefasst haben und fertig
10 lesen und schreiben, sondern auch von demjenigen Rede und Antwort geben können, was ihnen nach den von Unsern Konsistorien verordneten und approbierten Lehrbüchern beigebracht werden soll …

Aus: Th. Dietrich / J. G. Klink, Zur Geschichte der Volksschulen, Bad Heilbrunn 1964, S. 132–139. Zit. nach: Preußen. Zur Sozialgeschichte eines Staates, Reinbek 1981, S. 163 f.

7   *Religiöse Toleranz*

Friedrich II. äußerte sich 1752 in seinem politischen Testament:

Katholiken, Lutheraner, Reformierte, Juden und zahlreiche andere christliche Sekten wohnen in Preußen und leben friedlich beieinander. Wenn der Herrscher aus falschem Eifer auf den Einfall
5 käme, eine dieser Religionen zu bevorzugen, so würden sich sofort Parteien bilden und heftige Streitereien ausbrechen. Allmählich würden Verfolgungen beginnen und schließlich würden die Anhänger der verfolgten Religion ihr Vaterland
10 verlassen und Tausende von Untertanen würden unsere Nachbarn mit ihrem Gewerbefleiß bereichern und deren Volkszahl vermehren.

Friedrich II., Das politische Testament von 1752. Zit. nach: Geschichte in Quellen, Bd. 3, S. 608.

a) *Beschreibe den Drill in der Armee aus der Sicht des Königs und aus der Sicht der Soldaten (M2 und M5). – Was sollte damit erreicht werden?*
b) *Friedrich II. hat sich selbst als aufgeklärten Monarchen, als „ersten Diener des Staates" bezeichnet. – Welche seiner Maßnahmen kann man als aufgeklärt bezeichnen, welche nicht (M3, M4, M6, M7 und VT)?*
c) *Die Preußenkönige tolerierten verschiedene religiöse und gesellschaftliche Gruppen. – Warum verhielten sie sich anders als Ludwig XIV. (M3, M7 und VT)? Wo hatte ihre Toleranz ein Ende? Warum?*
d) *Pflicht, Gehorsam, Ordnung, Disziplin werden auch als „preußische Tugenden" bezeichnet. Warum? Welchen Stellenwert haben sie für dich?*

9. Clemenswerth – Jagdschloss eines Kirchenfürsten

Clemens August _____ (1700–1761)	1719 Bischof von Münster und Paderborn
	1723 Erzbischof von Köln
	1724 Bischof von Hildesheim
	1725 wurde er zum Priester geweiht
	1728 Bischof von Osnabrück
	1732 Hochmeister des Deutschen Ritterordens
	1742 krönt er als Kurfürst von Köln seinen Bruder Karl zum Deutschen Kaiser (Karl VII. Albrecht, 1742–1745)

Ein „Herr über fünf Kirchen"

Du wirst nicht vermuten, dass der Herr, der da so lässig im Hausanzug seine Schokolade trinkt (damals übrigens eine große Kostbarkeit) der Erzbischof und Kurfürst von Köln ist. Er vereinigte in seiner Person („Personalunion") eines der größten Herrschaftsgebiete im Nordwesten des Deutschen Reiches. Als Fürstbischof war er geistliches und zugleich politisches Oberhaupt von fünf Bistümern. Als Geistlicher war er zur Ehelosigkeit verpflichtet, konnte also Besitz und Titel nicht vererben. Er war durch das „Domkapitel", ein Gremium hoher geistlicher Würdenträger des Bistums, gewählt worden und das Kapitel würde auch seinen Nachfolger wählen. Sein Vater, Kurfürst Max Emanuel von Bayern, hatte ihm diese Ämter mithilfe von Geldzahlungen und Versprechungen an die päpstliche Verwaltung und an die jeweiligen Domkapitel verschafft.

Herrschaft als Repräsentation

Wie regierte nun ein Kirchenfürst wie Clemens August seine Lande? Da er nur eine begrenzte theologische Ausbildung erhalten hatte, wurde er in Glaubenssachen vertreten durch voll ausgebildete Weihbischöfe. Diese stammten in der Regel aus den führenden adligen Familien des jeweiligen Bistums. Für die Regierungsgeschäfte versuchte er für jedes Fürstbistum tüchtige und ihm ergebene Männer zu gewinnen; die Macht dieser „Ministerpräsidenten" wurde allerdings von den Domkapiteln und Ständeversammlungen der Bistümer kontrolliert. So bedeutete „regieren" für Clemens August in erster Linie zu repräsentieren. Sein Hofstaat in seiner Residenz Bonn war einer der prächtigsten in Deutschland. Seine Besuche in seinen Landen oder seine Jagden, seine Ausgaben für seine Bauleidenschaft und Kunstsammlungen – alles diente der Repräsentation. Bezahlt wurde dies mit den Steuern seiner Untertanen und auch mit Bestechungsgeldern aus Frankreich, mit denen er als Kurfürst die Politik des Reiches im französischen Sinne beeinflussen sollte.

„Unterm Krummstab leben"

Ähnlich wie in den weltlichen Fürstentümern trugen jedoch die Untertanen die Hauptlast dieser hohen Kosten. Auch „unterm Krummstab", dem Zeichen des Bischofs, hatte der dritte Stand die Steuern aufzubringen, die die Landtage dem Fürsten bewilligt hatten. Wie überall war die Landbevölkerung zu Handarbeiten und Fuhrdiensten verpflichtet. Jedoch beweisen Rechnungen aus der damaligen Zeit, dass der Fürstbischof mit seiner Repräsentation zahllosen Menschen Arbeit und Verdienst verschaffte. Vielleicht entstand aus diesem Grund nach seinem Tod der Vers, den die Schlossführer in Clemenswerth allen Besuchern sagen: „Unter den Farben Blau und Weiß, da lebt' sich's wie im Paradeis".

1 **Das Herrschaftsgebiet Clemens Augusts Mitte des 18. Jahrhunderts**

Im 13. Jahrhundert hatten die Kölner Bürger die Erzbischöfe aus der Stadt vertrieben. Seit Mitte des 16. Jahrhunderts war Bonn der Regierungssitz der Fürstenbischöfe. Clemens August ließ die Residenz in Bonn ausbauen und errichtete zudem zahlreiche Schlösser in der Umgebung. Das bedeutendste ist Schloss Augustusburg bei Brühl (siehe Seite 80). Hier finden noch heute festliche Veranstaltung der Bundesregierung statt.

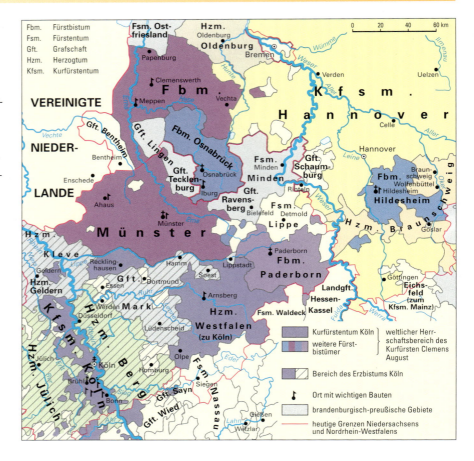

Fbm.	Fürstbistum
Fsm.	Fürstentum
Gft.	Grafschaft
Hzm.	Herzogtum
Kfsm.	Kurfürstentum

2 **Das Jagdschloss Clemenswerth**. (Bauzeit 1735–1747, Kosten 200 000 Taler = ca. 10 Mio. Mark).
Sieben der äußeren Pavillons tragen die Namen der Besitztümer Clemens Augusts, der achte ganz links außen enthält ein Kapuzinerkloster.

3 **Der Fürstenpavillon innen**. Der Zentralpavillon ist, wie auch die Klosterkirche in Clemenswerth (siehe Seite 91), ein Meisterwerk des Spätbarock.

4 Clemenswerth und die Jagd auf dem Hümmling

a) Bericht des französischen Gesandten in Köln, Augustin Blondel, vom 28. Sept. 1744:

18 armselige Strohhütten, schlimmer als die erbärmlichsten in Frankreich, bilden das ganze Dorf (Sögel), den einzigen Ort im Umkreis von 6 Meilen um Clemenswerth, das von hier nur
5 eine Achtelmeile entfernt ist. Diesen Ort und diese Hütten bewohnte der Kurfürst selbst, bevor er sich Clemenswerth errichten ließ. Die Hütten sind alle gleich gebaut: eine Halle, in die sie die Karren stellen, rechts und links davon Gitter, die
10 auf der einen Seite die Ställe für die Schweine, auf der anderen die für die Pferde und Kühe absperren, am Ende der Halle, ohne Abtrennung, ein Kamin oder eher eine Feuerstelle ohne Abzug, wo man nur Torf verbrennt, dessen Rauch den
15 ganzen Schuppen füllt. Hinter diesem Kamin sind zwei etwas höher gelegene Kammern, deren Gestank Sie sich leicht vorstellen können, ausgestattet mit ein paar Stühlen und einem Tisch, als Betten haben sie nur Gestelle mit Strohsäcken.
20 Das ist alles, was ich in dem Haus vorgefunden habe, das man mir zugewiesen hat, und das zu den anständigsten gehört, denn es ist das Haus des Pfarrers. Ich muss gestehen, dass ich das Ganze zuerst für einen schlechten Scherz hielt,
25 vor allen Dingen, da ich einen Kurier vorausgeschickt hatte, um mir eine Unterkunft zu reservieren … glücklicherweise hatte ich mein eigenes Bett mitgenommen und Vorräte.
Die achtzehn Hütten sind dermaßen voll ge-
30 stopft, dass es unmöglich war, für die Diener eine Unterkunft zu finden. Meinen hat man … eine Scheune zugewiesen, ohne Tür und Fenster, gefüllt mit Heu, in das sie sich jeden Abend bis zum Hals verkriechen … Mein Sekretär schläft in mei-
35 ner Kutsche und mein Koch und Kammerdiener auf Stroh. Auf der anderen Seite muss ich Ihnen sagen, dass Schloss Clemenswerth bezaubernd ist. Es ist ein großer Pavillon, in dem der Kurfürst allein wohnt, umgeben von acht weiteren Pavil-
40 lons … Sie sind sehr schön dekoriert und ausgestattet und sind nur zur Aufnahme der Bedie-nung und der Damen bestimmt, die der Kurfürst mit sich führt …
Der Kurfürst ist ein höchst aufmerksamer Gast-
45 geber, der den Tag damit zubringt, Vergnügungen zu organisieren. Jeden Morgen schickt man uns Kutschen um uns zum Schloss zu holen und wieder zurückzubringen, man bietet uns Jagdpferde und Kaleschen für Spazierfahrten.

Jagdschloss Clemenswerth. Schülerarbeitsheft, hrsg. v. Landkreis Emsland, 1987, o. S.

b) *Jagd in Clemenswerth*
Die Kosten des Jagdaufenthaltes im Herbst 1751 betrugen 14 923 Taler. Der Hundezwinger umfasste ständig 80–90 Jagdhunde. Für einen Jagdaufenthalt wurden etwa 200 Pferde benötigt.
5 Nach dem Tode Clemens Ausgusts wurden Hunde, Pferde, Wagen und Sattelzeug für 17 895 Taler versteigert.

Clemenswerth, Schloss im Emsland, hrsg. v. Emsländ. Heimatbund. Sögel o.J., S. 72 f.

c) *Über die Arbeitsleistungen der Bauern ("Hand- und Spanndienste") musste der Vogt von Sögel genau Buch führen. Für das Jahr 1740 finden sich z. B. folgende Angaben:*

20.7.	Die Spannpflichtigen weigern sich die geforderten Dienste zu leisten
13.8.	Es bleiben der Arbeit fern
am 9.8.	aus Gr. Stavern 4, Wahn 2, Börger 3 Mann
am 12.8.	aus Werpeloh 14 Mann aufgeboten und nicht erschienen;
am 17.8.	20 Mann (es bleiben fern: 6) …
am 19.8.	20 Mann (es bleiben fern: 17) …
19.12.	Die Sögeler weigern sich an den Clemenswerther Alleen zu arbeiten. Werden durch Militär gezwungen. Weigern sich ebenfalls, Brennholz für das Schloss zu fahren.

Als Zwangsmaßnahme wird hier mehrfach die Versteigerung von Vieh und Geräten genannt.

Clemenswerth, Schloss im Emsland, hrsg. v. Emsländ. Heimatbund. Sögel o.J., S. 136; 138.

a) *Vergleiche die Lebens- und Regierungsweise des Kurfürsten Clemens August mit der Ludwigs XIV. (siehe Seite 84 ff.).*
b) *Entwickle aus den Informationen und Materialien dieses Kapitels ein Rollenspiel. Notiere Stichworte für Personen, die mit Clemens August zu tun haben.*
c) *Schaue dich um nach adligen Bauwerken aus der Zeit des Barock in deiner Umgebung. Vergleiche sie mit Clemenswerth. Wo sind Gemeinsamkeiten?*

10. Hugenotten in Deutschland – Warum verlassen Menschen ihre Heimat?

1598 _____ *Im Edikt von Nantes wird den Hugenotten Glaubensfreiheit zugesichert.*

1685 _____ *Edikt von Fontainebleau: Das Edikt von Nantes wird aufgehoben.*

1   **Die Flucht der Reformierten aus Frankreich**
Kupferstich von Jan Luyken, 1696

Glaubensflüchtlinge aus Frankreich

Der französische König Ludwig XIV. hob 1685 das Edikt von Nantes auf, das den Hugenotten Schutz vor Verfolgung bot (vgl. Kap. „Katholische Reform und calvinistische Reformation"). Was war der Grund dafür? Dem Calvinismus gehörten einflussreiche Familien des Hochadels an, aber auch Bürger der reichen Handelsstädte, wie z. B. La Rochelle. Viele Hugenotten besaßen Handelshäuser, Banken und waren im Großgewerbe vertreten: Tuchwebereien, Seidenspinnereien, Gerbereien, Papiermühlen und Eisengießereien gehörten ihnen. Auch Handwerker wie Hut- und Handschuhmacher waren unter ihnen. Hugenotten besaßen oft eine überdurchschnittliche Schulbildung und verfügten über eigene Universitäten. Wegen ihrer Sonderrechte und ihrer wirtschaftlichen Erfolge wurden sie zunehmend angefeindet. Als das Toleranzedikt 1685 aufgehoben wurde, erreichte die Verfolgung der Hugenotten einen neuen Höhepunkt. Deswegen flohen viele von ihnen nach Übersee, in die Niederlande, nach England, Schottland, Irland, Dänemark, Schweden, der Schweiz und nach Deutschland. Wissenschaftler schätzen, dass etwa 200–300 000 Hugenotten trotz Verbots ihre Heimat verließen und Zuflucht in anderen Ländern suchten. Die meisten Flüchtlinge, die nach Deutschland kamen, ließen sich nördlich der Mainlinie nieder, viele von ihnen siedelten sich jedoch im Südwesten und Westen Deutschlands an.

2 Hugenotten in Brandenburg
*Der Große Kurfürst, Friedrich Wilhelm, emp-
fängt die französischen Flüchtlinge in seinem
Land. Radierung von Daniel Chodowiecki*

3 Deutsche Hugenottenstädte
*Nicht alle wurden von Hugenotten gegründet,
jedoch wurden wesentliche Teile von ihnen
als Neustädte gebaut.*

**Willkommene
Flüchtlinge**

*Hugenottenkreuz;
die Taube symbolisiert
den Heiligen Geist,
die Lilie das Königs-
geschlecht der Bour-
bonen*

Viele deutsche Fürsten öffneten den Glaubensflüchtlingen nicht nur ihr Land,
sondern sie warben sogar ausdrücklich dafür, sich auf ihrem Territorium niederzulassen. Welche Motive hatten sie dafür? War es nur der Wunsch, bedrängten
Glaubensgenossen zu helfen? Oder gab es noch andere Gründe?
Wie im übrigen Deutschland fanden Glaubensflüchtlinge aus Frankreich auch in
zahlreichen Dörfern und Städten des heutigen Saarlandes und der Pfalz Aufnahme. Wir besitzen beispielsweise Quellen über die Gründung des Dorfes Lud-
weiler/Warndt im Saarland. 1604 gestattete der Graf Ludwig zu Nassau-Saarbrücken Hugenotten aus Frankreich die Ansiedlung. 12 Familien unter Führung
von Daniel und Osias de Condé ließen sich an der Rixfurth im Warndtwald nieder und erhielten Land zur Bebauung zugewiesen. Sie stammten vermutlich aus
Ostfrankreich und waren erfahren in der Kunst der Glasherstellung. Gründe, die
den Grafen bewogen haben sie aufzunehmen, gibt er selbst in der Gründungsurkunde an: „... zur Förderung unseres eigenen Nutzens, nämlich zur Vermehrung unserer Mannschaft". In Ludweiler konnten die Hugenotten ungestört
ihren Glauben ausüben und erhielten sogar einen Pfarrer, der französisch
sprach. Die meisten von ihnen arbeiteten zunächst in der Landwirtschaft. Eine
Glashütte hatte nicht lange Bestand, während die vom gleichen Eigentümer in
Creutzwald gegründete florierte. Wie viele andere Ortschaften in Deutschland
wurde auch Ludweiler im Dreißigjährigen Krieg zerstört (1634), der Neuaufbau
des Dorfes erfolgte wiederum durch Hugenotten. Unter den Bewohnern des
Ortes fanden sich jetzt für Hugenotten typische Berufe, wie z.B. Tuchscherer,
Hutmacher, Pulvermacher. 1756 wurden in Ludweiler schon 74 Häuser gezählt.

4 **Mannheim im Jahre 1758**
Kupferstich von Joseph A. Baertels

Graf Adolf von Nassau-Saarbrücken ließ in der Grafschaft Saarwerden zahlreiche Dörfer durch Hugenotten besiedeln, wie z. B. Kirberg, Görlingen, Altweiler, Burbach, Diedendorf, Hinsingen und Rauweiler. Der Aufbau der Dörfer erfolgte auch mithilfe von Geldern der saarwerdischen Regierung.

Hugenottenstädte entstehen

Die Fürsten legten vor allem Wert darauf, dass sich auch in den Städten Hugenotten ansiedelten. Dagegen wehrten sich oft die einheimischen Bürger, weil sie die Konkurrenz fürchteten. Deswegen gründeten die Fürsten neue Städte bzw. Stadtteile. Als erste für Hugenotten angelegte deutsche Stadt wurde 1572 Pfalzburg gegründet. Auch Mannheim wurde ausdrücklich als Zufluchtsort für Glaubensflüchtlinge durch den Kurfürsten Friedrich IV. von der Pfalz angelegt. Die Hugenotten stellen den Hauptteil der Bevölkerung, bis die Stadt 1689 im Pfälzischen Erbfolgekrieg vollständig zerstört wird und die Hugenotten nach Magdeburg ziehen. Die Stadt Zweibrücken war vom beginnenden 17. bis in die Mitte des 18. Jahrhunderts Transitstation und Zufluchtsort für zahlreiche Glaubensflüchtlinge. Seit 1623 ließen sich Hugenotten unter Herzog Johannes II. von Pfalz-Zweibrücken nieder. 1670 erfolgte ein neuer Zuzug, besonders aus dem Metzer Land.

Die Hugenotten brachten vielfältige handwerkliche Kenntnisse mit in ihre neue Heimat. Dadurch erhielt die Wirtschaft in Deutschland zahlreiche Anstöße. In Zweibrücken zeigte sich der französische Einfluss bald am Entstehen einer Wollmanufaktur, dem Glockenguss, der Erntegeräteherstellung und der Buchdruckerei. In Frankenthal siedelten sich 1562 Religionsflüchtlinge aus den Niederlanden an. Auch sie brachten der Stadt hoch entwickelte Handwerkskunst. Frankenthaler Gobelins waren schon bald berühmte Erzeugnisse. Das handwerkliche Können der Hugenotten war in Deutschland gefragt, denn die Fürsten begannen eine merkantilistische Wirtschaftspolitik nach dem Vorbild Frankreichs aufzubauen und dazu bedurfte es geschickter Fachkräfte.

5 Die Flucht der Marie du Bois

Marie du Bois erinnert sich 1687:

Das Verlangen, das ich hatte, Babylon (Metz) zu entgehen, um Gott in Gegenden anrufen zu können, wo ihm in Freiheit gedient wird, hat mich veranlasst das Wagnis zu unternehmen, mit mei-
5 nen Gefährtinnen, die den gleichen Entschluss gefasst hatten, das Königreich ungeachtet der Verbote des Königs zu verlassen. Wir hatten kaum vier Meilen hinter uns gebracht, da hielt uns ein Trupp Reiter in einem Dorf namens
10 Courcelles an. Sie misshandelten uns und waren dann so unmenschlich, uns auszuziehen und uns das bisschen Kleiderputz, das wir retten wollten, zu stehlen. Durch diesen Verlust sind wir sie losgeworden.
15 Einige Zeit danach, als die Dragoner immer grausamer wurden, beratschlagten wir noch einmal, um eine Gelegenheit zu finden ihrer Tyrannei zu entgehen … Ein Fuhrmann, dem wir eine reichliche Belohnung versprachen, willigte ein,
20 mich und zwei ältere Mädchen in ein Fass zu stecken, das er in Stoff einpackte … Ungeachtet dieser Unbequemlichkeit einer solchen Fuhre gab uns Gott die Kräfte, drei Tage und zwei Nächte in diesem beklagenswerten Zustand zu
25 bleiben. Es waren nur noch vier Stunden Wegs bis zur Rettung, als der elende Fuhrmann den Generalmarsch in der Garnison Homburg schlagen hörte, beim Lärm der Trommler arg erschrak und meinte, dass die Dragoner hinter ihm
30 her wären. Was wir auch unternahmen ihn zu ermutigen, unsere Bitten und unsere Tränen nützten nichts, er schirrte eins seiner Pferde ab, riss aus und gab uns den Bauern preis … Der Gouverneur von Homburg … schickte uns mit
35 einer Eskorte von fünfundzwanzig Dragonern zurück nach Metz … wo man uns auf Befehl des Königs dazu verurteilte, geschoren zu werden und auf Lebenszeit ins Kloster zu kommen. Ich wurde in das Ursulinerinnen-Kloster gebracht,
40 wo ich zehn Monate blieb … In der Nacht … fasste ich den Entschluss, durch die Kammer zu gehen, wo zehn Pensionärinnen mich bewach-
ten … Ich ging zu guten Glaubensgenossen, die mich aus christlicher Liebe aufnahmen … Die
45 Dragoner, denen man zehn Louisd'or für meine Entdeckung versprochen hatte, bekamen den Befehl alle Häuser zu durchstöbern … Mittlerweile wurde die Trommel geschlagen und man verbot … mich in ihre Häuser aufzunehmen, bei
50 Galeerenstrafe und Einzug des Vermögens für Männer und Kloster für die Frauen …

Marie du Bois gelangte schließlich über Lüttich nach Kassel.

Wege in eine neue Heimat. Fluchtberichte von Hugenotten aus Metz, hrsg. von J. Desel und W. Mogk, Lahr 1987, S. 24–26.

6 Das französische Gymnasium in Berlin

Kurfürst Friedrich III. von Brandenburg unterzeichnete am 1. Dezember 1689 die Gründungsurkunde für das Gymnasium:

Wir haben beschlossen, behufs der Erziehung der Kinder der Réfugiés (Glaubensflüchtlinge) auf Unsere Kosten ein Gymnasium zu gründen, in welchem, wie dies in Frankreich geschieht, die
5 Kinder nicht nur zur Gottesfurcht und zu guten Sitten erzogen, sondern auch unentgeldlich im Lateinischen, in der Beredsamkeit, der Philosophie und der Mathematik unterrichtet werden, um einst dem Staate dienen zu können und
10 haben Wir zu diesem Zwecke unsern Rat und Richter der französischen Kolonie, Charles Ancillon, mit der Ausführung betraut. Wir ernennen danach … den Charles Ancillon zum Direktor besagter Anstalt um sowohl die Schule wie die
15 Lehrer zu beaufsichtigen und dafür zu sorgen, dass letztere sich ihrer Stelle fähig zeigen, dass sie die Jugend mit der erforderlichen Hingebung leiten und ihre Führung den Verpflichtungen ihres Amtes entspreche, dass aber auch die Schüler
20 den Lehrern den schuldigen Gehorsam erweisen, ihnen gehorsam seien und in Frömmigkeit und Wissen wachsen um einst brauchbare Staatsbürger zu werden.

Zit. nach: E. Muret, Geschichte der Französischen Kolonie in Brandenburg-Preußen, unter besonderer Berücksichtigung der Berliner Gemeinde. Berlin 1885, S. 136.

a) *Erarbeite die Gründe, die Marie du Bois zur Flucht veranlassten (M5, VT)*
b) *Beschreibe die Motive, welche die deutschen Fürsten zur Aufnahme der Füchtlinge veranlassten (VT, M6).*
c) *Erkundige dich, ob in deiner Nähe Menschen leben, die aus ihrer Heimat geflohen sind. Warum haben sie ihre Heimat verlassen? Wie wurden sie in Deutschland aufgenommen und welche Probleme bringt ihnen das Leben in einem fremden Land?*

England und Nordamerika:
auf dem Weg zur Demokratie

„Durch den Kontinent" (Kolorierter Druck nach
einem Stich von Fanny Palmer, 1868).
Oben links: *„Abscheuliche unerhörte Execution"*
von Karl I. 1649 in London (anonymer deutscher
Kupferstich von 1649, 25 x 28 cm).
Oben rechts: Anhänger der Geheimorganisation
„Sons of Liberty" stürzen am 17. Juni 1776 in
New York das Denkmal des englischen Königs
Georg III. (1760 bis 1820), unbezeichneter Holz-
stich aus dem 19. Jahrhundert.
Briefmarken: USA 1965, Kanada 1968.

1. Das bewegte 17. Jahrhundert in England: ein Staat im Umbruch

Im 17. Jahrhundert verschärften sich die Konflikte zwischen den englischen Königen und dem Parlament. Finanznöte der Krone und die Furcht des Parlaments vor einer Stärkung der katholischen Religion durch die Stuarts, die seit 1603 England und Schottland in Personalunion regierten, waren die Hauptstreitpunkte. Die Auseinandersetzungen spitzten sich so zu, dass ein blutiger Bürgerkrieg entstand, an dessen Ende der König öffentlich enthauptet wurde. Während zur gleichen Zeit im übrigen Europa die Könige und Fürsten ihre Gegner, vorwiegend den Adel, weit gehend ausgeschaltet hatten und absolutistisch regierten, war in England die Monarchie für 11 Jahre völlig abgeschafft.

Die Anfänge des englischen Parlaments reichen ins Mittelalter zurück. Da die Könige für ihre Kriegführung immer Geld brauchten, das sie über Sondersteuern einzutreiben versuchten, nutzte der Hochadel diese Notlagen und zwang die Monarchen seine Zustimmung einzuholen. Nach und nach erweiterte sich der Kreis der Versammelten. Der niedere Adel und reiche Kaufleute kamen dazu. Schließlich verabschiedete das Parlament gemeinsam mit dem Monarchen Gesetze und bewilligte Steuern. Zu Konflikten kam es immer dann, wenn sich die Könige über alte, von ihren Vorgängern gewährte Rechte hinwegsetzten.

1 König Karl I. 1633. Gemäldeausschnitt von Van Dyck (1599 bis 1641)

Im 17. Jahrhundert spitzte sich der Konflikt zu: Das Parlament gestand König Karl I. (1625–1649) Zölle auf Wein, Wolle und sonstige Gebrauchsgüter nur für ein Jahr zu. Er ließ sie dennoch auch ohne weitere Zustimmung eintreiben. Außerdem zwang er viele Adlige ihm Geld zu leihen. Weigerten sie sich, ließ er sie oft in den Tower, das Staatsgefängnis in London, werfen. Das Parlament protestierte heftig gegen die Willkür des Königs und erinnerte ihn 1628 in einer Beschwerdeschrift, formuliert als Bitte (Petition), an die Rechte und Freiheiten des Parlaments und seiner Mitglieder. Der König nahm dieses „Gesuch um Gerechtigkeit" zwar widerstrebend an, erhob die Steuern aber weiter. Es kam zu Tumulten im Parlament, wo beschlossen wurde, dass jeder Bürger, der diese Steuern bezahle, als Feind Englands zu gelten habe. Nach weiteren Protesten löste der König das Parlament 1629 auf und berief es 11 Jahre nicht mehr ein.

Seit dem 15. Jahrhundert bestand das Parlament aus zwei Häusern. Diese Aufteilung besteht heute noch. Im Oberhaus (House of Lords) saßen der Hochadel und die hohe Geistlichkeit. Sie erbten ihre Sitze oder erhielten sie, weil sie ein wichtiges Amt bekleideten. Die Mitglieder des Unterhauses (House of Commons) stammten aus dem Landadel oder waren wohlhabende Kaufleute. Sie wurden gewählt. Allerdings durften etwa 80 Prozent der damaligen erwachsenen männlichen Bevölkerung nicht wählen, weil sie nicht genügend oder gar keinen Grundbesitz hatten. Frauen waren noch von jeder offiziellen politischen Mitsprache und Entscheidung ausgeschlossen.

Neben dem Problem alter Rechte und Freiheiten spielte im Konflikt zwischen König und Parlament auch die Religion eine entscheidende Rolle. Unter König Heinrich VIII. (1509–1547) war England mit Zustimmung des Parlaments protestantisch geworden. Der englische König war das Oberhaupt der neuen anglikanischen Kirche. Obwohl die katholische Religion verboten war, bewahrte die anglikanische Kirche im Gottesdienst und in der Kirchenorganisation viele Tra-

2 *Älteste bekannte Abbildung des Unterhauses.* Stich von 1624 (Mary Evans Picture Library, London). *Das Unterhaus tagte seit 1547 in der St. Stephan's Kapelle. Die Sitzungen leitete ein vom Unterhaus gewählter, aber vom König besoldeter „Speaker". – Erörtere die Schwierigkeiten der Sprecherposition.*

ditionen des Katholizismus. Sowohl vom Luthertum als auch vom Calvinismus hielt die anglikanische Kirche jedoch Abstand. Sehr viele Mitglieder des Unterhauses waren aber im 17. Jahrhundert strenggläubige Calvinisten, meist als Puritaner (lateinisch „purus", d. h. rein) bezeichnet, weil sie sich sehr streng an den Geboten der Bibel orientierten. Sie lehnten die anglikanische Kirche wegen ihrer Nähe zum Katholizismus ab, wollten keine über der Gemeinde stehenden Bischöfe und keine Kontrolle der Kirche durch den Monarchen.

Der Konflikt führt zum Bürgerkrieg

Im April 1640 musste König Karl I. das Parlament doch wieder einberufen, da er Geld für den Kampf gegen die aufständischen Schotten brauchte. Diese wollten ihrer reformierten calvinistischen Staatskirche kein anglikanisches Gebetbuch und keine Bischöfe aufzwingen lassen. Das „Lange Parlament", so genannt, weil es bis 1660 bestand, nutzte die Notlage des Königs aus und erließ ein Gesetz, wonach es nur mit eigener Zustimmung aufgelöst werden konnte. Es hob die Königsgerichte und die Zensurbestimmungen auf. Als sich 1641 die katholischen Iren gegen England erhoben, bewilligte das Unterhaus sofort Geld für den Krieg, versagte dem König aber den Oberbefehl über die Armee. Karl I. nahm das nicht hin. Er erschien 1642 mit einem bewaffneten Gefolge im Unterhaus um die Anführer der Opposition zu verhaften. Es gelang nicht, denn die „Vögel" waren, wie der König selbst bemerkte, „ausgeflogen". Der Konflikt mit dem König spaltete das Parlament. Fast das gesamte Oberhaus und ein Drittel des Unterhauses gingen zu ihm über. Auch die übrige Bevölkerung nahm entweder für den König oder für das Parlament Partei. König und Parlament stellten Truppen auf. Dem Parlamentsheer gelang es nach anfänglichen Schwierigkeiten, die Streitmacht des Königs zu besiegen und ihn in ihre Gewalt zu bekommen.

**Das Parlamentsheer
und Oliver Cromwell**

3 *Englische Briefmarke
von 1992, die an den
Bürgerkrieg erinnert.*

Im Parlamentsheer spielte Oliver Cromwell, ein puritanischer Landadliger, als Stratege, Organisator und Heerführer die entscheidende Rolle und wurde schließlich zum unbestrittenen Führer der Königsgegner. Er schuf die „New Model Army", in der jeder in die Offiziersränge aufsteigen konnte, der sich dazu fähig erwies, während im Königsheer die höheren Ränge nur dem Adel vorbehalten waren. Cromwell suchte seine Soldaten nach Charakter und Selbstbewusstsein aus und lehnte es ab, Unwillige oder Kriminelle, was damals üblich war, zum Militärdienst zu pressen. Er war überzeugt, dass Soldaten, die wie er für „Gottes Sache" eintraten und an das Evangelium glaubten, die besten Kämpfer wären. Im Übrigen waren Cromwells Berufssoldaten gut ausgerüstet und sie wurden auch regelmäßig bezahlt.

In die Armee drang nach und nach das Gedankengut einer radikalen Londoner Gruppe ein, deren Mitglieder sich „Levellers" (Gleichmacher) nannten. Sie glaubten an die gottgewollte Gleichheit aller Menschen, forderten Freiheit für alle puritanischen Sekten und das Wahlrecht für freie Männer, sodass abhängige Bedienstete und Lehrlinge ausgeschlossen blieben. Cromwell und seine Offiziere stellten sich den Debatten im Heer, lehnten die „Gleichmacherei" aber ab. Meutereien in den Regimentern wurden niedergeschlagen.

**Frauen und
die Gleichheit**

Obwohl Frauen noch überhaupt kein Wahlrecht hatten, wurden sie in den Schriften der Levellers, die das Wahlrecht für arme, aber freie Männer forderten, mit keinem Wort erwähnt. Dabei hatten Frauen aktiv am Bürgerkrieg teilgenommen, Protestaktionen gegen Steuereintreiber angeführt und in London gegen die Einkerkerung von Levellers demonstriert. Radikalisierte Frauen forderten in vielen Sekten die Gleichbehandlung. Sie wollten in den Gemeindeversammlungen mitreden und vor allem predigen können. In manchen Sekten stellten die Frauen ein Drittel und mehr der Wanderprediger.

**Das Ende
der Monarchie**

Die Armee verlangte den Sturz des Königs. Da das Parlament den König aber wieder einsetzen und das Heer entlassen wollte, ließ Cromwell das Parlament von Armeegegnern „säubern". So entstand ein „Rumpfparlament", das beschloss, dem König den Prozess zu machen. Ein Sondergericht verurteilte ihn zum Tode, da er den bewaffneten Angriff begonnen habe. Er wurde Tyrann, Mörder, Verräter und Feind des Volkes genannt. Bei der Hinrichtung am 30. Januar 1649 herrschte bei den zahlreichen Zuschauern, wie es Augenzeugen berichten, entsetztes Schweigen. Ein anderer Augenzeuge will ein Aufstöhnen der Menge vernommen haben. Wie sollte es weitergehen?

Nach dem Tod Karls I. schaffte das Rumpfparlament die Monarchie endgültig ab, sodass England von der Staatsform her eine Republik (Commonwealth) wurde. Doch das Land kam nicht zur Ruhe. Im Parlament und in der Öffentlichkeit wurde weiterhin darum gestritten, wie der neue Staat aussehen sollte. Teile der Armee wollten wie die Levellers eine größere Beteiligung des Volkes am Staat. Alle Armeeaufstände wurden von der Führung niedergeschlagen. Cromwell verjagte auch das Rumpfparlament. Ab 1654 regierte er mit Unterstützung der Armee als „Lord-Protektor" (Beschützer). Tatsächlich war er der Alleinherrscher in einer strengen Militärdiktatur.

**Militärische Erfolge
Cromwells**

Außenpolitisch waren Cromwell und seine Generäle sehr erfolgreich. Gegen die erneut rebellierenden Iren führte Cromwell als Rache für das Gemetzel an den Protestanten im Jahre 1641 einen grausamen Feldzug, in dem auch viele katholische Geistliche getötet wurden. Die Schotten, die den Sohn Karls I. als König anerkannt hatten, wurden ebenfalls besiegt, Irland und Schottland zur Union mit England gezwungen. So war jetzt ein Großbritannien entstanden, das sich

4 Königliche Eiche Britanniens
Anonymer Kupferstich 1649, enthalten in dem Buch „The Complete History of Independency" von Theodorus Verax. (British Museum, London) –
Wie beurteilt der Künstler Cromwell und seine Anhänger?

gegen Spanien, den Konkurrenten um die Macht auf den Weltmeeren, und gegen die Niederlande als Handelsrivalen behaupten konnte. Das Parlament erließ 1651 ein Schifffahrtsgesetz (Navigationsakte), wonach alle Handelswaren aus Europa, Afrika, Asien und den amerikanischen Kolonien nur auf englischen Schiffen ins Land gebracht werden durften. Die folgenden Seekriege brachen die bisherige niederländische Vormachtstellung. Der gewinnträchtige Handel mit Tabak, Zucker, Pelzen, Kabeljau und vor allem Sklaven ging an England über. Zudem brachten die Kriege der englischen Industrie vermehrt Aufträge, denn Schiffe mussten gebaut und ausgerüstet werden.

Fehlende Anerkennung im Inneren

Die militärischen und wirtschaftlichen Erfolge festigten zwar die Stellung Cromwells, dennoch fand seine Herrschaft langfristig keine Unterstützung bei der Bevölkerung. Er wurde mehr gefürchtet und gehasst als geachtet. Viele verziehen ihm die Beteiligung am Tod des Königs nicht, andere waren der Armeeherrschaft überdrüssig. Vor allem wollten sie nicht mehr durch strenge puritanische Vorschriften im Alltagsleben gegängelt werden, wie z.B. durch Gesetze zum Schutze der Sonntagsruhe: Gasthäuser und Theater mussten geschlossen bleiben, Pferderennen, Hahnenkämpfe und die Bärenhatz waren verboten. Fluchen in der Öffentlichkeit wurde mit hohen Geldbußen bestraft. An Weihnachten musste gefastet werden. Soldaten kontrollierten die Küchen, ob wirklich keine Herdfeuer brannten.

Aber die alten Bräuche und Gewohnheiten waren kaum wirksam zu unterdrücken. England ließ sich nicht, wie Cromwell es erhofft hatte, zu einem „Land der Heiligen" umformen, das der übrigen Welt als Vorbild dienen konnte.

Es lebe der König

Es war daher kein Wunder, dass nach dem frühen und unerwarteten Tod Cromwells 1658 die meisten Menschen erleichtert waren. In London sollen sie sogar auf den Straßen getanzt haben. Cromwells Sohn gelang es nicht, die Politik seines Vaters fortzuführen. Nach erneuten Unruhen ersehnten viele die Monarchie zurück. Die Heeresführung ließ ein neues Parlament wählen und beauftragte es den Sohn Karls I. aus dem Exil in Holland zurückzurufen.

Parlament: Das Wort kommt vom mittellateinischen „parlare" (sprechen) und bezeichnete ursprünglich die Versammlung der Stände (hoher Adel und Geistlichkeit, später auch Städtevertreter), die den König berieten. In England entwickelte sich im Mittelalter daraus das Recht des Parlaments über die Erhebung von Sondersteuern und Abgaben mit zu entscheiden und bei Gesetzen mitzuwirken. Im 17. Jahrhundert nahm das Gewicht des Parlaments zu. Es wurde stärker als das des Königs. Allerdings vertrat das Parlament bis zur Wahlrechtsreform im 19. Jahrhundert noch nicht das Volk, sondern die kleine besitzende Oberschicht. Aus dem englischen Vorbild entwickelte sich das Parlament im heutigen Sinne. Es ist eine Versammlung gewählter Vertreter des Volkes, die den Haushalt bewilligt, Gesetze verabschiedet, die Regierung wählt und kontrolliert. In Deutschland finden sich auch die Bezeichnungen Landtag und Bundestag.

Puritaner: Die Puritaner (von lateinisch „purus", rein) gehörten meist der protestantischen Richtung des Calvinismus an. Daher glaubten sie, dass sie durch Gottes Gnade zu den Auserwählten zählten. Dieses Bewusstsein ließ sie auch glauben, dass sie über alle Feinde siegen würden. Die anglikanische Staatskirche lehnten sie ab. Sie wollten sie von nichtbiblischen, katholischen Bestandteilen „reinigen". Häusliche Bibellektüre und Predigten von gut ausgebildeten Pfarrern sollten die „reine" Lehre der Bibel verbreiten. Die Puritaner entstammten meistens den Mittel- und Unterschichten. Sie bemühten sich um eine gottgefällige Lebensweise, die alle Genussmittel und alle Vergnügungen ausschloss und die Sonntagsruhe heiligte. Das machte sie bei ihren Gegnern unbeliebt. Diese benutzten „Puritaner" als Schmähwort um Menschen zu charakterisieren, die übermäßig strenge moralische Grundsätze hatten, dabei aber selbstgerecht auftraten.

5 **Erste Etappen der englischen Parlamentsentwicklung:**

1215 „Magna Charta Libertatum" (Großer Freiheitsbrief): Die Barone sichern sich ein Kontrollrecht über den König.

1236 Für die Versammlung der Barone taucht der Name „Parlament" auf.

1263 Der König zieht Vertreter der Grafschaften und der Städte hinzu.

1295 Die Forderung nach allgemeinen Steuern bedarf der Zustimmung des Parlaments.

1343 Die Grafschafts- und Städtevertreter vereinigen sich zum „House of Commons".

1628 „Petition of Right". Jegliche Gelderhebung ist ohne Parlamentszustimmung gesetzeswidrig.

1629 Nach Protest gegen eine Sondersteuer wird das Parlament für 11 Jahre aufgelöst.

1640 Gesetz: Der König kann das Parlament nur auflösen, wenn dieses selbst zustimmt.

6 **Kritik und Forderungen der Levellers:**

a) „Wessen Sklave ist das Volk?" Eine Flugschrift von 1648 an die „einfache" Bevölkerung:
Eure Großen, ob nun der König, die Lords, die Parlamentarier oder die reichen Bürger etc., spüren nichts von den elenden Auswirkungen (des Bürgerkriegs) und können daher kein Mit-
5 gefühl haben; ihr aber und eure armen Freunde, die von der Landwirtschaft, Handel und niedri-
gen Löhnen Abhängigen, könnt eures Lebens nicht froh werden, während jene in Vergnügen und Freude schwelgen: Reichtum und Ehre,
10 diese verfluchten Dinge, werden von ihnen hochgehalten und beide kommen von den blutigen, jammervollen Verwirrungen des Staates und sie fürchten ein Ende der Unruhen würde auch ihrem Ruhm und ihrer Größe ein Ende setzen …
15 König, Parlament und die großen Herren der City und der Armee haben euch nur als Treppe benutzt auf ihrem Weg zu Ehre, Reichtum und Macht. Der einzige Streit, den es gegeben hat und gegenwärtig gibt, ist der, wessen Sklave das
20 Volk sein soll …

Zit. nach: Crawford B. Macpherson, Die politische Theorie des Besitzindividualismus. Frankfurt 1973, S. 177 f.

b) Wer soll wählen dürfen?

… und dann sollte jede Grafschaft gleichmäßig und auf Grund der allgemeinen Zustimmung des Volkes sich in Kreise, Zehnten oder Hundertschaften aufteilen, sodass sich alle Menschen …
5 in ihren verschiedenen Kreisen zusammenfinden können und jeder freie Bürger Englands, ob arm oder reich … eine Stimme bei der Wahl derer erhält, die das Gesetz machen sollen; ist es doch eine Maxime der Natur, dass billigerweise nie-
10 mand ohne seine eigene Zustimmung verpflichtet werden kann.

Zit. nach: Ebd. S. 156.

7 **Bittschrift oder Forderung des Parlaments?**
Aus der „Petition of Right" 1628:
Unseren obersten Herrn und König machen wir,
die geistlichen und weltlichen Lords und die Gemeinen, im Parlament versammelt, untertänigst
darauf aufmerksam, dass durch ein Gesetz aus
5 der Zeit König Eduards I. … verfügt wurde,
dass … keine Steuer oder Beihilfe … erhoben
werden dürfe ohne den guten Willen und Zustimmung (des Parlaments) … Und unter König
Eduard III. wurde durch die Autorität des Parla-
10 ments erklärt und verfügt, dass niemand … aus
seinem Eigentum oder aus seiner Pachtung vertrieben, verhaftet, enterbt oder hingerichtet werden dürfe ohne … gesetzliches Verfahren …
Wir bitten deshalb Eure erhabene Majestät
15 ehrerbietig, es möge künftig niemand mehr
genötigt werden, irgendein Geschenk, ein Darle-
hen, eine freiwillige Gabe, eine Steuer oder sonst
eine entsprechende Abgabe zu leisten, ohne allgemeine Zustimmung durch Parlamentsbe-
20 schluss …
Um all dies bitten wir untertänig Eure erhabene
Majestät als um unsere Rechte und Freiheiten in
Übereinstimmung mit den Gesetzen und Satzungen dieses Reiches.

Geschichte in Quellen, Bd. 3., München, 2. Auflage, 1976, S. 364 ff.

9 **Oliver Cromwell** als der „Erretter" Englands
(Druck von 1658). Begleitet von der Göttin des
Ruhms, zertritt er die Verkörperung von Irrtum
und Zwietracht. –
*Welche anderen Einzelheiten des Bildes kannst
du erklären und deuten?*

8 **„Die höchsten Majestätsrechte"**
*John Hampden weigerte sich 1637 eine Sonder-
steuer zu zahlen. In der Urteilsbegründung des
königlichen Richters heißt es:*
Es gibt zwei Maximen des englischen Rechts …
Die erste lautet, „der König ist die Person, die für
den Zustand des Gemeinwesens verantwortlich
ist". Die zweite besagt, „der König kann kein Un-
5 recht tun". Auf diese zwei Maximen gründen sich
die höchsten Majestätsrechte, über die allein der
König verfügt, wie z.B. Krieg und Frieden, die
Festsetzung des Münzwertes, die Einberufung
des Parlaments, die Macht von Strafgesetzen frei-
10 zustellen und einige andere; darunter rechne ich
auch die königliche Vollmacht im Notfall Unterstützung von den Untertanen zu verlangen, die
zusammen mit den Mitteln des Königs zur Verteidigung des Gemeinwesens benötigt wird um
15 des Wohles des Staates willen. Andernfalls verstünde ich nicht, wie man sagen kann, des
Königs Majestät besitze Recht und Macht eines
freien Monarchen.

Zit. nach: Joachim Rohlfes und Peter Völker, Der frühmoderne Staat. Stuttgart 1993, S. 107.

a) *Vergleiche die Standpunkte von Parlament (M7) und König (M8).*
b) *Wie begründen die Levellers die Ausweitung des Wahlrechts und in welche Rolle sehen sie das Volk gedrängt (M6a und b)?*
c) *Vergleiche die Urteile über Cromwell in den Darstellungen M4 und M9.
Kannst du Widersprüche zum Verfassertext erkennen?*
d) *Die Mehrheit im Parlament und im Volke wollte die Macht des Königs
schwächen, aber nicht seinen Tod. Wie hat der deutsche Künstler das auf
dem Bild der ADS dargestellt? Lässt sich eine Parteinahme erkennen?*
e) *Welche Gesetze zum Schutz der Sonntagsruhe gibt es heute (vgl. dazu VT
letzte Seite)? Beurteile, ob sie sinnvoll sind oder nicht.*

2. Ein neuer König – mehr Rechte für das Parlament

Die Monarchie wird wieder eingeführt

Am 23. April 1661 schrieb Samuel Pepys, ein Sekretär im Flottenamt, in sein Tagebuch: „Krönungstag. Um 4 Uhr aufgestanden und zur Westminsterabtei gegangen, wo ich mit Müh und Not auf einer Tribüne an der Nordseite … einen Platz fand … Die Kirche ein erfreulicher Anblick, mit einer rot überzogenen Estrade (Podest) in der Mitte und einem Thronsessel darauf." Pepys schilderte die prachtvollen Roben der einzelnen Stände, die nach und nach die Kirche füllten, und fuhr fort: „Dann … [erschien] der König mit einem Zepter, das Mylord Sandwich trug. Schwert, Krone und Insignien wurden vorangetragen. Der König, barhäuptig im Ornat, sah großartig aus. Nachdem alle Platz genommen hatten, Predigt und Liturgie; danach unterzog sich der König vor dem Hochaltar den Krönungszeremonien … Als ihm die Krone aufs Haupt gesetzt wurde, brach alles in Freudengeschrei aus …" (Tagebuch aus dem London des 17. Jahrhunderts. Stuttgart 1981, S. 73.)

England hatte also wieder einen König. Karl II. konnte allerdings längst nicht so uneingeschränkt regieren wie sein Vater. Er musste allen Religionen Gewissens- und Straffreiheit garantieren, auch einem Parlamentsgesetz zustimmen, das Katholiken von öffentlichen Ämtern ausschloss und die radikal-puritanischen Sekten zwang sich der anglikanischen Kirchenordnung zu unterwerfen. Das Parlament setzte schließlich gegen den Willen des Königs ein Gesetz durch, das jeden Untertan vor willkürlicher Verhaftung und Einkerkerung schützte. Jeder Verhaftete musste innerhalb von drei Tagen einem unabhängigen Richter vorgeführt werden, damit dieser den Haftgrund feststellte.

Absetzung der Stuart-Monarchie

Briefmarke zum Jubiläum der Thronbesteigung von Wilhelm und Maria

Im Laufe seiner Regierungszeit zeigte Karl ganz offen, dass er die Einschränkung seiner Macht durch das Parlament immer weniger hinnehmen wollte. So ließ er sich vom Parlament nicht vorschreiben, wen er zu Ministern bestellte oder welche Außenpolitik er gegenüber Frankreich und Holland betrieb. Schließlich regierte er von 1681 bis 1685 ganz ohne Parlament.

Der Konflikt zwischen Parlament und Krone verschärfte sich, als Karls Nachfolger, Jakob II., wichtige Ämter in Staat, Kirche und Armee mit Katholiken besetzte. Als dem katholikenfreundlichen Monarchen auch noch ein Sohn geboren wurde, sah das Parlament die protestantische Thronfolge in Gefahr. Deshalb lud eine Gruppe hoher Adliger den Schwiegersohn Jakobs, Wilhelm von Oranien, 1688 ein nach England zu kommen. Er möge aber nicht vergessen Munition, Artillerie, Mörser und einige gute Waffentechniker mitzubringen. Als Wilhelm mit einer starken Flotte landete, löste sich das Heer Jakobs kampflos auf. Jakob selbst floh nach Frankreich.

Die „Glorreiche Revolution"

Bevor Wilhelm III. und seine Frau Maria vom Parlament gemeinsam zur Krone, wie es hieß, „zugelassen" wurden, mussten sie das „Gesetz zur Erklärung der Rechte und Freiheiten der Untertanen" anerkennen. Dieses Gesetz, die „Bill of Rights" von 1689, bekräftigte die endgültige Vorherrschaft des Parlaments, das ab jetzt die Königswürde vergab. Der König war das Staatsoberhaupt, unterstand aber wie jeder Bürger Recht und Gesetz. Das Parlament überließ ihm jedoch die Regierungsgewalt. Er wählte also die Minister aus, bestimmte die Richter, befehligte die Armee und leitete die Außenpolitik. In England hatte sich als Staatsreform die parlamentarische Monarchie durchgesetzt, die bis heute besteht.

1 **Links: Karl II.** *mit den neu angefertigten Insignien, die eine ungeheure Summe gekostet hatten. Die alten waren nach der Enthauptung Karls I. vernichtet worden (Gemälde von M. Wright, 1617–1700?).*
Rechts: Wilhelm und Maria von Oranien *empfangen die englischen Königskronen (Kupferstich von 1790, Ausschnitt). – Welche Veränderung der Königsherrschaft kann man den Bildern entnehmen?*

2 **Die „Bill of Rights" (englischen Grundrechte) 1689.** *Das Parlament bat Maria und Wilhelm folgende Erklärung „anzunehmen":*

… Und da der frühere König Jakob abgedankt hat und der Thron dadurch frei geworden ist, … geben … die geistlichen und weltlichen Lords und die Mitglieder des Unterhauses, wie sie nun
5 als die volle und freie Vertretung der Nation versammelt sind, … folgende Erklärung zur Sicherung und Wahrung ihrer alten Rechte und Freiheiten ab: …

Die angemaßte Macht durch königliche Autorität Gesetze oder die Ausführung von Gesetzen
10 aufzuheben, wie dies in der Vergangenheit angemaßt und ausgeübt wurde, ist ungesetzlich …

Die Erhebung von Geld für den Gebrauch der Krone unter dem Vorwand königlichen Vorrechts ohne Bewilligung des Parlaments für län-
15 gere Zeit … ist ungesetzlich.

Es ist das Recht der Untertanen an den König Gesuche zu richten. Alle Verhaftungen und Verfolgungen um solcher Petitionen willen sind un-
20 gesetzlich.

Das Aufstellen und Halten einer stehenden Armee … in Friedenszeiten, außer mit Zustimmung des Parlaments, ist ungesetzlich …

Die Wahl der Mitglieder des Parlaments soll frei
25 sein. Die Freiheit der Rede, der Debatten und des Verfahrens im Parlament soll nicht … verfolgt oder untersucht werden.

Es sollen nicht übermäßige … Geldbußen auferlegt noch grausame und ungewöhnliche Strafen
30 verhängt werden …

Für die Abstellung aller Klagen und für die Besserung, Bestätigung und Bewahrung der Gesetze sollen häufig Parlamente abgehalten werden.

Sie beanspruchen, fordern und bestehen auf allen
35 und jedem der vorgenannten Punkte als ihren zweifellosen Rechten und Freiheiten …

Zit. nach: Peter Wende, England als Vorbild Europas. Stuttgart 1988, S. 11 f.

a) *Wie entwickelte sich das Verhältnis zwischen König und Parlament bis 1688? Fasse die wesentlichen Punkte des VT zusammen.*
b) *Die „Bill of Rights" (M2) sagt aus, dass König Jakob „abgedankt" habe. Kannst du begründen, warum das Parlament eine solche Aussage macht, die dem VT widerspricht?*
c) *Die „Bill of Rights" will die „alten Rechte und Freiheiten" sichern. Auf welche alten Dokumente wird dabei verwiesen (vgl. vorangehendes Kap.)?*

3. Auswanderer aus Europa besiedeln Nordamerika

1606	*Englische Siedler gründen in Virginia die erste Kolonie in Nordamerika.*
1620	*Die „Mayflower" landet mit 102 Siedlern, den „Pilgrim Fathers", in der Massachusetts Bay.*

Europas Seemächte gründen in Amerika Kolonien

Seit der Zeit der Entdeckungsfahrten waren Spanien, Portugal, Holland, England und Frankreich die fünf wichtigsten europäischen Seefahrerstaaten, die überseeische Reiche gründeten. Alle fünf betrieben auch in Amerika aktive Kolonialpolitik. Portugal errichtete an der Ostküste Südamerikas Kolonien, Spanien an der Westküste. Die Spanier drangen von dort aus über Mittelamerika nach Norden vor. Holland schickte ebenso wie Frankreich und England Schiffe zur Erkundung der Küsten Nordamerikas.

Engländer, Franzosen, Holländer, Deutsche kommen

1584 landete der englische Seefahrer Walter Raleigh an der Ostküste Nordamerikas und nannte das neue Siedlungsland nach der unverheirateten Königin Elisabeth „Virginia", Jungfrauenland. Spätere Siedler gründeten dort 1606 die erste englische Kolonie auf nordamerikanischem Boden.

1603 setzten sich die Franzosen am St.-Lorenz-Strom fest. Sie gründeten 1608 die Stadt Quebec und später die Kolonie Kanada. Holländische Kaufleute errichteten an der Mündung des Hudson River die Handelsniederlassung Neu Amsterdam, die 1664 von den Engländern erobert und in New York umbenannt wurde. Deutsche Siedler errichteten 1683 Germantown, das heute ein Stadtteil Philadelphias in Pennsylvania ist.

Motive der Auswanderer

Den Entdeckern und den Kaufleuten folgten die Auswanderer aus Europa. Deren Entschluss zu diesem Schritt war vor allem in den Zuständen in Europa begründet, zum Teil wurden sie aber auch gegen ihren Willen als Diebe, Räuber und Bettler in die „Neue Welt" abgeschoben. Die meisten Siedler kamen aus England: landlose Bauern, Handwerker, Kaufleute, Abenteurer, vor allem aber religiös und politisch Unterdrückte aus allen sozialen Schichten. In England waren die religiösen Konflikte besonders heftig: Puritaner und Calvinisten, Katholiken und Anglikaner entschlossen sich mit ihren Gemeindemitgliedern auszuwandern oder wurden unter Zwang ausgewiesen. Franzosen und Deutsche verließen ihre Heimat um nicht von den absolutistischen Fürsten zum Soldatendienst gezwungen zu werden. Später wanderten viele Deutsche wegen politischer Unterdrückung und wirtschaftlicher Probleme aus.

Ungewohnte Lebensbedingungen

Die Auswanderer trafen in der „Neuen Welt" auf völlig neue klimatische und landwirtschaftliche Lebensbedingungen. Krankheiten und Epidemien, Hunger und Not in der unkultivierten Wildnis ließen die bereits 1584 gelandeten ersten Siedler völlig scheitern. Auch die 1606 gegründete Kolonie Virginia hätte beinahe dasselbe Ende genommen. Die Siedlerfamilien suchten Gold und Gewürze und fanden sumpfige Böden und unbekannte, oft giftige Pflanzen. Zwei Drittel der Siedler starben, den Übrigen gelang es in härtester Arbeit, schützende Häuser zu bauen und notdürftigst zuerst von Feldfrüchten und Fischen, dann aber vor allem vom zunehmenden Tabakanbau und -handel (Virginia-Tabak) zu überleben – und dies auch nur mithilfe der Indianer.

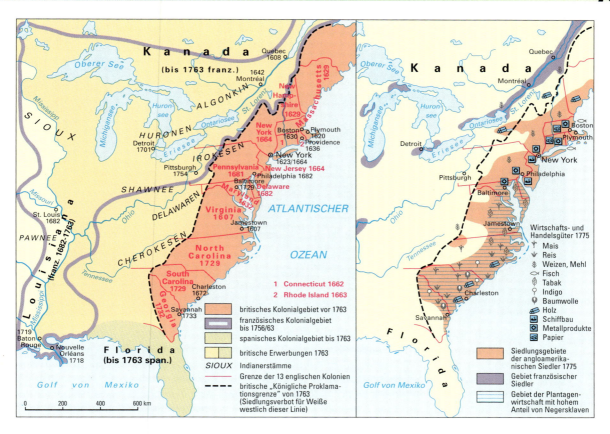

1 **Die Entwicklung der 13 englischen Kolonien von 1607 bis 1775**

Die „Königliche Proklamationslinie" bestimmt 1763 die Westgrenze der weißen Siedlungen gegenüber dem Indianergebiet. – (1) Beschreibe anhand der Koloniengründungen den Ablauf der Besiedlung und stelle einen Zusammenhang zwischen dem Anteil der schwarzen Sklaven an der Bevölkerung und der Bewirtschaftung fest. (2) Wodurch unterscheiden sich Nord- und Südstaaten?

Indianer helfen – und werden doch verdrängt

Das Land, das die Siedler in Besitz nahmen, war nicht menschenleer: Seit mehr als 25 000 Jahren lebten hier Menschen mit einer rötlichen Hautfarbe, die von den Europäern Indianer genannt wurden. Sie hatten sich, seit sie vor Urzeiten über die Beringstraße – damals noch eine Landbrücke zwischen Amerika und Asien – eingewandert waren, im Lauf der Zeit weit verstreut über den ganzen Kontinent ausgebreitet. Die verschiedenen Indianerstämme lebten z.T. unabhängig voneinander, vielfach aber auch in Rivalität und Feindschaft. Sie hatten unterschiedliche Sprachen und auch ihre Lebensweise war sehr verschieden. An der Ostküste wohnten sie als sesshafte Bauern in einfachen Hütten. Sie bauten Mais, Gemüse sowie Tabak an und gingen zur Jagd oder fischten. Im Innern des Landes war das Zelt ihre Behausung, denn sie lebten als Nomaden fast ausschließlich von der Büffeljagd. Die Begegnung mit dem „weißen Mann" brachte ihnen unbekannte Krankheiten, gegen die sie nicht immun waren und die deshalb viele Indianer das Leben kostete. Dennoch standen sich weiße Siedler und rote Ureinwohner nicht von Anfang an kriegerisch gegenüber. Im Gegenteil: Die Siedler lernten von den Indianern den Anbau von Mais sowie anderer Pflanzen und tauschten Schmuck, Waffen und Alkohol gegen Lebensmittel und Pelze. Erst als der Zustrom der Siedler kein Ende nahm und die

2 Pionierarbeit für Männer und Frauen *(Frühe Siedlung am Mississippi, 1720)*
Männer und Frauen waren gleichermaßen an der Gründung und dem Aufbau von Kolonien beteiligt. Auch Frauen bekamen als Pionierinnen vom englischen König Land zugeteilt, das sie Gewinn bringend verwalten konnten. So stiegen einige zu einflussreichen Persönlichkeiten auf. Nur in Virginia und Massachusetts wurde es ihnen ermöglicht, als Grundbesitzerinnen in wichtigen politischen Gremien mitzubestimmen. In allen anderen Kolonien blieb ihnen die politische Mitarbeit verwehrt. Ein wichtiges Betätigungsfeld wurde für Frauen dagegen die Gründung und Entwicklung religiöser Gemeinden. – Welche verschiedenen Tätigkeiten werden im Bild festgehalten?

Indianer ihre angestammten Jagdgründe bedroht sahen, setzten sie sich zur Wehr. Der Überlebenskampf zwischen den Ureinwohnern und den Neuankömmlingen begann.

Kolonien entstehen

Der Gründung der englischen Kolonie Virginia folgten bald weitere. Mit dem Schiff „Mayflower" landeten die „Pilgrim Fathers", eine calvinistische Glaubensgemeinschaft, in der Massachusetts-Bay und bildeten die Plymouth-Kolonie. 1634 lebten in der Bucht 4000 Siedler, im Jahre 1750 in den neuen Kolonien bereits 1,5 Millionen. Die verschiedenen Kolonien verwalteten sich weit gehend selbst, sie wählten jeweils Gemeindevertreter und Parlamente und achteten auch gegenseitig ihre Unabhängigkeit.

Ein Mutterland – doch keine Einheit

England war das gemeinsame Mutterland der ersten 13 Kolonien, untereinander aber entwickelten sich in der neuen Heimat große Unterschiede:
– klimatisch: kühl-gemäßigt im Norden bis subtropisch im Süden;
– wirtschaftlich: kleinbäuerliche Landwirtschaft, Fischerei, Holzwirtschaft, Bergbau, vor allem aber Handel und Gewerbe im Norden; Tabak- und Baumwollplantagen mit bald beginnendem Sklaveneinsatz im Süden;
– sozial: Farmer, Kaufleute und Handwerker im Norden; dagegen eine Pflanzeraristokratie aus Plantagen- und Sklavenbesitzern, die politisch und wirtschaftlich über die Mehrheit der Bevölkerung bestimmte, im Süden;
– religiös: vorwiegend Calvinisten im Norden und Katholiken bzw. Anglikaner im Süden.

3 Die Not der Auswanderer

Das Buch „Gottlieb Mittelbergers Reise nach Pennsylvanien 1750 …" ist eine der zuverlässigsten Beschreibungen:

Ich zweifle nicht, dass Menschen, die noch immer auszuwandern begehren, in ihrem Vaterland bleiben, wenn sie alles gelesen haben. Eine solche Reise dauert von Anfang Mai bis Ende Oktober.

5 Der Grund ist, dass die Rheinboote von Heilbronn nach Holland 36 Zollstellen passieren … Darum dauert allein die Reise rheinwärts 4, 5 und 6 Wochen. Wenn die Schiffe mit den Menschen nach Wochen nach Holland kommen, dann wer-

10 den sie dort genauso 5 oder 6 Wochen festgehalten. Weil da alles sehr teuer ist, müssen indessen die armen Leute fast alles ausgeben, was sie haben. Sowohl in Rotterdam wie in Amsterdam werden auf den großen Seeschiffen die Men-

15 schen eng zusammengedrängt, sozusagen wie die Heringe. Eine Person erhält auf der Bettstelle einen Platz von kaum 2 Fuß Breite (50–70 cm) und 6 Fuß Länge, denn manche Schiffe transportieren vier- bis sechshundert Menschen. Bei Ge-

20 genwind kommt es vor, dass die Schiffe 2, 3 und 4 Wochen für die Reise von Holland bis Kaupp (Cowes) in England brauchen. Wenn dann die Schiffe zum letzten Mal ihre Anker bei Kaupp in Altengland gelichtet haben, dann beginnt mit der

25 langen Seefahrt erst die wirkliche Not. Denn von hier müssen die Schiffe oft 8, 9, 10 bis 12 Wochen segeln, bevor sie nach Philadelphia gelangen. Und während dieser Reise herrscht an Bord der Schiffe entsetzliches Elend: Gestank, Dunst,

30 Schrecken, Speien, jede Art von Seekrankheit, Fieber, Ruhr, Kopfschmerzen, Hitze, Verstopfung, Furunkel, Skorbut, Krebs, Mundfäule und dergleichen mehr, was alles von der alten und scharf gesalzenen Nahrung und dem Fleisch und

35 ebenso von dem schlechten und faulen Wasser kommt, sodass mancher elend zu Grunde geht. Zu dieser Not kommen noch Klagen mit anderen Leiden, zum Beispiel, dass die Läuse so schrecklich überhand nehmen, dass sie vom Körper nur

40 so abgeschabt werden können.

Geschichte in Quellen, Bd. 3, München 1976, S. 41 f.

4 „Vertragsknechte".

Für viele Siedler brachte die „Neue Welt" in den ersten Jahren nicht die ersehnte Freiheit. In Virginia waren 1625 40 Prozent der Einwohner Vertragsknechte. Darüber berichtet der Lehrer Gottlieb Mittelberger in seiner 1756 veröffentlichten Reisebeschreibung.

Wenn die Schiffe nach ihrer langen Reise in Philadelphia landen, dann darf sie niemand verlassen, außer denen, die ihre Überfahrt bezahlt haben oder hinreichende Bürgschaft (durch einen

5 vor der Abreise abgeschlossenen Vertrag) leisten; die anderen müssen an Bord der Schiffe bleiben, bis sie jemand gekauft hat.

Der Verkauf menschlicher Wesen auf dem Markt an Bord der Schiffe spielt sich so ab: Jeden Tag

10 kommen Engländer, Holländer und Deutsche aus der Stadt Philadelphia und aus anderen Orten und suchen sich unter den gesunden Personen einen solchen aus, wie er ihnen für ihr Geschäft brauchbar zu sein scheint, und handeln

15 mit ihm aus, wie lange er für seinen Fahrpreis dienen muss. Wenn sie sich geeinigt haben, dann geschieht es, dass sich die erwachsenen Personen selbst schriftlich verpflichten für den Betrag, den sie schulden, 3, 4, 5 oder 6 Jahre zu dienen, je

20 nach ihrem Alter und ihrer Kraft.

Manche Eltern müssen ihre Kinder verkaufen und verschachern sie wie Vieh; denn wenn die Kinder die Schulden übernehmen, dann können die Eltern frei und ungehindert das Schiff verlas-

25 sen. Es kommt oft vor, dass ganze Familien, Mann, Frau und Kinder, getrennt werden, weil sie von verschiedenen Käufern erworben werden, besonders wenn sie überhaupt nichts von ihrem Passagiergeld bezahlt haben. Wenn ein

30 Mann oder eine Frau auf See stirbt, wenn das Schiff schon mehr als die Hälfte des Weges zurückgelegt hat, dann muss der Überlebende nicht nur für sich selbst zahlen oder dienen, sondern auch für den Verstorbenen. Wenn beide El-

35 tern sterben nach mehr als der Hälfte des Weges auf See, dann müssen die Kinder dienen, bis sie 21 Jahre alt sind.

Ebd. S. 43 f.

a) Erläutere den Begriff „Vertragsknecht" (M4). Zeige die Ursachen auf, die Auswanderer zu „Vertragsknechten" werden ließen.

b) In Romanen und Filmen mit Themen zur Auswanderung und Besiedlung Nordamerikas vermischen sich oft Legende und Wirklichkeit. Vergleiche einen dir bekannten Film, eine Filmszene oder die Darstellung in einem Buch mit Bild M2, Quellentext M3 und dem VT.

4. Der Kampf um die Unabhängigkeit – aus Europäern werden Amerikaner

1776 _____	Die 13 englischen Kolonien erklären am 4. Juli ihre Unabhängigkeit.
1783 _____	Nach dem Krieg mit den Siedlern erkennt England die Unabhängigkeit der 13 Kolonien an.

Selbstbewusstsein und Pioniergeist

Bei den Kolonisten entwickelte sich trotz aller Unterschiede rasch ein gemeinsamer Stolz. Man hatte sich im alltäglichen Kampf gegen eine oft feindliche Umwelt für neuen Siedlungsraum und gegen die sich immer verzweifelter wehrenden Indianer bewährt. Die Nachrichten von der Glorious Revolution im Mutterland bestärkten sie darin, die Ideale der Freiheit und Gleichheit auch in ihrem Land verwirklichen zu können. Denn trotz ganz unterschiedlicher Startbedingungen der Auswanderer hatte doch jeder die Chance sich in der neuen Welt eine neue Existenz aufzubauen. Wagemut, Risikobereitschaft und Unternehmungslust schufen den Pioniergeist („frontier spirit") der Kolonisten, eine bis heute wichtige Wurzel des amerikanischen Selbstbewusstseins. Der Ausgang des „French and Indian War" (1755 bis 1763) gab den Kolonisten weiteren Auftrieb. Zusammen mit dem englischen Mutterland schalteten sie in diesem Krieg, in dem Indianer auf französischer Seite gegen die verhassten Kolonisten kämpften, die Franzosen als Kolonialmacht auf dem nordamerikanischen Kontinent aus.

1 **Kolonisten greifen zur Gewalt.** *Links: Ein englischer Zolleinnehmer wird von Mitgliedern der radikalen Geheimorganisation „Sons of Liberty" geteert und gefedert (englischer Cartoon um 1774). Welche Sicht des Vorgangs wird deutlich? Rechts: „Blutbad von Boston", zeitgenössische Darstellung von Paul Revere. Bei diesem ersten mehr zufälligen Zusammenstoß am 5. März 1770 mit britischen Soldaten kamen fünf Bostoner Bürger ums Leben. – Vergleiche diese Fakten mit der Darstellung des Bildes.*

2 *Frauen kämpfen für die Unabhängigkeit:* Der Freiheitskampf der Kolonisten war nicht nur Männersache. Frauen boykottierten durch „Anti-Tee-Ligen" den Kauf ausländischen Tees; sie traten wie Abigail Amith Adams, die Frau des späteren, zweiten US-Präsidenten, für die Interessen von Frauen ein; sie übernahmen die Farmarbeit und schützten Vieh und Ernte; sie spendeten Geld und Kleidung und einige kämpften für ihre gefallenen Männer an vorderster Front. Das zeitgenössische Bild zeigt Molly Pitcher, die für ihren gerade gefallenen Mann einspringt um die Kanone zu bedienen.

Das Mutterland beutet die Kolonien aus

Obwohl im Kampf gegen Frankreich die Kolonisten auf der Seite Englands gekämpft hatten, verschlechterten sich anschließend die gegenseitigen Beziehungen laufend. Das lag am Geldbedarf der englischen Krone, die ihre enorm gewachsenen Kriegsschulden begleichen musste. Deshalb kontrollierte man jetzt bei den Kolonisten schärfer als vorher die Einhaltung der englischen Steuer- und Zollgesetze, die die englischen Händler und Unternehmer deutlich begünstigte: Während die Kolonien ihre Rohstoffe billig an England abgeben mussten, wurde der Verkauf von kolonialen Fertigwaren (z. B. Hüte, Eisenwaren) in England durch Auflagen und Verbote erheblich behindert. Immer neue Zoll- und Steuergesetze sollten Kapital aus den wirtschaftlich blühenden Kolonien in die englische Staatskasse abführen. Zwei weitere Gesetze schürten den Konflikt, denn sie standen in besonders krassem Widerspruch zu den politischen Freiheiten der Kolonisten. Sie wurden gezwungen englisches Militär unterzubringen und mussten auf alle Druckerzeugnisse eine Steuer (stamp act) bezahlen. Damit sollten die Stationierungskosten für das englische Militär gedeckt werden, das ohnehin immer mehr als Besatzungsmacht empfunden wurde. Die Kolonien weigerten sich schließlich die Steuern zu bezahlen, weil sie im englischen Parlament nicht vertreten waren, also über Steuern und Abgaben nicht mitbestimmen konnten. Sie boykottierten alle Waren aus England: „No taxation without representation". Nach ersten Gewalttätigkeiten gegen Steuereinnehmer und Verwaltungsbeamte zog England die meisten Steuern wieder zurück – bis auf den Teezoll. Danach häuften sich die gegenseitigen Gewaltaktionen.

3 *Barfüßige Söldner* in selbst gemachten Buckskin-Uniformen (1775). Dieser deutsche Stich zeigt, dass die europäischen Söldner vor allem für einen Winterkrieg unzureichend ausgerüstet waren. Die militärische Ausbildung hatte sie für einen Krieg in geradliniger Schlachtreihe vorbereitet, nicht aber für Kämpfe in der Wildnis des neuen Kontinents. Zwar waren auch die Ausrüstung und Ausbildung der Siedler äußerst dürftig, gegen ihre häufig angewandte Taktik als Partisanen in kleinen Gruppen auch aus dem Hinterhalt anzugreifen fanden die europäischen Söldner jedoch kein Gegenmittel. Dies und die schwindende Kampfmoral machten die Söldner für die Propaganda der Siedler, die Land und Freiheit versprach, sehr anfällig: Tausende von Söldnern desertierten und liefen zu den Siedlern über.

Signal zur Revolution: die „Boston-Tea-Party"

1773 erfolgte in Boston der letzte Anstoß zum offenen militärischen Konflikt. Mitglieder der radikalen Geheimorganisation „Sons of Liberty" (vgl. auch ADS) warfen als Mohikaner verkleidet 342 Teekisten von englischen Handelsschiffen. Sie protestierten damit gegen die englische Zollpolitik: Während die englische Ostindien-Kompanie Tee unverzollt zu Niedrigpreisen verkaufen durfte, mussten amerikanische Händler Zoll zahlen und waren dadurch nicht mehr konkurrenzfähig. Die so genannte „Boston-Tea-Party" und die drastischen Reaktionen Englands gaben das Signal für den allgemeinen revolutionären Aufstand der Kolonisten. England schickte Truppen und erklärte die Nordamerikaner zu Rebellen. Am 4. Juli 1776 erklärten die Kolonien ihre Unabhängigkeit von der englischen Krone: Die amerikanische Revolution gegen das Mutterland hatte begonnen.

Der Unabhängigkeitskrieg: Siedler gegen Söldner

Zu Beginn des Unabhängigkeitskrieges standen etwa 8000 bewaffnete Siedler 32 000 Soldaten einer seit 300 Jahren in keinem Krieg mehr besiegten Weltmacht gegenüber. Die Erfolgschancen waren denkbar gering. Zudem verstärkte England seine Truppen laufend durch fremde Söldner. Es zahlte hohe Summen, z. B. an deutsche Landesfürsten, die ihre Untertanen – insgesamt 30 000 – zwangsweise nach Amerika schickten.

Europäische Mächte helfen den Siedlern

Mehrere Umstände trugen dazu bei, dass sich das Blatt dennoch zu Gunsten der Amerikaner wendete. Die Siedler kämpften für ihre Freiheit und besaßen in George Washington eine Persönlichkeit, die durch ihre Siegeszuversicht mitriss. Was den Amerikanern an militärischer Schulung fehlte, brachten ihnen europäische Offiziere bei: aus Frankreich Marquis de Lafayette, aus Polen Graf Kasimir Pulaski, aus Deutschland der preußische Oberst Friedrich von Steuben. Am wichtigsten wurde für die amerikanischen Aufständischen eine Koalition alter Gegner der Weltseemacht England, die sich unter der Führung Frankreichs zusammenfand. Frankreich unterstützte die Siedler finanziell und lieferte Kriegsmaterial und Schiffe. Spanien und Holland traten dem Bündnis bei, Russland und Preußen unterstützten es. Fast ganz Europa stand damit aufseiten der Amerikaner. 1781 kapitulierte schließlich die englische Hauptarmee bei Yorktown in Virginia. Im Frieden von Versailles 1783 erkannte England die Unabhängigkeit der 13 Kolonien an. 1886 schenkte Frankreich zum 110-jährigen Jubiläum der Unabhängigkeitserklärung den Amerikanern die große Freiheitsstatue von New York.

4 Der Krieg: Widerspruch und Zweifel

a) *Der englische Staatsmann William Pitt d. Ä. erklärte am 20. Januar 1775 im Oberhaus:*

Der erste Tropfen Blut, der in einem unnatürlichen Bürgerkrieg vergossen wird, würde eine unheilbare Wunde sein. Ich sage es euch frei heraus, keiner von meinen Söhnen, noch jemand, auf
5 den ich Einfluss habe, soll jemals sein Schwert auf seine Mituntertanen ziehen. Der Geist, der sich jetzt eurer Besteuerung in Amerika widersetzt, ist derselbige Geist, der den großen Grundsatz eurer Freiheiten festsetzte, dass kein Unter-
10 tan besteuert werden soll, als nur mit seiner eigenen Bewilligung. Ich hoffe, Sie sind davon überzeugt, dass alle Versuche über eine solche mächtige, über einen ganzen Kontinent ausgebreitete Nation willkürliche Herrschaft aufzu-
15 richten vergeblich und verderblich sein müssen. Wir werden am Ende gezwungen sein aufzugeben. Lasst es uns tun, solange wir können, nicht wenn wir müssen.

b) *In dem Brief des Kolonisten, Schriftstellers, Abenteurers, Farmers und späteren französischen Konsuls in New York, Jean de Crevecœur, von etwa 1777 lesen wir:*

Ich liebe den Frieden, was soll ich tun? Wenn ich mich für das Mutterland erkläre, das 3000 Meilen entfernt ist, werde ich dort, wo ich lebe, zu dem, was man einen ‚Feind‘ nennt. Wenn ich dem Rest
5 meiner Landsleute folge, stelle ich mich gegen unsere früheren Herren. Beide Extreme scheinen einem einflusslosen und unbedeutenden Menschen wie mir gleich gefährlich … Für die großen Führer auf beiden Seiten soll so viel Blut vergos-
10 sen werden; das Blut des Volkes zählt nicht. Große Taten werden nicht für uns vollbracht, obwohl vor allem wir es sind, die sie vollbringen mit unseren Waffen … und unserem Leben. Und wer werden schließlich die Schuldigen sein? Immer
15 diejenigen, die nicht erfolgreich sind.

Zit. nach: W. P. Adams und A. Meurer Adams (Hg), Die Amerikanische Revolution in Augenzeugenberichten. München 1976, S. 29 und S. 212 ff.

5 Die Unabhängigkeitserklärung

Unter der Leitung von Thomas Jefferson arbeitete ein fünfköpfiges Komitee die Unabhängigkeitserklärung der Kolonien aus:

Wenn es im Laufe der geschichtlichen Ereignisse für ein Volk notwendig wird, die politischen Bande zu lösen, die es mit anderen verknüpft hat, und unter den Mächten der Erde die gesonderte
5 und gleichwertige Stellung einzunehmen, zu der die Gesetze der Natur und des Schöpfers es berechtigen, so erfordert eine geziemende Achtung vor der Meinung der Welt, dass es die Gründe angibt, die es zur Trennung zwingen.
10 Wir halten diese Wahrheiten für in sich einleuchtend: dass alle Menschen gleich geschaffen sind; dass sie vom Schöpfer mit gewissen unveräußerlichen Rechten ausgestattet sind, darunter Leben, Freiheit und Streben nach Glück; dass zur
15 Sicherung dieser Rechte Regierungen unter Menschen eingesetzt sind, die ihre gerechten Vollmachten von der Einwilligung der Regierten herleiten; dass, wenn immer eine Regierungsform diesen Zielen zum Schaden gereicht, es das
20 Recht des Volkes ist, sie zu ändern oder abzuschaffen und eine neue Regierung einzusetzen. In der Tat wird die Klugheit gebieten, dass seit langem bestehende Regierungsformen nicht aus geringfügigen und vorübergehenden Ursachen
25 geändert werden sollten. Aber wenn eine lange Kette von Missbräuchen und Anmaßungen, stets das gleiche Ziel verfolgend, die Absicht enthüllt ein Volk unter die unbeschränkte Gewaltherrschaft zu beugen, so ist es sein Recht, es ist seine
30 Pflicht, eine solche Herrschaft abzuschütteln. Solcher Art ist das geduldige Leiden dieser Kolonien gewesen und so zwingt sie jetzt die Notwendigkeit ihr früheres Regierungssystem zu ändern. Die Geschichte des gegenwärtigen Königs
35 von Großbritannien ist die Geschichte wiederholter Beleidigungen und Anmaßungen, die alle das direkte Ziel verfolgten eine unbeschränkte Tyrannei über diese Staaten aufzurichten.

Geschichte in Quellen, Bd. 4, München 1981, S. 90 f.

a) Nenne wesentliche Gründe, die die Kolonisten zur Trennung von England bewogen (VT, M1, M2 und M5) und beschreibe die Probleme eines Bürgerkrieges für die Betroffenen (M4).

b) Stelle fest, welche Ideen der Aufklärung in der Unabhängigkeitserklärung (M5) enthalten sind (s. Kap. „Das 18. Jahrhundert: Die Welt wird neu … ").

c) Vergleiche – ausgehend von M2 bis M5 – den Unabhängigkeitskampf der Kolonisten in ihren Zielen und Methoden mit aktuellen Unabhängigkeitskriegen und -konflikten.

5. Wie soll der neue Staat aussehen? Die Verfassung der Vereinigten Staaten

1787	*Die Verfassung der USA wird am 4. März verabschiedet.*
1789	*George Washington wird erster Präsident.*

Unabhängig – aber verschuldet und zerstritten

Die Freude der Kolonisten über die Unabhängigkeit war nur kurz – zu verheerend waren die Folgen des Krieges für die Menschen: Das Exportgeschäft mit Europa war während des Krieges drastisch zurückgegangen; die Einzelstaaten waren hoch verschuldet und konnten die zur Finanzierung des Krieges ausgegebenen Schuldbriefe an die Gläubiger nicht zurückzahlen, der Wert der Schuldbriefe sank ins Bodenlose; die Preise für Agrarprodukte erreichten einen Tiefpunkt, verzweifelte Bauern schlossen sich zu Aufständen gegen die drohende Zwangsversteigerung ihrer verschuldeten Farmen zusammen. Dazu kamen die Gegensätze zwischen den nördlichen und südlichen Kolonien. Im Norden führten Kaufleute, Rechtsanwälte und Journalisten das Wort, im Süden meist konservativ eingestellte Plantagenbesitzer. Zudem waren die kleineren Staaten in Sorge über die hohe Bevölkerungszahl in den größeren Staaten. Der während des Krieges gebildete lockere Staatenbund, die „ewige Union", drohte zu zerfallen. Selbst Washington resignierte: „Die Abneigung der einzelnen Staaten, dem Kongress genügend Macht für die Bundesregierung zu übertragen, wird unseren Zusammenbruch als Nation bedeuten."

Staatenbund oder Bundesstaat?

Dazu kam es aber nicht: Immer mehr Bürger erkannten, dass die Probleme nur gemeinsam gelöst werden konnten. Dennoch blieb eine Frage unter den Delegierten der 13 Staaten, die sich 1787 in Philadelphia zusammenfanden um eine Verfassung auszuarbeiten sehr umstritten: Wie sollte die Macht zwischen der zentralen Bundesgewalt und den Einzelstaaten verteilt werden?

Die Verfassung – der „Große Kompromiss": Föderalismus ...

Unter Führung des Abgeordneten James Madison fanden die Delegierten zu einem „Großen Kompromiss": Die Einzelstaaten wurden nicht aufgelöst. Sie mussten zwar Rechte an die Bundesregierung abgeben, konnten aber auch ihre Einzelinteressen zur Geltung bringen. Dazu wurde der Kongress aus zwei Kammern gebildet: In das Repräsentantenhaus wurden die Abgeordneten entsprechend der Einwohnerzahl der einzelnen Staaten gewählt (damals ein Abgeordneter für 30 000 Einwohner); in den Senat schickte jeder Staat unabhängig von seiner Größe und Zahl der Einwohner zwei gewählte Vertreter, die Senatoren. Die Einzelstaaten erhielten ein Mitspracherecht im Bund und waren allein zuständig für Verkehr, Wirtschaft, Erziehung, Justiz und Polizei. Der Bund war zuständig für Verteidigung, Währung, Außenpolitik und Welthandel.

... Gewaltenteilung, Volkssouveränität und „checks and balances"

Die Staatsgewalt wurde geteilt in die ausübende Gewalt (Exekutive), die gesetzgebende Gewalt (Legislative) und die richterliche Gewalt (Judikative). Alle politische Macht ging vom Volk aus, genauer: von den Wahlberechtigten, zu denen anfangs nur ein kleiner Teil der Bevölkerung und keine Frauen zählten. Das Prinzip der „checks and balances" (Kontrollen und Gleichgewichte) sollte gegenseitige Kontrollen und gleichgewichtige Zuständigkeiten zwischen dem Bund und den Einzelstaaten sowie den drei Staatsgewalten Präsident, Kongress und Gerichtshof herstellen. Keine Gewalt sollte ihre Macht missbrauchen können.

5. Wie soll der neue Staat aussehen? Die Verfassung der Vereinigten Staaten

139

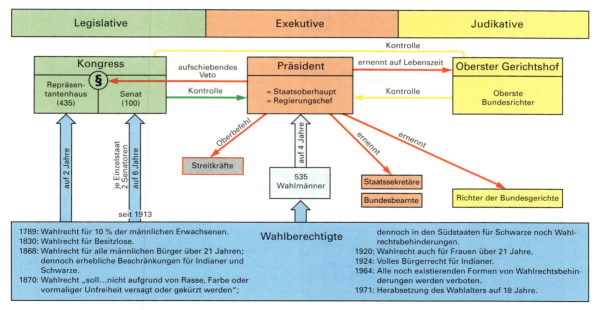

1 Die Verfassung der Vereinigten Staaten von Amerika *(einschließlich späterer Zusätze)*

Die Grund- und Menschenrechte

Auf Verlangen verschiedener Staaten wurde die Verfassung im Herbst 1789 durch zehn Zusätze („amendments") ergänzt, die 1791 in Kraft traten. Sie garantieren bis heute u. a. die Glaubens-, Presse- und Versammlungsfreiheit, die Unverletzlichkeit der Person, der Wohnung und des Eigentums.

Gleiches Wahlrecht für alle?

Die Frage des Wahlrechts war lange umstritten. Schließlich setzte sich die Auffassung durch, dass nur jene männliche Weiße wählen durften, die ausreichend Grundbesitz hatten und eine bestimmte Höhe an Steuern zahlten. Alle schwarzen Amerikaner waren ausgeschlossen. Es vergingen Jahrzehnte, bis der Kongress das Wahlrecht langsam erweiterte. Erst 1964 wurde ein auch in der Praxis gleiches Wahlrecht für alle Amerikaner durchgesetzt.

Ideen der „Alten Welt" in der „Neuen Welt"

Die Verfassung der USA entstand in einer Zeit, als in Europa noch absolutistische Systeme herrschten. Die Schöpfer der Verfassung hatten kein Vorbild in einem europäischen Staat. Aber die Verfassung wurde entscheidend geprägt von Gedanken, die aus Europa kamen: vor allem von John Lockes und Charles Montesquieus Forderung der Gewaltenteilung, von Jean-Jaques Rousseaus Begriff der Volkssouveränität und Adam Smiths Prinzip des freien Wirtschaftswettbewerbs. Mit diesen Ideen aus der „Alten Welt" konnte in der „Neuen Welt" ein neuer Anfang gemacht werden. Rückwirkend wurde die Verfassung der USA wiederum zum Vorbild für alle demokratischen Verfassungen in Europa.

Volkssouveränität: Nach dem Prinzip der Volkssouveränität leitet sich alle staatliche Herrschaft aus dem Willen des Volkes ab. Nach dem Grundsatz „Alle Staatsgewalt geht vom Volke aus" bestimmt das Volk als Zusammenschluss freier Staatsbürger seine Regierungsform selbst und übt auch die Herrschaft aus (Demokratie).

Föderalismus: Nach dem Prinzip des Föderalismus (lateinisch „foedus", d. h. Bündnis) behalten innerhalb eines Staates (z. B. lockerer Staatenbund oder Bundesstaat) die einzelnen Gliedstaaten große Selbstständigkeit und eigene Rechte (z. B. Kulturhoheit). U. a. ist auch die Bundesrepublik Deutschland ein föderalistischer Staat.

2 Symbole der Freiheit und der Unfreiheit
*Das Bild wurde um 1800 in Öl auf einen Fenster-
laden gemalt. Es hebt George Washingtons
Bedeutung für die Unabhängigkeit der Kolonien
hervor. – Welche Bedeutung haben die einzelnen Symbole?*

3 Die Debatte um die zukünftige Verfassung
*Die Tagebuchaufzeichnungen (1787) von James
Madison, dem späteren 4. Präsidenten der USA,
geben einen Einblick:*
Mr. Paterson (New Jersey): Der Gedanke einer nationalen Regierung, im Gegensatz zu einer föde-
ralistischen, kam keinem (unserer Auftraggeber)
in den Kopf und wir müssen uns nach dem
5 öffentlichen Verlangen richten. Wir haben keine
Vollmacht über das föderalistische Schema hin-
auszugehen und selbst wenn wir sie hätten, so
wäre das Volk nicht reif für irgendein anderes …
Er (Paterson) stellte Virginia, Massachusetts und
10 Pennsylvania als die drei großen Staaten und die
übrigen zehn als die kleinen fest und wiederholte
die Berechnungen über die Stimmenungleich-

heit. Und er versicherte, dass die kleinen Staaten
niemals dem Einheitsstaat zustimmen würden.
15 *Mr. Madison (Virginia):* Mit einem Wort, die beiden Extreme vor uns sind völlige Trennung und
völlige Verschmelzung. Im ersten Fall würden sie
unabhängige Nationen sein. Im anderen Fall
wären sie bloß Grafschaften einer Gesamtrepub-
20 lik. Im ersten Fall hätten die kleinen Staaten
alles von den größeren zu fürchten. Im anderen
Fall hätten sie nichts zu fürchten.
Mr. Mason (Virginia): Entsprechend dem jetzigen
Bevölkerungsstand Amerikas hätte der nördliche
25 Teil ein Recht auf das Übergewicht. Wenn aber
die südlichen Staaten einmal drei Viertel des
amerikanischen Volkes in ihren Grenzen hätten,
werde doch der Norden an der Mehrheit der Abgeordneten festhalten. Ein Viertel werde dann
30 die drei Viertel regieren.
Zit. nach: Salomon, Propyläen Weltgeschichte VI, S. 464 ff.

4 Der Grundrechtskatalog 1789
*Die Ergänzung der Verfassung durch einen
Katalog der Grundrechte wirkte stark auf europäische Verfassungen ab 1789 ein (vgl. Kap.
„Aus Untertanen wird eine Nation …“)*
Art. 1. Der Kongress soll kein Gesetz erlassen,
das eine Einrichtung einer Religion zum Gegenstand hat oder deren freie Ausübung beschränkt,
oder eines, das Rede- und Pressefreiheit oder das
5 Recht des Volkes, sich friedlich zu versammeln
und an die Regierung eine Petition zur Abstellung von Missständen zu richten verkürzt.
Art. 2. Da eine wohl geordnete Miliz (Bürgerwehr) für die Sicherheit eines freien Staates not-
10 wendig ist, soll das Recht des Volkes Waffen zu
besitzen und zu tragen nicht verkürzt werden.
Art. 4. Das Recht des Volkes auf Sicherheit der
Person, des Hauses, der Papiere und der Habe
vor ungerechtfertigter Nachsuchung und Be-
15 schlagnahme soll nicht verletzt werden.
Art. 5. Niemand soll wegen eines todeswürdi-
gen oder sonstigen schimpflichen Verbrechens
zur Verantwortung gezogen werden, es sei denn
auf Grund der Anschuldigung oder Anklage sei-
20 tens eines großen Geschworenengerichts, noch
soll jemandem Leben, Freiheit oder Eigentum
genommen werden, außer im ordentlichen Gerichtsverfahren und nach Recht und Gesetz.
Art. 9. Die Aufzählung bestimmter Rechte in der
25 Verfassung soll nicht so ausgelegt werden, dass
andere Rechte, die dem Volk geblieben sind,
dadurch verneint oder geschmälert werden.
Zit. nach: G. Franz, Staatsverfassungen, Darmstadt 1964, S. 37 ff.

5. Wie soll der neue Staat aussehen? Die Verfassung der Vereinigten Staaten

141

5 *„Der neunte Pfeiler ist errichtet."* Dieses Bild erschien in einer Bostoner Zeitung. New Hampshire hatte am 21.5.1788 die Zustimmung zur Verfassung gegeben. Eine Zweidrittelmehrheit aller Staaten war erforderlich. – Erläutere die Aussage des Bildes.

> *The* Ninth PILLAR *erected* !
>
> "The Ratification of the Conventions of nine States, fhall be fufficient for the eftablifhment of this Conftitution, between the States fo ratifying the fame." *Art.* vii.
>
> INCIPIENT MAGNI PROCEDERE MENSES.
>
> If it is not up it will rife.   The Attraction muft be irrefiftible
>
> DEL. PEN. N.JER. GEOR. CON. MASSA. MARY. S.CARO. N.HAMP. VIRG. N.YORK

6 **Das Problem des Wahlrechts im Jahre 1776**

Der erste Text stammt aus einem Schreiben von John Adams, der 1797 Nachfolger von George Washington als Präsident wurde. Der andere ist einem zeitgenössischen Flugblatt entnommen.

a) Theoretisch ist nicht zu bestreiten, dass die einzige ethische Grundlage von Herrschaft die Zustimmung des Volkes ist. Aber wie weit sollen wir dieses Prinzip auslegen? Sollen wir sagen,
5 dass jeder Einzelne in der Gemeinschaft jedem Gesetz ausdrücklich zustimmen muss? Ist es nicht wahr, dass alle Menschen in allen Gesellschaften, die keinerlei Eigentum haben, zu wenig vertraut mit öffentlichen Angelegenheiten sind um sich
10 ein Urteil bilden zu können und dass sie zu abhängig von anderen Menschen sind um einen eigenen Willen zu haben? Wenn dies stimmt und wenn jeder, der kein Eigentum besitzt, das Wahlrecht erhält, wird dann diese Bestimmung des
15 Grundgesetzes nicht eine Einladung zur Korruption? Der menschliche Charakter ist so schwach, dass sehr wenige Menschen ohne Eigentum eine Urteilskraft besitzen. Glauben Sie mir, es ist gefährlich einen so endlosen Streit zu beginnen. Frauen
20 werden das Wahlrecht verlangen, Burschen von 12 bis 21 Jahren werden ihre Rechte nicht mehr für ausreichend geschützt halten. Und Männer, die nicht einen Pfennig besitzen, werden bei allen Maßnahmen der Regierung gleiche Mitsprache
25 verlangen. Der Verwischung und Zerstörung aller Unterschiede würde Vorschub geleistet und alle Rangunterschiede würden eingeebnet.

b) Einige schlagen vor, dass die Anzahl der Abgeordneten eines Gebietes der Höhe der in ihm gezahlten Steuern entsprechen solle. Ein solches Vorgehen wäre aber sehr unvernünftig. Denn die
5 Besteuerung bezieht sich nur auf das Eigentum, nicht auf die Freiheiten einer Person; und wenn Repräsentationen allein dem Eigentum entsprechen sollten, dann müsste ein Mann, der sechsmal so viel besitzt wie ein anderer, sechsmal so
10 viel Macht haben, obwohl das natürliche Recht beider auf Freiheit das Gleiche ist. Ein solches Regierungssystem wäre der Natur zuwider, denn es würde Ungleichheit und Ungerechtigkeit unter den Menschen schaffen und einige zu Herren
15 über andere erheben.

Zit. nach: Die Amerikanische Revolution in Augenzeugenberichten; hrsg. v. W. P. Adams und A. Meurer Adams, München 1976, S. 317 ff. und 320.

a) *Rollenspiel: Bildet Parteien von Abgeordneten aus einem bevölkerungsstarken und einem bevölkerungsschwachen Staat sowie aus einem Nord- und einem Südstaat. Jede Partei stellt – anhand des Verfassertextes sowie M3 und M6 – ihre Interessen und ihre Ängste gegenüber den Verfassungsalternativen „Zentralstaat – Bundesstaat – Staatenbund" zusammen. Diskutiert die verschiedenen Möglichkeiten, Notwendigkeiten und Probleme.*

b) *Erläutere den Verfassungskompromiss und die Entwicklung des Wahlrechts anhand von M1. Ab wann durften in Deutschland Frauen wählen?*

c) *Welche Artikel des Grundrechtskataloges M4 gelten auch heute in unserem Staat, welche nicht?*

d) *Welche Bedeutung wird Washington in M2 für den Weg der Kolonien zu einem freien demokratischen Staat zugeschrieben? Wie urteilst du?*

6. Die neue Nation muss sich bewähren – Pionierzeit und Bürgerkrieg

1790–1890 _____ Die Pionierzeit: Nach der Ausbreitung bis zum Mississippi (1850) wird der „Ferne Westen" bis zur Pazifikküste besiedelt.

1861–1865 _____ Der Bürgerkrieg: Der Sieg der Nordstaaten bringt die Abschaffung der Sklaverei und sichert die Einheit der USA.

Go west, young man!

Nachdem sich die Kolonien vom Mutterland gelöst hatten, konzentrierte sich das Interesse der Amerikaner darauf, den riesigen Kontinent, die weiten Gebiete des Westens zu erschließen. Die Pionierzeit begann: Innerhalb von 100 Jahren wurde der gesamte Kontinent von den Appalachen bis zum Pazifik besiedelt. In jedem Jahr schob sich die Grenze durchschnittlich 25 Kilometer nach Westen vor. Die neu erworbenen Gebiete wurden allerdings nicht den alten 13 Gründungsstaaten zugeschlagen: Betrug die Bevölkerungszahl eines neu besiedelten Territoriums mindestens 60 000, wurde es als neuer Staat in die USA aufgenommen. Als 50. Staat wurde 1959 Hawaii aufgenommen.

Die Aussicht in einem freien Staat leben und sich im weiten Westen Land und Besitz erwerben zu können zog die Siedler wie ein Magnet an. Neue Einwanderungswellen brachten auch nach dem Ende der Kolonialzeit Millionen Menschen in die USA. Zuerst waren es vorwiegend Engländer, Iren und Deutsche. Um 1880 nahm die Zahl der Deutschen stark ab, während die Einwanderung aus Russland, Polen, Italien und Mittelamerika anstieg. Die Einwanderungszahlen zeigen, dass politische Ereignisse, z.B. Revolutionen oder wirtschaftliche Probleme, die Europäer aus ihrer Heimat vertrieben. Aber auch Berichte aus den USA, wie 1848 die Nachricht von Goldfunden in Kalifornien („Goldrush"), lockten die Menschen.

Die Pionierzeit prägt die Amerikaner

Das Vordringen nach Westen erfolgte in drei Wellen. Den ersten Vorstoß wagten die „Trapper" (Bild links). Als Jäger und Fallensteller lebten sie ohne festen Wohnsitz vom Pelzhandel. Sie arbeiteten mit den Indianern zusammen und dienten den ankommenden Siedlern oft als Führer ihrer „Trecks". Diese ersten Siedlerfamilien ließen sich an frei gewählten, günstigen Plätzen nieder und lebten als „Squatter" von der Jagd und dem Feldbau oder als „Rancher" von der Viehzucht. Zahlenmäßig weitaus am stärksten war die dritte Siedlungswelle, die der Farmer. Diese legten Dauersiedlungen an, ihr Landbesitz war amtlich vermessen und urkundlich verbrieft. Mit ihnen kamen Handwerker, Kaufleute und Geldverleiher. Sie bauten Schulen, Kirchen, Saloons und wählten Sheriffs.

Trapper, Squatter, Rancher und Farmer waren die Frontier („frontier" bedeutet Grenze), die durch ihr abenteuerliches und hartes Leben nach eigenen Gesetzen und durch ihren ständigen Kampf gegen die Indianer Stoff für viele Romane und Filme geboten haben. Beflügelt vom Pioniergeist entwickelte sich das Sendungsbewusstsein der Amerikaner alle Schwierigkeiten bewältigen und andere Länder an ihren Errungenschaften teilhaben lassen zu können. Bestätigt fühlten sie sich durch das enorme Tempo, in dem der riesige Naturraum durch die Dampfschifffahrt und vor allem den Eisenbahnbau erschlossen wurde. Sich durch die eigene Tüchtigkeit emporzuarbeiten wurde zur idealen Lebens- und Geisteshaltung des Amerikaners. Der „Selfmademan" galt in Europa als der typische Vertreter des „Landes der unbegrenzten Möglichkeiten".

1 Territoriale Entwicklung der USA bis 1866

Map legend:

- Gebiet der 13 alten Staaten
- Vereinigte Staaten 1783

Erwerbungen der USA
- 1803 von Frankreich
- 1810/19 von Spanien
- 1812 von Großbritannien
- 1845 (Texas)
- 1846 (Oregongebiet)
- 1848 von Mexiko
- 1853 von Mexiko
- 1803 Aufnahme als Bundesstaat bis 1866
- 1896 Aufnahme als Bundesstaat nach 1866

- Grenze der Bundesstaaten
- Nordgrenze der sklavenhaltenden Staaten 1860
- Nordgrenze der Südstaaten-Konföderation (1860–1865)
- Siedlungsgrenze um 1860

1 VERMONT 1791
2 NEW HAMPSHIRE
3 CONNECTICUT
4 MASSACHUSETTS
5 RHODE ISLAND
6 NEW JERSEY
7 DELAWARE
8 MARYLAND

Der aussichtslose Kampf der Indianer

Die Leidtragenden der raschen Durchdringung des Kontinents waren die Indianer. Ursprünglich lebten in dem riesigen Land mehr als eine Million weit verstreut. Erst als immer mehr „Weiße" ins Land strömten, sich das Land aneigneten und massenweise das Wild, die Existenzgrundlage der Indianer, töteten, setzten sich die Indianer zur Wehr. Die meisten „Weißen" waren überzeugt, dass es der offensichtliche Wille Gottes sei („manifest destiny"), dass ihrer Rasse dieses Land gehöre. Sie sahen in den „Rothäuten" nur rechtlose „Wilde". In mehr als 30 großen Indianerkriegen und zahllosen kleineren Kämpfen wurden die Ureinwohner Amerikas weit gehend ausgerottet. Am Ende der Pionierzeit lebten nur noch etwa 200 000 Indianer in Nordamerika.

Die Ureinwohner werden in Reservate abgedrängt

Für die amerikanische Regierung galten die Indianer bis 1849 als Ausländer. 371 Verträge wurden geschlossen – und gebrochen um den Landhunger der Siedler zu stillen. Schließlich bekamen die Indianer 250 verschiedene Reservate zugewiesen. Seitdem leben sie dort als Randgruppe der Gesellschaft. Erst 1924 erhielten die Indianer das volle Bürgerrecht.

Sklaven in einem demokratischen Staat?

Um 1850 verschärften sich die Spannungen zwischen Nord- und Südstaaten zunehmend wegen der Sklavenfrage. Der Norden baute seine Industrie auf der Grundlage freier Lohnarbeit auf und lehnte die Sklaverei strikt ab. Die Südstaatler dagegen glaubten auf schwarze Sklaven aus Afrika vor allem für ihre Baumwollplantagen nicht verzichten zu können. Jahrzehntelang wurde eine klare Lösung der Sklavenfrage hinausgeschoben. 1852 erschien in den USA der Roman „Onkel Toms Hütte", in dem das Schicksal der schwarzen Sklaven beschrieben war. Er wurde zum Propagandainstrument für die Nordstaaten und ihre neu gegründete Partei, die Republikaner. Bisher jedoch stellte die Demo-

2 Kein Halt für die Siedler

Bei immer neuen Begegnungen des „weißen" und des „roten" Mannes versuchten die Indianer durch Verträge und Kriege die weißen Siedlertracks aufzuhalten. Nach etwa hundert Jahren standen die Siedler bereits an den Appalachen und verdrängten die Indianer in die westlichen Prärien. Und immer neue Siedler kamen ...

kratische Partei des Südens den Präsidenten. 1860 siegte zum ersten Mal ein Republikaner: Abraham Lincoln, der sich auf die Seite der Gegner der Sklaverei stellte und die Interessen des Nordens vertrat. Der Süden reagierte prompt: Elf Südstaaten erklärten den Austritt aus der Union, wählten einen eigenen Präsidenten und bildeten die „Konföderierten Staaten von Amerika".

Der Bürgerkrieg

Lincoln wollte die Spaltung der USA nicht hinnehmen. Die Südstaatler weigerten sich aber die Sezession (Trennung) rückgängig zu machen. Dies bedeutete Bürgerkrieg. Er dauerte vier Jahre und wurde mit äußerster Härte und Grausamkeit als umfassender Vernichtungskrieg gegen Menschen, Land und Wirtschaft des Gegners geführt. Der Süden war an Bevölkerungszahl und Rüstungsproduktion weit unterlegen. 1865 musste die Südarmee schließlich kapitulieren.

Harte Friedensbedingungen

Mehr als 600 000 Menschen hatte der Krieg das Leben gekostet. Nach Lincolns Ermordung durch einen Anhänger der Sklaverei, wenige Tage nach der Kapitulation, wurden dem Süden harte Friedensbedingungen vorgelegt: Bis 1867 blieb er militärisch besetzt; vielen Südstaatlern wurden die Bürgerrechte aberkannt. Die Sklaverei wurde abgeschafft. Alle Schwarzen erhielten das Wahlrecht – das Rassenproblem war aber damit noch lange nicht gelöst.

Amerika – Weltmacht der Zukunft

Unter Führung des Nordens stiegen die USA nach dem Bürgerkrieg in atemberaubendem Tempo zur wirtschaftlichen Großmacht auf. Nach dem Schrecken des Krieges erlebten die Amerikaner ihr „vergoldetes Zeitalter" („The Gilded Age"). Die weiten Landflächen westlich des Mississippi wurden erschlossen und besiedelt. Reiche Bodenschätze förderten ein sprunghaftes Anwachsen der Industrie, deren Produktion bald Europa überflügelte. Aus internationalen Verwicklungen hielten sich die USA weit gehend heraus und verwahrten sich auch gegen das Eingreifen europäischer Mächte auf dem amerikanischen Kontinent. 1890, nach Abschluss der Pionierzeit, bahnte sich außenpolitisch eine neue Phase an. Die USA wollten die vorherrschende Macht der westlichen Halbkugel werden. Ziele waren Ostasien und der karibisch-mittelamerikanische Raum. Die USA betrieben Weltmachtpolitik.

3 **Häuser und Zelte**. In den Langhäusern der Irokesen (links) lebten etwa 8 bis 10 verwandte Familien zusammen, meist Schwestern mit ihren Ehemännern und Kindern.

4 **Büffeljagd des „weißen" und des „roten" Mannes**. Weiße betrieben die Büffeljagd zunehmend als Sport oder verwerteten nur wenige Teile der toten Tiere. – Welche Folgen hatte die Massentötung der Büffel für die Indianer?

5

Vertreibung der Navajo-Indianer 1863/64. Tausende kamen dabei um.

Reservat der Navajos heute in Utah

6 **Das Sklavenschiff „Brookes" aus Liverpool.** Das Schiff war 30 m lang und durfte nach einem Gesetz von 1788 auf die angegebene Weise 454 Menschen transportieren. Vorher waren es bis zu 609. – Welche Absicht verfolgte der Zeichner, der 1789 das Bild nach amtlich festgestellten Maßen anfertigte und veröffentlichte?

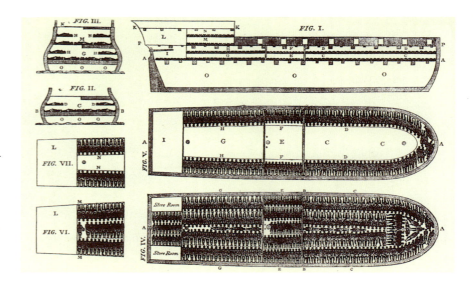

7 **Die Weißen: „offenkundige Bestimmung"**
1845 prägte eine amerikanische Zeitschrift erstmals den Begriff „manifest destiny" (vgl. VT):
Die reichen und schönen Täler von Wyoming sind dazu bestimmt, von der angelsächsischen Rasse in Besitz genommen zu werden. Die Reichtümer, die seit unzähligen Jahrhunderten
5 unter den schneebedeckten Gipfeln unserer Berge verborgen liegen, sind von der Vorsehung als Belohnung für die tapferen Männer gedacht, welche die Vorhut der Zivilisation bilden. Die Indianer müssen der immer weiter vorrückenden
10 und immer mehr anschwellenden Flut der Einwanderer weichen oder sie wird sie hinwegspülen. Das Geschick der Einwanderer ist in Lettern geschrieben, die nicht zu missdeuten sind. Der gleiche unerforschliche Gebieter, der Rom
15 zum Untergang verurteilte, hat die Vernichtung der roten Menschen in Amerika beschlossen.

Zit. nach: Dee Brown, Begrabt mein Herz an der Biegung des Flusses, München 1976, S. 189.

8 **Die Indianer: „Gewalttat und Betrug"**
a) *Ein Indianerhäuptling der Sioux:*
Wir wollen keine Weißen. Die Black Hills gehören mir. Wenn die Weißen sie uns wegzunehmen versuchen, werde ich kämpfen. Man verkauft nicht die Erde, auf der die Menschen wandeln.
5 Ihr Weißen seid alle in unser Reservat gekommen und habt uns unser Eigentum weggenommen, doch damit seid ihr nicht zufrieden – ihr wollt uns all unsere Schätze wegnehmen. Meine Freunde, seit vielen Jahren sind wir in diesem
10 Land, wir gehen nie ins Land des Großen Vaters

(US-Präsident) und belästigen ihn. Doch seine Leute kommen in unser Land und belästigen uns; sie tun viele böse Dinge und bringen unseren Leuten Schlechtes bei. Dieses Land ist mein, ich
15 bin darin aufgewachsen; meine Vorfahren haben in ihm gelebt und sind in ihm gestorben und ich will in ihm bleiben.

Zit. nach: Dee Brown, Begrabt mein Herz an der Biegung des Flusses, München 1976, S. 270 f.

b) *Der Indianerhäuptling Tecumseh:*
Die Langen Messer (so wurden die weißen Siedler genannt, weil sie oft lange Säbel trugen) haben Gewalttat auf Gewalttat und Betrug auf Betrug gehäuft. Wenn sie Land von uns erwerben
5 wollten, dann haben sie uns bedrängt und bedroht, bis wir es hergaben; denn oft dachten unsere alten Männer, sie könnten auf diese Weise den Krieg vermeiden; deswegen haben sie das Land verlassen. Oft gab es auch Häuptlinge, die
10 hatten Verlangen nach Feuerwasser und Gewehren, sodass sie Land verkauften.
Aber! Kein Häuptling hat das Recht Land zu verkaufen wie ein Bärenfell. Wenn einer sein Land nicht mehr bebauen kann, dann wird es einem
15 anderen gegeben. Nur was er auf dem Land anbaut, gehört ihm, nicht das Land. Das Land hat der Große Geist für seine roten Kinder geschaffen und er hat es ihnen allen gegeben um Mais und Früchte anzubauen.
20 Auch jagen wir nur Tiere, wenn wir sie zum Essen oder ihr Fell brauchen. Das Wild gehört allen wie das Land, auf dem wir leben.

Zit. nach: F. Steuben, Der Sohn des Manitous?, Stuttgart 1951, S. 95–99.

9 Menschenhandel

Die Negersklaven werden vor Kauf oder Verkauf genauestens auf ihren Gesundheitszustand überprüft. 1852 schrieb Harriet Beecher-Stowe den weltberühmten Roman „Onkel Toms Hütte". Das nebenstehende Bild ist eine Illustration in der deutschen Ausgabe aus Leipzig von 1853.

10 Sind alle Weißen gleich?

Ein presbyterianischer Missionar, der um 1740 unter Indianern lebte, schreibt um diese Zeit:

Diese Abneigung (der Indianer) dem Christentum gegenüber rührt teilweise aus einem unmoralischen und lasterhaften Verhalten, das sie bei vielen so genannten Christen antreffen … Ohne
5 unterschiedliche Ansichten von Dingen zu haben sind sie bereit alle Weißen gleich zu beurteilen und sie gleichermaßen für die widerwärtigen Taten einiger zu verachten … Sie haben mir gegenüber geäußert, dass Weiße lügen, betrügen,
10 stehlen und schlimmer trinken als die Indianer, dass sie den Indianern diese Dinge beigebracht haben, besonders das zuletzt Genannte …
Der einzige Weg, um mit diesen Schwierigkeiten fertig zu werden, ist zwischen angeblichen und
15 wahren Christen zu unterscheiden und ihnen so zu zeigen, dass das schlechte Verhalten vieler der Erstgenannten nicht daher rührt, dass sie Christen sind, sondern dass sie dem Namen nach und nicht in ihren Herzen Christen sind.

Jonathan Edwards, Memoirs of the Rev. David Brainerd; zit. nach: Jack D. Forbes, Die Wétiko-Seuche. Wuppertal 1981, S. 33 f.

11 Auf dem Sklavenmarkt

Die meisten Sklaven lebten unter menschenunwürdigen Umständen. Sie wurden von ihren Besitzern behandelt wie eine Sache, mit der man machen konnte, was man wollte. Ohne Erlaubnis der Besitzer durften Sklaven z. B. nicht einmal heiraten. J. Henson, ein ehemaliger Sklave, berichtet, wie es ihm als Kind auf dem Sklavenmarkt erging:

Meine Brüder und Schwestern wurden zuerst versteigert, einer nach dem anderen, während mich meine Mutter, gelähmt vor Schmerz, bei der Hand hielt. Dann kam sie an die Reihe und
5 sie wurde an Mr. Riley verkauft. Als für mich Geld geboten wurde, drängelte sich meine Mutter durch die Menge und warf sich Mr. Riley zu Füßen. Halb von Sinnen aus Angst von allen ihren Kindern getrennt zu werden flehte sie ihn
10 an, so wie es nur eine Mutter kann, doch mich zu kaufen. So wäre wenigstens ihr jüngstes Kind bei ihr. Der Mann machte sich mit brutalen Schlägen und Tritten von ihr los. Meine Mutter sah ich nie wieder.

Zit. nach: J. H. Franklin, From Slavery to Freedom, New York 1947, S. 249.

a) Vergleiche die Einstellung der Amerikaner und der Indianer zur Besiedlung des Landes und zur jeweils anderen Rasse (M4, M5, M7, M8, M10).

b) Beschreibe die Lebensweise der Siedler und der Indianer, die in den Bildern M2, M3, M4 und M5 zum Ausdruck kommt.

c) Worin zeigte sich der „weiße Mann" gegenüber den Indianern im Kampf um das Land „überlegen" (VT, M2, M3, M4, M7, M8 und M10)?

d) Untersuche, inwieweit sich durch den Bürgerkrieg das Leben der Sklaven veränderte (VT, M6, M9, M11 sowie M1 im vorangehenden Kapitel).

Eine große Revolution auf dem europäischen Kontinent

Der Sturm auf die Bastille am 14. Juli 1789 in Paris (zeitgenössische Zeichnung von Houel).
Links: Das Ende der Ständegesellschaft, Ausschnitt aus einem französischen Bilderbogen (Holzschnitt) von 1790.
Rechts: Napoleon Bonaparte während der Kaiserkrönung in Paris 1804, Skizze des französischen Malers David (1748 bis 1825); darunter eine Kokarde – seit 1789 Symbol der Revolutionäre: Ihre Farben verweisen auf das königliche Banner (weiß) und die Stadt Paris (Stadtfarben: blau und rot). Im Innenkreis steht „Freiheit und Gleichheit".

1. Frankreich vor 1789: reich und ruiniert

1788	*Frankreich ist in eine tiefe Finanzkrise geraten. König Ludwig XVI. beruft deshalb die Generalstände ein.*
Februar–April 1789	*In ganz Frankreich werden die Abgeordneten für die Generalstände gewählt.*

Weg in ein neues Zeitalter

1784 unternimmt der französische König Ludwig XVI. eine Reise in die Normandie. Sie wird zu einem einzigen Triumphzug. In einem kleinen Dorf umklammert eine Frau sein Knie und bricht in Tränen aus, während sie ausruft: „Ich sehe einen guten König, jetzt wünsche ich mir nichts mehr auf dieser Erde." Der König zeigt sich gerührt von den Sympathiebekundungen tausender Menschen. Als er nach der Besichtigung eines Kriegsschiffes von der wartenden Menge mit Beifallsstürmen empfangen wird, ruft er ihr mit Tränen in den Augen zu: „Es lebe mein Volk. Es lebe mein gutes Volk!"

Er war beliebt im Volk, dieser Monarch. Anders als seine Vorgänger empfand er das pompöse Leben in Versailles mit seiner starren Etikette, seinen Intrigen sowie die politischen Entscheidungen, denen er sich zu stellen hatte, eher als Belastung und sehnte sich nach einem einfachen, zurückgezogenen Leben. Acht Jahre später wird der „gute König" als letzter Monarch der alten Ordnung vor einer großen Menschenmenge in Paris hingerichtet. Die Ereignisse hatten sich überstürzt und den Weg in ein neues Zeitalter gebahnt – nicht nur in Frankreich.

Die „gottgewollte" Ständegesellschaft

Verglichen mit dem Jahrhundert zuvor und mit anderen europäischen Staaten war Frankreich ein relativ wohlhabendes Land. Das, was erwirtschaftet wurde, kam aber nur wenigen zugute. 85 Prozent der Bevölkerung lebten unter ärmlichen Verhältnissen auf dem Land. Wie in fast allen Staaten Europas teilte sich die Gesellschaft in drei Stände: in Adel, Klerus und den so genannten dritten Stand. Die Geburt entschied weit gehend darüber, zu welchem Stand man gehörte. Die Mehrheit zweifelte nicht daran, dass diese Ordnung, das Ancien régime (französisch, d. h. übersetzt alte Herrschaft), gottgewollt war.

1

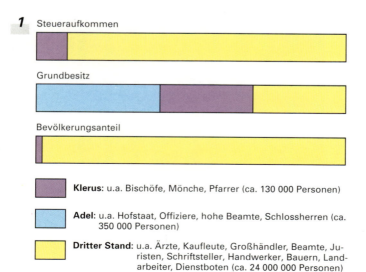

Steueraufkommen

Grundbesitz

Bevölkerungsanteil

Klerus: u.a. Bischöfe, Mönche, Pfarrer (ca. 130 000 Personen)

Adel: u.a. Hofstaat, Offiziere, hohe Beamte, Schlossherren (ca. 350 000 Personen)

Dritter Stand: u.a. Ärzte, Kaufleute, Großhändler, Beamte, Juristen, Schriftsteller, Handwerker, Bauern, Landarbeiter, Dienstboten (ca. 24 000 000 Personen)

Französische Ständegesellschaft vor 1789 (links) und Staatshaushalt 1788 (unten). Der hohe Anteil der Heereskosten hängt mit der Unterstützung der amerikanischen Kolonien im Krieg gegen England zusammen.

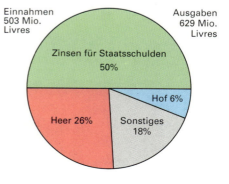

Einnahmen 503 Mio. Livres

Ausgaben 629 Mio. Livres

Zinsen für Staatsschulden 50%

Heer 26%

Sonstiges 18%

Hof 6%

2 **Wer trägt die Lasten?** *Anonyme Karikaturen aus dem Jahr 1789. Unter dem Bild links heißt es: „Man muss hoffen, dass dies Spiel bald ein Ende hat." Auf dem Säbel steht: „Gerötet vom Blut"; auf der Hacke: „Mit Tränen getränkt". Auf den anderen Zetteln werden Steuern, Dienste und Abgaben einerseits und Adelstitel andererseits genannt. Dem dritten Stand ist die Jagd verboten, deshalb können Kaninchen und Vögel Saat und Ernte fressen. Auf den Zetteln des rechten Bildes steht: in den Waagschalen: „Gleichheit und Freiheit", „Erleichterung für das Volk"; in der Jacke des Geistlichen: „Grundsteuer"; in der Jacke des Bauern: „Friede und Eintracht"; auf dem Degen des Adligen: „... um die Nation zu schützen"; auf dem Degen des Bauern: „Mut". Über allen Dreien steht: „Es lebe der König, es lebe die Nation." – Vergleiche diese Darstellung der Stände mit dem Verfassertext.*

Unterschiede innerhalb der Stände: im ersten Stand ...

Der Klerus hatte neben der Seelsorge die Menschen zu gläubigen Untertanen zu erziehen und führte daher die Aufsicht an Universitäten, Oberschulen und zahllosen Dorfschulen. Die Lebensverhältnisse innerhalb des geistlichen Standes waren nicht einheitlich: Während die Bischöfe, die Äbte der reichen Klöster und die Chorherren der Domkapitel fast alle aus reichen Adelsfamilien stammten, kamen die einfachen Pfarrer mehrheitlich aus Bauern- und Handwerkerfamilien. Auch als Pfarrer verbesserte sich ihr Lebensstandard nicht wesentlich.

... im zweiten Stand und ...

Unterschiede gab es ebenso im zweiten Stand: Der Adel am Hof verfügte über beträchtliches Vermögen aus königlichen Zuwendungen. Ein großer Teil der Landadligen war dagegen gezwungen auf den eigenen Ländereien mitzuarbeiten um sein Auskommen zu haben. Mancherorts bot der Anblick eines Aristokraten, der seinen Mist selbst auf den Acker brachte, ein gewohntes Bild. Einig waren sich die Adelsfamilien jedoch darin, auf neue Einnahmequellen außerhalb der Landwirtschaft zu verzichten. Investitionen in den Bergbau oder in Handelsgeschäfte kamen für sie nicht infrage. Derartige bürgerliche Umtriebe hielten sie für nicht standesgemäß. Da sie nun selbst nicht verarmen wollten, forderten sie von den Bauernfamilien mehr Feudalabgaben.

... im dritten Stand

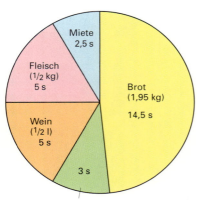

Sonstiges, (z.B. Gemüse, Kleidung)

3 Lebenshaltungskosten einfacher Handwerker in Paris 1789. Die Grafik zeigt, wofür der Tagesverdienst von ca. 30 Sous ausgegeben werden musste (20 Sous = 1 Livre).

Der „dritte Stand des dritten Standes"

Unternehmerfamilien, Bankiers, Reeder und Händlerfamilien galten vielen Adligen als neureiche Emporkömmlinge, von denen man sich umso bewusster abgrenzte, je mehr sie Adlige an Wohlstand und Reichtum übertrafen und sich in die Adelsgesellschaft mit einem königlichen Amt einkauften. Obwohl bürgerliche Unternehmer und Händler zu den zahlungskräftigsten Steuerzahlern des dritten Standes gehörten, gab es für sie keinerlei Möglichkeiten im Staat mitzubestimmen. Allerdings kannte man im wohlhabenden und gebildeten Bürgertum die Schriften der Aufklärer. In Klubs oder Pariser Salons wurde darüber von Männern und Frauen heftig diskutiert. Bücher, kleine Broschüren und Theaterstücke sollten die aufklärerischen Ideen verbreiten helfen. Junge Adlige, die an dem Kampf der nordamerikanischen Kolonisten gegen den englischen König teilgenommen hatten, wie der Marquis de Lafayette, berichteten über selbst verwaltete Staaten und Städte, den Vorrang der Leistung vor der Abstammung, Bürgerfreiheiten und Bürgerrechte in der Neuen Welt – warum sollte das nicht auch in Frankreich möglich sein?

Handwerkerfamilien und Kleinhändler hatten ganz andere Interessen als die Fernhändler, Unternehmer, Professoren, Anwälte, Ärzte und Beamten. Der wirtschaftliche Wandel, den der Merkantilismus gefördert hatte, bedrohte sie in ihrer Existenz. Wie sollten sie mit den kostengünstigeren Produktionsweisen in den Manufakturen und dem Vertriebssystem der Verlage konkurrieren können? Die Bauernfamilien, die Ernährer aller, waren in ihrer Existenz am wenigsten gesichert und am wenigsten frei. Nach Missernten, Seuchen oder Plünderungen mussten sie Kredite aufnehmen um durch Zukauf von Brotgetreide überhaupt überleben zu können. Dadurch gerieten sie in immer größere Abhängigkeiten von ihrem Grundherren.

„Die Frauen sind der dritte Stand des dritten Standes und egal, welchem Stand der Ehemann angehört, er verhält sich seiner Frau gegenüber wie ein Aristokrat." Zwar wird nicht auf alle Ehemänner das Urteil dieser Frau aus jener Zeit zugetroffen haben, aber es beschreibt die Situation der Frauen im Ancien régime recht genau. In allem wurden sie den Männern gegenüber benachteiligt: Arbeitende Frauen verdienten nur ein Drittel oder die Hälfte vom Lohn eines Mannes. Die meisten Stadtfrauen mussten als Spinnerinnen, Spitzenklöpplerinnen, Wäscherinnen, Lastenträgerinnen und Marktfrauen dazuverdienen, weil der Erwerb ihrer Männer nicht ausreichte die Familie zu ernähren.

Frauen hatten traditionell den Haushalt und die Haushaltskasse zu führen, was ihnen innerhalb der Familie ein gewisses Ansehen verschaffte, aber in Zeiten der Not eine besonders undankbare Aufgabe war. Ohne die Zustimmung ihres Ehemanns durften sie keinerlei finanzielle Geschäfte abschließen. Der Ehemann konnte uneingeschränkt über seine Frau und auch über ihre Mitgift verfügen. Wurde die Frau untreu, durfte er sie einsperren. Hatte er ihr nach zwei Jahren noch nicht vergeben, musste sie damit rechnen, kahl geschoren und bis an ihr Lebensende in ein Kloster gesteckt zu werden. Hatte dagegen ein verheirateter Mann eine Geliebte, war das kein Grund ihn zu verklagen. Verließ der Mann seine Frau, hatte sie kein Recht auf Unterhalt und keinen Anteil am Familieneigentum. Für Mädchen gab es keine Schul- und Berufsausbildung. Viele unverheiratete Frauen arbeiteten als Hausangestellte und erhielten dafür nicht mehr als Unterkunft und Verpflegung. Viele von ihnen waren gezwungen von der Prostitution zu leben. Obwohl Frauen wie die Männer Steuern zu zahlen hatten, war es Frauen nicht gestattet zu wählen oder gar ein öffentliches Amt zu bekleiden. Nur Frauen in der unmittelbaren Umgebung einflussreicher Männer hatten die Möglichkeit indirekt auf politische Entscheidungen Einfluss zu nehmen, wie adlige Damen am Hof, Mätressen des Königs und vor allem die Königin.

**Missernten
erzeugen Hunger**

Naturkatastrophen, Temperaturschwankungen und Hagelunwetter führten in der zweiten Hälfte des 18. Jahrhunderts zu Missernten. Viehseuchen kamen dazu. Infolgedessen stiegen die Fleisch- und Getreidepreise 1780 bis zu 60 Prozent. Ein Handelsvertrag, durch den billige britische Waren ungehindert in das Land strömen konnten, verschärfte 1786/87 die wirtschaftliche Not der Handwerkerfamilien. Die Zahl der Arbeitslosen, Bettelnden und Hungernden wuchs daher vor allem in den großen Städten.

Der Staat ist bankrott

Dieser Krisensituation stand ein schwacher und heruntergewirtschafteter Staat gegenüber. Das Hofleben in Versailles und die Kriege der französischen Könige in Deutschland und Amerika hatten die Staatsschulden so in die Höhe geschraubt, dass mit den herkömmlichen Mitteln und Steuern der Bankrott nicht mehr aufzuhalten war. Also wagte sich Ludwig XVI. auf Anraten seines Finanzministers Necker an eine „heilige Kuh": die Steuerfreiheit der ersten beiden Stände. Natürlich wehrten sich Adel und Klerus eines ihrer wichtigsten Privilegien aufzugeben. Vielmehr sahen sie in der Notlage des Königs eine gute Gelegenheit die Macht des Monarchen endlich wieder einzuschränken. Gemeinsam mit dem Bürgertum forderten sie die Einberufung der Generalstände.

**Generalstände machen
noch keine Revolution**

Diese traditionelle Versammlung war 174 Jahre nicht mehr in Erscheinung getreten. Seit 1615 fühlten sich die französischen Könige mächtig genug unabhängig vom Rat der Stände zu regieren. Auch Ludwig XVI. lehnte zunächst die geforderte Mitsprache der Stände kategorisch ab, willigte dann aber doch unter dem Druck der Notlage ein.

Zunächst mussten neue Vertreter der drei Stände gewählt werden. Überall in Frankreich fanden Wahlen statt – zum ersten Mal waren alle über 25 Jahre alten männlichen Franzosen wahlberechtigt. Bei den Wahlversammlungen wurden Beschwerdehefte (französisch „cahiers de doléances") mit Klagen, Vorschlägen und Forderungen an den König verfasst; schreibkundige Bürger schrieben sie für die Bauern auf. Heute noch geben Tausende solcher Hefte Aufschluss über die Stimmung in der Bevölkerung Frankreichs am Vorabend einer Revolution.

4 **Eröffnung der Generalstände** auf einem Fächer. Die Vertreter des dritten Standes mussten durch eine Nebentür eintreten.

Unterscheide die Stände nach Kleidung und Sitzordnung.

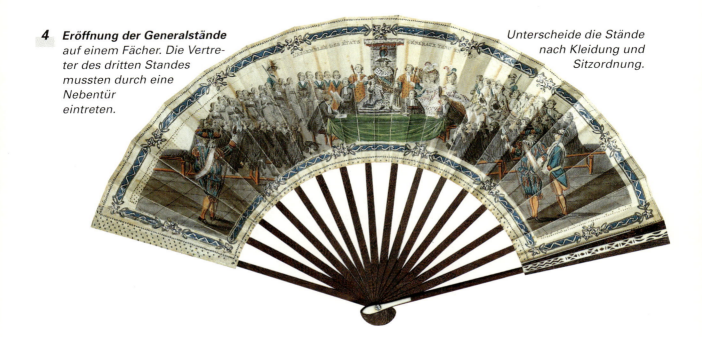

5 *Reisenotizen. Der Engländer Arthur Young reiste 1787 bis 1789 durch Frankreich. Zum 17. Oktober 1787 schrieb er in sein Tagebuch:*
Habe heute mit einer Gesellschaft gespeist, deren Unterhaltung sich ausschließlich mit der Politik beschäftigte. Es herrschte die Meinung vor, dass man sich am Vorabend einer großen Umwälzung
5 in der Regierung befinde. Alles weise darauf hin, die große Unordnung in den Finanzen, mit einem Fehlbetrag, der ohne die Generalstände nicht zu decken ist; kein Minister, der über die nötigen Eigenschaften verfügt um etwas anderes
10 als Linderungsmittel zu finden; auf dem Thron ein Fürst mit den besten Absichten, aber ohne die erforderlichen geistigen Fähigkeiten um in diesem Augenblick selbst zu regieren; ein Hof, der vergnügt in Saus und Braus lebt und damit
15 das große Elend verschlimmert; eine tiefe Gärung unter den Menschen aller Schichten, die sich begierig nach Veränderung sehnen ohne zu wissen, was sie wünschen sollen; ein Verlangen nach Freiheit, das seit der amerikanischen Revo-
20 lution von Stunde zu Stunde wächst.

Nach: A. Young, Voyages en France, Paris 1988, S. 78 f., Übers. K. Sturm

6 *Beschwerden und Wünsche. Als im Januar 1789 die Generalstände einberufen wurden, forderte die Regierung die Wähler dazu auf, wie früher üblich, den Vertretern Hefte mit Beschwerden und Wünschen mitzugeben.*
a) Die Einwohner des Dorfes Guyancourt forderten:
1. dass alle Steuern von den drei Ständen ohne irgendwelche Ausnahme gezahlt werden, von jedem Stand gemäß seinen Kräften;
2. das gleiche Gesetz und Recht im ganzen Kö-
5 nigreich;
5. die völlige Beseitigung jeglicher Art von Zehnten in Naturalien; …
8. dass die Eigentumsrechte heilig und unverletzlich sind;

10 9. dass rascher und mit weniger Parteilichkeit Recht gesprochen wird;
10. dass alle Frondienste, welcher Art sie auch sein mögen, beseitigt werden;
11. dass die Einziehung zum Heeresdienst nur
15 in den dringenden Fällen erfolgt …
17. dass alle Pfarrer verpflichtet sind alle ihre Amtspflichten zu erfüllen ohne dafür irgendwelche Bezahlung zu fordern; …

Zit. nach: I. u. P. Hartig, Die Französische Revolution. Stuttgart 1984, S. 34 f.

b) Bittschriften von Frauen des dritten Standes:
In einer Zeit, da ein jeder bemüht ist seine Ansprüche und Rechte geltend zu machen … sollte es da nicht auch den Frauen möglich sein, ihrer Stimme Gehör zu verschaffen? …
5 Die Frauen des dritten Standes werden fast alle ohne Reichtümer geboren; ihre Erziehung wird sehr vernachlässigt …
Wir bitten Euch inständig, Sire, kostenlose Schulen einzurichten, wo wir unsere Sprache von
10 Grund auf erlernen können, die Religion und die geistigen und sittlichen Werte; eins wie das andere soll uns in seinem ganzen Umfang dargeboten werden …
Ebenso (ist) es nur gerecht, ihre (der Frauen)
15 Stimmen zu zählen, da sie doch, wie die Männer dazu verpflichtet sind, die königlichen Abgaben zu zahlen und den Verpflichtungen des Handels nachzukommen.
Man wird eventuell vorbringen, alles, was man
20 ihnen gewähren könne, sei ihnen zu gestatten sich durch Bevollmächtigte in den Generalständen vertreten zu lassen. Man könnte dem entgegnen, es sei mit Fug und Recht erwiesen, dass weder ein Adeliger einen Nichtadeligen vertre-
25 ten kann noch dieser einen Adeligen, ebenso kann … kein Mann eine Frau vertreten … können Frauen nur von Frauen vertreten werden.

Cahiers de doléances des femmes en 1789 et autres textes. Zit. nach: Geschichte auch für Mädchen, hrsg. von der Landesregierung NRW, S. 20 f.

a) *Verschaffe dir anhand des VT, M1 und einer Tabelle einen Überblick über die Personengruppen, die zu den drei Ständen gehörten. Kläre dann für jede Gruppe, welche wirtschaftlichen, steuerlichen und politischen Forderungen sie stellte und welche Interessen sie hatte. Beantworte dieselbe Frage auch für den König. Zwischen welchen Gruppen kannst du dir Verbindungen vorstellen, wenn es um die Durchsetzung der Forderungen geht, zwischen welchen nicht? Begründe deine Meinung. Inszeniert dazu ein Rollenspiel (mit unterschiedlichen Szenen).*

b) *Die Forderungen in M6 beziehen sich auf Missstände des Ancien Régime. Stelle den Forderungen die Missstände gegenüber. Siehe auch M1, M2, M3.*

2. 1789: Die Revolution des dritten Standes

1788	Der König gibt der Forderung des dritten Standes nach: Für die Generalstände wird die Abgeordnetenzahl des dritten Standes auf ca. 600 erhöht. Der Erste und der Zweite Stand haben zusammen ebenfalls ca. 600 Abgeordnete. Der König beharrt aber auf der herkömmlichen Abstimmung nach Ständen (eine Stimme für jeden Stand).
1789 5. Mai	*Versailles:* Feierliche Eröffnung der Generalstände. Der König geht in seiner Rede auf die Forderung des dritten Standes, nach Köpfen (pro Abgeordneter eine Stimme) und nicht nach Ständen abzustimmen, nicht ein.
8. Mai	Vertreter des dritten Standes weigern sich als gesonderter Stand zu tagen, und fordern die beiden anderen Stände auf sich mit ihnen zu vereinigen. Die ersten Landpfarrer gehen zum dritten Stand über.
17. Juni	Der dritte Stand erklärt sich zur Nationalversammlung, weil er 98% des Volkes repräsentiere. Die anderen Stände werden erneut aufgefordert, sich ihnen anzuschließen. Viele Landpfarrer und wenige Adlige folgen der Aufforderung.
20. Juni	Der König lässt den Versammlungsraum des dritten Standes unter einem Vorwand schließen. Die Abgeordneten weichen in den Ballsportsaal aus. Dort schwören sie nicht eher auseinander zu gehen, als bis das Königreich eine Verfassung habe (Ballhausschwur).
23. bis 27. Juni	Der König weicht nach und nach vor der Entschlossenheit des dritten Standes zurück und empfiehlt schließlich den anderen beiden Ständen sich der Nationalversammlung anzuschließen.
Anfang Juli	Die Nationalversammlung will eine Verfassung ausarbeiten. Während sie tagt, lässt der König um Versailles und Paris Truppen zusammenziehen. Viele Menschen in Paris geraten in höchste Erregung.
13. Juli	*In Paris:* Bürgerinnen und Bürger greifen zu den Waffen. Eine neue, selbst ernannte Stadtregierung organisiert vom Rathaus aus Bürgerwehren, Nationalgarden genannt, in den Stadtbezirken.
14. Juli	Eine Menschenmenge stürmt das Zollhaus, bemächtigt sich der Waffen, belagert und stürmt dann die Bastille, das Staatsgefängnis (siehe ADS), um sich

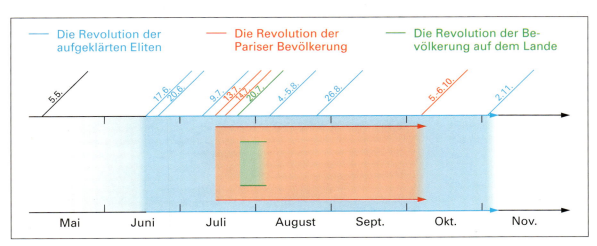

Munition zu verschaffen. Die Köpfe des ermordeten Kommandanten und eines Wachsoldaten werden jubelnd durch die Straßen getragen.

16./17. Juli	Der König gibt den Befehl die königlichen Truppen zurückzuziehen. Er erscheint selbst in Paris und heftet sich unter dem Jubel der Anwesenden die Kokarde (siehe ADS) mit den Revolutionsfarben an den Hut.
Ende Juli/Anfang August	*Auf dem Land:* Bauern bewaffnen sich, plündern Schlösser, verjagen Adlige und Grundherren, zünden Schlösser und Klöster an. Urkunden, auf denen die Frondienste und Abgabenpflichten niedergeschrieben sind, werden verbrannt. Gerüchte von einer grausamen Strafexpedition gegen die Bauern verstärken die Furcht der Bauernfamilien und treiben sie zu härterem Vorgehen an. In der Nationalversammlung ist man bestürzt über die Bauernrevolten. Man zieht auch ein hartes Vorgehen gegen die Aufständischen in Betracht.
4./5. August	Auf Vorschlag einiger Adliger beschließen die Abgeordneten der Nationalversammlung in einer erregten Nachtsitzung die Aufhebung aller Privilegien und die Abschaffung der Leibeigenschaft.
26. August	Die Nationalversammlung veröffentlicht die Menschen- und Bürgerrechte als Grundlage einer neuen Verfassung. Der König stimmt den Beschlüssen der Nationalversammlung nicht zu.
August und September	In Paris herrscht nach wie vor Hunger. Die Brotpreise steigen weiter und das Angebot an Lebensmitteln nimmt weiter ab.
5./6. Oktober	Mehrere tausend Frauen ziehen nach Versailles. In ihrem Gefolge sind auch Nationalgardisten. Die Frauen dringen in die Sitzung der Nationalversammlung ein. Die Königin wird in ihren Gemächern bedroht. Nationalgardisten töten zwei Leibgardisten des Königs. Als der König einwilligt mit seiner Familie nach Paris zu ziehen und den Beschlüssen der Nationalversammlung zuzustimmen, entspannt sich die Lage. Die Abgeordneten der Nationalversammlung folgen dem König wenige Tage später nach Paris.
2. November	Die Nationalversammlung beschließt die Kirchengüter zu verstaatlichen um die Finanzkrise des Staates zu bewältigen. Sie lässt Papiergeld (Assignate) drucken. Sein Wert soll mit den Kirchengütern gesichert werden. Es verliert aber zusehends an Wert, weil immer mehr Geld gedruckt wird.

1 *Graf Mirabeau hatte sich als Abgeordneter für den dritten Stand wählen lassen. Als der königliche Großzeremonienmeister den Befehl brachte die Versammlung aufzulösen und den Saal zu räumen, antwortete Mirabeau: „... nur vor der Gewalt der Bajonette werden wir vom Platz weichen." Gemälde von Desiré Court (1797–1865).*

2 Die alte Ordnung löst sich auf

a) *Spätere Gedenkmünze zur Sitzung der Nationalversammlung vom 4. August 1789 von Edouard Gatteaux (1788 bis 1881)*

b) *In der stürmischen Sitzung überraschen einige weltliche und geistliche Grundherren die Abgeordneten der Nationalversammlung mit ihrem Vorschlag die Privilegien abzuschaffen. In der Nachtsitzung vom 4. auf den 5. August wird beschlossen, dass*

– *die Leibeigenschaft, die grundherrliche Gerichtsbarkeit, alle Geldvorrechte und Steuerbefreiungen, die Käuflichkeit der Ämter, alle unrechtmäßigen Pensionen abgeschafft sind;*

5 – *die Bauern sich von den Grundherrenrechten und vom Zehnten loskaufen können;*

– *die Abgabe des Zehnten nur noch in Geld zugelassen wird (später wird diese Abgabe ganz aufgehoben);*

10 – *die Angehörigen aller Stände rückwirkend für das Jahr 1789 gleichermaßen zur Steuer herangezogen werden;*

– *alle Bürger zu Ämtern in Staat und Heer gleichermaßen zugelassen werden;*

15 – *keine Provinz mehr besondere Vorrechte genießt.*

c) *Der Marquis de Ferrieres schrieb wenige Tage später an seine Anhänger zu Hause:*
Die von heftigsten Unruhen betroffenen, zum Teil verwüsteten Provinzen Franche-Comté, Dauphiné, Bourgogne, Elsass, Normandie und Limousin, wo über 150 Herrensitze in Brand

5 gesetzt worden waren; die Wut, mit der die Feudalurkunden aufgespürt und verbrannt wurden; die Aussichtslosigkeit, sich der Woge der Revolution entgegenzustemmen, … all das schrieb uns … das Verhalten vor, das wir bezeigen mussten.

10 Die Vertreter der Geistlichkeit wie des Adels … nahmen alle eingebrachten Anträge an … Es wäre für sie vergeblich und sogar gefährlich gewesen, dem Gemeinwillen der Nation Widerstand zu leisten … Ich beschwöre Sie deshalb,

15 meine Herren Adelige, weder über den von Ihnen soeben geleisteten großmütigen Verzicht Bedauern zu zeigen, noch den Beschluss der Nationalversammlung öffentlich zu tadeln.

Zit. nach: Kurt Holzapfel (Hg.), Die Große Französische Revolution 1789 bis 1795, Berlin 1989, S. 86.

3 Erklärung der Menschen- und Bürgerrechte am 26. August 1789 (Auszüge)

1. Die Menschen werden frei und gleich an Rechten geboren und bleiben es. Die gesellschaftlichen Unterschiede können nur auf dem allgemeinen Nutzen begründet werden.

5 2. Der Zweck jeder staatlichen Vereinigung ist die Erhaltung der natürlichen und unverjährbaren Menschenrechte. Diese Rechte sind Freiheit, Eigentum, Sicherheit und Widerstand gegen Unterdrückung.

10 3. Der Ursprung jeder Herrschaft liegt wesensmäßig beim Volke; keine Körperschaft, kein Einzelner kann Herrschaft ausüben, die nicht ausdrücklich von ihm ausgeht.

4. Die Freiheit besteht darin, alles tun zu können,

15 was einem anderen nicht schadet (Die Grenzen der Freiheit bestimmt allein das Gesetz).

6. … Da alle Bürger vor dem Gesetz gleich sind, so sind sie auch alle in der gleichen Weise zu allen Ehrenämtern, öffentlichen Stellungen und

20 Beschäftigungen gemäß ihren Fähigkeiten zugelassen, ohne einen anderen Unterschied als den ihrer Kräfte und Geistesgaben.

10. Niemand darf wegen seiner Ansichten, selbst nicht der religiösen, bedrängt werden, vorausge-

25 setzt, dass ihre Äußerung nicht die durch das Gesetz festgelegte öffentliche Ordnung stört.

11. Die freie Mitteilung der Gedanken und Ansichten ist eines der kostbarsten Menschenrechte; daher kann jeder Bürger frei sprechen,

30 schreiben, drucken, mit dem Vorbehalt, dass er verantwortlich ist für den Missbrauch dieser Freiheit in den von dem Gesetz festgelegten Fällen.

16. Eine Gesellschaft, in der die Garantie der Rechte nicht gesichert und die Teilung der Ge-

35 walten nicht festgelegt ist, hat keine Verfassung.

Zit. nach: I. und P. Hartig, Die Französische Revolution, Stuttgart 1985, S. 52 ff.

4 Pariser Marktfrauen und Nationalgardisten mit der königlichen Familie am 6. Oktober 1789 auf dem Weg von Versailles nach Paris. Zur Nationalgarde, die aus der Pariser Bürgerwehr entstand, waren bis 1792 nur Besitzbürger zugelassen. – Versuche herauszufinden, auf welcher Seite der Zeichner steht.

5 Die Ereignisse am 5./6. Oktober

a) *Schilderung von Frau Cheret*

… gegen vier Uhr – schlugen unsere Bürgerinnen … den Weg zur Nationalversammlung ein, wo sie nur unter Mühe Einlass erhielten … Trotz der Furcht, die unsere guten Freundinnen unter
5 den Hosenmätzen gesät hatten – mehrere von ihnen verließen gar die Versammlung –, glaubten die ehrenhaften Mitglieder der Nationalversammlung zu erkennen, dass sie (die Bürgerinnen) absolut entschlossen seien, solange nicht auseinan-
10 der zu gehen, wie noch etwas endgültig festgelegt werden müsse. Sie gestanden unseren 12 Abgeordneten zu: 1. ein neuerliches Getreideausfuhrverbot; 2. … dass der Getreidepreis auf 24 Livres festgesetzt würde; ein … Preis, bei dem das Brot
15 selbst für die Armen erschwinglich sei; 3. dass das Fleisch nur 8 Sous das Pfund kosten solle.

… das Gerücht besagt, dass der König den 5. Oktober unterstützt habe und mehr denn je jenes Attribut verdiente, das man ihm am 17. Juli 1789
20 zubilligte, „Erneuerer der Französischen Revolution" zu sein. Wir Bürgerinnen wurden, geschmückt mit Ruhm, auf Kosten Seiner Majestät im Wagen zum Pariser Rathaus zurückgebracht …

Zit. nach: S. Petersen: Marktweiber und Amazonen, Köln 1987, S. 70 ff.

b) *Herr Dumont aus Genf, befreundet mit Mirabeau, berichtet über das gleiche Ereignis*

Als wir (er und Mirabeau) schließlich in die Versammlung kamen, wo der Präsident sich vergeblich abmühte Ruhe zu schaffen, erhob Mirabeau seine alles übertönende Stimme und forderte den
5 Präsidenten auf der Versammlung Respekt zu verschaffen … Bei seiner Volkstümlichkeit hatte er (Mirabeau) Erfolg mit seinen Worten. Nach und nach zog sich die Menge zurück … Ich stand auf einer Galerie, wo ein Fischweib sich mit einer
10 überlegenen Autorität betätigte und ungefähr hundert Weiber … dirigierte, die ihre Befehle erwarteten um zu schreien oder zu schweigen. Sie rief ungeniert die Deputierten an und fragte: „Wer redet denn da hinten? Lasst den Schwätzer den
15 Mund halten! Darum handelt es sich gar nicht, es handelt sich darum, Brot zu bekommen. Man soll unser Mütterchen Mirabeau sprechen lassen …" Ihre ganze Gesellschaft schrie: „Unser Mütterchen Mirabeau!" (Ausdruck der Sympa-
20 thie). Aber Mirabeau war nicht der Mann, der bei solchen Gelegenheiten seine Kräfte verschwendete und seine Beliebtheit beim Volk war, wie er sagte, nicht Beliebtheit beim Pöbel.

Zit. nach: G. Pernoud, S. Flaissier, Die Französische Revolution in Augenzeugenberichten. München, 5. Aufl., 1983, S. 65/6.

a) Zeige, wie sich die Ereignisse in Versailles, in Paris und auf dem Land gegenseitig beeinflussten (VT, M2, M4 und die beiden Bilder der ADS).
b) Vergleiche die Wortwahl und die Darstellung von Dumont mit der von Frau Cheret in M5. Nimm selbst Stellung zum Vorgehen der Frauen.
c) Stelle anhand des Grundbegriffes „Revolution" Merkmale einer Revolution zusammen und erörtere, inwiefern die Ereignisse in Frankreich im Jahre 1789 mit Recht eine Revolution genannt werden.

3. Aus Untertanen wird eine Nation: von der konstitutionellen Monarchie zur Republik

3. Sept. 1791	*Die neue Verfassung macht Frankreich zur konstitutionellen Monarchie.*
22. Sept. 1792	*Ludwig XVI. wird wegen Zusammenarbeit mit den Feinden der Revolution abgesetzt und unter Arrest gestellt. Frankreich wird damit zur Republik.*
17. Jan. 1793	*Mit einer Stimme Mehrheit im neu gewählten Parlament wird das Todesurteil gegen den König gefällt und vier Tage später vollstreckt.*

Die Ständegesellschaft in Frankreich war abgeschafft, das Ancien régime beseitigt, jedem wurden grundlegende Rechte zugesichert, wer aber sollte zukünftig die Gesetze machen und über ihre Gültigkeit befinden? Welche Rolle sollte dem König und welche Rolle den Volksvertretern dabei zukommen?

Ein neuer Staat: mit dem König oder gegen ihn?

Auch ein Jahr nach dem Sturm auf die Bastille dachte die Mehrheit der Franzosen nicht daran, die Monarchie abzuschaffen. Hatte sich der König nicht nach seiner Ankunft in Paris im Oktober 1789 die Kokarde mit den Farben der Revolution angeheftet (siehe ADS)? Auch das große Fest der Verbrüderung am Jahrestag des Bastillesturms 1790 nährte die Hoffnung im Bürgertum und im einfachen Volk, dass die Probleme im Staat mit dem und nicht gegen den König zu lösen waren. Der Monarch schwor vor einer begeisterten Menschenmenge Nation und Gesetz, also der zukünftigen Verfassung, die Treue zu halten. In

1 **Die französische Verfassung von 1791** war die erste schriftlich formulierte in Europa. Beschreibe die Machtverteilung zwischen König und Nationalversammlung (suspensives Veto: Gesetzesvorschläge können für zwei Jahre blockiert werden). Vergleiche das Wahlrecht mit der Forderung nach Gleichheit.

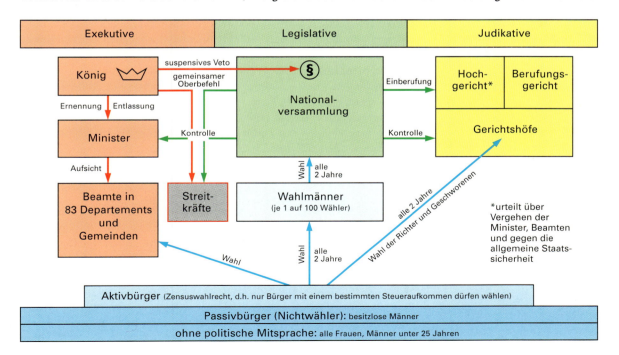

2 *Der Klerus in der Nationalversammlung* von 1790 bis 1791 (zeitgenössischer Stich). Der Kirchenbesitz war bereits verstaatlicht, die Schulen der kirchlichen Aufsicht entzogen, Klöster und Orden aufgelöst. Rechts auf dem Bild Eid verweigernde Priester. – Erkläre die Darstellung mithilfe des VT (unten) und erläutere die Position des Zeichners.

Wirklichkeit hatte sich Ludwig jedoch nie damit abgefunden, dass man es gewagt hatte, die alte Ordnung anzutasten. Zunehmend auch verunsichert durch die ständige Kontrolle der Pariser Öffentlichkeit versuchte er im Juni 1791 mit seiner Familie ins benachbarte Ausland zu fliehen. Denn dort bereiteten Tausende von adligen Emigranten ein militärisches Eingreifen gegen die französischen Umstürzler vor. Der königliche Fluchtversuch scheiterte, war aber für viele Menschen, vor allem für die Gegner der Monarchie, ein klares Indiz für die mangelnde Loyalität des Monarchen gegenüber der neuen Nation. Die gleiche Wirkung erzielte der streng katholische König, als er sich für jene Priester einsetzte, die nach wie vor den Eid auf die Verfassung verweigerten und dafür mit Berufsverbot und Deportation ins Ausland bestraft werden sollten.

Kleriker werden zu wichtigen Gegnern der Revolution

Mit ihren Beschlüssen hatte die Nationalversammlung den Klerus schon früh in zwei Lager gespalten und sich dadurch einen einflussreichen Gegner geschaffen. Die Priester sollten von den Gemeinden gewählt und als Beamte vom Staat bezahlt werden. Erst nach dem Eid auf die Verfassung konnten sie zu Amt und Würden gelangen. Die Zustimmung des Papstes sollte keine Rolle mehr spielen. Aus Gehorsam gegenüber Rom, das die neue, „gottlose Ordnung" strikt ablehnte, verweigerte etwa die Hälfte der Priester den Verfassungseid und wurde im weiteren Verlauf der Revolution dafür verfolgt. Ein Großteil der katholischen Gläubigen, vor allem auf dem Land, hielt treu zu ihren Pfarrern und Seelsorgern. Sie wandte sich umso empörter von der Revolution ab, je mehr der Gegensatz zur Papstkirche sich zu einem Kampf gegen die christliche Religion wandelte.

Krieg mit dem Ausland – verschiedene Hoffnungen und Ängste

Im April 1792 erklärten der König und die Nationalversammlung Österreich den Krieg. Doch Ludwig XVI. verband damit ganz andere Ziele als jene Abgeordneten der Nationalversammlung, die die Errungenschaften der Revolution gegen die bevorstehende militärische Intervention der Preußen und Österreicher verteidigen und auch die Nachbarvölker von den „Fesseln der Despotie" befreien wollten. Der König hoffte auf die Niederlage der Revolutionsarmee um mithilfe des Auslandes die absolute Monarchie gewaltsam wiederherstellen zu können. Danach sah es in den ersten Kriegsmonaten auch aus. Feindliche Truppen marschierten auf Paris zu und drohten es zu zerstören. Die Bevölkerung

Verfassung (lat. „constitutio"): In einer Verfassung, auch Konstitution genannt, sind die Grundsätze eines Staates festgeschrieben. Sie bestimmen die Form (z. B. Demokratie oder Monarchie) und den Aufbau (zentralistisch, föderalistisch) eines Staates und legen fest, welche Staatsorgane (z. B. Parlament, Gericht, Monarch) es gibt. Eine Verfassung bestimmt, wer als Bürger zu gelten hat und wer wählen (aktives Wahlrecht) und wer in politische Ämter gewählt werden (passives Wahlrecht) darf, ebenso die Art der politischen Beteiligung (Wahl). Heute gibt es in Europa keinen Staat mehr ohne Verfassung.

Konstitutionelle Monarchie: Die Staatsgewalt des Monarchen ist durch eine Verfassung eingeschränkt, indem eine Volksvertretung (Parlament) maßgeblich an der Gesetzgebung und der Festlegung von Steuern und Staatsausgaben, nicht aber an der Regierungsbildung (der Ernennung der Minister) beteiligt ist.

geriet in Angst und Aufregung. Überall vermutete man Verrat der Revolutionsgegner. Handwerker und Arbeiter organisierten eine eigene Pariser Stadtregierung. Im August stürmten bewaffnete Frauen und Männer mit Nationalgardisten das königliche Schloss und forderten die Absetzung des Königs; Anfang September, als die Bedrohung durch die heranrückenden Feinde noch größer wurde, lynchten vorwiegend Kleinbürger in den Gefängnissen über 1000 Menschen, darunter vor allem Adlige und eidverweigernde Priester.

Tod dem König, damit die Revolution lebt

Mit dem Druck der Straße konnten die Gegner der Monarchie die Absetzung des Monarchen in der Nationalversammlung durchsetzen. Als dann noch die Geheimkontakte Ludwigs zu den adligen Emigranten und dem österreichischen Kaiser ans Tageslicht kamen, bestand für die radikalen Republikaner kein Grund mehr vor einem Hochverratsprozess zurückzuschrecken. Im Dezember 1792 wurde der letzte Monarch des Ancien régime, nunmehr nur noch der „Bürger Louis Capet", angeklagt, für schuldig befunden und im Januar 1793 hingerichtet.

Ein Verfassungsschema interpretieren (vier Schritte):
1. Das Schema zerlegen und durchschauen:
   – Welche Ordnung lässt sich erkennen (Blöcke, Farben)?
   – Wie sind die einzelnen Blöcke miteinander verbunden? Welche Bewegungsrichtung haben die Pfeile? Welche Begriffe sind unbekannt? (Der Text oder ein Lexikon hilft dir bei der Klärung.)
2. Verfassungskriterien Gesetzgebung und Machtausübung:
   – Wer darf Gesetzesvorschläge machen? Wer erlässt die Gesetze? Wer kann Gesetzesbeschlüsse rückgängig machen?
   – Wer setzt die Gesetze durch?
   – Gibt es Grundsätze, nach denen sich die Gesetzgebung richten muss?
3. Verfassungskriterien Wahl, Machtverteilung und Machtkonzentration:
   – Welche Positionen werden durch Wahl bestimmt, welche nicht?
   – Wer darf wählen, wer darf gewählt werden, wer ist von der Wahl ausgeschlossen?
   – Ist die Macht im Staate auf verschiedene Personen/Grupppen/Gremien verteilt oder konzentriert sie sich an einer Stelle?
4. Was ein Schema oft nicht erklärt, was aber auch wichtig ist:
   – Welche Rechte haben Minderheiten?
   – Warum und bei welcher Gelegenheit wurde die Verfassung verabschiedet? Haben diese Umstände die Verfassung beeinflusst?
   – Stimmt die Wirklichkeit im Staat mit den Grundsätzen der Verfassung überein?

3 **Prozess und Hinrichtung Ludwigs XVI.**
a) *Darstellung auf einem Zierteller.*

b) *Auszüge aus der Rede des Abgeordneten Robespierre im Nationalkonvent am 3.12.1792*
… Die berühmte Frage, die euch beschäftigt, ist entschieden durch die beiden Worte: Ludwig wurde entthront durch seine Verbrechen; … Wenn Ludwig unschuldig ist, werden alle Vertei-
5 diger der Freiheit zu Verleumdern und die Rebel-len waren die Freunde der Wahrheit … Was mich angeht, so verabscheue ich die Todesstrafe und für Ludwig habe ich weder Hass noch Liebe; nur seine Missetaten hasse ich … Aber ein ent-
10 thronter König im Schoße einer Revolution, die noch weit davon entfernt ist, durch gerechte Ge-setze verankert zu sein, ein König, dessen Name allein schon die Geißel des Krieges auf die er-regte Nation herabbeschwört: Dessen Dasein
15 kann weder durch Haft noch Verbannung für das öffentliche Wohl gleichgültig werden. Mit Schmerz spreche ich die verhängnisvolle Wahr-heit aus: Es ist besser, dass Ludwig stirbt, als dass 100 000 tugendhafte Bürger umkommen: Lud-
20 wig muss sterben, weil das Vaterland leben muss.

Zit. nach: I. u. P. Hartig, Die Französische Revolution, Stuttgart 1984, S. 81 f.

c) *Rede des Rechtsanwalts Romain de Sèze vor dem Nationalkonvent am 26. 12. 1792*
Nehmt euch in Acht; nehmt ihr Ludwig die Un-verletzlichkeit des Königs, so seid ihr ihm we-nigstens die Rechte des Bürgers schuldig … Wollt ihr nun aber Ludwig als König richten,
5 dann frage ich Euch: Wo sind die schützenden Formen, die jeder Bürger kraft unveräußerlichen Rechts verlangen kann? Ich frage euch: Wo ist jene Teilung der Gewalten, ohne die weder Ver-fassung noch Freiheit möglich ist? Ich frage euch:
10 Wo sind die Geschworenen für Anklage und Ur-teil, die den Bürgern durch das Gesetz als Geiseln zum Schutz ihrer Sicherheit und Unschuld gege-ben sind? … Mit einem Wort, ich frage euch: Wo sind alle jene strengen Vorkehrungen, die das Ge-
15 setz bestimmt hat, damit der Bürger, selbst wenn er schuldig ist, nur durch das Gesetz getroffen wird? … Ludwig soll weder die Rechte des Bür-gers noch die Vorrechte des Königs haben! …

Zit. nach: I. u. P. Hartig, Die Französische Revolution, Stuttgart 1984, S. 83 f.

d) *Die Frauenrechtlerin Olympe de Gouges, die die Todesstrafe prinzipiell ablehnte, 1792:*
Es genügt nicht, den Kopf eines Königs abzu-schlagen um ihn zu töten, er lebt noch lange nach seinem Tod. Aber er ist wirklich tot, wenn er sei-nen Sturz überlebt.

Zit. nach: Hans Erik Hausner, Zeit Bild 1794. Wien, Heidelberg 1977, S. 215.

4 **Beschlüsse der Nationalversammlung**
1789: *Alle Preise richten sich nach Angebot und Nachfrage; es gibt keine Festlegung von Höchstpreisen;*
März 1791: *Alle Zünfte und Zunftzwänge wer-den aufgehoben; jeder hat das Recht ein Ge-werbe zu betreiben;*
Juni 1791: *Streiks und Zusammenschlüsse von Arbeitern und Handwerkern werden verboten, ebenso Preisabsprachen;*
September 1791: *Schutz des Eigentums.*

a) *Überlege, für welche Teile der Bevölkerung die Beschlüsse der National-versammlung (M4) von Vorteil und für welche sie von Nachteil waren. Ziehe Rückschlüsse auf die Zusammensetzung der Nationalversammlung.*
b) *Inszeniert ein Kreuzverhör: Zwei Auslandskorrespondenten (Mann oder Frau) besuchen den König nach seiner Absetzung in seinem Arrest. Erstellt eine Liste möglicher Fragen zu seinem politischen Agieren seit der Einbe-rufung der Generalstände. Welche Antworten könnte der König geben?*
c) *Stelle die Argumente für und gegen die Hinrichtung des Königs gegenüber (M3) und füge andere mögliche aus der Sicht der Befürworter und der Geg-ner hinzu. Äußere dich zu M3a und tauscht eure Meinungen dazu aus.*

4. Die Revolution frisst ihre Kinder: Wer nicht für uns ist, der ist gegen uns

September 1792	Der Nationalkonvent wird gewählt. Alle volljährigen männlichen Franzosen sind wahlberechtigt (außer den Dienstboten). Das neue Parlament soll eine republikanische Verfassung ausarbeiten.
Februar 1793	Fast alle europäischen Mächte verbünden sich gegen Frankreich.
März bis Sept. 1793	Königstreue Bauernfamilien der Vendée (Westfrankreich) führen einen erbitterten Aufstand gegen die Revolutionsregierung und ihre Truppen.
Juni 1793	Jakobiner lassen ihre Gegner im Parlament (Girondisten) verhaften und später hinrichten. In Paris beginnt die Herrschaft der Jakobiner. In Provinzstädten organisieren geflohene Girondisten den Bürgerkrieg.
August 1793	Die allgemeine Wehrpflicht („levée en masse") wird eingeführt.
September 1793	Mit dem „Gesetz über die Verdächtigen" beginnt die sogenannte „Schreckensherrschaft", der Terror.
Oktober 1793	Der Wohlfahrtsausschuss des Konvents erhält diktatorische Vollmachten.
März/April 1794	Robespierre schaltet die Gegner seiner Notstandsdiktatur aus. Mit seiner Hinrichtung am 28. Juli endet die Zeit des Terrors.

Der Druck von außen wird größer.

Nach der Hinrichtung des Königs wurde der militärische und wirtschaftliche Druck des Auslands noch größer. Fast alle europäischen Monarchien schlossen sich zu einer ersten Koalition gegen die Revolutionäre Frankreichs zusammen. Der Funke der Auflehnung sollte nicht auf die eigenen Untertanen überspringen. Ein fruchtbarer Boden war dafür durchaus vorhanden: Anhänger aufklärerischer Ideen und Unzufriedenheit mit staatlichen und sozialen Missständen gab es auch außerhalb Frankreichs, wo die Entwicklung seit 1789 teils mit großer Sympathie, teils aber auch mit zunehmendem Abscheu verfolgt wurde.

Zu den Waffen, Bürger!

Was die Besitzbürger im Parlament, die Girondisten, vom Krieg erhofft hatten, trat zunächst auch ein. Für kurze Zeit lenkte die Bedrohung, die von den Heeren der Preußen und Österreicher ausging, von den innenpolitischen Streitigkeiten ab. Dem Aufruf der Nationalversammlung „Bürger, das Vaterland ist in Gefahr" waren 1792 hunderttausende Franzosen gefolgt, die sich als Freiwillige meldeten um die errungenen Freiheiten zu verteidigen. In einem Lied eines Marseiller Freiwilligenverbandes heißt es: „Auf! Kinder des Vaterlandes, der Tag des Ruhmes ist gekommen; gegen uns hat sich die blutige Standarte der Tyrannei erhoben! … Sie … erwürgen unsere Söhne und Frauen. Zu den Waffen, Bürger! Bildet Bataillone! Lasst uns marschieren …" Dieses Lied wurde die französische Nationalhymne, die Marseillaise, und ist es bis heute geblieben.

Auf dem Weg zur Terrorherrschaft

Nach der ersten Euphorie verschärfte der Krieg die Gegensätze in Paris zwischen den verschiedenen politischen Gruppen, erhöhte erheblich die Gewaltbereitschaft gegenüber echten und vermeintlichen Revolutionsgegnern und führte schließlich zur Terrorherrschaft. Bereits im Sommer 1792 hatten die Sansculotten, die politisch aktiven Handwerker und Arbeiter, eine eigene Pariser Stadtregierung, die Kommune, gebildet und die Wahlbezirke, die 48 Sektionen, unter ihre Kontrolle gebracht. Dort bestimmte man über die Nationalgardisten, zu denen nun erstmals auch Passivbürger zugelassen wurden. Damit konnten die Sansculotten ihren Forderungen erheblich mehr Nachdruck verleihen.

1   **Plakat der französischen Republik** *von 1793.*
„Einheit, Unteilbarkeit der Republik. Freiheit,
Gleichheit, Brüderlichkeit oder den Tod" heißt
es in der Mitte. Auf der linken Fahne steht
„Terror der Könige", auf der rechten „Vereini-
gung der Republikaner". Links ein National-
gardist. Zur Pariser Nationalgarde, die ca.
48 000 waffentragende Bürger umfasste, wur-
den ab dem 4. 8. 1792 auch Passivbürger (vor
allem Handwerker und Arbeiter) zugelassen.
Rechts ein Sansculotte: Der Name ist von der
charakteristischen Kleidung abgeleitet.
Mit den längs gestreiften langen Röhrenhosen
unterschieden sie sich bewusst von den Adli-
gen und Bürgerlichen mit Kniebundhosen
(französisch „sans", d. h. ohne; „culotte",
d. h. Kniebundhosen). Die phrygische Mütze,
in der Antike die Kopfbedeckung freigelasse-
ner Sklaven, setzte sich ebenso als Revolu-
tionskleidung und Revolutionssymbol durch.
Die Pike in der Hand des Sansculotten
wurde zum Sinnbild für die in der Revolution
erkämpfte Volkssouveränität.
Unten: Eine Sansculotte-Frau.

Machtkampf zwischen Jakobinern und Girondisten

Im neu gewählten Parlament, dem Nationalkonvent, waren die radikalen Jakobiner neben den Vertretern des Besitzbürgertums, den Girondisten, zur einflussreichsten Gruppe geworden. Royalisten gab es dort keine mehr. Die Entscheidung über die weitere revolutionäre Entwicklung lief auf einen Machtkampf zwischen radikalen Jakobinern und Girondisten hinaus.

Wer löst die sozialen und wirtschaftlichen Probleme?

Der Krieg verschärfte die angespannte Wirtschaftslage. Hinzu kamen 1793 schlechte Ernten und ein trockener Sommer, der die Mühlräder zum Stillstand brachte. Es mussten nicht mehr nur die Menschen in den Städten, sondern auch die Soldaten versorgt werden. Angebot und Nachfrage ließen die Brotpreise unaufhörlich steigen, während die Assignaten (Papiergeld) rapide an Wert verloren und die Löhne sanken. Wucherer und Hamsterer horteten Lebensmittel um sie auf dem Schwarzmarkt meistbietend zu verkaufen. Darunter litten vor allem die Sansculotten. Sie verlangten deshalb, alle Getreide- und Mehlvorräte im Land sicherzustellen, den Getreideverkauf zu kontrollieren, Höchstpreise festzusetzen und Getreidespekulanten hart zu bestrafen. Gegen die Girondisten, die am Grundsatz der Wirtschaftsfreiheit und der Unantastbarkeit des Privateigentums festhielten, war eine solche Zwangswirtschaft allerdings nicht durchzusetzen. Das wussten auch die Jakobiner. Sie bedienten sich nun der Sansculotten um ihre Gegner auszuschalten. Anfang Juni 1793 wurde der Konvent von Nationalgarden umstellt, girondistische Abgeordnete verhaftet und später hingerichtet. Von da an gaben in Paris nur noch radikale Jakobiner und Sansculotten den Ton an. Viele Girondisten flohen in größere Städte Südfrankreichs, wo es den Sansculotten nicht gelungen war sich durchzusetzen, und organisierten Aufstände gegen die jakobinische Zentralregierung in Paris. Der Konvent entsandte Truppen und ließ die Aufstände mit großer Härte niederschlagen. Lyon z. B. wurde in Brand gesetzt, viele Bewohner wurden massakriert.

Herrschaft der Jakobiner und der Sansculotten

Im Nationalkonvent setzten die Jakobiner nach der Entmachtung der Girondisten die Forderungen der Sansculotten, teilweise auch gegen ihre eigenen Überzeugungen, nur unter dem Druck der Straße durch:

– Eine neue, republikanische Verfassung machte Ernst mit den Prinzipien der Gleichheit und der Volkssouveränität. Wahlberechtigt waren alle erwachsenen männlichen Franzosen, nicht jedoch die Frauen. Allen wurde ein Mindestunterhalt und der Zugang zur Schulbildung garantiert. Das Volk konnte gegen Gesetze der Regierung Einspruch erheben, gegen eine illegale Regierung Widerstand leisten. Die Verfassung trat jedoch nie in Kraft, weil erst die Revolution über ihre Feinde siegen sollte. So lange räumte der Konvent der Regierung aus Jakobinern diktatorische Vollmachten ein. Die Macht konzentrierte sich von da an bei den Mitgliedern des Wohlfahrtsausschusses.

– Der Heeresdienst wurde für alle männlichen Franzosen verpflichtend.

– Mit dem „Gesetz über die Verdächtigen" begann die Zeit des Terrors. Überwachungsausschüsse hatten Listen aller Verdächtigen aufzustellen und Verhaftungen vorzunehmen. Als verdächtig galten alle „Feinde der Freiheit", alle, die ohne das nötige „Zeugnis staatsbürgerlicher Gesinnung" angetroffen wurden, entlassene Beamte, Emigranten und alle Adlige, die nicht ständig ihre Treue zur Revolution bekundet hatten. In Paris erhöhte sich daraufhin die Zahl der Gefängnisinsassen von Oktober bis Dezember 1793 von 1500 auf 4500. Hunderte von ihnen schickte das Revolutionstribunal unter die Guillotine, während in den Aufstandsgebieten im Süden und Westen Kommissare des Konvents Tausende – oft ohne Gerichtsverfahren – hinrichten ließen.

– Das Gesetz über das „große Maximum" legte Höchstpreise für Nahrungsmittel, Brennmaterial, wichtige Bedarfsartikel sowie Höchstlöhne und -gehälter fest. Wer gegen dieses Gesetz verstieß, galt ebenfalls als Verdächtiger.

Ende des Terrors

Als die Revolutionstruppen ihre Feinde im Inneren und Äußeren zurückschlugen und sich die militärische Lage entspannte, brach in Paris das revolutionäre Zweckbündnis auseinander. Robespierre als maßgeblicher Mann im Wohlfahrtsausschuss hatte unterdessen 1794 nach einem missglückten Mordanschlag die Willkür des Terrors nochmals verschärft: Zeugenaussagen und Verteidigungsreden waren vor dem Revolutionstribunal nicht mehr zugelassen. Verhaftung bedeutete Guillotine. Nun fürchteten selbst hart gesottene Jakobiner um ihren Kopf. Robespierres Gegner ließen ihn und seine Anhänger verhaften und hinrichten. Die Zeit des Terrors war damit vorüber. Was würde folgen?

2 Robespierre und seine Freunde unter der Guillotine

(Zeichnung von 1794). Den Namen hat die Guillotine, die „große Gleichmacherin", vom Arzt Guillotin, der das Fallbeil 1789 als eine humanere Methode der Hinrichtung empfohlen hatte. – Versuche den Standpunkt des Zeichners an Einzelheiten zu erkennen.

3 **Revolutionsausschuss** *einer Pariser Sektion (Stich von Berthault nach A. E. Fragonard). Der Ehemann der eintretenden Familie weist die Vorladung vor. –*
(1) Welcher Schicht gehört die Familie an? Wie reagieren die Anwesenden?
(2) Vergleiche die Darstellung der Jakobiner mit dem Bericht des Bürgers in M4.

4 **Bericht eines Pariser Bürgers, der nach anderthalbjähriger Abwesenheit nach Paris zurückkehrt um dort „Geld zu kassieren".**

Er wundert sich über die Totenstille in den Straßen, obwohl es erst neun Uhr abends ist. Er klopft bei seinem früheren Freund an, der inzwischen Jakobiner geworden ist. Der Freund zeigt sich entsetzt über den unerwarteten Besuch und fürchtet von den Streifen zusammen mit einem Verdächtigen erwischt zu werden. Das Quartier verweigert er, führt aber den Bürger zu einem Obsthändler, der sich allerdings ebenso abweisend verhält. Daraufhin lässt ihn sein Freund auf der Straße stehen und rät ihm nur noch nicht zu lange auf der Straße zu bleiben, wenn er nicht von Streifen aufgegriffen werden wolle, die einen nicht mehr loszulassen pflegten. Bald hat er nur noch einen Wunsch: Paris so schnell wie möglich wieder zu verlassen. Schon im Besitz eines Fahrscheins wird er kurz vor der Abfahrt der Kutsche von einem Kommissar daran gehindert. Sein Pass sei nicht in Ordnung. Niemand dürfe Paris verlassen ohne seinen Pass beim Revolutionsausschuss erneuert zu haben, klärt ihn der Kommissar auf; man könne ja beim Ausschuss Aktenvermerke über ihn haben; es sei gut, wenn er denen sein Gesicht zeige. Auf dem Weg zum Revolutionsausschuss bemerkt er über allen Türen und Fenstern eine Art Pike mit der Trikolore (der Revolutionsfahne mit den Farben blau, weiß und rot). Ebenso fallen ihm über allen Türen große bunte Inschriften auf: „Einheit, Unteilbarkeit, Freiheit, Gleichheit, Brüderlichkeit oder Tod" ist darauf zu *lesen. Wörtlich heißt es in seinem Bericht weiter:*
„Was willst du?", fragte mich einer dieser Schrecklichen, nachdem er in langen Zügen eine Tasse Wein getrunken hatte. „Ich will meinen Pass visieren lassen." „Dann tritt in dieses Zimmer." …

5 Es war noch schlimmer als das Vorzimmer; derselbe Gestank, dieselben Räubergestalten, unverschämter noch als die Ersten; unter den Lumpen eines geheuchelten Elends hatten sie ein Herz aus Stein und den Blick von Despoten; … Da das

10 Sansculottenwesen angepriesen wurde und man sich, um nicht Luxus zur Schau zu tragen, in ein Extrem des Gegenteils gestürzt hatte um arm und elend zu erscheinen, täuschten auch diese Kerle Elend vor. Unsauber zu sein war damals in

15 Paris eine Art Passierschein und niemand trieb die Unsauberkeit weiter als die Individuen, vor denen ich erscheinen musste … „Was willst du?" „Meinen Pass visieren lassen." „Woher kommst du?" „Aus …bourg." „Heimat von Aristokraten!"

20 „Sie irren sich, Bürger." „Wen nennst du Sie? Man sieht, dass in deiner Kommune nicht Schritt gehalten wird … lerne erst einmal, dass man sich in einem freien Land duzen muss! … Was willst du hier?" „Von einem Herrn meiner Bekanntschaft

25 Geld kassieren und wieder abreisen." Bei dem Wort Herrn, das mir aus lauter Verwirrung entschlüpft war, erhob sich bei dem Ausschuss ein solcher Aufruhr, dass ich ernstlich glaubte, es sei um mich geschehen und ich würde eingekerkert

30 werden. „Ah, du gehst zu einem Herrn? Dann bist du also auch ein Herr, du? Ja, wahrhaftig,

Brutus, diesem Burschen fehlt nichts um wie ein Föderalist (Girondist) auszusehen." „Ich, Bürger?" „Halts Maul und hol deine Zeugen, damit wir se-
35 hen, ob sie auch so eine verdächtige Visage haben wie du!" „Was für Zeugen verlangt ihr denn?" „Wie: Was für Zeugen? Der Herr spielt den Idio-
ten oder es gibt keinen lieben Gott! Merke dir, dass es hier nur alte Hasen gibt, die sich nicht so
40 leicht übers Ohr hauen lassen! Vorwärts, lass deinen Pass hier und mach, dass du raus kommst, wenn du nicht willst, dass dir noch was Schlimmeres passiert! Und steck deine Schnauze hier erst wieder rein, wenn du in Ordnung bist."
Der Bürger, der seinem früheren Diener auf gar keinen Fall begegnen möchte, weil der sicherlich zu irgendeinem Revolutionsausschuss gehöre, findet zwei Unbekannte, die schließlich gegen Geld für ihn aussagen.

Nacherzählt und zit. nach: G. Pernoud, S. Flaissier (Hg.), Die Französische Revolution in Augenzeugenberichten, München, 5. Aufl., 1983, S. 281 ff.

5 *Manifest einer Gruppe von Sansculotten einen Tag, nachdem die republikanische Verfassung 1793 verabschiedet war. Der Verfasser, ein ehemaliger Priester, wurde anschließend verhaftet und beging in der Haft Selbstmord.*

Abgeordnete des französischen Volkes, … immer wieder habt ihr uns versprochen die Blutsauger des Volkes zu bestrafen … Habt ihr darin (in der Verfassung) die Börsenspekulanten geächtet?
5 Nein. Habt ihr die Todesstrafe gegen die Hamsterer ausgesprochen? Nein … Nun, dann erklären wir euch, dass ihr für das Glück des Volkes nicht alles getan habt.
Die Freiheit ist nur ein leerer Wahn, wenn eine
10 Klasse von Menschen die andere ungestraft verhungern lassen kann. Die Gleichheit ist nur ein leerer Wahn, wenn der Reiche kraft seines Monopols über Leben und Tod seiner Mitbürger entscheidet. Die Republik ist nur ein leerer
15 Wahn, wenn die Gegenrevolution Tag für Tag am Werke ist und die Preise für die Lebensmittel in die Höhe treibt … Hingegen werdet ihr, wenn ihr die räuberischen Handelsmethoden … unterdrückt und wenn ihr den Sansculotten die Le-
20 bensmittel erschwinglich macht, diese an die Revolution binden …
Nur die Reichen haben seit vier Jahren aus der Revolution Nutzen gezogen … Bürger-Vertreter, es ist Zeit, dass der Kampf auf Leben und Tod,
25 den die Egoisten gegen die arbeitsame Klasse der Gesellschaft führen, aufhört …

Zit. nach: J. u. P. Hartig, Die Französische Revolution. Stuttgart 1984, S. 91.

6 *Maximilien de Robespierre (1758 bis 1794), Sohn eines Anwaltes aus Arras, wuchs als Waise bei den Großeltern auf; erhielt eine Freistelle an einem berühmten Pariser Gymnasium; war an der Schule einer der Ärmsten und Musterschüler, wurde Rechtsanwalt und gehörte als Abgeordneter bereits den Generalständen an; lebte immer sehr bescheiden in zwei winzigen Zimmern bei einem Tischlermeister, war immer sehr korrekt gekleidet; man nannte ihn den ,Unbestechlichen', weil er jeden Bestechungsversuch durch scharfe Reden im Parlament aufdeckte; hat nie eine Hinrichtung angesehen, nie eine bewaffnete Leibwache besessen; hat als radikaler Jakobiner alle seine Reden wörtlich vorbereitet und, weil er nicht frei sprechen konnte, abgelesen.*

7 *„Ein einziger Wille".*
Robespierre im Mai 1793 in einer Notiz:
Es darf nur ein einziger Wille bestehen … Damit er republikanisch ist, braucht man republikanische Minister, republikanische Zeitungen, republikanische Abgeordnete, eine republikanische
5 Regierung. Die inneren Gefahren kommen von den besitzenden Bürgern, den Bourgeois; um die Bourgeois zu besiegen muss man das Volk zusammenschließen. Alles war schon vorbereitet um das Volk unter das Joch der Bourgeois zu beu-
10 gen und die Verteidiger der Republik auf dem Schafott umzubringen … Ohne den augenblicklichen Aufstand hätten sie (die Girondisten) auch in Paris triumphiert … Das Volk muss sich mit dem Konvent verbünden und der Konvent muss
15 sich des Volkes bedienen … Man muss den Sansculotten Waffen verschaffen, sie in Wut versetzen, sie aufklären; mit allen … Mitteln muss man ihre republikanische Begeisterung steigern.

Zit. nach: A. Mathiez, La Révolution française, Bd. 3, Paris 1927, S. 4.

8 „Heimatfront"
*Zeitgenössische
Zeichnung aus einem
Bilderzyklus zum Ver-
lauf der Revolution.
Die gesamte Bevölke-
rung hatte sich ab
1793 in den Dienst
der Verteidigung von
Nation und Revolu-
tion zu stellen. –
Welche Produktion
wird hier dargestellt?*

9 **Beschluss des Nationalkonvents** *am 23. August
1793 „nach Anhörung des Berichtes seines
Wohlfahrtsausschusses":*
Art. 1. Ab sofort bis zu dem Augenblick, in dem
die Feinde vom Territorium der Republik verjagt
werden, unterliegen alle Franzosen der ständigen
Einberufung zum Heeresdienst.
5 Art. 2. Die jungen Männer gehen an die Front,
die verheirateten schmieden Waffen und übernehmen den Verpflegungstransport; die Frauen
nähen Zelte, Uniformen und tun in den Hos-
pitälern Dienst; die Kinder zupfen aus altem Lei-
10 nenzeug Scharpie (Verbandsmaterial), die Greise
lassen sich auf öffentliche Plätze tragen um den
Soldaten Mut und Hass gegen die Könige zu
predigen … Die nationalen Gebäude werden in
Kasernen, die öffentlichen Plätze zu Rüstungs-
15 werkstätten umgewandelt …

Zit. nach: Walter Grab (Hg.), Die Französische Revolution. Eine Dokumentation, München 1973, S. 171 f.

10 **Tugend, Schrecken, Gleichheit und Freiheit**
*a) Auszüge aus der Rede Robespierres am
5. Februar 1794 vor dem Konvent:*
Wir wollen eine Gesellschaftsordnung, in der alle
niedrigen und grausamen Leidenschaften unbekannt sind, alle gemeinnützigen und hochherzi-
gen Leidenschaften durch die Gesetze geweckt
5 werden, wo der Ehrgeiz zu dem Wunsche wird
Ruhm zu gewinnen und dem Vaterland zu dienen; wo Auszeichnungen nur aus der Gleichheit
hervorgehen; wo der Bürger der Verwaltung, die
Verwaltung dem Volke und das Volk der Gerech-
10 tigkeit untersteht … Welches ist nun der entscheidende Grundsatz der demokratischen
Volksregierung? … Das ist die Tugend, und zwar
die öffentliche Tugend, die in Griechenland und

Rom Wunder erzeugte und die im republikani-
15 schen Frankreich noch viel erstaunlichere vollbringen wird; jene Tugend, die nichts anderes ist
als die Liebe zum Vaterland und zu seinen Gesetzen. Da aber das Wesen der Republik oder Demokratie die Gleichheit ist, so folgt daraus, dass
20 die Liebe zum Vaterland notwendigerweise die
Liebe zur Gleichheit in sich schließt … Hier
könnten wir die Entwicklung unserer Theorie
beenden, wenn wir das Schiff der Republik nur
bei Windstille zu steuern hätten; aber der Sturm
25 braust und der Zustand der Revolution, in dem
wir uns befinden, erlegt uns eine andere Aufgabe
auf … Wenn die Triebkraft der Volksregierung
im Frieden die Tugend ist, so ist in revolutionärer Zeit diese Triebkraft zugleich die Tugend und
30 der Schrecken, die Tugend, ohne die der Schrecken unheilvoll wäre, der Schrecken, ohne den
die Tugend ohnmächtig bliebe. Der Schrecken
ist nichts anderes als die rasche, strenge, unbeug-
same Gerechtigkeit; er ist also ein Ausfluss der
35 Tugend; er ist weniger ein besonderes Prinzip als
eine Folge des allgemeinen Prinzips der Demokratie in seiner Anwendung auf die dringendsten
Bedürfnisse des Vaterlandes … Die Regierung
der Revolution ist der Despotismus der Freiheit
40 im Kampf gegen die Tyrannei …

Zit. nach: Hartig, Die Französische Revolution, Stuttgart 1984, S. 99 f.

*b) Billaud-Varenne, Mitglied des Wohlfahrts-
ausschusses, erklärte:*
Die Krise allein rief (unsere Maßnahmen) hervor.
Sie wurden in der Überanstrengung der langen
Nachtsitzungen (beschlossen). Wir wollten nicht
töten um zu töten …, wir wollten um jeden Preis
5 siegen … um unsren Prinzipien zur Herrschaft zu
verhelfen …

Zit. nach: O. Aubry, Die Franz. Revolution. Bd. 2, Zürich 1948, S. 228 f.

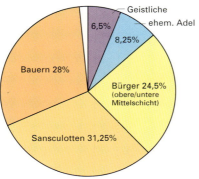

The Zenith of French Glory; – The Pinnacle of Liberty.

10 **c)** *Oben: Hingerichtete zur Zeit des Terrors. Von Oktober 1793 bis Juli 1794 fanden 13 000 Hinrichtungen statt. Die Gesamtzahl der Opfer wird auf ca. 40 000 geschätzt. 70 Prozent der Todesurteile wurden in den beiden Bürgerkriegsgebieten im Westen (Vendée) und Südosten Frankreichs ausgesprochen.*

d) *Rechts: „Der Zenit des französischen Ruhms", Karikatur des Engländers J. Gillray, 1793.*

e) *Appell an Robespierre von Camille Desmoulins, Journalist, Initiator beim Sturm auf die Bastille, radikaler Jakobiner, am 20. Dezember 1793 in der Zeitung „Le vieux Cordelier"*
… Freiheit bedeutet Glück, Vernunft, Gleichheit, Gerechtigkeit, Erklärung der Menschenrechte und Eure erhabene (republikanische) Verfassung! …
5 Öffnen Sie die Gefängnisse für die zweitausend Bürger, die Sie als verdächtig bezeichnen, denn die Menschenrechtserklärung kennt kein Haus der Verdächtigung … Es gibt keine verdächtigen Personen, es gibt nur Angeklagte für Delikte, die
10 durch das Recht festgelegt sind … Sie wollen alle ihre Feinde durch die Guillotine auslöschen. Gab es jemals einen größeren Irrsinn? Können Sie auch nur einen Einzigen auf dem Schafott hinrichten ohne sich zehn Feinde in seiner Familie
15 oder unter seinen Freunden zu machen? Glauben Sie, dass diese Frauen, diese alten und gebrechlichen Menschen, diese Egoisten, diese Nachzügler der Revolution, die Sie einsperren, gefährlich sind? Unter Ihren Feinden sind keine anderen
20 mehr als die Schwachen und Kranken geblieben. Die Tapferen und Starken sind emigriert. Sie sind getötet worden in Lyon oder in der Vendée; alle, die noch übrig sind, verdienen nicht Ihre Aufregung. Ich bin einer anderen Meinung als die,
25 die Ihnen sagen, dass der Terror auf der Tagesordnung bleiben muss. Ich bin im Gegenteil sicher, dass die Freiheit sich festigen wird und Europa besiegt, wenn Sie ein Komitee der Gnade einrichten.
Die Veröffentlichung dieses Artikels führte zur Festnahme und Hinrichtung Desmoulins'.

Camille Desmoulins, Le vieux Cordelier, 20 décembre 1793, Übers. d.Verf.

a) *Stelle den Gründen für die Terrorherrschaft (VT, M5, M7, M10a, M10b) die Auswirkungen gegenüber (M2, M3, M4, M10c, d, e). Diskutiert in der Klasse, in welchen Fällen die Verhältnismäßigkeit der Mittel gewahrt wurde und in welchen nicht.*

b) *Erinnere dich an die verschiedenen Interessen und Unterschiede innerhalb der drei Stände vor 1789. Lassen sich ihnen die Standpunkte, die in M4, M5, M7, M10a, M10e deutlich werden, jeweils zuordnen? Begründe.*

c) *Überlegt und diskutiert, unter welchen Umständen und zu welchem Zeitpunkt die Revolution einen anderen Verlauf hätte nehmen können.*

5. Eine neue Zeit beginnt

Neuer Kalender, neue Namen

1 Schmuckteller 1795

Ziviltrauung – Zivilscheidung

Die Presse – eine neue, einflussreiche Macht

In Frankreich hatte 1789 eine neue Epoche begonnen. Keiner der Zeitgenossen zweifelte daran. Nachdem sich die Jakobiner 1792 gegen die Monarchisten durchgesetzt hatten, sollte die neue republikanische Ordnung auch den Alltag der Menschen prägen. Straßennamen, die an Adel, Monarchie und Kirche erinnerten, wurden umbenannt, z. B. die Kirche „Notre Dame" in „Tempel der Vernunft". Die Geburt der Republik sollte als das Maß aller Dinge gelten, nicht mehr die Geburt des christlichen Gottes: Nach dem neuen republikanischen Kalender befand man sich also ab dem 22. September 1792 im ersten Jahr der Republik. Die Monate wurden in drei Dekaden (10-Tage-Woche) gegliedert und erhielten neue Namen, die die Verbindung des Jahreskreislaufes mit der Natur herausstellten (z. B. Fruchtmonat). Die kirchlichen Feiertage, die an christliche Märtyrer und Heilige erinnerten, wurden durch republikanische Gedenk- und Feiertage ersetzt. Anstelle der alten Religion sollte die Vernunft allein den Menschen Richtlinie sein. Am neu eingeführten Festtag des Höchsten Wesens wurde sie, symbolisiert durch eine Frau, verehrt. Der 14. Juli, der Tag des Bastillesturms, ist noch heute französischer Nationalfeiertag.

Die Einführung der Ehescheidung am 20.9.1792 fand Anhänger über alle politischen Gegensätze hinweg, sofern man die Ideen der Aufklärer befürwortete. Warum sollte die Emanzipation vor den persönlichen Bindungen Halt machen? Man war sogar überzeugt, dass die Möglichkeit der Scheidung ein Schutz für die Ehe sei, weil sie die Eheleute stärker zu gegenseitiger Achtung und Respekt voreinander zwinge. Allerdings mussten dem Richter schon schwer wiegende Gründe präsentiert werden, damit er die Scheidung aussprach. Die Ehefrauen erhielten vom republikanischen Parlament endlich das Recht gleichberechtigt mit ihren Männern über das Familienvermögen zu verfügen. Die Republikaner machten den Bund der Ehe zu einer alleinigen Angelegenheit des Staates, denn der jakobinische Staat erkannte ab 1792 nur noch vor städtischen Amtsträgern (heute: Standesbeamte) geschlossene Ehen an. Vorher hatten ausschließlich die Pfarrer bei Taufen, Trauungen und Begräbnissen die Geburts-, Ehe- und Sterberegister geführt. Dazu waren die vielen revolutionsfeindlichen Pfarrer aber nicht mehr berechtigt und von den revolutionsfreundlichen wollten viele Katholiken wiederum die kirchlichen Sakramente nicht empfangen. Von daher wurde über die Bevölkerungsentwicklung nur noch unzureichend Buch geführt.

Wo gibt es billige Nahrungsmittel zu kaufen? Wer gehört zu den Feinden der Freiheit? Wie soll man mit den Feinden der Revolution umgehen? Soll der König abgesetzt werden? Sollen Wucherer und Spekulanten bestraft werden? Was macht die Revolutionsarmee? Diese und andere Fragen bestimmten die Gespräche auf den Straßen und die öffentlichen Diskussionen. Die unterschiedlichen Meinungen trafen auch in Hunderten von neuen Zeitungen aufeinander. Das Grundrecht auf freie Meinungsäußerung hatte ihnen den Boden bereitet. Journalisten und Verleger wollten die Öffentlichkeit nicht nur informieren, sondern auch politisch beeinflussen. Manche Blätter verstanden sich als Sprachrohr politischer Überzeugungen oder machten sich zur „Stimme des Volkes". Regelrechte Volksverhetzung und Schmähungen einzelner Abgeordneter wurden gang und gäbe. Die Parlamentarier versuchten die Entgleisungen durch Einschränkung der Pressefreiheit zu unterbinden. Ungeachtet dessen wurde die Presse zu einer einflussreichen Macht.

2 *Jakobinerklub,*
gegründet 1789.
Seine Mitglieder tag-
ten in der ehemaligen
Pariser Klosterkirche
St. Jakob. Daher hat
er seinen Namen
erhalten. Zunächst
war der Klub die poli-
tische Heimat des nie-
deren und mittleren
Bürgertums. Unter
dem Einfluss radika-
ler Mitglieder öffnete
er sich 1793 breiten
Volksschichten. Aller-
dings gehörten wohl
nicht mehr als 2%
der Bevölkerung dem
Klub an.

Politische Klubs
der Männer ...

Zentren der politischen Meinungsbildung und des Meinungsaustausches waren die Debattierklubs, von denen wichtige Impulse für die Entscheidungen in den Parlamenten und später auch für das Geschehen auf der Straße ausgingen. Zunächst hatten nur Aktivbürger Zugang zu den Klubs, ab 1792 gerieten sie jedoch zunehmend unter den Einfluss der Sansculotten. Zum führenden und maßgebenden Klub hatte sich zu dieser Zeit schon längst der Jakobinerklub ent-wickelt. Die Jakobiner hatten, über ganz Frankreich verteilt, 1791 über 400 Filia-len, die unter straffer Führung der Pariser Muttergesellschaft standen.

... und der Frauen

1793 wurde der Pariser Frauenklub „Gesellschaft der republikanischen und revo-lutionären Bürgerinnen" gegründet. Zugelassen waren alle Frauen über 18 Jahre. Die Mitglieder stammten meist aus der Welt des Kleinhandels und konnten lesen und schreiben. In der Gründungsurkunde heißt es, dass sie sich zusam-menschlossen um „sich gegenseitig Respekt zu verschaffen, einander beizuste-hen und sich in republikanischer Tugend zu üben". Sich Respekt zu verschaffen, hatten sie wahrlich nötig. Die Mehrheit der Männer, auch wenn sie sich noch so revolutionär gab, war allenfalls bereit Frauen als regelmäßige Zuhörerinnen in den Debattierklubs zu dulden. Wurde man dadurch dem Anteil gerecht, den Frauen an der revolutionären Entwicklung hatten? Wie ließ sich die Benachtei-ligung der Frauen im Berufsleben und in politischen Diskussionen mit der For-derung der Gleichheit vereinbaren? Frauen erlebten in den Warteschlangen vor den Läden und auf den Märkten unmittelbar die Versorgungskrisen. Es kam häufig vor, dass manche nach stundenlangem Warten wieder mit leeren Körben nach Hause gehen mussten, weil die Ware ausgegangen war. „Mein Mann", klagte eine Frau, „ist im Krieg gefallen, mein Sohn kämpft in der Vendée gegen die Aufständischen und ich, ich sterbe vor Hunger, während reiche Schurken, die sich in keiner Weise um die Republik verdient gemacht haben, in ihren Kel-lern Vorräte für mindestens ein halbes Jahr liegen haben." Frauen griffen folglich zur Selbsthilfe, hielten die Wagen der Marktleute an und zwangen die Fuhrleute die Ware an Ort und Stelle zu verkaufen. Kein Wunder auch, dass empörte Frauen sehr militant an den Straßenkämpfen teilnahmen.

3 *Emblem der Jakobiner*
von Chalon

4 **Patriotischer Frauenklub,** *Zeichnung (Gouache) der Brüder Lesueur, Paris, heute: Musée Carnevalet, Paris. –*
Beschreibe die verschiedenen Tätigkeiten und vergleiche Atmosphäre und Handlung mit dem republikanischen Frauenklub (M5).

Auf den ersten Zusammenkünften republikanischer Frauen (1792) ging es zunächst vor allem um die Unterstützung der Soldaten. Die Frauen sammelten Geld, pflegten und trösteten die Verwundeten in den Spitälern. Schon bald aber führten die gemeinsamen Gespräche und Diskussionen zu politischen Forderungen an das Parlament.

Volksheere verändern den Krieg

Der Kampf von Männern und Frauen, die die Ideale der Freiheit, Gleichheit und Brüderlichkeit gegen die inneren und äußeren Feinde verteidigen wollten, führte zu einer neuen Art der Kriegführung. Die Freiwilligen kämpften für die Ideale der Revolution, für ihre Sache, und im Bewusstsein von der ganzen Nation unterstützt zu werden. Sie mussten nicht mehr, wie die teuer bezahlten feindlichen Söldner, am Desertieren gehindert werden und konnten daher den gegnerischen Linien flexibler und überraschender begegnen. Die anfangs schlechte Ausbildung wurde durch neue Exerzierplätze für eine Grundausbildung ausgeglichen. Die republikanische Regierung ersetzte die alte Generalität und den Offiziersstab der königlichen Armee nach und nach durch junge „Söhne der Revolution". Ihre Offiziere konnten die Soldaten selbst wählen. Gesinnung und Leistung, nicht mehr Geburt und Geld wurden zu Kriterien der militärischen Karriere. Entscheidend für die Erfolge der Revolutionsarmee aber wurde die große zahlenmäßige Überlegenheit. Menschenverluste konnten durch ständigen Nachschub von Freiwilligen oder Zwangsrekrutierten ausgeglichen werden.

Emanzipation (lat. „emancipare", d. h. freilassen, entlassen): In der Antike bezeichnete man damit die Freilassung des Sklaven oder die Entlassung des erwachsenen Sohnes aus der väterlichen Gewalt. Seit der Aufklärung wird der Begriff auf alle Freiheitsbestrebungen und Freiheitsbewegungen der Menschen angewandt (z. B. Judenemanzipation). In der Französischen Revolution hat die Frauenemanzipation ihren Ursprung, weil sich Frauen in Gruppen oder einzeln öffentlich für die Befreiung von männlicher Unterdrückung und Vorherrschaft und für ihre rechtliche, soziale und politische Gleichstellung (gleicher Lohn, Zugang zu allen Berufen und politischen Ämtern) einsetzten. Die Forderungen sind bis heute aktuell und wurden seitdem in unterschiedlicher Weise immer wieder von Frauen und auch von Männern vorgebracht.

5 Republikanischer Frauenklub
Illustration in der „Geschichte der Girondisten" vom französischen Historiker Lamartine, 1847. –
(1) Wie wurde eine Sitzung organisiert und gestaltet? Was sagt das Bild darüber aus? Was bedeuten die Tafeln hinter der Präsidentin?
(2) Vergleiche mit der Darstellung des Jakobinerklubs M2.

6 Olympe de Gouges (1748 bis 1793), *uneheliche Tochter eines Adligen, wird mit 16 Jahren an einen reichen, wesentlich älteren Heereslieferanten verheiratet; mit 17 ist sie Mutter eines Sohnes und kurz darauf verwitwet; nach ihrem Umzug nach Paris beschäftigt sie sich mit Theater und Literatur und stellt fest, wie mangelhaft die Bildung ist, die Frauen damals erhalten.*
Sie beginnt eigene Texte zu schreiben (Theaterstücke, Texte über die Abschaffung der Sklaverei, das Scheidungsrecht, die Versorgung Schwangerer, die rechtliche Gleichstellung der Frau). Zunächst Royalistin, wendet sie sich dann der Position der Girondisten zu, weil einige ihrer Abgeordneten die Forderungen der Frauen nach Emanzipation unterstützen. Als die Girondisten ausgeschaltet werden und Jakobiner eine antifeministische Kampagne starten, greift sie öffentlich Robespierre an, wird verhaftet und nach monatelangen Verhören wegen „staatsfeindlicher Umtriebe" hingerichtet.

7 Erklärung der Rechte der Frau und Bürgerin durch Olympe de Gouges 1791:
In der Folge … erklärt das an Schönheit wie an Mut, die Beschwernisse der Mutterschaft betreffend, überlegene Geschlecht in Gegenwart und mit dem Beistand des Höchsten Wesens die fol-
5   genden Rechte der Frau und Bürgerin:
Art. I: Die Frau wird frei geboren und bleibt dem Manne ebenbürtig in allen Rechten. Unterschiede im Bereiche der Gesellschaft können nur im Gemeinwohl begründet sein.
10   Art. II: Freiheit und Gerechtigkeit beruhen darauf, dass dem andern abgegolten wird, was ihm zusteht. So stößt die Frau bei der Wahrnehmung ihrer natürlichen Rechte nur an die ihr von der Tyrannei des Mannes gesetzten Grenzen; diese
15   müssen durch die von Natur und Vernunft diktierten Gesetze neu gezogen werden …
Art. X: … Die Frau hat das Recht das Schafott zu besteigen, gleichermaßen muss ihr das Recht zugestanden werden eine Rednertribüne zu be-
20   steigen, sofern sie nicht in Wort und Tat die vom Gesetz garantierte öffentliche Ordnung stört.
Art. XIII: … Zu Fron und lästigen Pflichten wird die Frau ohne Unterschied beigezogen und muss deshalb bei der Zuteilung von Stellungen und
25   Würden, in niederen wie in höheren Ämtern sowie im Gewerbe, ebenso berücksichtigt werden.
Art. XVI: … Eine Verfassung aber, an deren Ausarbeitung nicht die Mehrheit der Bevölkerung mitgewirkt hat, die die Nation darstellt, wird null
30   und nichtig.
Zit. nach: Olympe de Gouges, Schriften. Frankfurt a. M. 1980, S. 41 f.

8 *Französischer Freiheitsbaum, gemalt 1792 vom deutschen Schriftsteller Goethe, der den Herzog von Sachsen-Weimar auf dem Feldzug gegen das revolutionäre Frankreich begleitete.*

9   **Frauen und Politik**

a) *Olympe de Gouges im Vorwort zu ihrer „Erklärung der Rechte der Frau und Bürgerin"*

… Wunderlich, blind, aufgebläht und entstellt von seiner Wissenschaft fällt er (der Mann) in diesem Jahrhundert der Aufklärung und Vernunft in gröbste Unwissenheit zurück und glaubt des-
5 potisch über ein Geschlecht verfügen zu können, das alle intellektuellen Fähigkeiten besitzt. Er ist es, der Nutzen aus der Revolution ziehen und seinen Anspruch auf Gleichheit geltend machen will um nicht noch mehr zu sagen.

10 *Im Nachwort heißt es:*

Frau erwache! … Erkenne deine Rechte! … Der versklavte Mann (vermochte) nicht ohne deine Hilfe seine Ketten zu sprengen. Kaum in Freiheit zeigt er sich ungerecht gegen seine Gefährtin …

15 Oh Frauen! … wann wird eure Verblendung ein Ende haben? Sagt an, welche Vorteile sind euch aus der Revolution erwachsen?

Olympe de Gouges, Schriften, zit. nach: Monika Dillier u. a. (Hg.), Frankfurt a. M. 1980, S. 40, 44.

b) *Bericht des Abgeordneten Amar am 30. Oktober 1793 im Nationalkonvent. Darauf erfolgt das Verbot der Frauenklubs.*

Der Mann ist stark, robust und besitzt von Natur aus große Energie, Kühnheit und Mut; … er … kann ebenso gut feine künstlerische wie schwere körperliche Arbeiten verrichten; und so, wie …
5 alles, was Kraft, Intelligenz und gewisse Fähigkeiten voraussetzt, fast ausschließlich dem Mann vorbehalten ist, scheint auch nur er in der Lage zu sein tief schürfende politische Betrachtungen anzustellen, die hohe geistige Konzentration so-
10 wie langwierige Studien erfordern, zu denen die Frau nicht im Stande ist.

Lässt es der gute Ruf einer ehrbaren Frau denn zu, dass sie in der Öffentlichkeit Reden hält, sich mit Männern herumstreitet und … über Fragen
15 diskutiert, von denen das Wohl der Republik abhängt? Im Allgemeinen sind die Frauen schwerlich dazu in der Lage große geistige Leistungen zu erbringen oder ernsthafte Überlegungen anzustellen; und wenn bei den Völkern der Antike
20 ihre natürliche Schüchternheit oder ihr Schamgefühl die Frauen davon abhielt, sich außerhalb der Familie zu zeigen, warum sollten sie dann in der französischen Republik plötzlich wie die Männer das Richteramt bekleiden, Reden halten
25 und an sämtlichen politischen Versammlungen teilnehmen und dabei nicht nur ihre Zurückhaltung – die Quelle all ihrer Tugenden – ablegen, sondern auch noch ihre Familie vernachlässigen? Sie haben ganz andere Möglichkeiten dem Vater-
30 land einen Dienst zu erweisen; sie können ihre Ehemänner beraten, ihnen wertvolle Gedanken mitteilen, denen sie auf Grund ihres beschaulichen Daseins nachhängen können; sie haben die Möglichkeit ihre häusliche Macht einzusetzen
35 um in ihren Ehemännern die Vaterlandsliebe zu fördern; und die Männer werden, angeregt durch die im vertrauten Ton und im Schoß der Familie geführten Gespräche, all die nützlichen Gedanken, die ihnen ihre ehrbaren Frauen vermittelt
40 haben, in die Politik einbringen.

Wir glauben daher, dass die Frauen sich nicht in die Politik einmischen, sondern sich ausschließlich ihrer Familie widmen sollen.

Zit. nach: Jean-Paul Bertand, Alltagsleben während der Französischen Revolution. Freiburg/Würzburg 1989, S. 175.

c) *Danielle Mitterrand, Frau des ehemaligen Staatspräsidenten von Frankreich, 1995:*

In vielen eitlen Politikmännern dieser Tage spukt der Machtmythos verblichener Jahre, als lebten wir noch in einer Monarchie. Sie dulden doch nur schmückende Ehefrauen in Sachen karitati-
5 ver Nächstenliebe, aber keine, die Menschen- und damit auch Frauenrechte einklagen. Das schmerzt mich.

Zit. nach: Frankfurter Rundschau, Nr. 84, 8. April 1995, S. ZB 5.

Nau wie foll mir's gefallen, s'is
aufser a Baeumche ohne Wurtzel, un
a Kaepla ohne Kopf.

10 **Freiheitsbaum**, anonymer deutscher Kupferstich aus der Revolutionszeit.

11 **Zwei Urteile zur Französischen Revolution:**
a) *Anatole France, französischer Schriftsteller,*
1921 mit dem Nobelpreis ausgezeichnet, 1923:
Sie hat alles umgestürzt und wir haben dabei
nichts gewonnen. Ihr verdanken wir die Bewaffnung der Völker, die Kasernen, die unzähligen
Kriege. Durch sie haben die Menschen wesentli-
5 che, greifbare und wertvolle Freiheiten eingebüßt
und dagegen die rein theoretische Freiheit ein-
getauscht sich über Probleme zu äußern, von
denen sie nichts verstehen …
Im Grunde war die Französische Revolution …
10 eine Angelegenheit des Bürgertums und der Ka-

pitalisten. Das Soziale, das Menschliche, war ihr
fremd. Hinter ihren prunkvollen Worten steckte
nur Eigennutz, hinter ihren großen Gesten Ehrgeiz … Sie hat das Privateigentum befestigt, ge-
15 kräftigt und verbreitet und dadurch all die Ungerechtigkeiten, die daraus hervorgehen, noch ver-
vielfacht; sie hat das Zeitalter des Kapitalismus
und Industrialismus eingeleitet. Ihr trügerischer
Individualismus hat den Einzelnen einem Staat
20 ausgeliefert, der zum Ungetüm geworden ist.
Dieser über Gebühr angewachsene Staat ist ty-
rannisch, herrschsüchtig und maßlos geworden.
Seine Ansprüche hat dieses Scheusal mit dem
schönen Namen „Vaterlandsliebe" geschmückt …

b) *Der deutsche Historiker Gerhard Ritter, 1948:*
… Die europäische Menschheit wurde zur kritischen Nachprüfung ihres Autoritätsglaubens
aufgerufen; die öffentliche Meinung wurde überall mobilisiert, ein ungeheurer Prozess der Poli-
5 tisierung eingeleitet, in den nach und nach alle
Volksschichten hineingezogen wurden: zuerst
das Bürgertum, zuletzt auch die Masse des In-
dustrieproletariats. Was so entstand, war ein
Gärungsprozess, der … eine ewige Unruhe in
10 das politisch-soziale Gefüge der europäischen
Menschheit hineingebracht hat. Dabei war die
Rationalisierung des politischen Lebens nur ein
Teilstück der großen, seit dem 18. Jahrhundert
siegreich vordringenden Bewegung zur Rationa-
15 lisierung, Entzauberung, Technisierung der Welt
überhaupt; ihr fiel auch die alte Herrschaft der
Kirche über die Geister zum Opfer, sodass nun
der Staat mehr als jemals früher zur beherr-
schenden Macht des öffentlichen Lebens wer-
20 den konnte. Mit der Umwandlung des alten Ob-
rigkeitsstaates zum demokratischen Volksstaat
und mit der Verdrängung der Kirchen aus dem
Mittelpunkt des Lebens war grundsätzlich der
Weg zum modernen Totalstaat eröffnet …

Zit. nach: P. Hartig, Die Französische Revolution im Urteil der Zeitgenossen
und der Nachwelt. Stuttgart, 2. Aufl. 1981, S. 82 f. und 97 f.

a) Antworte auf die letzte Frage von Olympe de Gouges in M9a.
b) Welche der von Olympe de Gouges geforderten Rechte in M7 sind heute
   verwirklicht, welche Forderungen sind heute noch aktuell (vgl. M9c)?
c) Überprüfe die Argumente von Amar (M9b) auf ihre Stichhaltigkeit. Welche
   seiner Argumente werden auch heute noch vorgebracht? Nenne Beispiele.
   In welchen Punkten kannst du den Urteilen von M9a bis M9c zustimmen?
d) Fasse die Urteile zur Revolution aus M8, M10, M11 zusammen und nimm
   dazu Stellung. Führt in der Klasse ein Pro-und-Contra-Spiel zur Revolution
   durch. Beschränkt euch dabei auf bestimmte Aspekte und Fragen.

6. Werden Deutsche zu Franzosen?

„Pilgerfahrten" nach Paris

„Ach, du warest es nicht, mein Vaterland, das der Freiheit Gipfel erstieg, Beispiel erstrahlte den Völkern umher, Frankreich war's! …" So äußerte sich 1790 einer der damals bekanntesten deutschen Dichter, Friedrich Gottlieb Klopstock, voller Begeisterung über die Französische Revolution und gleichzeitig voller Bedauern über die fehlende Freiheit in Deutschland. Andere bekannte Schriftsteller, Gelehrte und angehende Diplomaten begrüßten die Umwälzung in Frankreich ebenfalls als den Beginn einer neuen Epoche, in der die Menschenrechte beachtet würden und liberale Prinzipien herrschen sollten. Gebildete Deutsche reisten nach Paris um die Errungenschaften ihrer Nachbarn und die Folgen der großen Umwälzung aus der Nähe zu erleben. Aus den Reiseberichten des Jahres 1789 spricht die Begeisterung über das, was in Frankreich bereits erreicht wurde. Einige der Autoren meinten auch, dass diese Staatsumwälzung für alle Menschen von Nutzen sein sollte und die Unterdrückung überall ein Ende haben müsse.

Die deutschen „Jakobiner": ihre Ziele

Dem Beispiel Frankreichs folgend bildeten sich in einigen Teilen Deutschlands so genannte „Jakobiner-Clubs", die eine Durchsetzung der politischen Freiheit und Gleichheit zum Ziel hatten. Solche Gesellschaften von liberal oder demokratisch gesinnten Männern bildeten sich zuerst in der Nähe der Grenze zu Frankreich, aber es gab sie auch in Norddeutschland. Die Jakobiner in Deutschland hatten mehrheitlich das Ideal der bürgerlich-demokratischen Republik; das konnte in der damaligen Zeit aber auch bedeuten, dass man für eine Monarchie eintrat, die durch ein vom Volk gewähltes Parlament kontrolliert wurde. Wichtig war für viele deutsche Jakobiner nicht die Abschaffung der Monarchie, sondern vielmehr die Durchsetzung der politischen Gleichheit und Freiheit.

Die deutschen „Jakobiner": ihre Aktionen

Mainz 1793: Tanz um den Freiheitsbaum

Der bekannteste und umfassendste Versuch, die französischen Verhältnisse auf Deutschland zu übertragen, war die Gründung der Mainzer „Gesellschaft der Freunde der Freiheit und Gleichheit" 1792. Kurzzeitig wurde hier mit der Unterstützung Frankreichs eine Republik nach französischem Muster gegründet. Nach nur wenigen Monaten wurde diese durch preußische Truppen aufgelöst. Diese oppositionellen Bewegungen zur Veränderung der politischen Verhältnisse in Deutschland wurden fast ausschließlich von den Gebildeten getragen. Die unteren Schichten sowie die ländliche Bevölkerung nahmen daran keinen Anteil. Eine Ausnahme war der im November 1792 gegründete „Jakobinerklub echter Republikaner von Altona" (bei Hamburg). Dieser verbreitete vor allem Flugblätter um die Bevölkerung zum Kampf gegen die bestehende politische Ordnung und gegen wirtschaftliche Missstände aufzurufen. Daneben gab es in Hamburg seit November 1792 und nach dem Vorbild des Mainzer Klubs eine Lesegesellschaft, der eher Großbürger angehörten. In Zusammenarbeit mit dem französischen Gesandten wollte diese die Ideen der Revolution nach Deutschland bringen.

1793: Die Begeisterung schwindet

Das Jahr 1793 war ein Wendepunkt: Die Guillotinierung des Königs und der Beginn der „Terreur" führten bei vielen Deutschen, die sich für die Revolution begeistert und in Frankreich das Vorbild für Deutschland gesehen hatten, zu einer Abkehr. Als die französischen Truppen weite Teile Deutschlands besetzten, schlug die Enttäuschung bei einigen in Feindschaft um.

1 Der Stich „Erklärung der Menschen- und Bürgerrechte" von Niquet le Jeune verdeutlicht den großen Unterschied zwischen Gegenwart und Vergangenheit im Jahre 1792.

2 *Der Herzoglich Braunschweigische Schulrat Johann Heinrich Campe (1746–1818) schrieb in einem Brief am 26. August 1789 aus Paris:*
Wir werden zum erstenmal ein großes Reich sehen, wenn das Eigenthum eines Jeden heilig, die Person eines Jeden unverletzlich, die Gedanken zollfrei, das Glauben ungestempelt, die Aeuße-
5 rung desselben durch Worte, Schriften und Handlungen völlig frei und keinem menschlichen Richterspruch mehr unterworfen seyn wird; ein Reich, worin keine privilegirte, keine gebohrne Volksbedrücker, keine Aristokratie, als
10 die der Talente und der Tugenden, keine Hierarchie und kein Despotismus mehr Statt finden, wo viele mehr Alle gleich, Alle zu allen Aemtern, wozu ihre Verdienste sie fähig machten, fähig seyn und nur Kenntnisse, Geschicklichkeiten und
15 Tugenden einen Vorzug geben werden; ein Reich, wo Recht und Gerechtigkeit für Alle auf gleich Weise und ohne alles Ansehn der Person werden verwaltet, und zwar unentgeldlich verwaltet werden, und wo Jeder, auch der armseligs-
20 te Landmann, nicht etwa nur dem Scheine nach, wie in anderen Ländern, sondern wirklich in der gesetzgebenden Versammlung repräsentirt werden, also Jeder, auch der armseligste Landmann, Mitregent und Mitgesetzgeber seines Vaterlan-
25 des seyn wird. Wer kann bei dieser entzückenden Aussicht, die jetzt auch wahrlich schon mehr als bloße Hoffnung ist, verweilen, ohne daß ihm das Herz für alle die süßen menschlichen Gefühle, die sich seiner dabei bemächtigen, zu enge wird
30 und ihm aus dem Busen springen mögte! Und nun die Folgen, die das alles für Europa, für die Welt haben wird! Ich möchte, indem ich sie überdenke, aufschreien vor Freuden.

Joachim Heinrich Campe, Briefe aus Paris zur Zeit der Revolution geschrieben, hg. von Hans-Wolf Jäger. Hildesheim 1977, S. 3281.

3 *Die neue französische Constitution. Kupfer-stich von Daniel Chodowiecki, 1791. Zu Füßen der Gestalt liegen, symbolisiert, die alten Mächte: der Adel und die Kirche als „dunkle Macht" mit einer Geißel in der Hand.*

4 **Eröffnung eines Jakobinerklubs in Mainz, 23. Oktober 1792:**

Heute Abend um 6 Uhr wird eine Gesellschaft deutscher Freunde der Freiheit und Gleichheit aus allen Ständen in dem großen Akademiesaale auf dem hiesigen Schlosse sich durch einen feier-
5 lichen Eid verbinden, frei zu leben oder zu sterben. Der Bürger General Custine hat ihr versprochen, diese Szene im Namen der Frankenrepublik durch seine Gegenwart zu verherrlichen. Der Zutritt steht jedem Deutschen frei, dem das
10 Glück seines Vaterlandes und der an Sklavenketten seufzenden Menschen ein heiliger Name ist. Nur bemerkt man, dass niemand zugelassen werden kann, der nicht zur Gesellschaft gehört oder durch Ablegung des genannten Eides ihr beitre-
15 ten will. Sämtliche Mitglieder unterzeichnen gleich nach dieser Feierlichkeit ihre Namen unter die Eidesformel in das Protokoll der Gesellschaft, welche sodann durch tägliche öffentliche Sitzungen die Freiheit und Gleichheit der Mainzer und
20 vielleicht, gebe es Gott! auch die des übrigen Teils der großen deutschen Nation vorbereiten wird.

Zit. nach: Geschichte in Quellen IV. München 1981, S. 472.

5 ***Freiheit oder Mordt und Todt*** *war der Titel eines Flugblattes des Jacobinerklubs in Altona vom November 1792.*

Einwohner Holsteins, Dännemark und Norrwe-gens-land, ihr zusammen macht ja eigentlich denn Staatskörper aus, und seid desfals mit allem recht die Souveraine Nation, seid daher nicht
5 länger so unvernünftig, diesen euren Vorrang ei-nen ohnmächtigen Mann (der sich König in User Land nennt) zulaßen, nehmet Eure Recht von den elenden kurzsichtigen zurük, weils ihm nicht dienlich ist, vielweniger zukömt, und betrachtet
10 ihn so, wie wir ihn umstehend geschildert, einfäl-tiglich, aber der Wahrheit gemäß.
Mitbürger, Brüder, Freunde! stehet still und leset mit Bedacht folgendes so werden eure Augen aufgethan.
15 Der in Unser Land gegenwärtig noch vorhan-dene sich nennende König, der sich bis jtzt de Macht anmaßet und sich einbildet Uns die Ei-genthümer und Bewohner Unsers Landes durch sein Allmächtig dünkendes Wort noch ferner re-
20 giren zukönnen, weil Wir bisher dumm genug waren, ihm zu gehorchen, wen er nur schnaubte oder durch Bewegung etwas wähnte: …
Wir können alsdenn durch eine Repräsentanti-sche Regierung die aus denn klügsten von Unsers
25 Landes-Bewohner aufgestellt wird als eine freye Nation ebenso mit dem goldenen Segen der Zu-friedenheit gekrönt in Unser Land leben, als die schätzbahren Amerikaner, die schon längst in der besten Ruhe und Ordnung für den 60sten
30 Theil von Ausgaben gegen die Unsrigen den reichsten Seegen ihrer ergiebigen freyen Länder genießen, da doch ihr Land 12 Mahl größer ist als daß Unsere, welches Jhr selbst überrechnen könnt, wenn ihr mit Bedacht leset, das Buch, be-
35 titelt die Rechte des Menschen.
Notabene
Mitbürger, Brüder, Freunde! Versäumet keinen Augenblick, diesen hier euch vorgeschlagenen Plan mit Ausreißung des euch so lästigen Bart-
40 haars[1] auszuführen, denn jetzt ist der waare Zeit-punct da, ihr könnts ia selbst mit euren Augen se-hen an das edle Franken-Volk, wie es nächst denn guten Amerikanern alle Monarchische Bande Euch zum Beispiel zerrißen hat.
45 Gegeben im Jacobinerclub, echter Republicaner zu Altona[2], im November 1792.

1 Damit ist der dänische König Christian VII. gemeint.
2 Zu dieser Zeit ein Teil Dänemarks.

Zit. nach: Walter Grab, Freyheit oder Mordt und Todt. Ohne Ort 1979, S. 102 ff.

6 **Beseitigung des Freiheitsbaumes.** *Als die französischen Revolutionsheere durch preußische Truppen aus den linksrheinischen Gebieten vertrieben wurden, mussten die Bürger die von ihnen gepflanzten Freiheitsbäume wieder ausgraben. Preußen und der preußische König waren Ziel des Spottes und des Hasses von Jakobinern des Rheinlands gewesen. Das Bild „Jacobiner Schwindelköpfe zu Worms 1793" gibt die Genugtuung der Vertreter der alten Ordnung über ihren Erfolg wieder. (Stich nach einer Zeichnung von Schubert, aus dem Göttinger „Revolutionsalmanach" von 1793.)*

7 **Ein Brief Friedrich Schillers** *zeigt, daß 1793 ein Wendepunkt in der Haltung der gebildeten Deutschen zur Französischen Revolution war.*
Der Versuch des französischen Volkes ... seine politische Freiheit zu erringen, hat bloß das Unvermögen und die Unwürdigkeit desselben an den Tag gebracht und nicht nur dieses unglückliche
5 Volk, sondern mit ihm auch einen beträchtlichen Teil Europas ... in Barbarei und Knechtschaft zurückgeschleudert. Der Moment war der günstigste, aber er traf ein verderbte Generation, die ihn weder zu würdigen noch zu benutzen wusste. Der
10 Gebrauch, den sie von diesem großen Geschenk des Zufalls macht und gemacht hat, beweist unwidersprechlich, dass das Menschengeschlecht der Vormundschaft noch nicht entwachsen ist ...

Brief Schillers vom 13. Juli 1793 an den Herzog Christian von Augustenburg. In: Briefe deutscher Klassiker. Leipzig 1946, S. 281ff.

8 **Deutschland und die Französische Revolution** *aus der Sicht eines deutschen Historikers*
Epochale Bedeutung hat die Französische Revolution von 1789 auch für die deutsche Geschichte, und nicht zu Unrecht ist in manchen neueren Darstellungen das Jahr 1789 als der
5 eigentliche Beginn der modernen deutschen Geschichte bezeichnet worden. Das erste Echo unter den deutschen Intellektuellen war nahezu uneingeschränkt positiv ... Bemerkenswert ist allerdings, dass von Anfang an kaum einer der
10 deutschen Autoren in den französischen Ereignissen eine Aufforderung zur Nachahmung sah. Gerade weil die Revolution als Praxis der Aufklärung verstanden wurde, glaubten die Anhänger des aufgeklärten Absolutismus, dass in
15 Deutschland nicht nötig sei, was in Frankreich nun einmal habe geschehen müssen.

Reinhard Rürup, Deutschland im 19. Jahrhundert. 1815 – 1871. Göttingen 1984, S. 115.

a) *Stelle aus dem Brief Campes (M2) die Erwartungen zusammen, die er und viele gebildete Deutsche mit der Französischen Revolution verbanden.*

b) *Erläutere die Aussagen des Stiches M1 und vergleiche sie mit M2. Ordne dann die Aussagen von M2 und M1 in den zeitlichen Zusammenhang ein.*

c) *Wie stellt der Künstler in M3 die Revolution, wie die alten Mächte dar? Überlegt, warum 1791/92 eine solche Zeichnung auch noch in Deutschland veröffentlicht werden konnte.*

d) *Liste aus M4 und M5 die Ziele der Jakobiner in Deutschland auf und erkläre die Bedeutung Frankreichs für die deutschen Klubs.*

e) *Erkläre, woran die Einstellung des Zeichners der Karikatur (M 6) gegenüber den deutschen Jakobinern zu erkennen ist.*

f) *Begründe mithilfe des VT und M8, warum es in Deutschland nicht zu einer Revolution wie in Frankreich kam.*

7. Sicherheit statt Freiheit: General Bonaparte beendet die Revolution

27. Juli 1794 _____ *(9. Thermidor) Robespierre wird entmachtet.*
11. November 1794 _____ *Der Konvent lässt den Jakobinerklub schließen.*
 9. November 1799 _____ *General Napoleon Bonaparte wird durch einen Staatsstreich Alleinherrscher.*
18. Mai 1804 _____ *Napoleon wird zum Kaiser der Franzosen gekrönt.*

Die Besitzenden gewinnen die Macht zurück

Nach dem Ende der Schreckensherrschaft im Juli 1794 blieb der Nationalkonvent zunächst bestehen. Allerdings setzte sich diejenige politische Gruppe durch, die Robespierres Sturz herbeigeführt hatte. Diese „Thermidorianer" verfolgten Robespierres Anhänger im ganzen Land. Die Jakobinerklubs wurden geschlossen. Rüstungsfabrikanten, Kriegsgewinnler und Spekulanten gewannen Einfluss. Sie wollten die unteren Schichten durch ein Zensuswahlrecht von der demokratischen Einflussnahme ausschließen. Ihr Interesse richtete sich vor allem darauf, Eigentum und Vermögen uneingeschränkt zu genießen und durch freie Preise Gewinne zu erzielen. Im Dezember 1794 wurden demnach auch die Preise freigegeben und stiegen für die ärmere Bevölkerung vielfach ins Unerschwingliche. So kam es im Mai 1795 im Arbeiterviertel von Paris zu einem großen Aufstand, der von der Armee blutig niedergeschlagen wurde.

Das Direktorium

Im August 1795 verabschiedete der Konvent eine neue Verfassung. Ganz im Sinne des wohlhabenden Bürgertums setzte sie eine hohe Schranke für das Recht zu wählen. Ein fünfköpfiges Gremium, das Direktorium, bildete nun die Regierung. Royalisten hielten den Zeitpunkt für günstig die Macht zu erobern und rückten im Oktober mit 8000 Bewaffneten gegen das Konventsgebäude vor. Im Augenblick höchster Not waren es Verbände der neuen Armee, die das Direktorium retteten. Der junge Revolutionsgeneral Napoleon Bonaparte hatte 40 Kanonen auffahren und die Angreifer zusammenschießen lassen.

1 Wohlhabende Bürger in der Zeit des Direktoriums *(zeitgenössische kolorierte Radierung, anonym). – Vergleiche die Szene mit dem Bild „Revolutionskomitee" im Kap. „Die Revolution frisst ihre Kinder …"*

Popularität durch militärische Erfolge	Napoleon, als Sohn eines Advokaten auf der Insel Korsika 1769 geboren, wurde bereits mit 24 Jahren Brigadegeneral der Revolutionsarmee, nachdem er zuvor als Freiwilliger eingetreten war. Sein energisches Eingreifen beim Aufstand der Royalisten im Jahre 1795 lenkte die Aufmerksamkeit des Direktoriums auf ihn und so erhielt er mit 26 Jahren den Oberbefehl über die Truppenverbände, die in Italien kämpften. Siege über die italienischen Staaten und die österreichische Monarchie begründeten seine Beliebtheit und zwangen Österreich auf die österreichischen Niederlande, das heutige Belgien, zu verzichten und die Gebiete des linken Rheinufers abzutreten. Die enormen Zahlungen, die er aus den Besiegten herauspresste, stärkten seine Stellung gegenüber der Direktorialregierung. Die Hoffnung der französischen Bevölkerung auf stabile wirtschaftliche und soziale Verhältnisse und auf Stärkung der Vormachtstellung Frankreichs in Europa richtete sich mehr und mehr auf Napoleon.
Der Griff nach der Macht	Am 18. Brumaire, also am 9. November 1799 – noch immer galt der Kalender der Revolution – wagte Napoleon den Staatsstreich. Unter dem Vorwand, ein Aufstand radikaler Jakobiner stünde kurz bevor, veranlasste er die Truppen in Paris die gesetzgebende Versammlung, den Rat der Fünfhundert, auseinander zu jagen. An die Stelle des fünfköpfigen Direktoriums setzte Napoleon drei Konsuln, unter denen er als Erster Konsul alle Entscheidungsmacht auf sich konzentrierte. 1802 machte er sich zum Konsul auf Lebenszeit, 1804 zum Kaiser der Franzosen. Alle diese Schritte ließ er durch Volksabstimmungen billigen, die ihm jeweils bis zu fast 99 Prozent der Stimmen brachten. Wie war es möglich, dass ein ganzes Volk seiner Entmündigung durch eine Diktatur zustimmte?
„Weder rote Mützen noch rote Absätze"	Napoleon wollte weder die Vorstellungen der Jakobiner (rote Mützen) noch die der Adligen (rote Absätze) verwirklichen. Er befriedigte damit den Wunsch der großen Mehrheit nach Ruhe und Ordnung nach zehn Jahren revolutionärer Turbulenzen und ständig wechselnder Verfassungen. 140 000 Emigranten konnten zurückkehren, wenn sie sich seiner Ordnung fügten. Inhaftierte Revolutionäre der Schreckensherrschaft begnadigte er. Mit dem Papst schloss er einen Vertrag, ein Konkordat, in dem er den römisch-katholischen Glauben als Religion der großen Mehrheit der Franzosen anerkannte. Dafür fand sich die Kirche mit der Enteignung der Kirchengüter von 1789 ab, was die neuen Eigentümer beruhigte. Auch die protestantische Kirche wurde wieder zugelassen.
Konzentration der Macht	In allen Bereichen reformierte er den Staat nach dem militärischen Prinzip von Befehlen und Gehorchen. Selbst Bürgermeister wurden nicht mehr gewählt, sondern von Paris aus ernannt. Er ließ die Polizei im ganzen Lande ausbauen und unterwarf Presse, Kunst und Wissenschaft staatlicher, also seiner, Kontrolle. Die Staatsfinanzen wurden durch eine stabile Währung, konsequente Einziehung von Steuern und durch die Kontributionen besetzter Länder ausgeglichen.
Der „Code Napoléon" – ein bürgerliches Gesetzbuch	Das nach Napoleons Willen erarbeitete bürgerliche Gesetzbuch verwirklichte grundlegende Forderungen der Revolution: Für alle Franzosen galt ein einheitliches Recht, Kirche und Staat wurden getrennt, alle waren vor dem Gesetz gleich und bekamen persönliche Freiheiten zugesprochen. Nachdrücklich wurden das Recht auf Eigentum und die Freiheit des wirtschaftlichen Wettbewerbs gewährleistet, wogegen die Emanzipation der Frauen erneut auf der Strecke blieb. Das Gesetz beschränkte sie auf den rechtlichen Status von Minderjährigen. Der „Code Napoléon" ist bis heute die Grundlage des französischen Rechtswesens. Er wurde in den von Napoleons Truppen besetzten und angeschlossenen Gebieten eingeführt und hat in vielen Ländern der Welt als Vorbild gedient.

2 Wechsel der Zeiten und Denkmäler
Das Bild zeigt die Errichtung der Bronzesäule mit Reliefs der Feldzüge Napoleons von 1805 und seinem Standbild auf der Place Vendôme in Paris. Bis 1792 hatte hier das Reiterstandbild Ludwigs XIV. gestanden, das dann durch die Statue der Freiheit ersetzt wurde. Napoleons Standbild wurde nach seinem Sturz 1814 wieder entfernt. – Diskutiert, ob und wann ein Denkmalsturz angebracht ist. Nennt andere Beispiele.

3 Napoleon als Feldherr und als Staatsmann
a) *Aufruf Napoleons an seine Soldaten in Mailand am 26. April 1796:*

Soldaten, in 14 Tagen habt ihr 10 Siege davongetragen, 21 Fahnen, 55 Kanonen, mehrere befestigte Orte gewonnen, den reichsten Teil von Piemont erobert; ihr habt 15 000 Gefangene
5 gemacht, an die 10 000 Mann getötet oder verwundet.
Bisher hattet ihr um kahle Felsen gekämpft. Erst bar aller Mittel, seid ihr jetzt mit allem versorgt. Ihr habt Schlachten ohne Kanonen gewonnen,
10 Flüsse ohne Brücken überquert, Gewaltmärsche ohne Schuhe zurückgelegt, ohne Schnaps und oft ohne Brot biwakiert. Nur die republikanischen Heerscharen, die Soldaten der Freiheit, waren fähig das zu erdulden, was ihr erduldet
15 habt.
Aber Soldaten, … ihr müsst noch Schlachten schlagen, Städte einnehmen, Flüsse überqueren. … Ihr alle wollt … mit Stolz sagen können: „Ich gehörte zu der Eroberungsarmee Italiens!"
20 Freunde, ich verspreche euch diese Eroberung; aber ihr müsst schwören … die Völker, die ihr befreit, zu achten … Plünderer werden unerbittlich erschossen werden … Völker Italiens, die französische Armee kommt um eure Ketten zu
25 zerbrechen … Unser Hass gilt nur den Tyrannen.

Zit. nach: O. Aubry, Napoleon als Schriftsteller. Freudenstadt 1948, S. 51.

b) *Im Juli 1797 erklärte Bonaparte dem französischen Gesandten in der Toskana vertraulich:*
Glauben Sie, dass ich in Italien Siege erfechte um damit das Ansehen … des Direktoriums zu erhöhen? … Glauben Sie vielleicht, dass ich eine Republik begründen will? Welcher Gedanke! …
5 Das ist eine Wahnvorstellung, in die die Franzosen vernarrt sind … Was sie brauchen, ist Ruhm, die Befriedigung ihrer Eitelkeit, aber von der Freiheit verstehen sie nichts. Blicken Sie auf die Armee! Die Erfolge und die Triumphe … haben
10 den wahren Charakter des französischen Soldaten wieder hervortreten lassen. Für ihn bin ich alles. Das Direktorium soll es sich nur einfallen lassen, mir das Kommando über die Armee wegzunehmen! Dann wird man sehen, wer der Herr
15 ist. Die Nation braucht einen Führer, … aber keine Theorien über Regierung, keine großen Worte, keine Reden von Ideologien, die die Franzosen nicht verstehen … Ich bin am Frieden nicht interessiert … Wenn Frieden geschlossen
20 ist, wenn ich nicht mehr an der Spitze dieses mir ergebenen Heeres stehe, muss ich auf diese Macht, auf diese hohe Stellung, die ich mir verschafft habe, verzichten und im Luxemburg-Palast Advokaten den Hof machen. Ich möchte
25 Italien nur verlassen um in Frankreich eine Rolle zu spielen …

Zit. nach: Irmgard und Paul Hartig, Die Französische Revolution, Quellen zur Geschichte und Politik, Stuttgart 1985, S. 112 f.

4 **Napoleon** in zwei Gemälden (rechts ein Ausschnitt) von J. L. David (1748 bis 1825). Der Maler war 1792 Abgeordneter des Nationalkonvents, 1793 Vorsitzender des Konvents. Als Anhänger Robespierres wurde er nach dessen Hinrichtung 1794 zeitweise inhaftiert. 1795 begegnete er zum ersten Mal Napoleon, von dem er 1805 zum Hofmaler ernannt wurde. Nach Napoleons Sturz flüchtete er ins Exil nach Brüssel. Den ursprünglichen Entwurf für das rechte Bild (siehe ADS) musste er auf Befehl Napoleons ändern. – Vergleiche die Darstellungen mit dem politischen Werdegang des Malers.

5 **Der Kaisertitel – Wunsch des Volkes?**

François Joubert, Abgeordneter und Vertrauter Napoleons, in einer Rede (Mai 1804):

Ah, wie ergriffen waren wir, als am 10. November 1799 der Retter Frankreichs die denkwürdigen Worte vernehmen ließ: „Die Revolution ist an die Grundsätze gebunden, mit denen sie begonnen

5 hat." Was wollten wir 1789? Das Eingreifen unserer Vertreter bei der Festlegung der Steuern, die Abschaffung des Feudalsystems, die Vernichtung jeglicher für die moralischen und intellektuellen Kräfte beleidigenden Unterscheidungen, die Be-

10 seitigung der Missbräuche, die Pflege aller liberalen Gedanken, die Garantie für den Wohlstand im Inneren und für unsere Achtung im Ausland: Das sind die wahren Wünsche der Nation gewe-

sen und alle Franzosen hatten gespürt, dass sich

15 diese Wünsche nur mit einer Erbdynastie ... verwirklichen ließen ... (Napoleon Bonaparte) gibt dem Kontinent den Frieden ... Ja, wer könnte all die Wunder nennen, die er seit seinem Aufstieg zum Konsulat vollbracht hat! ... All diese Leis-

20 tungen werden den kommenden Jahrhunderten die tiefe Ergebenheit erklären, von der die Franzosen für Napoleon Bonaparte durchdrungen sind, ... diesen so stark ausgesprochenen Wunsch: Dass jener, dem die Republik so großen

25 Ruhm und große Wohltaten verdankt, einwilligen möge ihr Kaiser genannt zu werden und die ausführende Gewalt in seiner Familie festzulegen.

Zit. nach: Hartig, Die Französische Revolution. Stuttgart 1985, S. 116 ff.

a) Stelle die verschiedenen politischen Richtungen in der Zeit des Direktoriums (1795 bis 1799) gegenüber (VT, M1).

b) Wie baute Napoleon seine Machtstellung auf (VT, M2, M3, M4)?

c) „Ein erbliches Kaisertum steht nicht im Widerspruch zu den Ideen von 1789." Nimm Stellung zu dieser These und den Argumenten in M5.

d) Erläutere die historischen Umstände, die den politischen Werdegang Napoleons begünstigten.

e) „Alle Maßnahmen Napoleons haben nur dem Ziel gedient seine eigene Macht zu steigern." Wie urteilst du anhand deines gewonnenen Wissens?

8. Die Völker Europas ertragen keine Vorherrschaft

1805 _____	Der britische Seesieg über die Franzosen bei Trafalgar (am spanischen Kap) bestätigt die britische Vorherrschaft zur See. Napoleons Armee besiegt österreichische und russische Truppen in der Drei-Kaiser-Schlacht bei Austerlitz in der Nähe von Brünn (Tschechische Rep.).
1806 _____	Napoleon schafft sich mit dem „Rheinbund" an der Ostgrenze Frankreichs einen Zusammenschluss ihm ergebener Staaten. – Napoleons Heer besiegt die preußische Armee bei Jena und Auerstedt (in Thüringen). – Von Berlin aus erlässt Napoleon die Kontinentalsperre gegen Großbritannien.
1807 _____	Napoleon weitet den Krieg gegen Spanien aus. Seinen Soldaten gelingt es nicht, den Widerstand der Bevölkerung (Guerillakrieg) zu unterdrücken.
1809 _____	Im Frieden von Schönbrunn (bei Wien) unterstellt Napoleon Österreich und Preußen seiner Hegemonie (Vorherrschaft).
1812 _____	Der Feldzug der Großen Armee gegen Russland endet in einer Katastrophe.
1813 _____	Ein russisch-preußisch-österreichisch-britisches Koalitionsheer siegt über die napoleonischen Truppen in der Völkerschlacht bei Leipzig.
1814 _____	Napoleon wird als Gefangener auf die Insel Elba verbannt.
1815 _____	Napoleon kehrt zurück. Sein Heer wird nach 100 Tagen bei Waterloo (in der Nähe von Brüssel) von den Armeen Großbritanniens und Preußens geschlagen, er selbst auf die Insel St. Helena im Atlantischen Ozean verbannt.

Vorherrschaft oder Gleichgewicht der Mächte?

Immer wieder hatten sich europäische Monarchien zu Koalitionen verbündet um zu verhindern, dass die französische Revolutionsarmee die Ideen der Revolution exportierte, und um eine Hegemonie, eine Vorherrschaft Napoleons in Europa abzuwehren. Der beharrlichste Gegner Frankreichs und Napoleons war – wie schon seit Ludwigs XIV. Zeiten – Großbritannien. Im Übrigen wechselte die Zusammensetzung der Koalitionen in den fünf Koalitionskriegen, denn einige Festlandsstaaten suchten, immer wieder besiegt, ein Auskommen mit Napoleon zu finden. Großbritannien war militärisch unangreifbar, zumal es seine Vorherrschaft auf dem Meere in der Seeschlacht bei Trafalgar behauptete. Deshalb versuchte Napoleon es mit einem Wirtschaftskrieg, der Kontinentalsperre, in die Knie zu zwingen. Waren aus Großbritannien sollten das europäische Festland nicht mehr erreichen und wurden beschlagnahmt, zum Teil öffentlich verbrannt und Schiffe, die aus England kamen, wurden aufgebracht.

Scheitern an Großbritannien ...

Die Kontinentalsperre erwies sich als Fehlschlag. Um das europäische Festland lückenlos zu sperren hätte es der bereitwilligen Unterstützung aller Hafenstädte und Staaten bedurft – ein aussichtsloses Unterfangen, weil man den Eroberer und Besatzer eher boykottieren als unterstützen wollte. Außerdem entstanden mit dem Ausbleiben englischer Lieferungen Versorgungsengpässe. Das reizte die Stimmung in der Bevölkerung gegen Napoleon und die französische Besatzung zusätzlich. Um also die Engländer wirklich empfindlich zu treffen mussten die Franzosen auf dem Festland zu immer härteren Maßnahmen greifen. Das provozierte zunehmend den gewaltsamen Widerstand, zuerst in Portugal und Spanien, in das Napoleon 1807 einmarschierte. Alle Maßnahmen, von der Gepäckvisitation bis zu Erschießungen, reichten jedoch nicht aus den Guerillakrieg der Bevölkerung, den England kräftig unterstützte, zu unterdrücken.

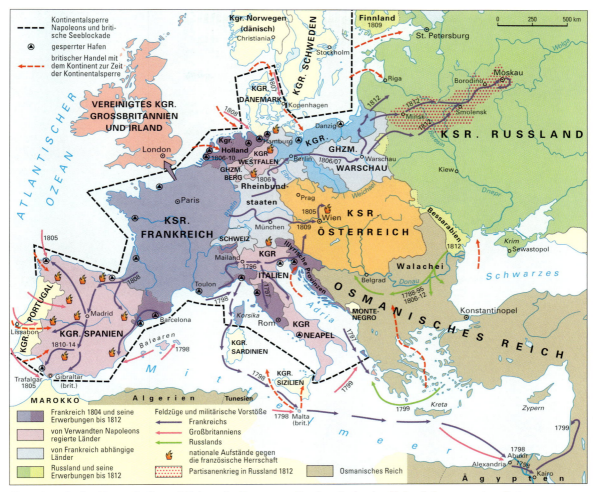

1 **Napoleonische Herrschaft und Kriege in Europa.** – *Suche die in der Zeittafel genannten Orte.*

1809 wagte Österreich den Aufstand, dann die Tiroler unter dem Gastwirt Andreas Hofer. Noch einmal erwiesen sich die Armeen Napoleons als die stärkeren. Als aber Russland seine Teilnahme an der Sperre aufkündigte, glaubte Napoleon alles auf eine Karte setzen zu müssen um seine Vorherrschaft zu erhalten. So entschloss er sich 1812 zum Krieg gegen Russland, für den alle abhängigen Staaten Truppen stellen mussten. Über 600 000 Mann zählte die „Große Armee".

... und Russland

Die russische Armee stellte sich keiner Schlacht. Folglich musste Napoleon seine Armee bis Moskau vorrücken lassen. Dort traf sie auf eine völlig abgebrannte Stadt. Die russischen Generäle hatten den Zerstörungsbefehl gegeben. Der einbrechende Winter sollte den quartierlosen Feind besiegen. Napoleon musste den Rückzug befehlen. Kälte und andauernde Überfälle russischer Truppen ließen die Soldaten massenweise sterben. Elend und zerlumpt strebte der Rest den Heimatländern zu. Preußen wechselte als erster Staat 1813 aus dem erzwungenen Bündnis mit Napoleon zu Russland über. Die nun beginnenden Kämpfe wurden vor allem in Preußen mit nationaler Begeisterung geführt und bald „Befreiungskriege" genannt. Nach einigem Zögern schloss sich auch Österreich der neuen Koalition gegen Napoleon an. Mit der Völkerschlacht bei Leipzig war das Ende der napoleonischen Vorherrschaft Frankreichs über Europa besiegelt.

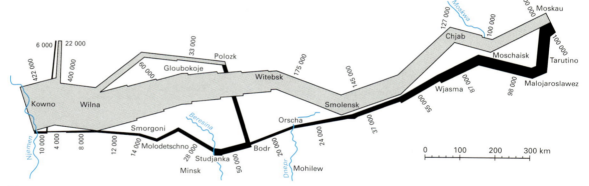

2 **Die „Große Armee" auf dem Rückzug.** *Gemäldeausschnitt von J. A. Klein (1792 bis 1875). Im Hintergrund angreifende Kosaken. Darunter die Verluste der napoleonischen Heere während des Russlandfeldzuges 1812 bis 1813 nach einer Grafik des französischen Ingenieurs Charles Joseph Minard (1781 bis 1870). Grau: der Feldzug bis zur Einnahme Moskaus; schwarz: der Rückzug. Ab Moskau sank die Temperatur unter Null und bewegte sich dann ständig zwischen −10 und −30 Grad.*

3 **Napoleons Traum 1818 auf** *Sankt Helena:*

Einer meiner größten Gedanken war … die Konzentration derselben Völker, welche Revolution und Krieg zerstreut und zerkleinert haben. Man zählt in Europa … mehr als dreißig Millionen
5 Franzosen, fünfzehn Millionen Spanier, fünfzehn Millionen Italiener, dreißig Millionen Deutsche. Ich hätte gern aus jedem dieser Völker ein ganzes gemacht und sogar einen nationalen Körper. Es wäre schön gewesen, mit einem solchen Natio-
10 nengefolge in die Nachwelt zu schreiten und in den Segen der Jahrhunderte. Ich hielt mich eines solchen Ruhmes für würdig.

Geschichte in Quellen, Bd. 4, S. 589.

4 **Warnungen nicht erwünscht**

Im Dezember 1811 trug Joseph Fouché, Napoleons ehemaliger Polizeiminister, dem Kaiser Bedenken gegen den geplanten Russlandfeldzug vor. Napoleon schnitt ihm das Wort ab:

Sie können weder meine Stellung noch den Zusammenhang Europas beurteilen … Spanien fällt, sobald ich in St. Petersburg den englischen Einfluss zunichte gemacht habe! Ich brauche
5 800 000 Mann und habe sie; ganz Europa werde ich hinter mir herschleifen! … Ich richte mich lieber nach der Meinung der Armee und des Volkes als der Ihrigen …

Zit. nach: Friedrich Sieburg, (Hg). Gespräche mit Napoleon, 1962, S. 182 f.

5 *Bilder Napoleons. Links eine weit verbreitete deutsche Karikatur von 1814; rechts ein Gemälde des französischen Malers Ingres (1780 bis 1867) von 1853 für das Pariser Rathaus.*

6 „Ein Mann wie ich … „

Der österreichische Staatskanzler Clemens Graf von Metternich berichtet von Verhandlungen, die er im Sommer 1813 zwei Monate vor der Völkerschlacht bei Leipzig mit Napoleon führte:

N.: „Sie wollen also den Krieg? …"

M.: „Krieg und Frieden liegen in der Hand Eurer Majestät … Heute können Sie noch Frieden schließen, morgen dürfte es zu spät sein …"

5 N.: „… Nimmermehr! Ich werde zu sterben wissen, aber ich trete keine Handbreit Boden ab. Eure Herrscher, geboren auf dem Throne, können sich zwanzigmal schlagen lassen und doch immer wieder in ihre Residenzen zurückkehren;

10 das kann ich nicht, ich, der Sohn des Glücks! Meine Herrschaft überdauert den Tag nicht, an dem ich aufgehört habe stark und folglich gefürchtet zu sein …"

M.: „… Das Glück kann Sie ein zweites Mal wie

15 im Jahre 1812 im Stich lassen … Ich habe Ihre Soldaten gesehen, es sind Kinder … Und wenn diese jugendliche Armee, die Sie heute unter die Waffen gerufen haben, dahingerafft sein wird, was dann?"

20 N.: „… Ich bin im Felde aufgewachsen und ein Mann wie ich schert sich wenig um das Leben einer Million Menschen …"

Metternich, Denkwürdigkeiten, hrsg. von Otto H. Brandt, München 1926, Band 1, S. 246 ff.

7 *Besatzungspolitik. Weisung Napoleons 1806 an den franz. Gouverneur von Kurhessen:*

Entwaffnen Sie das Land durchaus, dass nicht eine Kanone, nicht eine Flinte darin bleibe. Im Übrigen kann man das Land mit Milde behandeln; allein, wenn sich die geringste Bewegung

5 irgendwelcher Art zeigt, geben Sie ein fürchterliches Beispiel. Das erste Dorf, welches sich muckst, soll geplündert und verbrannt werden.

Zit. nach: Gespräche mit Napoleon, hrsg. v. F. Sieburg, München 1962, S. 83 f.

8 *Anschlag des Berliner Stadtkommandanten nach der preußischen Niederlage 1806:*

Der König hat eine Bataille verlohren. Jetzt ist Ruhe die erste Bürgerpflicht. Ich fordere die Einwohner Berlins dazu auf. Der König und seine Brüder leben!

Berlin, den 17. October 1806.

Graf v. d. Schulenburg.

9

Napoleons Lebenslauf. *Kolorierte Radierung nach einer deutschen Karikatur. – Erläutere die einzelnen Etappen mit Hilfe der Kapitel 2–4. Du kannst der Karikatur ziemlich genau entnehmen, wann sie entstanden ist.*

10 Napoleon – Anlass für Heldenlegende?

Nach Napoleons Tod entstand in Frankreich ein Märtyrer- und Heldenkult um den Kaiser. Dazu schrieb Chateaubriand, Schriftsteller und Zeitgenosse Napoleons, kurz nach 1830:

Heute ist es Mode, die Siege Bonapartes zu verherrlichen. Die Zeitgenossen sind verschwunden, man hört nichts mehr von den Verwünschungen, den Schmerzensschreien, der Ver-
5 zweiflung der Opfer. Man sieht das erschöpfte Frankreich, dessen Boden von Frauen bearbeitet wird, nicht mehr; man sieht nicht mehr die anstelle ihrer Söhne verhafteten Eltern, die Dorfbewohner, die für einen Wehrdienstverweigerer so-
10 lidarisch bestraft wurden; man sieht nicht mehr diese Aushebungsanschläge an den Straßenecken, die Passanten, die sich vor diesen unge-
heuren Todesurteilen zusammenscharen und sprachlos nach den Namen ihrer Kinder, ihrer
15 Brüder, Freunde und Nachbarn suchen. Man vergisst, dass jedermann über die Triumphe jammerte … Unter dem Kaiserreich verschwanden wir; es war gar nicht mehr die Rede von uns, alles gehörte Bonaparte: „Ich habe befohlen, ich
20 habe gesiegt, ich habe gesprochen, meine Adler, meine Krone, mein Blut, meine Familie, meine Untertanen … Was Bonaparte angeht, so ist er trotz seiner ungeheuren Eroberungen erlegen, nicht weil er besiegt worden war, sondern weil
25 Frankreich seiner überdrüssig war. Eine erhabene Lehre, die uns stets ins Gedächtnis rufen sollte, dass alles, was die Menschenwürde verletzt, den Todeskeim in sich birgt."

Chateaubriand, Erinnerungen. München 1968, S. 363 ff.

a) *Inwiefern zeigt M6, dass Österreich immer noch zögerte gegen Napoleon entschlossen vorzugehen? Erörtere, ob Napoleons Ablehnung klug war.*

b) *Vergleiche M3 und M4 und urteile über Napoleon als „Europapolitiker".*

c) *1840 wurden die Überreste Napoleons pompös nach Paris überführt. Noch heute besuchen unzählige Franzosen und Ausländer sein Grab. Fragt Franzosen nach ihrem Urteil zu diesem Teil ihrer Geschichte (vgl. auch M10).*

d) *Erläutere anhand von M1 die besonders „verwundbaren" Stellen der Herrschaft Napoleons in Europa und seine Gegenmaßnahmen. Gab es Widerstandskämpfe in deiner Region? Sammle Informationen.*

e) *In den Materialien kommen verschiedene Urteile zu Napoleon zum Ausdruck. Stelle ihre Ergebnisse und ihre (zum Teil nur vermutbaren) Argumente nebeneinander (M5, M6, M9, M10). Formuliere dein eigenes Urteil.*

9. Napoleon verändert Deutschland

9.1 Staaten verschwinden und Staaten entstehen

1801 _____ Im Frieden von Lunéville zwingt Napoleon das römisch-deutsche Kaiserreich alle Gebiete links des Rheins an Frankreich abzutreten.

1803 _____ Ein Ausschuss des Reichstages (eine Reichsdeputation) folgt Napoleons Vorschlag 112 reichsunmittelbare Territorien aufzuheben und jenen Fürsten zuzuschlagen, die links des Rheins Gebiete verloren hatten. Dazu gehörten alle geistlichen Herrschaften und alle Reichsstädte bis auf sechs. Preußen, Bayern, Baden und Württemberg erhalten in diesem Reichsdeputations-hauptschluss wesentlich mehr Gebiet, als sie verloren hatten.

1806 _____ Die süddeutschen Fürsten treten aus dem Reich aus und gründen den „Rheinbund". Unter dem Schutz Napoleons verleiben sie sich zahlreiche kleinere Territorien gewaltsam ein. Österreich und Preußen halten sich fern. Kaiser Franz II. legt die Krone des Heiligen Römischen Reiches nieder. Das Reich hat aufgehört zu bestehen. Franz nennt sich nun Kaiser von Österreich. Preußen führt fast allein Krieg gegen Napoleon. Das preußische Heer wird von Napoleons Armee vernichtend geschlagen. Napoleon zieht in Berlin ein.

1807 _____ Im Frieden von Tilsit verliert Preußen alle Gebiete westlich der Elbe und alle Erwerbungen aus den Teilungen Polens 1772 und 1795.

1 **Die politische Gestalt Deutschlands 1790 und 1812** vor und nach der Neuordnung durch Napoleon

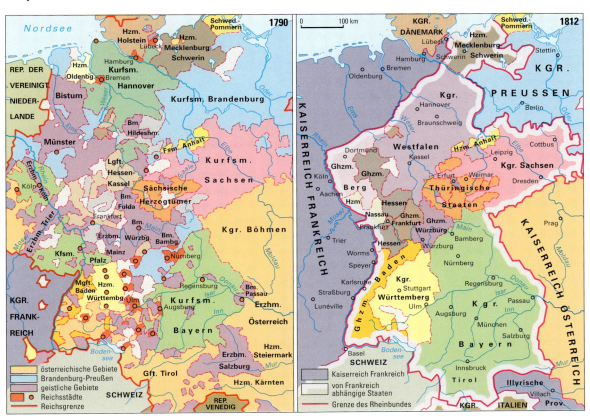

Säkularisation, auch Säkularisierung (lat. „saeculum", d.h. Zeitalter, Welt, staatlicher Bereich): Seit der Aufklärung haben sich die Menschen zunehmend davon gelöst, die Religion als maßgeblich für ihr Leben und Denken zu betrachten. Diesen Prozess bezeichnet man als Säkularisation. Ebenso wird damit die Enteignung von Kirchengut bezeichnet, wie sie in der Französischen Revolution 1789 vorgenommen wurde. Insbesondere ist damit die Aufhebung von Klöstern, Stiften und Orden sowie von geistlicher Herrschaft über Territorien im deutschen Kaiserreich auf Veranlassung Napoleons gemeint.

Mediatisierung: Im Zusammenhang mit der napoleonischen Herrschaft meint dieses Wort die Aufhebung der Reichsunmittelbarkeit kleiner und kleinster Territorien, indem diese beseitigt und von wenigen größeren einverleibt wurden.

2 **Anweisungen Kaiser Napoleons** *für den König von Westfalen 1807:*

Mein Bruder … Ihr Thron wird in der Tat nur auf dem Vertrauen und der Liebe Ihrer Untertanen befestigt sein. Was aber das deutsche Volk am sehnlichsten wünscht, ist, dass diejenigen, die
5 nicht von Adel sind, durch ihre Fähigkeiten gleiche Rechte auf Ihre Auszeichnungen und Anstellungen haben, damit jede Leibeigenschaft und vermittelnde Obrigkeit zwischen dem Souverän und der untersten Volksklasse aufgehoben werde.
10 Ihr Königtum wird sich durch die Wohltaten des Code Napoléon, durch das öffentliche Gerichtsverfahren und die Einführung des Geschworenengerichts auszeichnen … Ihr Volk muss sich in seiner Freiheit und Gleichheit eines Wohlstan-
15 des erfreuen, die den übrigen Völkern Deutschlands unbekannt sind. Eine solche liberale Regierung … wird eine mächtigere Schranke gegen Preußen sein als die Elbe, als alle Festungen … Welches Volk wird zu der willkürlichen preußi-
20 schen Regierung zurückkehren wollen, wenn es einmal von den Wohltaten einer weisen und liberalen Verwaltung gekostet hat?

F. M. Kircheisen (Hg.), Briefe Napoleons I., Band 2. Stuttgart 1910, S. 246 f.

3 **Napoleon – in Deutschland umstritten**

a) Der Dichter Heinrich von Kleist, Preuße, schrieb 1809 einen „Katechismus der Deutschen". Der Vater fragt und der Sohn antwortet:
Frage: Was hältst du von Napoleon, dem Korsen, dem berühmten Kaiser der Franzosen? …

Antwort: Für einen verabscheuungswürdigen Menschen; für den Anfang alles Bösen und Ende
5 alles Guten; für einen Sünder, den anzuklagen die Sprache der Menschheit nicht hinreicht und den Engeln einst, am Jüngsten Tage, der Odem (Atem) vergehen wird.

Heinrich von Kleist, Sämtliche Werke und Briefe, Band III. München/Wien 1982, S. 354.

b) Der Arzt Adolf Kußmaul, geb. 1822, berichtet in seinen Jugenderinnerungen 1889, was ihm sein Vater einstmals vorgehalten hat:
Wie gut ist es doch, dass du nicht vor 50 oder 60 Jahren zur Welt gekommen bist! Hättest du mit eigenen Augen das unglaubliche politische und wirtschaftliche Elend gesehen, worin wir da-
5 mals steckten, so würdest du über Napoleon anders urteilen. Das Heilige Römische Reich war aus tausend Lappen und Läppchen zusammengesetzt. Hier saßen, hohl aufgeblasen im stolzen Gefühl ihrer Reichsunmittelbarkeit, aber in jäm-
10 merlich zerlumpten Gewändern, die Glieder und Stände des Reiches durcheinander: Herzöge und Fürsten, Grafen und Freiherren … Bischöfe und Äbte … freie Städte und Städtchen … Aus dem politischen Elend floss das wirtschaftliche. Jedes
15 Gebiet hielt fest an seinen Schlagbäumen … und legte Verkehr, Handel und Industrie des Nachbarn lahm … Ich bin kein schlechterer Patriot als du, aber wir Alten bewahren Napoleon ein dankbares Andenken.

Adolf Kußmaul, Jugenderinnerungen eines alten Arztes. Stuttgart 1922, S. 73/74.

a) Erläutere die Auswirkungen der Mediatisierung und Säkularisierung anhand der Karte M1.
b) Wie hättest du damals als Bewohner Westfalens die von Napoleon seinem Bruder vorgeschlagenen Maßnahmen beurteilt (M2)?
c) Nimm zu den Texten M3a, b Stellung.

9.2 Reformen für den Widerstand

1807–1816	*Die Rheinbundstaaten führen Reformen in Recht, Wirtschaft und Verwaltung durch. Preußen hebt die Erbuntertänigkeit der Bauern auf, gibt den Städten Selbstverwaltung und reformiert Heer, Wirtschaft und Schulwesen.*

„Rechte der Menschheit"

In der Nacht zum 7. November 1792 wurde am Kaufhaus in Göttingen ein in Druckbuchstaben geschriebener „Freiheitsaufruf an die hannoverischen Untertanen" mit folgendem Text befestigt: „Liebe Mitbürger! Nicht aus bloßem Revolutionsgeist, sondern angetrieben durch die Rechte der Menschheit schlage ich euch vor, dass wir bei der jetzigen Epoche, wo der Despotismus (Gewaltherrschaft) zittert, einen Versuch machen können, den überstolzen hannoverischen Adel zu stürzen und uns von verschiedenen ungerechten, für die Armut drückenden Abgaben zu befreien. Alle Menschen schuf Gott gleich; daher braucht nicht der sogenannte Untertan die Wollust des Despoten durch seinen Schweiß zu unterhalten. Im ersten Jahr der Französischen Republik von einem Hannoveraner geschrieben." Trotz eifriger Suche der Polizei nach den Verfassern des Aufrufs konnten diese nicht ermittelt werden. Die Behörden ordneten an, dass jeden Morgen eine Polizeipatrouille in Göttingen herumgehen solle, um ähnliche nächtlich angebrachte Anschlagzettel abzureißen.

Missstände in Deutschland, ...

Auch in anderen Städten wurden derartige Aufrufe und Flugblätter verfasst und verbreitet. Viele Deutsche beklagten nach wie vor dieselben Missstände in ihren Ländern, die in Frankreich dazu beigetragen hatten, die Revolution auszulösen. Besonders krasse Abhängigkeiten bestanden östlich der Elbe, wo der preußische Adel großflächige Güter bewirtschaftete. Die Bauern waren dem Gutsherrn „erbuntertänig" und somit als „arbeitendes Zubehör" an den Boden gebunden. Ihre Frondienste ließen ihnen kaum Zeit, das vom Gutsherrn als Gegenleistung zur Verfügung gestellte Stück Land zu bearbeiten. Ihre Kinder dienten als Knechte und Mägde und im Dorf unterstanden alle der Gerichtsbarkeit des Gutsherrn. Im Krieg standen die Bauern unter dem Befehl adliger Offiziere, bei denen es sich nicht selten um den eigenen Gutsherrn handelte. Die Prügelstrafen waren in der preußischen Armee immer noch nicht abgeschafft, sodass die Soldaten ihre Vorgesetzten oft mehr fürchteten als den Feind.

... aber keine Revolution

Trotz vieler Missstände kam es in Deutschland damals zu keiner Revolution. Friedrich Rebmann, 1794 Redakteur einer in Dresden erscheinenden Zeitung und begeisterter Anhänger der Französischen Revolution, suchte nach Erklärungen und nannte folgende Gründe: „In Frankreich waren nur zwei Hauptinteressen, das Interesse des Hofs, ... des Adels, der Geistlichkeit und das Interesse ... der Bürger. Daher entstanden zwei Parteien, die miteinander um die Oberhand kämpften. In Deutschland hingegen haben wir 300 kleine Höfchen, zweierlei Religionen und statt einer gleich leidenden Nation mehrere ungleichartige, durch Religion, Sitten, Regierungsformen getrennte." Zu ergänzen ist noch, dass die Zahl der wohlhabenden Bürger wegen der wirtschaftlichen Rückständigkeit Deutschlands gegenüber Frankreich und England noch viel zu klein war, um ähnlich wie das französische Bürgertum aufzubegehren und politische Mitbestimmung zu fordern. Deshalb gehörten in Deutschland vor allem Beamte, Professoren, Studenten, Schriftsteller und Journalisten zu denen, die auf Reformen drängten.

**1 Scharnhorst, Harden-
berg und Stein**
(von links nach rechts).
Holzstich nach einer
Zeichnung aus dem
19. Jahrhundert. –
Beschreibe die vom
Künstler gewählten
Posen der drei Refor-
mer.

**Reformen in den
Rheinbundstaaten …**

Zuerst führten die Franzosen in Deutschland tief greifende Veränderungen her-
bei. Napoleon hatte 1807 in Nordwestdeutschland ein französisches „Muster-
land" für seinen Bruder Jérôme geschaffen: das Königreich Westfalen. Um die
Errungenschaften der Revolution auszuweiten und um Frankreichs Vormachtstellung zu sichern ließ Napoleon für dieses Gebiet eine Verfassung ausarbeiten.
Sie beseitigte die Vorrechte des Adels und hob Zunftzwang und bäuerliche
Lasten auf. Maße und Gewichte wurden vereinheitlicht und die neue französische Rechtsordnung (Code Napoléon) eingeführt. Diese kannte weder Stan-
desunterschiede oder Privilegien des Adels noch bäuerliche Abhängigkeitsver-
hältnisse. Auch die meisten anderen Rheinbundstaaten entschieden sich für den
Code Napoléon.

… und in Preußen

In Preußen, das dem Rheinbund nicht angehörte, besann sich die Staatsführung
nach der schweren Niederlage gegen die napoleonischen Truppen bei Jena und
Auerstedt von 1806 auf eine weit reichende Umgestaltung des Staates. Man
spricht deshalb manchmal von einer „Revolution von oben". König Friedrich
Wilhelm III., der sich zuvor Reformen in Staat und Gesellschaft hartnäckig
widersetzt hatte, ließ sich überzeugen, dass veraltete gesellschaftliche und
militärische Strukturen für die Niederlage mitverantwortlich gewesen waren.
Noch im Jahr 1807 erklärte er: „Der Staat soll durch geistige Kräfte ersetzen, was
er an materiellen verloren hat." In bedeutenden Staatsmännern, Verwaltungsbe-
amten, Offizieren und Gelehrten fand er Persönlichkeiten, die in der Lage waren
die Umgestaltung – oft gegen den Willen des Adels – einzuleiten. Zu ihnen zählten Reichsfreiherr vom und zum Stein, Karl von Hardenberg, Wilhelm von
Humboldt, Gerhard von Scharnhorst und Wilhelm von Gneisenau. Die Monarchie sollte nicht angetastet werden. Aber die Reformer wollten den Bürgern
gleiche Rechte gewähren und ihnen mehr Verantwortung im Staat übertragen.
Sie glaubten, dass dann eine nationale Gesinnung entstehen werde, die notwendig sei um die Fremdherrschaft Napoleons endlich abzuschütteln. Wie in anderen von Napoleon besetzten Ländern begann sich nun auch in Deutschland
nach und nach eine nationale Identität zu entwickeln.

2 Reformen in Preußen

1807 Beginn der Reformen durch Stein: Die strenge ständische Gliederung wird aufgehoben. Adlige können auch bürgerliche Berufe ausüben und Bürger landwirtschaftliche Güter erwerben. Die Erbuntertänigkeit für Bauern wird aufgehoben. Dadurch erhalten sie persönliche Freiheit und Freizügigkeit.

1808 Städteordnung: Die Bürger in den Städten können ihre Angelegenheiten selbst verwalten. Eine Stadtverordnetenversammlung, die den städtischen Haushalt und das Schulwesen verwaltet, wird nach dem Zensuswahlrecht gewählt. Frauen haben kein Wahlrecht.

1810 Wirtschaftsreformen durch Hardenberg: Die Zünfte werden aufgehoben und die Gewerbefreiheit wird eingeführt.

Bildungsreform durch Humboldt: Die allgemeine Schulpflicht (seit 1717) wird strenger überwacht. Die Erziehung an den Gymnasien wird vor allem auf „Allgemeinbildung" ausgerichtet. Dazu zählten z. B. Latein und Griechisch.

1811 „Regulierungsedikt": Es überträgt den Bauern das Eigentum an den von ihnen bewirtschafteten Höfen. Bisherige Abgaben und Frondienste müssen durch Entschädigungen in Form eines Teiles des Landes oder dessen Gegenwert in Geld an den Grundherrn abgelöst werden. Viele Bauern verlieren dadurch ihre Existenzgrundlage. Sie werden Landarbeiter auf den nun noch größeren Gütern des Adels.

1812 Judenemanzipation: Die Juden werden rechtlich allen anderen Bürgern gleichgestellt.

Heeresreform durch Scharnhorst und Gneisenau: Nach französischem Vorbild wird ein Volksheer gebildet. Auch Nichtadlige können Offiziere werden. Entehrende Strafen in der Armee werden abgeschafft.

1814 Allgemeine Wehrpflicht: Das Heer wird in die „Linie" (das unter Waffen befindliche Heer) und die „Landwehr" (mit selbst gewählten bürgerlichen Offizieren) unterteilt.

3 **„Bauernbefreiung"** auf dem Gut Boitzenburg

Legende:
- 🟥 Schloss und Gutshof
- 🔺 Vorwerk (nach 1810)
- Dorf, das zum Gut gehörte
- Wald im Besitz des Gutsherren
- vom Gutsherren in Ackerfläche umgewandelter Wald in der Zeit nach der „Bauernbefreiung"
- Äcker im Besitz des Gutsherren vor der Ablösung
- Äcker im Besitz des Gutsherren nach der Ablösung
- Bauernland vor der Ablösung
- Bauernland nach der Ablösung
- – – – Gemarkungs- und Forstgrenze

4 **Demokratische Grundsätze in einer monarchischen Regierung**

Aus einer Denkschrift Hardenbergs von 1807:
Also eine Revolution im guten Sinn, gerade hinführend zu dem großen Zwecke der Veredelung der Menschheit, durch Weisheit der Regierung und nicht durch gewaltsame Impulsion (Anstoß)
5 von innen oder außen – das ist unser Ziel, unser leitendes Prinzip. Demokratische Grundsätze in einer monarchischen Regierung: Dies scheint mir die angemessene Form für den gegenwärtigen Zeitgeist. Die reine Demokratie müssen wir
10 noch dem Jahre 2440 überlassen …

Zit. nach: W. Conze, Die Preußische Reform unter Stein und Hardenberg. Quellen und Arbeitshefte zur Geschichte und Politik, Stuttgart 1973, S. 11.

a) Warum hatten es die Unzufriedenen in Deutschland viel schwerer, eine Revolution erfolgreich durchzuführen als in Frankreich (VT)?

b) Vergleiche die Ziele der Reformen in Westfalen und in Preußen (VT).

c) Viele hatten ein Interesse an Reformen in Deutschland. Stelle unterschiedliche Interessen gegenüber. Wie begründete Hardenberg (M4) die Notwendigkeit der preußischen Reformen?

d) Beschreibe die Veränderungen, die Bauernbefreiung und Ablösung grundherrlicher Rechte auf Gut Boitzenburg (M3) bewirkt haben.

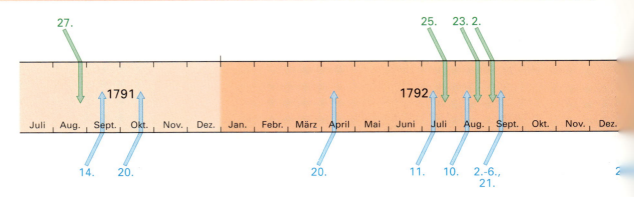

10. Die Revolutionsjahre 1791–1794 in Frankreich – grafisch betrachtet

- ━━━ Revolutionäres Frankreich
- ━━━ Gegner der Revolution in Frankreich
- ━━━ Gegner der Revolution im Ausland

27. 08. 1791	Erklärung von Pillnitz
14. 09. 1791	Eid Ludwigs XVI. auf die Verfassung
20. 10. 1791	Brissot (Gironde) eröffnet die Propaganda für den Krieg
20. 04. 1792	Frankreich erklärt Franz II. von Österreich den Krieg
April 1792	Militärische Rückschläge der französischen Armee
11. 07. 1792	Ausrufung des Notstands: „Das Vaterland ist in Gefahr!"
25. 07. 1792	Manifest des Herzogs von Braunschweig
10. 08. 1792	Bildung der revolutionären Kommune von Paris; Sturm auf die Tuilerien
23. 08. 1792	Eroberung Longwys durch die Preußen
02. 09. 1792	Kapitulation von Verdun
02.–06. 09. 1792	„Septembermassaker" in Paris und in der Provinz
21. 09. 1792	Abschaffung der Monarchie
21. 01. 1793	Hinrichtung des Königs
10. 03. 1793	Schaffung des Revolutionstribunals
11. 03. 1793	Beginn des royalistischen Aufstands in der Vendée
05. 04. 1793	Niederlagen der französischen Armee, Fahnenflucht des französischen Generals
06. 04. 1793	Gründung des Wohlfahrtsausschusses
29. 04. 1793	Beginn der Gegenrevolution in Lyon und Marseille
06. 06. 1793	Beginn der Rebellion der Girondeanhänger in mehreren Provinzen
13. 07. 1793	Ermordung von Marat
23. 07. 1793	Kapitulation der Franzosen in Mainz
23. 08. 1793	Dekret über „Levée en masse"
27. 08. 1793	Royalisten liefern Toulon an die Engländer aus
17. 09. 1793	Gesetz über die Verdächtigen: Beginn der „Terreur"
29. 09. 1793	Gesetz über das Maximum
12. 12. 1793	Erfolge gegen den Vendée-Aufstand
05. 04. 1794	Hinrichtung der Dantonisten
10. 06. 1794	Gesetz über das Revolutionstribunal: Beginn der „Grande Terreur"
26. 06. 1794	Entscheidender Sieg der französischen Armee über Österreich
27. 07. 1794	Sturz Robespierres

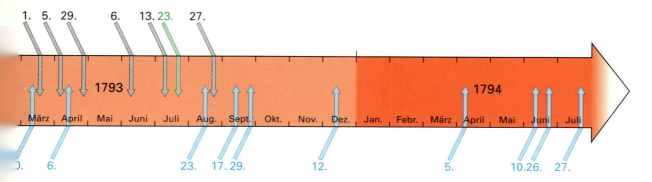

Was man mit einer Zeitleiste alles darstellen kann

Anders als bei historischen Entwicklungen, die sich über Jahrhunderte erstrecken, überstürzen sich während revolutionärer Phasen innerhalb weniger Jahre die Ereignisse. Diese Vielfalt an wechselseitiger Beeinflussung kann durch einen Zeitstrahl veranschaulicht werden. Ebenso wie eine Geschichtskarte ermöglicht es eine solche Zeitleiste bestimmte Ereignisse und ihre Beziehung zueinander schneller als über erläuternde Texte zu erfassen. Und wer eine Zeitleiste selbst erstellt, hat am Ende die dargestellten Zusammenhänge in jedem Falle begriffen und kann sich über das Dargestellte die angeeigneten Kenntnisse schnell wieder in Erinnerung rufen.

In der Zeitleiste oben wurde das Wechselverhältnis von Innen- und Außenpolitik in den Revolutionsjahren 1791 bis 1794 als Beispiel gewählt. Außerdem heben die unterschiedlichen Farben des Zeitstrahls verschiedene Phasen des revolutionären Verlaufs hervor. In der gleichen Weise lassen sich auch andere Wechselverhältnisse darstellen: z.B. Aktion und Reaktion der wichtigsten Interessengruppen (König, Adel, Bürgertum, Bauern) von 1788 bis 1791; oder: der Einfluss der städtischen Volksbewegung auf die Parlamente bzw. Repräsentativorgane.

Revolution (lateinisch „revolutio", d. h. Umwälzung): Seit dem 18. Jahrhundert wird mit diesem Wort ein tief greifender, meist gewaltsamer Umsturz der bestehenden politischen und sozialen Ordnung bezeichnet, der auf grundlegende Veränderungen aller Lebensverhältnisse hinausläuft. Musterbeispiel wurde die Französische Revolution, die als bürgerliche Revolution bezeichnet wird, weil vor allem das Bürgertum sich Teilhabe an der Macht erkämpfte. Varianten der bürgerlichen Revolution sind die „Glorious Revolution"

1688 in England und die Amerikanische Revolution von 1776. 1989 gelang Bürgerinnen und Bürgern der DDR eine friedliche Revolution, die zur Wiedervereinigung Deutschlands führte.

Reform: Im Gegensatz zur Heftigkeit revolutionärer Vorgänge werden behutsame Änderungen der politischen und sozialen Verhältnisse als Reformen bezeichnet.

Revolte: So nennt man den Aufstand einer kleineren Gruppe, die sich Macht verschaffen, ihre Macht erhalten oder vergrößern will.

a) Suche auf einer Karte die Orte auf, an denen sich die Gegner der Revolution besonders konzentrierten. Erkläre dann die Bedrohung der Republik am Beispiel des Jahres 1793.

b) Welche Bedeutung hatte der Krieg für den Fortgang der Revolution?

c) Begründe aus der Grafik den Sturz Robespierres.

d) Erläutere anhand der Grafik den Zusammenhang zwischen den Ereignissen oberhalb und unterhalb der Zeitleiste. Erkläre damit auch die veränderte Färbung.

Deutsche kämpfen für Einheit, Freiheit und soziale Gerechtigkeit

Die vereinten Nationen von Europa, Lithografie von Frederic Sorrieu um 1848.
Ganz oben: „Schlusssitzung in der Paulskirche", Karikatur aus der Buddelmeyer-Zeitung 1849,
darunter: „Gefährliche und schwankende Stellung eines deutschen Ministers", Karikatur aus den
Düsseldorfer Monatsheften, 1848.

1. Erhalten, was besteht, oder wiederherstellen, was war? – Der Wiener Kongress

1814/15	*Wiener Kongress: Monarchen schaffen eine neue Ordnung in Europa*
1815	*Die 39 deutschen Einzelstaaten schließen sich im Deutschen Bund zusammen.*

In Wien soll Europa neu geordnet werden

Zwischen September 1814 und Juni 1815 trafen sich die führenden Staatsmänner fast aller Herrscherhäuser Europas in Wien um darüber zu beraten, wie es nach der Niederlage Napoleons weitergehen sollte. Inwieweit waren die Grenzveränderungen des französischen Imperators Napoleon wieder rückgängig zu machen? Und: Konnte man sich gegen neue Revolutionen schützen?

Darüber, wie die neue europäische Ordnung aussehen sollte, gingen die Vorstellungen der einzelnen Mächte weit auseinander. Zar Alexander I. beanspruchte ganz Polen für sich, Preußen das Königreich Sachsen als Entschädigung für seine ehemals polnischen Besitzungen. England und Österreich wollten eine Machtausdehnung Russlands und Preußens verhindern. Dem österreichischen Staatskanzler Clemens Metternich gelang es schließlich mit seiner geschickten Verhandlungstaktik, tragfähige Kompromisse zu erzielen. Die Teilnehmer verhandelten nämlich nicht in Gesamtsitzungen. Die wichtigsten Ergebnisse wurden in Einzelgesprächen erzielt – oft am Rande gesellschaftlicher Ereignisse: Preußen verlor die meisten seiner polnischen Gebiete an Russland, gewann die nördliche Hälfte von Sachsen und die Rheinprovinz. Russland erhielt den größten Teil Polens in Personalunion. England hatte mit den Inseln Helgoland, Malta, Mauritius, Ceylon und mit der südafrikanischen Kapkolonie wesentliche Stützpunkte gewonnen und festigte dadurch seine Stellung als See- und Kolonialmacht. Frankreich wurde auf seine Grenzen von 1792 festgelegt. Das als wesentliches Kongressergebnis hergestellte Mächtegleichgewicht zwischen den fünf europäischen Großmächten hatte 50 Jahre lang Bestand. Während dieser Zeit blieb Europa von größeren kriegerischen Auseinandersetzungen verschont.

Gemeinsame Prinzipien: Legitimität, Restauration, Solidarität

Der Idee der Volkssouveränität stellten die Vertreter der Herrscherhäuser ihre Ideologie der „Legitimität" entgegen. Als rechtmäßig, also legitim, sollte nur noch die von Gott abgeleitete Herrschaft der Fürstendynastien gelten. Dafür war zunächst auch eine Restauration der legitimen Ordnung notwendig. Mit gegenseitig bekundeter Solidarität wollte man das „Drachenhaupt der Revolution" niederhalten. Der russisch-orthodoxe Zar Alexander I. von Russland, der römisch-katholische Kaiser Franz I. von Österreich und der protestantische König Friedrich Wilhelm III. von Preußen schlossen auf Vorschlag des Zaren eine „Heilige Allianz": Man wollte „entsprechend den Worten der Heiligen Schrift, welche alle Menschen heißt sich als Brüder zu betrachten, … sich bei jeder Gelegenheit und an jedem Ort Hilfe und Beistand … leisten". Jeder Versuch diese Ordnung zu stören sollte ein Eingreifen der Bündnispartner veranlassen. Fast alle europäischen Herrscher traten der Allianz bei.

Deutscher Bund, kein deutscher Bundesstaat

Restauration der alten Ordnung – das traf auf das „Heilige Römische Reich Deutscher Nationen" mit seinen ehemals fast 1800 Herrschaftsgebieten nicht zu. Stattdessen schlossen sich die 38 deutschen Einzelstaaten, wie sie im Reichsdeputationshauptschluss von 1803 übrig geblieben waren, unter dem Vorsitz Österreichs zum „Deutschen Bund" zusammen. Dieser locker organisierte Staa-

1 **Europa 1815–1850**

tenbund beschränkte die Selbstständigkeit der Einzelstaaten kaum und es gab auch kein gemeinsames Oberhaupt. Einzige zentrale Einrichtung war der „Bundestag" in Frankfurt. Er setzte sich aus den Gesandten der Mitgliedstaaten zusammen und konnte nur mit Zwei-Drittel-Mehrheit Beschlüsse fassen, die dann für die Einzelstaaten bindend waren. Der neue Staatenbund enttäuschte viele Deutsche, die gehofft hatten der Wiener Kongress würde einen deutschen Bundesstaat mit einem vom Volk gewählten Parlament schaffen.

Restauration (lat. „restaurare", d. h. wiederherstellen): Auf dem Wiener Kongress 1814/15 sollte die alte Ordnung, wie sie vor der Französischen Revolution bestanden hatte, wiederhergestellt werden. Dies galt vor allem für die Macht der Monarchen, die ihre Herrschaft durch den Anspruch begründeten, sie werde in göttlichem Auftrag wahrgenommen (Gottesgnadentum). Deshalb sollte ihre Macht nicht durch gewählte Parlamente eingeschränkt werden. Die europäische Epoche von 1815 bis 1848 bezeichnet man daher auch als Zeitalter der Restauration. Heute verwendet man den Begriff ebenso für Bestrebungen gesellschaftliche, politische und staatliche Ordnungen nach „alten" Prinzipien, die als bewährt gelten, wiederherzustellen.

2 *„Republikanische Energie für die Despoten"*
(französische Karikatur, 1800). Auf der Scheibe steht: „Erklärung der Menschenrechte"; auf der Leitung: „Freiheit, Gleichheit, Brüderlichkeit, Einheit und Unteilbarkeit der Republik".

3 **Was tun in stürmischen Zeiten?**
Metternich schrieb 1820 an den badischen Gesandten am österreichischen Hof:

Die Zeit rückt unter Stürmen vorwärts; ihren Ungestüm aufhalten zu wollen würde vergebliches Bemühen sein. Festigkeit, Mäßigung und endlich Vereinigung in wohl berechneten Kräften, dies
5 allein bleibt der Macht der Beschützer und den Freunden der Ordnung übrig … die Erhaltung dessen, was besteht, muss folglich die erste und wichtigste aller Sorgen sein …
Auf keine Weise von der bestehenden Ordnung,
10 welchen Ursprunges sie auch sei, abzuweichen, Veränderungen, wenn sie durchaus nötig scheinen, nur nach reiflich überlegtem Entschluss vorzunehmen, dies ist die erste Pflicht einer Regierung … Zwei große Rettungsmittel sind gegen-
15 wärtig jeder Regierung zugesichert … Das eine dieser Mittel beruht auf der befriedigenden Überzeugung, dass unter den europäischen Mächten durchaus kein Missverständnis obwalte … Das andere Mittel ist … eine Vereinigung, die mit
20 Gottes Hilfe durch Festigkeit und Treue unauflösbar werden wird.

Aus Metternichs nachgelassenen Papieren, hrsg. v. Fürst R. von Metternich-Winneburg, 2. Teil, Wien 1881, S. 372 ff.

4 *„Mein Wunsch für Deutschland"*
1812 äußerte sich Freiherr vom Stein in einem Brief an den für Hannover zuständigen Minister in London:

Es tut mir Leid, dass Eure Exzellenz in mir den Preußen vermuten und in sich den Hannoveraner entdecken. Ich habe nur ein Vaterland, das heißt Deutschland … so bin ich auch nur ihm
5 und nicht einem Teil desselben von ganzem Herzen ergeben. Mir sind die Dynastien in diesem Augenblick großer Entwicklung vollkommen gleichgültig, es sind bloß Werkzeuge; mein Wunsch ist, dass Deutschland groß und stark
10 werde um seine Selbstständigkeit, Unabhängigkeit und Nationalität wiederzuerlangen und beides in seiner Lage zwischen Frankreich und Russland zu behaupten; das ist das Interesse der Nation und ganz Europas; es kann auf dem Wege
15 alter zerfallener und verfaulter Formen nicht erhalten werden; dies hieße ein System einer militärischen, künstlichen Grenze auf den Ruinen der alten Ritterburgen und den mit Mauern und Türmen befestigten Städten gründen zu wol-
20 len … Mein Glaubensbekenntnis … ist Einheit.

Freiherr vom Steins Ausgewählte Schriften, hrsg. v. Klaus Thiede, Jena 1929, S. 178.

a) Stelle die wichtigsten Grundsätze und Beschlüsse des Wiener Kongresses zusammen und erläutere, welche Ziele mit ihnen verfolgt wurden (VT, M2).
b) Was verstand Metternich unter der „Erhaltung dessen, was besteht" (M3)?
c) Welche Neuordnung Deutschlands strebte Freiherr vom Stein an (M4)?
d) Dem Deutschen Bund gehörten auch Monarchen anderer europäischer Staaten an, die Länder des Deutschen Bundes in Personalunion regierten, und es gab deutsche Monarchen, die auch Gebiete außerhalb des Deutschen Bundes beherrschten. Stelle die Informationen darüber aus der Karte M1 zusammen.

2. Die politische Opposition wird unterdrückt – das „System Metternich"

1817	Studenten fordern auf dem Wartburgfest bürgerliche Freiheit und nationale Einheit.
1819	Mit den „Karlsbader Beschlüssen" unterdrücken die Regierungen liberale und nationale Bestrebungen.
1821–1828	Freiheitskampf der Griechen gegen die türkische Fremdherrschaft.

Das Verlangen nach Freiheit und Gleichheit

In Europa war seit der Zeit der Aufklärung vor allem im Bürgertum der Wunsch nach persönlicher Freiheit und nach politischer Mitbestimmung erwacht. Freiheitlich-fortschrittlich gesinnte Menschen, so genannte Liberale, verlangten die Macht der Monarchen einzuschränken, bei politischen Entscheidungsprozessen mitzubestimmen und Grundrechte wie die Religions-, Meinungs- und Pressefreiheit zu verwirklichen. Einige Fürsten des Deutschen Bundes, darunter die Herrscher von Nassau, Bayern, Baden, Württemberg und Hessen, waren zu kleineren Zugeständnissen bereit. Sie setzten zwischen 1818 und 1821 Verfassungen in Kraft, die wichtige Grundrechte gewährleisteten und Bürgern, die Steuern bezahlten, das Wahlrecht für Volksvertretungen zubilligten. Die Monarchen der beiden größten Staaten des Deutschen Bundes, Österreich und Preußen, ließen jedoch bis 1849 keine Verfassung zu.

Für „Ehre, Freiheit, Vaterland"

Viele Deutsche wollten sich nicht damit abfinden, dass es keinen gemeinsamen deutschen Nationalstaat mit gewählter Volksvertretung gab. Vor allem Studenten und Professoren, die als Freiwillige an den Freiheitskriegen gegen Napoleon teilgenommen hatten, waren anschließend enttäuscht über die Restauration und die Zerrissenheit Deutschlands in 38 Kleinstaaten. Um ein erstes Zeichen der Einheit zu setzen schlossen sich 1815 Studenten in Jena zu einer deutschen Burschenschaft zusammen. Bald gab es an fast allen deutschen Universitäten ähnliche Verbindungen. „Ehre, Freiheit, Vaterland" war ihr Wahlspruch. Als Fahne wählten sie Schwarz-Rot-Gold – Farben, die bereits die Fahne eines Freiwilligenregiments im Krieg gegen Napoleon geschmückt hatten. Ihre erste gemeinsame Kundgebung veranstalteten die Studenten 1817 auf der Wartburg bei Eisenach anlässlich der Dreihundertjahrfeier der Reformation und des vierten Jahrestages der Völkerschlacht bei Leipzig. Dort forderten sie einen Nationalstaat mit einer Verfassung und den Menschenrechten als Grundlage. Großes Aufsehen erregten einige Studenten, als sie im Anschluss an die Feier „schlechte, das Vaterland entehrende" Schriften verbrannten, darunter den Code Napoléon und eine Sammlung preußischer Polizeigesetze. Auch Symbole der Fürstenmacht, z. B. ein Korporalstock (Zeichen des Kasernenhofgeistes) und ein Zopf (Zeichen der Bürokratie), wurden in die Flammen geworfen.

Attentat

Die Demonstration der Studenten löste bei den konservativen Regierungen große Besorgnis aus. Die „legitimen" Monarchen schienen in Gefahr zu sein. Zwei Jahre später bot sich Gelegenheit zum Eingreifen. Der 23-jährige Theologiestudent Karl Ludwig Sand ermordete 1819 in Mannheim den Schriftsteller August von Kotzebue, der in einem Wochenblatt die nationale und liberale Gesinnung verspottet und die Regierungen vor den revolutionären Ideen der Studenten gewarnt hatte.

1 Liberaler Bürgerverein um 1840
Zeitgenössischer Stich von F. W. Gubitz. Die Obrigkeit verschärfte das Versammlungsverbot. Mehr als 20 Personen durften nur noch zu rein privaten Anlässen zusammenkommen. – Erläutere anhand des Bildes, wie man die Verbote politischer Treffen unterlief. Welchen Berufen würdest du die Personen zuordnen?

Karlsbader Beschlüsse gegen „revolutionäre Umtriebe"

Der österreichische Staatskanzler Fürst Metternich, auf den die Ordnung nach dem Wiener Kongress zurückging, veranlasste, dass sich die Vertreter der größeren deutschen Staaten in Karlsbad trafen und sich 1819 auf die „Karlsbader Beschlüsse" einigten. Alle Studentenverbindungen, besonders die Burschenschaften, wurden verboten. Die Universitäten sollten überwacht und die Presse noch rigider zensiert werden. In Mainz wurde eine zentrale Untersuchungskommission zur Aufdeckung „revolutionärer Umtriebe" eingerichtet. Viele liberal gesinnte Persönlichkeiten wurden als Demagogen (Volksverführer) verfolgt, so z. B. der Dichter Ernst Moritz Arndt. Er erhielt als Professor 20 Jahre Berufsverbot. „Turnvater" Jahn wurde ohne Prozess sechs Jahre in Haft gehalten. Jahn hatte 1811 in Berlin den ersten Turnplatz eingerichtet und im gleichen Jahr zur Volkserhebung und zur Errichtung eines deutschen Nationalstaates aufgerufen. Als Freiwilliger hatte er gegen die napoleonische Fremdherrschaft gekämpft.

Liberalismus (lat. „liber", d. h. frei): So nennt man eine weltanschauliche Richtung, die die persönliche Freiheit jedes Menschen in den Vordergrund stellt. Jeder soll seine Kräfte und Möglichkeiten im Rahmen der Rechtsordung ungehindert entfalten können. Die Wurzeln des Liberalismus liegen in der Aufklärung. Seit der Französischen Revolution verbanden sich damit konkrete politische Forderungen. Liberale Bürger verlangten Grundrechte, wie Glaubens-, Versammlungs- und Pressefreiheit und die Teilung der Staatsgewalt in Legislative, Exekutive und Judikative. Die deutschen Liberalen forderten nach dem Wiener Kongress entsprechende Verfassungen für die Einzelstaaten, die vor allem den besitzenden und gebildeten Bürgern die Teilnahme an der Gesetzgebung und der Festlegung des Staatshaushalts ermöglichen sollten. Außerdem erstrebten sie den Abbau wirtschaftlicher Hemmnisse, vor allem der Zollschranken und einen geeinten deutschen Nationalstaat.

Konservatismus (lat. „conservare", d. h. bewahren, erhalten): Diese geistige Grundhaltung stellt die geschichtliche Kontinuität und die Erhaltung der überlieferten gesellschaftlichen und politischen Ordnung in den Vordergrund ohne jedoch Reformen und Veränderungen prinzipiell auszuschließen. Allen Einrichtungen, die Altherbrachtes verkörpern (Kirche, Monarchie, Ständeordnung, Familie, Eigentum), wird hohe Bedeutung zugemessen. Im 19. Jahrhundert verband sich konservatives Handeln mit dem Interesse des Adels seine Macht zu erhalten und zielte gegenüber siegreichen Revolutionen auf *Restauration* oder erschien gegenüber fortschrittlichen Bestrebungen als *Reaktion*.

2 **„Die gute Presse"** (Karikatur aus dem „Leuchtturm", 1847). Ordne den dargestellten Symbolen und Figuren folgende Sachverhalte zu: Zensur, Presse, reaktionäre Obrigkeit. Warum wurde als voranschreitender Fahnenträger ein Maulwurf gewählt? Inwiefern wird mit dem Krebs auf der Fahne der hier dargestellte „Fortschritt" lächerlich gemacht? Was bringt der Zeichner mit den Fledermäusen am Himmel zum Ausdruck?

Karikaturen – historische Quellen zur eigenen Urteilsbildung

Karikaturen sind Zeichnungen, die bewusst Personen und Sachverhalte anstößig, nicht wirklichkeitsgetreu wiedergeben. Sie bedienen sich dazu der Mittel der Übertreibung, der symbolischen Darstellung und der Verfremdung (Personen werden z. B. in völlig andere, ihnen normalerweise fremde, ja irreale Zusammenhänge gestellt). Diese Darstellungsweise hängt damit zusammen, dass Karikaturen den Betrachter nicht einfach informieren, sondern über eine Provokation zur eigenen Stellungnahme bewegen wollen. Die Übertreibungen und Einseitigkeiten von Karikaturen ermöglichen es auch im Nachhinein, unterschiedliche Positionen von Zeitgenossen zu einem bestimmten Sachverhalt schnell zu erfassen und fordern die Urteilsbildung des historischen Betrachters heraus.

Das methodische Vorgehen erfolgt zunächst wie bei der Bildinterpretation: die Darstellung genau betrachten, alle Einzelheiten beschreiben und sich über die wesentlichen Quellenangaben informieren (Wann und von wem erstellt? Wo und in welchem Organ veröffentlicht?).

Dann sind folgende, für Karikaturen besonders typische Fragen zu klären:

– Welcher Sachverhalt, welche Personen werden karikiert?
– Was weicht von der Wirklichkeit ab (was wirkt übertrieben, was ist irreal)?
– Welche Symbole werden verwandt? Was soll damit jeweils zum Ausdruck gebracht werden?
– Lässt sich jetzt eine Position des Zeichners ausmachen?
– Welches Publikum konnte die Karikatur überhaupt erreichen?
– Welche Wirkung sollte die Karikatur bei den Zeitgenossen auslösen? Welche Wirkung hat sie auf den heutigen Betrachter?

3 **Zeitgenössisches Flugblatt zum griechischen Freiheitskampf** *von 1821 bis 1828 gegen die türkische Fremdherrschaft. Der Aufstand wurde von den Mächten der „Heiligen Allianz" teilweise militärisch unterstützt. Die Erinnerung an das antike Griechenland begeisterte die Gebildeten Europas für den Freiheitskampf, an dem sich Freiwillige aus vielen christlichen Ländern Europas beteiligten. Die Türkei wurde besiegt und musste die Unabhängigkeit Griechenlands anerkennen. 1820 erhoben sich auch in Spanien freiheitlich gesinnte Bürger und verlangten liberale Verfassungen. Die Aufstände griffen auf Italien über. In Neapel, Piemont und Lombardo-Venetien forderten Italiener die Loslösung von Österreich und ein geeintes Italien. Im Auftrag der „Heiligen Allianz" besiegten österreichische Truppen 1821 die aufständischen Italiener und französische Truppen 1823 die Spanier. – Warum verfuhr die „Heilige Allianz" so unterschiedlich? Das Bild hilft bei der Antwort: Welche Gegenstände werden zerbrochen? Was sollen sie darstellen? Mit welchen Symbolen wird das christliche Abendland gekennzeichnet?*

4 **Karlsbader Beschlüsse**

a) *Beschluss des Bundestages vom 20. 9. 1819:*
Die Bundesregierungen verpflichten sich gegeneinander Universitäts- und andere öffentliche Lehrer, die durch erweisliche Abweichung von ihrer Pflicht oder Überschreitung der Grenzen
5 ihres Berufes, durch Missbrauch ihres rechtmäßigen Einflusses auf die Gemüter der Jugend, durch Verbreitung verderblicher, der öffentlichen Ordnung und Ruhe feindseliger oder die Grundlagen der bestehenden Staatseinrichtungen untergra-
10 bender Lehren ihre Unfähigkeit zur Verwaltung des ihnen anvertrauten … Amtes unverkennbar an den Tag gelegt haben, von den Universitäten und sonstigen Lehranstalten zu entfernen … Ein (solcher) Lehrer darf in keinem anderen Bun-
15 desstaat bei irgendeinem öffentlichen Lehrinstitute wieder angestellt werden … Solange der gegenwärtige Beschluss in Kraft bleiben wird, dürfen Schriften, die in der Form täglicher Blätter oder heftweise erscheinen, desgleichen solche,
20 die nicht über 20 Bogen im Druck stark sind, in keinem deutschen Bundesstaate ohne Vorwissen und vorgängige Genehmhaltung der Landesbehörden zum Druck befördert werden.

E. R. Huber (Hg), Dokumente zur deutschen Verfassungsgeschichte, Bd. 1, Stuttgart 1961, S. 91 f.

b) *Ein Deutscher, der 1823 aus den Niederlanden in die Heimat zurückkehrte, schrieb:*
Die Ströme, die Berge, die alten Türme erkenne ich noch, aber die Menschen nicht mehr … Als ich hier anfangs, noch unbekannt mit den neuen Verhältnissen, nach alter Gewohnheit von der
5 Politik des Tages reden wollte, erhielt ich kaum eine Antwort; der eine wich aus, der andere brach ab, viele stahlen sich weg. – Wo niemand über öffentliche Angelegenheiten öffentlich spricht, da ist gewiss keine Freiheit; wenn aber ge-
10 bildete Männer selbst in der Mitte ihrer Bekannten solche Gegenstände zu berühren vermeiden …, dann hat entweder die feige Selbstsucht oder der Despotismus den Gipfel erreicht …
Überall ist die Polizei mit ihren Spionen tätig –
15 selbst die Briefe werden geöffnet. Eine eigene Inquisition ist eingerichtet um Verschwörungen nachzuspüren, die nirgends existieren … Daher liefern die Berichte der Mainzer Kommission nichts als Thermometer des Hasses und den
20 Maßstab, wie sehr der gegenwärtige Zustand im Widerspruch ist mit den Meinungen und Wünschen aller.

H. von Gagern, Das Leben des Generals Friedrich von Gagern, Bd. 1, Heidelberg 1856, S. 270 ff.

5 **Der Denkerklub** (anonyme Karikatur um 1825). Der Text auf der Tafel rechts lautet: „Gesetze des Denker-Klubs: I. Der Präsident eröffnet präzise 8 Uhr die Sitzung. II. Schweigen ist das erste Gesetz dieser gelehrten Gesellschaft. III. Auf dass kein Mitglied in Versuchung geraten möge seiner Zunge freien Lauf zu lassen, so werden beim Eintritt Maulkörbe ausgeteilt. IV. Der Gegenstand, welcher in jedmaliger Sitzung durch ein reifes Nachdenken gründlich erörtert werden soll, befindet sich auf einer Tafel mit großen Buchstaben deutlich geschrieben."

6 **Brief des Jurastudenten Heinrich von Gagern,** *Mitbegründer der Jenaer Burschenschaft von 1818, an seinen Vater:*
Wir wünschen, dass Deutschland als *ein* Land und das deutsche Volk als *ein* Volk angesehen werden könne. So wie wir dies so sehr als möglich in der Wirklichkeit wünschen, so zeigen wir
5 dies in der Form unseres Burschenlebens. Landsmannschaftliche Parteien sind verbannt und wir leben in einer deutschen Burschenschaft, im Geiste als ein Volk, wie wir es in ganz Deutschland gerne in der Wirklichkeit täten … Wir wünschen
10 eine Verfassung für das Volk nach dem Zeitgeiste und nach der Aufklärung desselben, nicht dass jeder Fürst seinem Volke gibt, was er Lust hat und wie es seinem Privatinteresse dienlich ist. Überhaupt wünschen wir, dass die Fürsten davon aus-
15 gehen und überzeugt sein möchten, dass sie des Landes wegen, nicht aber das Land ihretwegen existiere. Die bestehende Meinung ist auch, dass überhaupt die Verfassung nicht von den einzelnen Staaten ausgehen solle, sondern dass die ei-
20 gentlichen Grundzüge der deutschen Verfassung gemeinschaftlich sein sollten, ausgesprochen durch die deutsche Bundesversammlung.

Geschichte in Quellen, Bd. 5, S. 83.

a) Nenne die verschiedenen Bewegungen und ihre Ziele in Europa, die sich gegen die Prinzipien des Wiener Kongresses richteten (VT, M1, M3, M6).
b) Womit wurden die Amtsenthebungen von Professoren und Lehrern (M4a) gerechtfertigt? Auch in der Bundesrepublik hat es Berufsverbote gegeben. Erkundige dich danach und diskutiert in der Klasse, ob und wann ein demokratischer Staat dazu berechtigt ist.
c) Stelle einen Zusammenhang zwischen M4a und M5 her.
d) Findest du es richtig, dass die Studenten beim Wartburgfest Bücher verbrannten? Begründe deine Meinung.

3. „Singst du das Lied der Freiheit ..." – das Schicksal eines Liberalen

1830	_____	Die Julirevolution in Frankreich führt zu neuen nationalen und liberalen Erhebungen in Europa.
1832	_____	An einer Volksversammlung auf Schloss Hambach in der Pfalz bei Neustadt (Hambacher Fest) nehmen fast 30 000 freiheitlich gesinnte Menschen teil.
1837	_____	Mit der Amtsenthebung von sieben Göttinger Professoren, den „Göttinger Sieben", erreichen die „Demagogenverfolgungen" einen neuen Höhepunkt.

Philipp Jakob Siebenpfeiffer: Berufsausbildung ...

Bürger, die in den Staaten des Deutschen Bundes für mehr Freiheit und größere politische Rechte eintraten, mussten mit polizeistaatlichen Schikanen und beruflichen Nachteilen rechnen. Einer von denen, die den Mut aufbrachten sich in der Öffentlichkeit zu liberalen Ideen zu bekennen war Philipp Jakob Siebenpfeiffer. Er wurde 1789 als Sohn eines Schneiders in Lahr (Baden) geboren. Durch den frühen Tod der Eltern war der begabte Philipp Jakob gezwungen als Schreiber zu arbeiten um seine Ausbildung finanzieren zu können. Erst als er genügend gespart hatte, konnte er sich 1810 als Jurastudent an der Universität Freiburg einschreiben. Nach juristischem Examen und Doktorprüfung wollte er eine wissenschaftliche Laufbahn einschlagen. Dieser Wunsch scheiterte aus finanziellen Gründen: Professoren wurden nur selten bezahlt. Deshalb trat Siebenpfeiffer in den österreichischen Verwaltungsdienst ein, wo er in den linksrheinischen Gebieten eingesetzt wurde. Er unterbrach diese Tätigkeit um 1814 als Freiwilliger am Kampf gegen die napoleonische Herrschaft teilzunehmen.

... und Karriere

Nachdem die Pfalz durch den Wiener Kongress an Bayern gefallen war, wurde der kenntnisreiche junge Beamte mit 29 Jahren mit der Leitung des Landkommissariats Homburg betraut, zu dem 79 Gemeinden mit etwa 40 000 Einwohnern gehörten. Bevölkerung und bayerische Regierung schätzten Siebenpfeiffers Amtsführung. Verbesserungsvorschläge für den Verwaltungsablauf aber, die der junge Landkommissär häufig der bayerischen Regierung unterbreitete, stießen dort auf kein Interesse. Auch seine Hoffnung, der bayerische Monarch werde der Bevölkerung mehr politische Rechte zugestehen, erwies sich als Irrtum, sodass Siebenpfeiffer zunehmend resignierte.

Julirevolution 1830 in Paris – neue Hoffnungen

Die französische Julirevolution von 1830 gab ihm neue Hoffnung: Nach der Verbannung Napoleons 1815 hatten sich in Frankreich erneut Großbürgertum und alter Adel durchgesetzt. Folglich wurde in der neuen Verfassung das Wahlrecht zur zweiten Kammer der Nationalversammlung an einen sehr hohen Zensus gebunden. Von 28 Millionen Franzosen waren nur 100 000 Männer wahlberechtigt und 18 000 wählbar. Als König Karl X. auch noch die Pressefreiheit aufhob, kam es erneut zur Revolution. Am 27. Juli 1830 zogen Druckereiarbeiter, Handwerker und Studenten in Paris durch die Straßen und bauten aus Pflastersteinen, Möbeln und gefällten Bäumen Barrikaden gegen das anrückende Militär. Nachdem ein Teil der Soldaten zu den Aufständischen übergegangen war, eroberten sie in blutigen Straßenkämpfen ganz Paris. König Karl dankte ab. Sein Nachfolger Louis Philippe von Orléans, der „Bürgerkönig", beendete die Pressezensur und erweiterte das Wahlrecht. Siebenpfeiffer war begeistert. Er hoffte, der revolutionäre Funke würde nach Deutschland überspringen.

Auswirkungen in Polen und in Deutschland

Es waren vor allem die Polen, die das französische Beispiel nachahmten. Das 1815 entstandene Königreich Polen („Kongresspolen") regierte der russische Zar, sodass Polen völlig von Russland abhängig war. Im November 1830 wagten Offiziere, Studenten und Adelige den Aufstand. Sie konnten die russischen Truppen zehn Monate lang abwehren, erst dann wurden sie geschlagen. In Deutschland waren die Sympathien für den polnischen Freiheitskampf groß: Polenvereine wurden gegründet und polnische Flüchtlinge bereitwillig aufgenommen. In vielen Residenzstädten der deutschen Landesfürsten zogen Bürger vor die Schlösser, forderten Pressefreiheit und liberale Verfassungen. Manche von ihnen wollten, wie Siebenpfeiffer, die Fürsten vollständig entmachten und eine deutsche Republik einführen. Liberal gesinnte Menschen bezeichneten solche Forderungen als demokratisch, konservativ denkende empfanden sie als radikal.

Siebenpfeiffer als politischer Journalist

Die Ereignisse ermutigten Siebenpfeiffer einen lang gehegten Plan zu verwirklichen: die Herausgabe einer politischen Zeitschrift. Das erste Heft mit einer Auflage von 3000 Stück, in dem er die Missstände in der bayerischen Pfalz kritisierte, provozierte die Regierung zur ersten Gegenmaßnahme: Siebenpfeiffer wurde auf die Stelle eines Zuchthausdirektors umgesetzt und wenig später pensioniert. Als er 1831 eine Tageszeitung herausgab und dazu ohne Genehmigung eine Druckerei errichtete, folgten weitere Unterdrückungsmaßnahmen: Zensur, Beschlagnahme der gedruckten Exemplare, zeitweise Stilllegung der Druckmaschine. Aus Geldmangel musste Siebenpfeiffer im März 1832 die Druckerei verkaufen. Zwei Monate später gehörte er zu den Hauptakteuren beim „Hambacher Fest", genannt nach der Schlossruine Hambach bei Neustadt an der Hardt.

1 *Philipp Jakob Siebenpfeiffer, 1832.* Er schrieb eigenhändig unter die Lithografie: „Singst du das Lied der Freiheit, gleich stimmet der Völker jauchzender Chor ein."

2 *Zeitungsverbot* durch den Deutschen Bund im Fürstentum Schaumburg-Lippe. Die Bekanntmachung wurde auch in anderen Staaten des Deutschen Bundes veröffentlicht.

3 **Zug zum Schloss Hambach** *am 27. Mai 1832 (kolorierte Lithografie 1832)*

Das „Hambacher Fest"

Um den Jahrestag der bayerischen Verfassung von 1818 zu begehen kamen fast 30 000 Menschen – Studenten, Bürger, Arbeiter und Bauern, polnische und französische Emigranten – zu dieser ersten Massenversammlung der Liberalen und Demokraten. Zu dem Fest hatten Siebenpfeiffer und der Journalist August Wirth eingeladen. Auch Frauen wurden zur Teilnahme aufgerufen und verfassten eigene Resolutionen, u. a. mit Forderungen nach rechtlicher Gleichstellung von Männern und Frauen. Im Zentrum der Veranstaltung standen jedoch andere Themen: nationale Einheit, Freiheit und soziale Gerechtigkeit. Das musste die konservativen Regierungen tief beunruhigen. Die Wortführer von Hambach wurden festgenommen. Nach 14 Monaten Untersuchungshaft kam es in Landau vor einem Geschworenengericht, wie es die Franzosen während ihrer Herrschaft eingeführt hatten, zum Prozess. In dem überfüllten Gerichtssaal konnte Siebenpfeiffer in einer Verteidigungsrede seine politischen Ziele ausführlich darstellen. Der Prozess endete für ihn und die Mitangeklagten mit einem Freispruch.

Siebenpfeiffer im Exil

Damit war die bayerische Regierung nicht zufrieden. Wirth und Siebenpfeiffer wurden erneut angeklagt, diesmal wegen Beamtenbeleidigung, und von einem Polizeigericht zu je zwei Jahren Freiheitsstrafe verurteilt. Siebenpfeiffer konnte vor Antritt der Strafe 1833 in die Schweiz entkommen. Dort erhielt er eine Professur für Staatswissenschaft an der Universität Bern. 1842 wurde er wegen einer psychischen Krankheit dienstunfähig. Er starb 1845 in einer Irrenanstalt.

Neue Demagogenverfolgungen

Das Hambacher Fest hatte Folgen: Die Regierungen verschärften die Pressezensur und hoben die Rede- und Versammlungsfreiheit auf. Hunderte von Personen verschwanden als so genannte „Demagogen" hinter Gefängnismauern, andere emigrierten in die Schweiz oder nach Frankreich. Paris wurde zu einem Zentrum deutscher Künstler und Philosophen. Die Dichter Ludwig Börne und Heinrich Heine, der Philosoph Karl Marx, der Komponist Richard Wagner lebten dort im Exil. 1837 hob der König von Hannover die während der Julirevolution 1830 gewährte Verfassung wieder auf. Göttinger Professoren, die „Göttinger Sieben", die gegen diesen Rechtsbruch protestierten, wurden entlassen und drei von ihnen, darunter Jacob Grimm, des Landes verwiesen.

4 **Die Deutschen im Vormärz**, zwei Gedichte von Hoffmann von Fallersleben (1798–1874), der in seiner Dichtung die politischen und sozialen Verhältnisse im Vormärz beleuchtete. Er wurde 1842 wegen seiner politischen Haltung als Professor aus dem preußischen Staatsdienst entlassen und des Landes verwiesen. (Als „Vormärz" wird die Zeit zwischen 1830 und der Märzrevolution 1848 bezeichnet.)

a) *Aus dem Lied vom deutschen Philister, 1843*

Der deutsche Philister, das bleibet der Mann,
Auf den die Regierung vertrauen noch kann,
Der passet zu ihren Beglückungsideen,
Der lässt mit sich alles gutwillig geschehn.

5 Befohlenermaßen ist stets er bereit
Zu stören, zu hemmen den Fortschritt der Zeit,
Zu hassen ein jegliches freie Gemüt
Und alles, was lebet, was grünet und blüht.

10 Was schön und erhaben, was wahr ist und recht,
Das kann er nicht leiden, das findet er schlecht.
So ganz wie er selbst ist, so kläglich, gemein,
Hausbacken und ledern soll alles auch sein.

15 Solang der Philister regieret das Land,
Ist jeglicher Fortschritt daraus wie verbannt:
Denn dieses erbärmliche feige Geschlecht,
Das kennet nicht Ehre, nicht Tugend und Recht.

b) *Michels-Ode, 1843 (Der Michel ist die Symbolgestalt für den schläfrigen Deutschen.)*

Ihr habt Anno 13 den Michel gewecket
Und ihn aus dem bleiernen Schlafe geschrecket:
Wache nur, bis den Feind du gejagt übern Rhein –
Doch den Michel, den schläfert ihr nie wieder ein!

5 Ihr habt Anno 14 auf euren Kongressen
Des tapferen Michels so ziemlich vergessen
Und habt ihm gegeben ein Schlaftränkelein –
Doch den Michel, den schläfert ihr nie wieder ein!

10 Ihr habt Anno 15 in Frankfurt gegründet
Den Deutschen Bund und den Deutschen
    verkündet
Jetzt könnten sie frei und glücklich erst sein –
Doch den Michel, den schläfert ihr nie wieder ein!

15 Ihr habt Anno 19 in Karlsbad gesprochen,
Der Michel, der habe gar vieles verbrochen,
Er müsse wieder schlafen zu seinem Gedeih'n –
Doch den Michel, den schläfert ihr nie wieder ein!

Ihr habt die Zensur gelobt und gepriesen
20 Und ihre Notwendigkeit Micheln bewiesen:
Um seinetwillen gescheh's nur allein –
Doch den Michel, den schläfert ihr nie wieder ein!

Zit. nach: D. Steinbach (Hg.), Vormärz Lyrik. Stuttgart 1980, S. 38 f., 46 f.

5 **Die Familie Begas**
1821, gemalt von Karl Joseph Begas. Das Bild gehört zur Kunstepoche des Biedermeier (1815 bis 1848).
(1) Inwiefern verdeutlicht es den Rückzug des Bürgertums ins Private und Beschauliche?
(2) Auf welche politischen Zustände und Entwicklungen ist diese Haltung zurückzuführen?
(3) Zu welchen Deutschen würde Hofmann von Fallersleben (vgl. M4) die Familienmitglieder zählen?

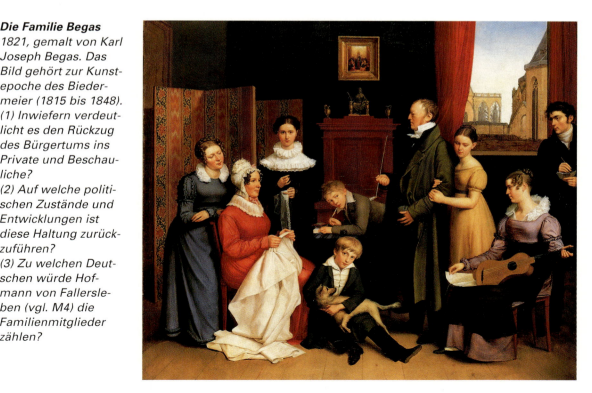

6 Das Hambacher Fest, 1832

Rede des Journalisten Siebenpfeiffer (1789 bis 1845) auf dem Hambacher Fest:

Und es wird kommen der Tag, der Tag des edelsten Siegstolzes, wo der Deutsche vom Alpengebirg und der Nordsee, vom Rhein, der Donau und Elbe den Bruder im Bruder umarmt, wo die
5 Zollstöcke und die Schlagbäume, wo alle Hoheitszeichen der Trennung und Hemmung und Bedrückung verschwinden samt den Constitiönchen, die man etlichen mürrischen Kindern der großen Familie als Spielzeug verlieh; wo freie
10 Straßen und freie Ströme den freien Umschwung aller Nationalkräfte und Säfte bezeugen; ... wo das deutsche Weib nicht mehr die dienstpflichtige Magd des herrschenden Mannes, sondern die freie Genossin des freien Bürgers, unsern
15 Söhnen und Töchtern schon als stammelnden Säuglingen die Freiheit einflößt; ... wo der Bürger nicht in höriger Untertänigkeit den Launen des Herrschers, ... sondern dem Gesetze gehorcht und auf den Tafeln des Gesetzes den
25 eigenen Willen liest und im Richter den frei erwählten Mann seines Vertrauens erblickt; wo die Wissenschaft das Nationalleben befruchtet und die würdige Kunst als dessen Blüte glänzt ...
Es lebe das freie, das einige Deutschland!
30 Hoch leben die Polen, der Deutschen Verbündete! Hoch leben die Franken, der Deutschen Brüder, die unsere Nationalität und Selbstständigkeit achten!
Hoch lebe jedes Volk, das seine Ketten bricht und
35 mit uns den Bund der Freiheit schwört!
Vaterland – Volkshoheit – Völkerbund hoch!

Zit. nach: J. G. A. Wirth, Das Nationalfest der Deutschen zu Hambach, Neustadt 1832, S. 34 ff.

7 Ein Emigrant dichtet unsere Nationalhymne

Heinrich Hoffmann von Fallersleben schrieb 1841 in der Emigration auf der Insel Helgoland, die damals zu England gehörte, das „Lied der Deutschen". Haydns Musik machte es volkstümlich. Erst nach der Niederlage des Deutschen Kaiserreiches im Ersten Weltkrieg und dem Ende der Monarchie knüpfte die junge Weimarer Republik wieder bewusst an die demokratischen und liberalen Traditionen des 19. Jahrhunderts an und erklärte deshalb das Lied zur Nationalhymne. Die Nationalsozialisten missbrauchten die erste Strophe im Sinne großdeutscher Überheblichkeit. Deshalb verboten die Alliierten die Hymne nach 1945. Seit 1952 wird auf Vorschlag des ersten Bundespräsidenten der Bundesrepublik, Theodor Heuss, die dritte Strophe als Nationalhymne gesungen.

Deutschland, Deutschland über alles, / Über alles in der Welt, / Wenn es stets zu Schutz und Trutze / Brüderlich zusammenhält; / Von der Maas bis an die Memel, / Von der Etsch bis
5 an den Belt; / Deutschland, Deutschland über alles / Über alles in der Welt!
Deutsche Frauen, deutsche Treue, / Deutscher Wein und deutscher Sang / Sollen in der Welt behalten / Ihren alten, schönen Klang, / Uns zu
10 edler Tat begeistern / Unser ganzes Leben lang: / Deutsche Frauen, deutsche Treue, / Deutscher Wein und deutscher Sang!
Einigkeit und Recht und Freiheit / Für das deutsche Vaterland! / Danach lasst uns alle streben /
15 Brüderlich mit Herz und Hand! / Einigkeit und Recht und Freiheit / Sind des Glückes Unterpfand: / Blüh im Glanze dieses Glückes, / Blühe, deutsches Vaterland!

a) Nenne wichtige Stationen des Lebensweges von Philipp Jakob Siebenpfeiffer. Was findest du bemerkenswert (VT)?

b) Welche Forderungen und Wünsche Siebenpfeiffers (VT, M6) sind dir von der Französischen Revolution bekannt? Welche Hoffnungen beziehen sich vornehmlich auf deutsche Zustände?

c) Womit begründete der Bundestag in Frankfurt das Verbot von Siebenpfeiffers Zeitung „Der Westbote" (M2)?

d) Wie beeinflussten die Ereignisse in Polen und Frankreich das Handeln Siebenpfeiffers (VT, M6)?

e) Erläutere die politische Einstellung von Fallerslebens an M4. In welcher Lebenseinstellung sah er Hindernisse für seine politischen Ziele? Was sind seine Hoffnungen? Welche historischen Ereignisse erwähnt er?

f) Erkläre, welche Bedeutung die einzelnen Strophen der Nationalhymne (M7) zur Zeit ihrer Entstehung hatten. Welche Aussagen findest du heute noch aktuell, welche überholt? Tauscht eure Meinungen in der Klasse aus.

4. Revolution in Deutschland

Frankreich	Deutsche Kleinstaaten	Österreich	Preußen
24. Februar 1848: Paris: Ein Volksaufstand erzwingt die Abdankung des Königs. Frankreich wird Republik. Das Recht auf Arbeit für alle wird eingeführt.	*März 1848:* Volksversammlungen und Kundgebungen führen zu Regierungen mit bürgerlichen Ministern. Bauernunruhen zwingen den Adel auf Vorrechte zu verzichten.	*15. März 1848:* Wien: Ein Volksaufstand erzwingt den Rücktritt Metternichs. Budapest, Mailand, Venedig: Aufständische fordern nationale Selbstbestimmung.	*18. März 1848:* Berlin: In Straßenkämpfen wird der Abzug des Militärs erzwungen. Der König bekennt sich zu demokratischen Reformen und der deutschen Einigung.

Berlin im Februar 1848

Mitte Februar 1848 in Berlin: 204 Polizisten genügten um Ruhe und Ordnung unter den 400 000 Einwohnern der preußischen Hauptstadt zu bewahren. Auf den Straßen, insbesondere entlang des Boulevards „Unter den Linden", bummelten am Sonntag gut gekleidete Frauen, Beamte, Journalisten, Offiziere, Kaufleute und Fabrikbesitzer ebenso wie Studenten, Handwerksgesellen, Fabrikarbeiter, Kindermädchen, Dienstboten und Bettler.

Aber die Ruhe trog. Wie überall in Deutschland herrschte bei Bürgern, Handwerkern und Studenten tiefe Enttäuschung: Noch immer war Deutschland in die 38 Staaten des Deutschen Bundes aufgeteilt, ohne gemeinsame Verfassung und ohne ein Parlament und noch immer hatten die Fürsten eine große Machtfülle. Preußens König Friedrich Wilhelm IV., der 1840 den Thron bestiegen hatte, lehnte eine Beteiligung seiner Untertanen an der politischen Macht besonders entschieden ab.

Wie die anderen Fürsten fand auch er für die sozialen Probleme keine Lösung. Die meisten der immer zahlreicher werdenden Fabrikarbeiter bekamen trotz langer Arbeitszeit nur geringe Löhne und litten unter einer kaum vorstellbaren Armut. Auch Handwerkslehrlinge und Gesellen beobachteten die Industrialisierung mit Sorge. Es gab bereits viel zu viele Handwerksbetriebe, die kaum Aufträge hatten. Viele Gesellen fürchteten durch billige Massenproduktion der Fabriken arbeitslos zu werden oder selbst nur noch als Fabrikarbeiter ein sehr bescheidenes Auskommen zu finden. Der „Kartoffelkrieg" von 1847 war noch jedermann in Berlin im Gedächtnis. Nach einer Kartoffelkrankheit, die zu Missernten geführt hatte, waren die Kartoffelpreise um mehr als das Doppelte gestiegen. Ähnlich wie in anderen deutschen Städten waren ärmere Bewohner der Berliner Vororte deshalb zu Tausenden in die Innenstadt geströmt und plündernd durch die Straßen gezogen, bis sie vom Militär verjagt wurden. Fast jeder der Berliner, die im Februar durch die Straßen schlenderten, war von der Unhaltbarkeit der bestehenden Zustände überzeugt. Kaum einer konnte sich allerdings eine Revolution vorstellen.

Barrikadenkämpfe

Aber es kam anders: Am 18. März schrieb der Diplomat und Schriftsteller von Ense in sein Tagebuch: „Von den Linden heimgehend sah ich schon alles an der Arbeit … Eine gemischte Menge, Hausknechte, Bürger, Alt und Jung waren eifrig am Werk; Droschken und Wagen wurden angehalten und umgestürzt … und

1 **Vor den Barrikaden:** *Kampf um die große Barrikade auf dem Alexanderplatz in Berlin am 18. März 1848 (zeitgenössisches Gemälde von A. Klaus).*

das Pflaster aufgerissen … Gewehrfeuer und bald auch Kanonenschüsse erschollen aus der Ferne." In Berlin war eine Revolution ausgebrochen. Wie hatte es dazu kommen können?

Februarrevolution in Frankreich

Das Signal kam erneut aus Paris: Die Revolutionen von 1789 und 1830 hatten in Frankreich vor allem dem Besitzbürgertum politische Rechte beschert. Kleinbürger und Arbeiter waren weiterhin benachteiligt, sie durften nicht einmal wählen. Ihre Unzufriedenheit mit der Regierung wuchs noch mehr, als 1848 wegen vorangegangener Missernten bei Kartoffeln und Getreide auch noch die Preise stiegen und die Zahl der Arbeitslosen in die Höhe schnellte. Obwohl Demonstrationen für die Einführung des allgemeinen Wahlrechts von der Regierung verboten worden waren, gingen am 23. Februar 1848 in Paris viele Studenten und Arbeiter auf die Straße. Dies war der Beginn der Februarrevolution. Eine Schießerei mit Soldaten forderte Tote und Verwundete. Ein blutiger Barrikadenkampf begann. Als am 24. Februar der Kampflärm schon in der Nähe des Schlosses zu hören war, floh der „Bürgerkönig" Louis Philippe. Durch einen unterirdischen Gang entkam er aus den Tuilerien und begab sich ins Exil nach England. Die Nationalversammlung erklärte Frankreich zur Republik und führte das allgemeine Wahlrecht für alle männlichen Franzosen über 21 Jahren ein. Die neue Regierung versprach das „Recht auf Arbeit". Arbeitslose fanden in „Nationalwerkstätten" Beschäftigung, wo sie z. B. bei Straßenbauarbeiten eingesetzt und dafür aus der Staatskasse entlohnt wurden.

2 **Hinter den Barrikaden:** *Die Barrikaden an der Kronen- und Friedrichstraße am 18. März 1848. Aus Fensterumrahmungen werden Bleikugeln gegossen (Farblithografie von F. C. Nordmann, 1848). – Vergleiche die Bewaffnung der Soldaten vor und der Aufständischen hinter den Barrikaden.*

Deutsche Märzrevolution

In fast allen Staaten des Deutschen Bundes wurden bei Volksversammlungen und Demonstrationen im März 1848 ähnliche Forderungen erhoben. In Süddeutschland, wo die meisten Bauern oft noch den Gutsbesitzern Abgaben bezahlten und Frondienste leisten mussten, zogen die Bauern mit Sensen und Äxten vor die Schlösser der Gutsherrn und zwangen sie auf ihre Vorrechte zu verzichten. Die erschreckten Fürsten der meisten Kleinstaaten verzichteten auf den Einsatz von Militär oder Polizei und machten stattdessen Zugeständnisse. Sie erfüllten die Forderungen nach Presse-, Versammlungs- und Vereinsfreiheit, erlaubten die Bildung von Bürgergarden, hoben Vorrechte der Grundbesitzer gegenüber den Bauern auf und führten Verfassungen ein, wo es sie noch nicht gab. Viele Landesherren beriefen liberale Politiker aus dem Bürgertum in ihre Regierungen, so genannte „Märzminister". In den Kleinstaaten waren damit die meisten Forderungen der Bauern erfüllt und das Bürgertum hoffte nun auf rasche Fortschritte bei der Verwirklichung der deutschen Einheit. Nun aber brach in den beiden Großstaaten, deren Monarchen sich bisher allen Einheits- und Freiheitsbestrebungen widersetzt hatten, die Revolution aus.

Metternich flieht

In Wien waren zunächst ähnliche Forderungen erhoben worden wie in den deutschen Kleinstaaten. Als am 13. März aber demonstrierende Studenten den Rücktritt von Staatskanzler Metternich, dem Urheber der Restauration von 1815 und der Demagogenverfolgungen, verlangten und gleichzeitig Arbeiter und Handwerker Leihhäuser und Steuerämter stürmten und auch Läden plün-

3 *Friedrich Wilhelm IV. auf einer anonymen Karikatur. – Beschreibe die dargestellten Personen. Welche Bevölkerungsgruppen symbolisieren sie jeweils?*

Sie, da vorn – hör'n sie 'mal, laufen sie man nich so schnell, ick will mir an die Spitze der Bewegung stellen!–

derten, schritt Militär ein. Die Demonstranten bauten Barrikaden, rissen Gaslaternen aus ihrer Verankerung und entzündeten das ausströmende Gas. Metternich dankte ab und floh nach England. Der Kaiser versprach eine Verfassung zu gewähren und die Dienste und Abgaben der Bauern aufzuheben. Trotzdem kam Österreich nicht zur Ruhe. In dem Vielvölkerstaat stand dem Einheitswillen der Deutschen das Streben der Ungarn und Tschechen nach Autonomie (Selbstständigkeit) entgegen. Auch die von Österreich regierten Staaten Norditaliens verlangten die Befreiung von der habsburgischen Herrschaft. Mailand und Venedig erklärten sich zur Republik.

Revolution in Berlin

Anfang März strömten in Berlin Tag für Tag Tausende Menschen zu Volksversammlungen im Tiergarten zusammen. Ihre Unruhe wuchs, als überall in der Stadt Militär stationiert wurde. Am Abend des 13. März kam es zu ersten Straßenkämpfen. Abordnungen der Bürger forderten vom König Reformen und den Rückzug der Truppen. Unter dem Eindruck des Sturzes von Metternich entschloss sich Friedrich Wilhelm IV. schließlich zu begrenzten Zugeständnissen, nicht aber zum Truppenabzug. Am 18. März hob er die Zensur auf und versprach eine Verfassung. Eine große Menschenmenge, die sich an diesem Tag vor dem Schloss versammelt hatte, dankte dem König mit lautem Beifall. Aus der Menge ertönten aber auch Rufe nach dem Abzug der Soldaten aus der Stadt. Der verärgerte König ließ umgehend den Schlossplatz räumen. Dabei lösten sich zwei Gewehrschüsse. Das schien Verrat zu sein. Sofort errichteten Demonstranten mehrere hundert Barrikaden um gegen die Soldaten zu kämpfen. Mehr als 230 Barrikadenkämpfer fielen, darunter viele Arbeiter und Handwerker.
Friedrich Wilhelm IV. gab erneut nach. Er zog die Truppen aus Berlin ab und verneigte sich am 19. März vor den im Schlosshof aufgebahrten toten Aufständischen. Zwei Tage später ritt der König mit Prinzen und Ministern, mit schwarz-rot-goldener Armbinde versehen, feierlich durch Berlin. In einer Rede bekannte er sich zu mehr Freiheit und zur deutschen Einheit. Er nahm Liberale in die Regierung auf, der Kaufmann Ludolf Camphausen wurde Ministerpräsident, der Bankier David Hansemann Finanzminister. In allgemeinen, gleichen und geheimen Wahlen, an denen allerdings nur Männer teilnehmen durften, ließ er ein Parlament wählen, die preußische Nationalversammlung.

4 Bauernunruhen in Baden 1848

Aus dem Tagebuch eines Mannheimer Bürgers:
In der Nacht vom 7./8. März wurde der Schlosshof der Freiherrn von Adelsheim der Schauplatz einer wütenden Bauernmenge. Der in die dunkle Märznacht hineinleuchtende Schein eines riesi
5 gen Feuers, das man aus Büchern und Akten der Grundherrschaft gemacht hatte, beleuchtete eine tobende und lärmende Menge von Bauern, die aus der Nachbarschaft herbeigekommen war. Frauen, Mädchen und Kinder jubelten dem Be
10 ginnen zu. Aus dem oberen Stockwerk des hohen Flügels des Schlosses schleppten zerstörungswütende Bauernfäuste Bücher und Papiere, die ihre Leistungspflicht an die Herrschaft enthielten, Rechnungen und Schuldscheine her
15 bei und warfen sie in das lodernde Feuer.

Friedrich Lautenschlager (Hg.), Volksstaat und Einherrschaft. Dokumente aus der badischen Revolution 1848/1849, Konstanz 1920, S. 50 ff.

5 Märzforderungen

a) In Köln wurde am 3. März ein Flugblatt mit „Forderungen des Volkes" verbreitet:
1. Gesetzgebung und Verwaltung durch das Volk. Allgemeines Wahlrecht und allgemeine Wählbarkeit in Gemeinde und Staat.
2. Unbedingte Freiheit der Rede und der Presse.
3. Aufhebung des stehenden Heeres und Einführung einer allgemeinen Volksbewaffnung mit vom Volke gewählten Führern.
4. Freies Vereinigungsrecht.
5. Schutz der Arbeit und Sicherstellung der menschlichen Lebensbedürfnisse für alle.
6. Vollständige Erziehung aller Kinder auf öffentliche Kosten.

b) Wenige Stunden später erschien ein Extrablatt der Kölnischen Zeitung mit einer Bekanntmachung des Regierungspräsidenten:
Die Ruhe der Stadt Köln ist heute Abend in bedauerlicher Weise gestört worden. Es hat eine Anzahl von Personen gewagt, den in Ausübung seines Berufs im Rathaus versammelten Gemein
5 derat ... mit „Forderungen des Volkes" zu bestür

men ... Es wurde unter aufrührerischen Reden die Versammlung der Gemeindeverordneten eine geraume Zeit in dem Rathause belagert, bis die bewaffnete Macht den Rathausplatz von der
10 zahlreich versammelten Menge säuberte und einer der Rädelsführer, der seit längerem der Behörde als länger bekannt bezeichnet war, zur Haft gebracht wurde.

Zit. nach: J. Hansen, H. Boberach (Hg.), Rheinische Briefe und Akten zur Geschichte der politischen Bewegung 1830-1850. Bonn 1967.

6 Zwei Reden König Friedrich Wilhelms IV.

a) am 11. April 1847:
Es ist Gottes Wohlgefallen gewesen, Preußen durch das Schwert groß zu machen, durch das Schwert des Krieges nach außen, durch das Schwert des Geistes nach innen ... Es drängt
5 Mich zu der feierlichen Erklärung, dass es keiner Macht der Erde je gelingen soll, Mich zu bewegen das natürliche, gerade bei uns durch eine innere Wahrheit so mächtig machende Verhältnis zwischen Fürst und Volk in ein ... konstitu
10 tionelles (verfassungsmäßiges) zu wandeln und dass Ich es nun und nimmermehr zugeben werde, dass sich zwischen unserem Herrgott im Himmel und diesem Lande ein beschriebenes Blatt, gleichsam als eine zweite Vorsehung eindränge
15 um uns mit seinen Paragraphen zu regieren und durch sie die alte heilige Treue zu ersetzen.

Geschichte in Quellen, Band 5, München 1980, S. 136.

b) am 21. März 1848:
An mein Volk und an die deutsche Nation! ... Ich habe heute die alten deutschen Farben angenommen und Mich und Mein Volk unter das ehrwürdige Banner des deutschen Reiches gestellt.
5 Preußen geht fortan in Deutschland auf ... Allgemeine Einführung wahrer konstitutioneller Verfassungen, mit Verantwortlichkeit der Minister in allen Einzelstaaten ... werden allein solche sichere und innere Einheit bewirken und zu be
10 festigen im Stande sein.

Ernst Rudolf Huber (Hg.), Dokumente zur deutschen Verfassungsgeschichte, Bd. 1, Stuttgart 1961, S. 365.

a) Nenne Ursachen, Anlässe und Folgen der Märzrevolution in den Kleinstaaten des Deutschen Bundes, in Österreich und in Preußen (VT).
b) Vergleiche die Reden König Friedrich Wilhelms IV. vor und nach der Revolution in Berlin (M6a und b).
c) Informiere dich, ob es 1848 in der Gegend, in der du lebst, revolutionäre Unruhen gab. Wie haben sich die damals Regierenden dazu verhalten?

5. Wie soll ein deutscher Nationalstaat aussehen?

5.1 Das erste Nationalparlament berät eine Verfassung

18. Mai 1848	*In der Frankfurter Paulskirche tritt die erste deutsche Nationalversammlung zusammen.*
27. März 1849	*Die Reichsverfassung wird angenommen und Friedrich Wilhelm IV. von Preußen wird zum „Kaiser der Deutschen" gewählt.*

Das Vorparlament und die Nationalversammlung

Politische Versammlungen, Barrikadenkämpfe und Bauernunruhen hatten bisher die revolutionären Geschehnisse in den deutschen Einzelstaaten bestimmt. Um ihre Macht zu retten hatten die Fürsten einige der Märzforderungen nach mehr politischer Gleichheit erfüllt. Aber wie konnte die nationale Einheit verwirklicht werden? Am 5. März 1848 trafen sich in Heidelberg 51 süddeutsche Liberale und Demokraten um darüber zu beraten. Sie beschlossen die Mitglieder sämtlicher Volksvertretungen aus allen Ländern des Deutschen Bundes und weitere angesehene Persönlichkeiten nach Frankfurt einzuladen.

So wurde ein „Vorparlament" mit mehr als 500 Mitgliedern gebildet, das vom 31. März bis zum 3. April tagte. Es forderte die Wahl einer gesamtdeutschen verfassunggebenden Nationalversammlung. Darin sollte ein Abgeordneter jeweils 50 000 Wähler vertreten. Die Regierungen der Einzelstaaten waren einverstanden und ließen die Wahlen durchführen. Die Mehrzahl der Abgeordneten, die erstmals am 18. Mai 1848 in der Frankfurter Paulskirche zusammentraten, kamen aus dem Bürgertum: Richter, Universitätsprofessoren, Lehrer, Schriftsteller, Kaufleute, Beamte, Pfarrer oder Ärzte. Sie besaßen hohes Ansehen und galten als einflussreiche Persönlichkeiten. Bauern, Handwerker und Arbeiter hatten kaum eine Chance gewählt zu werden, denn sie waren zu wenig bekannt.

Monarchie oder Republik?

Das neue Parlament hatte die Aufgabe einen Nationalstaat zu gründen und ihm eine Verfassung zu geben. Vieles musste dabei entschieden werden: War eine Monarchie oder eine Republik vorzuziehen? Sollte ein starker Zentralstaat gebildet werden oder eine Föderation weit gehend selbstständiger Einzelstaaten? Konnte der Vielvölkerstaat Österreich dem neuen Staat angehören? War es sinnvoll, den preußischen König an die Spitze des neuen Staates zu berufen? Die einzelnen Abgeordneten hatten darüber sehr unterschiedliche Vorstellungen.

Politische Parteien gab es noch nicht. Aber unter den Abgeordneten bildeten sich politische Interessengruppen oder Klubs. Die Klubs trafen sich außerhalb des Parlaments in Frankfurter Gasthäusern und berieten dort über ihr weiteres politisches Vorgehen. In den Sitzungen der Nationalversammlung traten sie als Fraktionen mit gemeinsamen Programmen auf, die sie in den Klubsitzungen erarbeitet hatten. Die Mitglieder der einzelnen Fraktionen saßen auch in der Paulskirche beieinander und schon bald konnte man an der Sitzordnung erkennen, welche politischen Ziele die Abgeordneten vertraten: Demokraten, die sich für eine Republik einsetzten, saßen – von der Rednerbühne aus gesehen – auf der linken Seite des Parlaments. Liberale, die eine konstitutionelle Monarchie anstrebten, saßen in der Mitte und Liberalkonservative, die den Fürsten der Einzelstaaten weiterhin viel Macht belassen wollten, auf der rechten Seite. Man sprach deshalb auch von Fraktionen der „Linken", „Rechten" und der „Mitte". Die Fraktionen traten mit ihren politischen Anhängern in ganz Deutschland in Verbindung um sich mit ihnen zu beraten. Auch in der Presse informierten sie über ihre Arbeit.

1 **Sitzung der National-versammlung** *(zeit-genössische Farblitho-grafie). Links auf dem Podium stehend der Präsident der Versammlung, Heinrich von Gagern, am Rednerpult der sächsische Abgeordnete Robert Blum.*

Bildung einer provisorischen Zentralregierung

Die Nationalversammlung wählte den hessischen Abgeordneten Heinrich von Gagern zu ihrem Präsidenten. Auf seinen Vorschlag hin wurde eine provisorische Regierung gebildet und der populäre Erzherzog Johann von Österreich als „Reichsverweser" (Reichsoberhaupt bis zu einer endgültigen Lösung) eingesetzt. Diese neue Regierung hatte jedoch kaum Machtmittel um die Beschlüsse des Parlaments durchzusetzen. Sie hatte keine festen Einnahmen, keine eigene Verwaltung und kein eigenes Heer. Entscheidend für den Fortgang der Reichseinigung und die Durchsetzung von Reformen wurde nun, wie sich die Regierungen der Einzelstaaten, vor allen Preußen und Österreich, verhalten würden.

Die Grundrechte werden beraten

Die Abgeordneten berieten zunächst über die „Grundrechte des deutschen Volkes", die Teil der Verfassung sein sollten. Danach würde die Macht der Fürsten durch die Rechte des Einzelnen eingeschränkt werden. Damit konnte eine wichtige Forderung der Revolutionäre vom März 1848 nach mehr Freiheit erfüllt werden. Die Diskussion darüber dauerte jedoch mehrere Monate. Und je länger die Abgeordneten berieten, desto mehr Zeit hatten die Fürsten Teile ihrer alten Herrschaft zurückzugewinnen.

Großdeutsch oder kleindeutsch?

Im Oktober 1848 begannen die Beratungen über die Staats- und Regierungsform des neu zu schaffenden Nationalstaates. Ein entscheidendes Problem war dabei das Schicksal Österreichs. Das Habsburgerreich gehörte nur mit seinen österreichischen Gebieten sowie mit Böhmen und Mähren, nicht aber mit Ungarn und Norditalien zum Deutschen Bund. In der Paulskirche befürworteten die „Großdeutschen" die Einbeziehung der deutschsprachigen Teile der Donaumonarchie in einen deutschen Nationalstaat. Die österreichische Regierung war damit nicht einverstanden. Sie bestand auf der Einheit des Vielvölkerstaates. Die „Kleindeutschen" wollten dagegen einen deutschen Staat ohne Österreich unter Führung der Wirtschaftsmacht Preußen. Dadurch hätte eine starke Zentralgewalt entstehen können. Bei der Aufnahme zweier rivalisierender Großmächte in ein geeintes Deutschland wäre das nicht möglich gewesen. Die kleindeutsche Partei setzte sich deshalb schließlich durch. Im März 1849 nahm die Nationalversammlung die Reichsverfassung an und wählte gleichzeitig mit 290 Stimmen und 248 Enthaltungen den preußischen König zum „Kaiser der Deutschen".

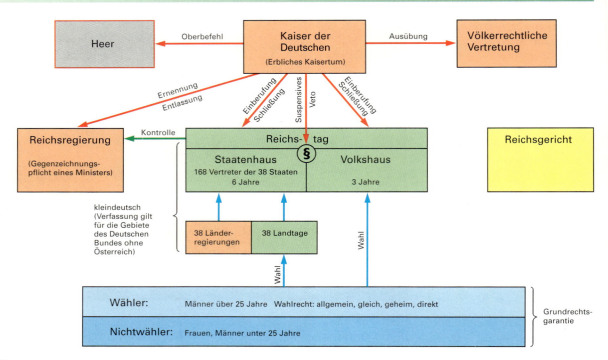

2 **Die geplante Reichsverfassung von 1849**

3 **Und ihre Herzen glühten und kämpften mit …**
Der Abgeordnete Wilhelm Zimmermann berichtete:

Unten waren große Räume für die Zuhörer abgeteilt … Oft drängten sich gegen tausend Zuhörer hier zusammen, Herren und Damen, deren Galerien jedoch voneinander abgeschieden waren.
5 Nach der Rechten hin, gegenüber vom Präsidium war die sogenannte Diplomatengalerie. Da sah man die Gesandten von Frankreich und England, von Russland und Nordamerika, von Königen und Fürsten jeden Ranges, wie sie die Geburt
10 und das Wachstum einer deutschen Nation belauschten und überwachten, und um sie her die Bankiers von Frankfurt … Die damals schon in drei Linien vollendeten Eisenbahnen brachten von drei Seiten täglich viele Auswärtige und eine
15 große Zahl von Fremden oft aus weiter Ferne her … Oben auf der Galerie saß die Mehrheit der Journalisten, die in Hunderten von Blättern, selbst in französischen oder englischen, über die Sitzungen berichteten. Schon auf dieser Galerie
20 waren einige Bänke für die Damen abgeteilt. Die meisten zogen es vor, (lieber) vier und fünf Stunden links zu stehen als rechts zu sitzen … und ihre Herzen glühten und kämpften mit und folgten jedem Ausfall eines ihrer Lieblinge.

Zit. n.: H. Pleticha (Hg.), Deutsche Geschichte, Bd. 9, Gütersloh 1983, S. 224 f.

4 **Grundrechte des deutschen Volkes**
Sie wurden 1849 als Paragraphen 130 bis 189 der Reichsverfassung angefügt:

§ 137: Vor dem Gesetz gilt kein Unterschied der Stände. Der Adel als Stand ist aufgehoben. Alle Standesvorrechte sind abgeschafft. Die Deutschen sind vor dem Gesetz gleich … Die Wehrpflicht ist für alle gleich.

§ 138: Die Freiheit der Person ist unverletzlich …

§ 139: Die Todesstrafe, ausgenommen, wo das Kriegsrecht sie vorschreibt …, sowie die Strafen des Prangers, der Brandmarkung und der körperlichen Züchtigung sind abgeschafft.

§ 140: Die Wohnung ist unverletzlich …

§ 143: Jeder Deutsche hat das Recht durch Wort, Schrift, Druck und bildliche Darstellung seine Meinung frei zu äußern …

§ 144: Jeder Deutsche hat volle Glaubens- und Gewissensfreiheit …

§ 161: Die Deutschen haben das Recht sich friedlich und ohne Waffen zu versammeln …

§ 178: Das Gerichtsverfahren soll öffentlich und mündlich sein …

§ 181: Rechtspflege und Verwaltung sollten getrennt und voneinander unabhängig sein.

E. R. Huber (Hg.), Quellen zum Staatsrecht der Neuzeit, Bd. 1, Tübingen 1949, S. 257 ff.

5 **Das Zweikammer-system** *(aus dem „Leuchtthurm" 1848). Eine Zweiteilung des gesetzgebenden Parlaments in zwei Kammern gibt es auch heute in vielen Staaten. Die Erste Kammer ist entweder ein feudales Oberhaus, wie in England, oder eine regionale Vertretung (Vertreter der Einzelstaaten), wie in den USA. Die Zweite Kammer ist eine demokratisch gewählte Vertretung der Gesamtbevölkerung.*

6 **Debatte über das Staatsoberhaupt und über das Staatsgebiet im Januar 1849:**

a) *Der württembergische Abgeordnete Uhland:*

Meine Herren! Ich erkläre mich für die periodische Wahl des Reichsoberhauptes durch die Volksvertretung … Die Revolution und ein Erbkaiser – das ist ein Jüngling mit grauen Haaren.
5 Ich lege noch meine Hand auf die alte offene Wunde, den Ausschluss Österreichs. Ausschluss, das ist doch das aufrichtige Wort; denn wenn ein deutsches Erbkaisertum ohne Österreich beschlossen wird, so ist nicht abzusehen, wie
10 irgendeinmal Österreich noch zu Deutschland treten werde … Eine wahre Einigung muss aber alle Ländergebiete zusammenfassen … Verwerfen Sie die Erblichkeit, schaffen Sie keinen herrschenden Einzelstaat, stoßen Sie Österreich
15 nicht ab, retten Sie das Wahlrecht, dieses kostbare Volksrecht, dieses letzte Wahrzeichen des volksmäßigen Ursprungs der neuen Gewalt. Glauben Sie, meine Herren, es wird kein Haupt über Deutschland leuchten, das nicht mit einem
20 vollen Tropfen demokratischen Öls gesalbt ist.

F. Wigard (Hg.), Stenografische Berichte über die Verhandlungen der deutschen konstitutionellen Nationalversammlung zu Frankfurt a. M. 1848/49, Bd. 6, S. 4708 ff.

b) *Der sächsische Abgeordnete Biedermann:*
Das Volk muss wissen, dass es eine feststehende, nicht wandelbare Macht an der Spitze der Geschäfte hat und das ist das Erbkaisertum … Es kann niemand die Kaiserwürde erhalten als der
5 Beherrscher des mächtigsten Staates und das ist Preußen … Preußen ist ein starker Militärstaat, der nötigenfalls auch allein, wenn die anderen Staaten lässig wären oder gar sich weigerten, dem Auslande die Spitze bieten kann; kein ande-
10 rer kann es … Österreich wird zerfallen … Wenn aber Österreich zerfällt, meine Herren, dann kommt zu uns nicht das Starke, mächtige Österreich, welches berufen ist dem Erdball zu gebieten, sondern es kommen zu uns einzelne zer-
15 streute Glieder dieses Körpers.

F. Wigard (Hg.), a. a. O.

a) *Führt ein Streitgespräch: Versetzt euch jeweils in die Rolle eines preußischen und eines österreichischen Abgeordneten der Paulskirche. Diskutiert die Frage des zukünftigen Staatsoberhauptes.*

b) *Wer kämpfte im März 1848 hinter bzw. auf den Barrikaden? (M2 im Kap. „Revolution in Deutschland"). Wie war die Nationalversammlung zusammengesetzt? Vergleiche und nimm Stellung dazu.*

c) *Besorge dir das Grundgesetz der Bundesrepublik Deutschland. Lies Art. 2 Abs. 2, Art. 3 Abs. 1, Art. 4 Abs. 1, Art. 5 Abs. 1 u. 3, Art. 8 Abs. 1, Art. 14 Abs. 1 und suche ähnliche Formulierungen in der Reichsverfassung von 1849 (M4).*

5.2 Deutsche im Ausland – Fremde in Deutschland

Die National-versammlung berät die nationale Frage

Innerhalb des Deutschen Bundes, vor allem in den habsburgischen Ländern, lebten nicht nur Deutsche, sondern auch Angehörige anderer Völker. Umgekehrt lebten in benachbarten Staaten auch Deutsche, so im Herzogtum Schleswig, das überwiegend von Deutschen besiedelt war und in dem vorwiegend im nördlichen Teil eine dänische Minderheit lebte. Ebenso lag das mehrheitlich deutschsprachige Ost- und Westpreußen außerhalb der Bundesgrenzen. Sollte ein deutscher Nationalstaat also alle von Deutschen bewohnten Gebiete umfassen? Was sollte mit den Gebieten geschehen, in denen viele Nichtdeutsche lebten? Über diese schwierige Frage mussten die Parlamentarier entscheiden. Bereits das Vorparlament hatte beschlossen, dass Ost- und Westpreußen mit seinem polnischen sowie Schleswig mit seinem dänischen Bevölkerungsanteil Deutschland angehören sollten. Über die Grenzen des Großherzogtums Posen, in dem 70 Prozent der Bevölkerung Polen waren, gab es im Juli 1848 eine heftige Debatte. Schließlich wurden zwei Drittel Posens Deutschland zugeschlagen.

1 Der Deutsche Bund 1848/49 – Nationalitätsfragen in Mittel- und Ostmitteleuropa

2 Über die Zukunft Posens

a) *Der preußische Regierungspräsident in Posen Eduard Flottwell erinnerte sich 1841:*

Während meiner Wirksamkeit habe ich die der Verwaltung dieser Provinz gestellte Aufgabe darin verstehen zu müssen geglaubt …, dass die ihren polnischen Einwohnern eigentümlichen
5 Richtungen, Gewohnheiten und Neigungen, die einer solchen Verbindung [mit Preußen] widerstrebten, allmählich beseitigt, dass dagegen die Elemente des deutschen Lebens … immer mehr in ihr verbreitet, damit endlich die gänzliche Ver-
10 einigung beider Nationalitäten als der Schluss dieser Aufgabe durch das entschiedene Hervortreten deutscher Kultur erlangt werden möge.

Zit. nach: Martin Broszat, Zweihundert Jahre deutsche Polenpolitik, Frankfurt a. M. 1972, S. 103.

b) *Der Abgeordnete Arnold Ruge sagte am 24. Juli 1848 in der Paulskirche:*

Darum ist es ein richtiges Gefühl …, dass die Teilung Polens ein schmachvolles Unrecht war … Im Namen der Humanität und der Gerechtigkeit verlange ich, dass Polen wiederhergestellt
5 werde … An der Ehre Deutschlands ist es, dass es die lang fortgesetzte Unterdrückung der slawischen Völker aufhebe; an der Ehre Deutschlands ist es, dass Deutschland die Freiheit nach Osten propagiere und nicht an der Grenze von
10 Russland und Polen damit stehen bleibe. An unserer Ehre ist es, dass wir aufhören Unterdrücker zu sein, dass wir Freunde aller befreiten Völker werden, dass wir die Italiener befreien und ihre Freunde werden und dass wir die Polen
15 befreien und ihre Freunde werden.

F. Wigard (Hg.), Stenografische Berichte über die Verhandlungen der deutschen konstitutionellen Nationalversammlung zu Frankfurt a. M. 1848/49, Bd. 2, S. 1184.

c) *Der Abgeordnete Wilhelm Jordan meinte dazu:*

Wer da sagt, wir sollen diese deutschen Bewohner von Posen und Polen hingeben und unter polnische Regierung stellen, den halte ich mindes-

tens für einen unbewussten Volksverräter … Ich
5 sage, die Politik, die uns zuruft: Gebt Polen frei, es koste, was es wolle, ist eine kurzsichtige, eine selbstvergessene Politik, eine Politik der Schwäche, eine Politik der Furcht, eine Politik der Feigheit. Es ist hohe Zeit für uns, endlich einmal
10 zu erwachen … zu einem gesunden Volksegoismus … Aber eben dieser Egoismus, ohne den ein Volk niemals eine Nation werden kann, wird von den Polenfreunden als höchst verdammlich bezeichnet … Unser Recht ist kein anderes, als
15 das Recht des Stärkeren, das Recht der Eroberung. Ja, wir haben erobert.

F. Wigard (Hg.), a. a. O., Bd. 2, S. 1143 ff.

3 Schutz von Minderheiten

Am 31. Mai 1848 verabschiedete die Nationalversammlung mit großer Mehrheit die folgende Erklärung:

Die verfassunggebende deutsche Nationalversammlung erklärt feierlich: Dass sie im vollen Maß das Recht anerkenne, welches die nichtdeutschen Volksstämme auf deutschem Bundes-
5 boden haben den Weg ihrer volkstümlichen Entwicklung ungehindert zu gehen und in Hinsicht auf das Kirchenwesen, den Unterricht, die Literatur und die innere Verwaltung und Rechtspflege sich der Gleichberechtigung ihrer Sprache,
10 so weit deren Gebiete reichen, zu erfreuen, wie es sich denn auch von selbst verstehe, dass jedes der Rechte, welche die im Bau begriffene Gesamtverfassung dem deutschen Volk gewährleisten wird, ihnen gleichmäßig zusteht. Das fortan
15 einige und freie Deutschland ist groß und mächtig genug um den in seinem Schoße erwachsenen anders redenden Stämmen eifersuchtslos in vollem Maße gewähren zu können, was Natur und Geschichte ihnen zuspricht; und niemals soll
20 auf seinem Boden weder der Slawe noch der dänisch redende Nordschleswiger … noch wer sonst in fremder Zunge spricht, zu klagen haben, dass ihm seine Stammesart verkümmert werde.

F. Wigard (Hg.), a. a. O., Bd. 1, S. 183.

a) *Welche Minderheiten lebten innerhalb der Grenzen des Deutschen Bundes, wo lebten Deutsche außerhalb dieser Grenzen (M1)? Wie ist das heute?*
b) *Beschreibe die jeweiligen Grenzveränderungen,*
– die das Vorparlament beschloss,
– die die Nationalversammlung im Juli 1848 entschied,
– die sich durch den Abstimmungserfolg der Kleindeutschen ergab (M1).
c) *Wie sahen die Abgeordneten Ruge und Jordan jeweils die Zukunft Posens (M2b und M2c)? Nimm Stellung dazu.*

5.3 Politische Gleichheit – auch für Arbeiter und Frauen?

Vertritt die Nationalversammlung alle Deutschen?

Arbeiter und Frauen waren in der Nationalversammlung nicht vertreten. Dennoch nahmen sie mit Interesse zur Kenntnis, was die Abgeordneten über Deutschlands Zukunft berieten. Allerdings waren Arbeiter und Handwerker zunehmend enttäuscht darüber, dass über ihre soziale Lage in den Parlamentsdebatten kaum gesprochen wurde. Aber gerade niedrige Löhne, lange Arbeitszeiten, nicht selten drückende Not waren ihre größten Probleme. Vor allem auch deswegen hatten sie an den revolutionären Kämpfen teilgenommen. Und sie hatten gehofft, dass sich nun die Abgeordneten ihrer Sorgen annehmen würden. Viele Arbeiter kamen zu der Ansicht, dass sie selbst für die Verbesserung ihrer Lage kämpfen mussten. Die Bedingungen dafür hatten sich mit der Revolution verbessert: Versammlungs- und Redefreiheit, Pressefreiheit und das Recht zur Vereinsbildung galten auch für sie. So schlossen sich 1848 in vielen Orten Arbeiter und Handwerksgesellen zu „Arbeitervereinen" zusammen. Auf dem Berliner Arbeiterkongress (23. August bis 3. September 1848) gaben sie sich eine zentrale Organisation für ganz Deutschland. Dazu gehörten nun 170 Vereine mit mehr als 12 000 Mitgliedern. Auch Frauen wurden in die Vereine aufgenommen.

Frauen verlangen gleiche Rechte

An der politischen Rechtlosigkeit der Frauen und ihrer Abhängigkeit von den Männern hatte sich nichts geändert. Sie durften nicht wählen, ihre Bildungsmöglichkeiten waren stark eingeschränkt und Berufe, die einflussreiche Stellungen und wirtschaftliche Unabhängigkeit ermöglichten, z. B. Jurist oder Arzt, blieben ihnen verschlossen. Vor allem Frauen aus dem Bürgertum fanden sich deswegen in Klubs zusammen. Dort diskutierten sie ihre Lage und forderten mehr Verantwortung und Rechte. In politischen Schriften, Briefen an Regierungen und neu gegründeten Frauenzeitungen forderten sie öffentlich Gleichberechtigung. Auch Frauen aus ärmeren Bevölkerungsschichten organisierten sich. Ihnen ging es allerdings zunächst darum, ihre soziale Lage zu verbessern.

1 Politischer Damenklub: *Die Forderungen auf der Karikatur lauten: „kein Mann darf ohne Frau ausgehen", „jeder Mann muss heiraten", „keine Schläge mehr", „der Kaffee steht zu hoch im Preis" (Lithografie von Wilhelm Völker 1848).*

2 *Arbeiter überreichen 1848 dem städtischen Magistrat in Düsseldorf ihre Forderung nach Arbeit.*
Gemälde von J. P. Hasenclever, 1849, dem eine wahre Begebenheit zu Grunde liegt. – Welche Haltun-
gen kommen in Gesichtsausdruck und Körpersprache der dargestellten Personen zum Ausdruck?

3 *Forderungen von Handwerkern und Arbeitern*
a) *Aus dem Manifest des deutschen Arbeiter-*
kongresses vom 2. September 1848 an die
Nationalversammlung:
Mit der gespanntesten Aufmerksamkeit und mit
hingebender Erwartung haben die Arbeiter …
die Beratungen der hohen deutschen Nationalversammlung verfolgt. Sie haben nunmehr leider
5 die Überzeugung erlangt, dass auch in der Verfas-
sungsurkunde für Deutschland die soziale Frage
ebenso wenig wie in anderen Verfassungsarbei-
ten, eine Stelle finden könne … Wir Arbeiter und
unsere Angelegenheiten stehen den Augen der
10 Staatsmänner, wie diese bisher durch das Staats-
leben gebildet wurden, zu fern, ja für die meisten waren die Arbeiter eigentlich gar nicht als
Staatsbürger da und sichtbar, sondern nur als
Ziffern in den Bevölkerungslisten und in den
15 Berechnungen der Volksmacht. Der Staat kennt
nur den Besitz als etwas Bleibendes und die Besitzenden … Es ist vor allem erforderlich, dass die
Arbeiter … sich selbst als lebendige Gemeinschaften, gleichsam als politisch-beseelte Körper-
20 schaften, unter die übrigen Bürger hinstellen und
den Staatsmännern bemerklich machen. Dieses

konnte nur von den Arbeitern selbst ausgehen. Es
war bisher versäumt worden, ist aber von uns …
nachgeholt worden.

Zit. nach: Karl Obermann (Hg.), Flugblätter der Revolution 1848/49, München 1972, S. 109 ff.

b) *Der Schriftsetzer Stephan Born hatte in Ber-*
lin einen der ersten deutschen Arbeitervereine
gegründet. In einer von ihm herausgegebenen
Zeitung forderte er am 10. Juni 1848:
1. Bestimmung des Minimums des Arbeitslohns
und der Arbeitszeit durch Kommissionen von
Arbeitern und Meistern oder Arbeitgebern.
2. Verbindung der Arbeiter zur Aufrechterhal-
tung des festgesetzten Lohnes.
3. Aufhebung der indirekten Steuer, Einführung
progressiver Einkommenssteuer mit Steuerfreiheit derjenigen, die nur das Nötigste zum Leben
haben.
4. Der Staat übernimmt den unentgeltlichen
Unterricht …
5. Unentgeltliche Volksbibliotheken …
9. Beschäftigung von Arbeitslosen in Staatsan-
stalten …

E. Bernstein (Hg.), Dokumente des Sozialismus, Bd. 3, Stuttgart 1903, S. 40 f.

4 Die Frauenbewegung

a) *Louise Otto-Peters gilt als Gründerin der deutschen Frauenbewegung. 1847 schrieb sie:*

Es wird in unserem Schulen vielleicht alles gelehrt, was der weibliche Verstand bis in sein vierzehntes Jahr fassen kann – aber dann, in einem Alter, in dem alle Geisteskräfte sich erst recht zu
5 entfalten beginnen, in dem wir erst die rechte Liebe zu wissenschaftlichen Interessen fassen, in dem wir erst einsehen können, wie notwendig es sei, sich Kenntnisse zu erwerben, wo wir erst die Fähigkeit gewinnen, nicht alles, was man sagt,
10 auf Treu und Glauben blindlings hinzunehmen – in einem solchen Alter wird die weibliche Bildung für vollendet betrachtet … Für die Töchter der Bemittelten gibt es auch jetzt … eine Menge von Anstalten, welche namentlich für Mädchen
15 von dreizehn bis achtzehn Jahren bestimmt sind. Aber wie sind sie beschaffen! Die Mädchen lernen darin nichts wie Französisch und Englisch sprechen, Tanzen, Musizieren, Zeichnen und Sticken. Diese Dinge mögen mit zur weiblichen
20 Bildung gehören – aber sie sind Nebensache … Aber es tut Not, dringend Not, dem Weibe Gelegenheit zu verschaffen, sich, wenn es sein muss, den Lebensunterhalt selbst verdienen zu können. Schon bei den untersten Schichten steht der Ver-
25 dienst der Frauen, die entweder für Tagelohn oder bei einer Herrschaft dienen, im auffallenden Missverhältnis zu dem der Männer! … Aber in höheren Ständen ist dem weiblichen Geschlecht fast jede Gelegenheit genommen sich selbststän-
30 dig durchs Leben zu helfen. Eine Stickerin und Näherin kann bei den jetzigen Zeiten den Tag über kaum fünf Neugroschen verdienen! Anderes lernen aber eben jetzt die Mädchen selten, denn um in fremden Sprachen unterrichten zu kön-
35 nen, gehört schon eine große Fertigkeit in denselben dazu, zu welcher es auch selten gebracht wird. Allerdings ist aber dieses Unterrichten im Französischen, namentlich sei es nun im Privatunterricht oder in der Stellung als Erzieherin, fast
40 das einzige Mittel der Frauen sich allein durchs Leben zu helfen, was demnach auch eine große Menge ergreifen … Wie schmachvoll … für

5 Louise Otto-Peters (zeitgenöss. Lithografie)

Deutschland selbst, das zu seinen Töchtern sagt: Seht zu, dass ihr euch bald an einen Mann ver-
45 kauft, der euch anständig ernähren kann und ihr dafür sein Hauswesen führt.

b) *1849 gab sie – für eine Frau in damaliger Zeit ganz ungewöhnlich – eine politische Frauenzeitung heraus. Bereits 1852 musste die Zeitung wieder eingestellt werden, weil nach einem neuen Gesetz die Schriftleitung nur ein Mann haben durfte. In ihrer Zeitung schrieb sie 1849:*

Mitten in den großen Umwälzungen, in denen wir uns alle befinden, werden sich die Frauen vergessen sehen, wenn sie selbst an sich zu denken vergessen! Wohlauf denn, meine Schwestern, ver-
5 einigt euch mit mir, damit wir nicht zurückbleiben, wo alles um uns und neben uns vorwärts drängt und kämpft … Wir wollen unseren Teil fordern: … Das Recht der Mündigkeit und Selbstständigkeit im Staat.

Louise Otto, Die Teilnahme der Frauen an den Interessen des Staates. In: Vorwärts! Volks-Taschenbuch für das Jahr 1847, Hg. Robert Blum, 5. Jg., Leipzig 1847, S. 51 ff.

a) *Beschreibe die Karikatur „Politischer Damenklub" (M1). Vergleiche die Zeichnung mit der Darstellung der Nationalversammlung (M1 im Kap. „Das erste Nationalparlament berät eine Verfassung"). Was wollte die Frauenbewegung wirklich erreichen (M4, M5)?*

b) *Ziehe Schlüsse aus den Forderungen Stephan Borns (M3b) auf die damaligen politischen Verhältnisse. Welche Forderungen sind heute verwirklicht?*

6. Warum scheiterte die Revolution?

Frankreich	Deutsche Kleinstaaten	Österreich	Preußen
Juni 1848: Nach der Auflösung der Nationalwerkstätten erheben sich in Paris die Arbeiter. Der Aufstand wird niedergeschlagen. *Dezember 1848: Louis Napoleon wird zum Präsidenten der französischen Republik gewählt.* *1852: Louis Napoleon wird als Napoleon III. Kaiser der Franzosen.*	*Mai 1849: Erhebungen für die Reichsverfassung werden im Rheinland, in Baden, in der Pfalz und in Sachsen von preußischen Truppen niedergeworfen. Die Fürsten schränken das Wahlrecht und andere Grundrechte ein.*	*Juni bis Oktober 1848: Kaiserliche Truppen schlagen Aufstände in Wien, Oberitalien und Böhmen nieder.* *März 1849: Ministerpräsident Fürst Schwarzenberg oktroyiert (verfügt) eine zentralstaatliche Verfassung.*	*Dezember 1848: König Friedrich Wilhelm IV. oktroyiert eine Verfassung.* *Mai 1849: Das Dreiklassenwahlrecht wird für die Wahl des preußischen Abgeordnetenhauses eingeführt. Preußen bleibt Militär- und Polizeistaat.*

1850: Der „Deutsche Bund" wird unter österreichischer Führung wiederhergestellt.

Das Ende der Revolution in Frankreich

Im Juni 1848 flammte in Frankreich die Revolution noch einmal auf. Nachdem die Regierung im Februar das Recht auf Arbeit für alle eingeführt hatte, fanden in Paris mehr als 100 000 Erwerbslose in Nationalwerkstätten Arbeit. Sie wurden aus der Staatskasse entlohnt. Das verursachte allerdings so hohe Kosten, dass die Nationalwerkstätten bereits im Juni wieder geschlossen werden mussten. Dagegen demonstrierten empörte Handwerker und Arbeiter. Sie wurden in viertägigen Straßenkämpfen von Regierungstruppen besiegt. Bei den Kämpfen wurden mehr als tausend Menschen getötet.

Im November verkündete die Regierung eine republikanische Verfassung. Sie garantierte allen männlichen Franzosen über 21 Jahren das direkte, allgemeine und geheime Wahlrecht zum Parlament und übertrug einem auf vier Jahre zu wählenden Präsidenten die ausführende Gewalt. Die Präsidentschaftswahl gewann im Dezember 1848 Louis Napoleon, ein Neffe Napoleons. Nach einem Staatsstreich ließ dieser sich am 2. Dezember 1852, dem Jahrestag der Kaiserkrönung Napoleons I. im Jahre 1804, als Napoleon III. zum Kaiser ausrufen.

Die Gegenrevolution in Österreich ...

Die Gegenrevolution in Österreich begann im Juni 1848 in Prag. Kaiserliche Truppen schlugen dort einen Aufstand tschechischer Studenten nieder, die nationale Unabhängigkeit gefordert hatten. Im Oktober eroberte die Armee nach fünftägigen Kämpfen Wien zurück, das zuvor fast einen Monat lang in der Gewalt aufständischer Arbeiter und Handwerker gewesen war. Die führenden Revolutionäre wurden hingerichtet, unter ihnen der Abgeordnete der Nationalversammlung Robert Blum, der auf den Barrikaden mitgekämpft hatte. Die Verurteilung eines ihrer Abgeordneten zeigte, wie machtlos dieses Parlament war. Ministerpräsident Fürst Schwarzenberg löste den verfassunggebenden Reichstag auf und oktroyierte (verfügte) eine Verfassung. Ungarn wurde in den österreichischen Vielvölkerstaat einbezogen. Als im April 1849 Ungarn seine Unabhängigkeit von Österreich erklärte, erzwangen österreichische und zu Hilfe gerufene russische Streitkräfte die Kapitulation der ungarischen Aufständischen.

... und in Preußen

In Berlin hofften radikal-demokratische Abgeordnete der preußischen Nationalversammlung noch immer Preußen eine demokratische Verfassung geben zu können. Die Zerstrittenheit der Abgeordneten über den Inhalt der Verfassung nutzte der König aus. Im September 1848 berief er einen Ministerpräsidenten, der bereit war mithilfe des Militärs für Ruhe und Ordnung zu sorgen. Gleichzeitig ließ er Berlin durch 40 000 Soldaten unter Führung General Wrangels besetzen, der drohte: „Die Truppen sind gut, die Schwerter haarscharf geschliffen, die Kugeln im Lauf." Im Dezember löste der König die preußische Nationalversammlung auf und oktroyierte eine Verfassung. Da sie viele demokratische Rechte versprach, war das Bürgertum zufrieden und gab jeden Widerstand auf. Später wurden allerdings viele Bestimmungen wieder zurückgenommen; z. B. wurde das allgemeine, gleiche und geheime Wahlrecht zum „Dreiklassenwahlrecht" abgeändert.

Die Machtlosigkeit der Nationalversammlung

Fast ein Jahr lang hatten in Frankfurt die Abgeordneten der Nationalversammlung daran gearbeitet, ein einheitliches Deutschland zu schaffen und ihm eine Verfassung zu geben. Nach wie vor bestanden aber 38 deutsche Einzelstaaten. Und den Regierungen blieb es selbst überlassen, ob sie die Beschlüsse des Parlaments anerkannten oder nicht. Die Nationalversammlung hatte keinerlei Machtmittel in der Hand um ihre Entschließungen durchzusetzen, denn die Armeen, die Polizei und die gesamte Beamtenschaft standen auf der Seite der Fürsten. Aus Angst vor Unruhen hatten 28 von 38 Regierungen die Reichsverfassung anerkannt. Die zentrale Frage blieb jedoch, wie sich der preußische König verhalten würde. Unter Führung ihres neuen Präsidenten Simson fuhr eine Abordnung der Nationalversammlung nach Berlin um Friedrich Wilhelm IV. die Wahl zum deutschen Kaiser mitzuteilen. Der Preußenkönig lehnte sie am 28. April 1849 ab, weil er keine Krone vom Volk haben wollte. Nun gaben auch die Liberalen die Hoffnung auf ihre Ziele auf dem Weg der Vereinbarung mit den Fürs-

1 **Neue Wrangelsche Straßenreinigungsmaschine.** *Karikatur von Caspar Braun, 1848 (oben).*

2 **Heinrich von Gagern und Germania:** *„Wat heulst'n, kleener Hampelmann?" – „Ick hab Ihr'n Kleenen 'ne Krone jeschnitzt, nu will er se nich!" Karikatur von F. Schröder, 1848.*

3 *Situation Deutschlands vor und nach der Revolution (zeitgenössische Karikatur).*

Wappen für das deutsche Volk

vor 1848 —   und 1849.

ten zu erreichen. Die meisten Abgeordneten traten aus der Nationalversammlung aus. Ungefähr 100 Abgeordnete der Linken übersiedelten Anfang Mai nach Stuttgart und bildeten dort ein „Rumpfparlament", das nach kurzer Zeit von württembergischem Militär auseinander getrieben wurde.

Aufstände für die Reichsverfassung

Die Ablehnung der Reichsverfassung belebte noch einmal die Revolution. Fast überall in Deutschland versuchten die politischen Linken mit Volksversammlungen, Demonstrationen und Petitionen Druck auf die Regierungen auszuüben und die Durchsetzung der Verfassung zu erzwingen. Es kam aber auch zu bewaffneten Auseinandersetzungen. Aufstände in Sachsen, an denen sich u. a. der Arbeiterführer Stephan Born, der Architekt Gottfried Semper und der Komponist Richard Wagner beteiligten, im Rheinland, in der Pfalz und in Baden wurden von preußischen Truppen niedergeworfen. Im Juli 1849 endete die Revolution mit der Kapitulation von 6 000 badischen Aufständischen in Rastatt.

Wiederherstellung des Deutschen Bundes

Nach den gescheiterten Maiaufständen begannen die Fürsten damit, die Grundrechte und das Wahlrecht einzuschränken und die Arbeit der Einzelparlamente zu behindern. Preußen blieb mit seiner im Dezember 1848 oktroyierten Verfassung ein Verfassungsstaat, während Österreich seine Verfassung 1851 aufhob und zur absoluten Monarchie zurückkehrte. 1850 vereinbarten Preußen und Österreich die Wiederherstellung des alten Deutschen Bundes unter österreichischer Führung. Im August 1851 hob der neu zusammengetretene Frankfurter Bundestag die in der Paulskirche verabschiedeten „Grundrechte des deutschen Volkes" auf.

Dreiklassenwahlrecht: Nach der Steuerleistung abgestuftes, 1849 in Preußen eingeführtes Wahlrecht. Gewählt wurde öffentlich (also nicht geheim) und indirekt, d. h. über Wahlmänner. Das gesamte Steueraufkommen eines Wahlkreises wurde gedrittelt und dementsprechend wurden die Wähler in drei Klassen eingeteilt. Jede dieser Klassen wählte im Wahlkreis ein Drittel der Wahlmänner, diese wiederum wählten die Abgeordneten. 1849 entstammten der 1. Klasse 4,4 %, der 2. Klasse 12,6 % und der 3. Klasse 82,6 % der Wähler. Rheinische Liberale hatten dieses Wahlrecht vorgeschlagen, da es den einzelnen Bürgern ein Stimmrecht nach Maßgabe „des Gewichts ihrer Beiträge zu den Staatslasten" zuweisen sollte. Es galt in Preußen bis 1918.

4 *Sächsische Aufständische werden in Gefangenschaft geführt* (Neuruppiner Bilderbogen, 1849). Vor dem Dresdener Stadtgericht mussten sich 869 Aufständische vom Mai 1849 verantworten, darunter 50 Handwerksmeister, 285 Gesellen und 28 Arbeiter.

5 **Ein „Reif aus Dreck und Letten"**

Schon als die Möglichkeit einer Wahl diskutiert wurde, hatte im Dezember 1848 Friedrich Wilhelm IV. an seinen Freund Freiherr von Bunsen geschrieben:

Ich will weder der Fürsten Zustimmung zu *der* Wahl noch *die* Krone. Verstehen Sie die markierten Worte? … *Die* Krone ist ernstlich keine Krone. Die Krone, die ein Hohenzoller nehmen dürfte,
5 … ist … eine, die den Stempel Gottes trägt … *Die* aber, die Sie – leider – meinen, verunehrt überschwänglich mit ihrem Ludergeruch der Revolution von 1848, der albernsten, dümmsten, schlechtesten, wenn auch gottlob nicht der bö-
10 sesten dieses Jahrhunderts. Einen solchen imaginären Reif, aus Dreck und Letten gebacken, soll ein legitimer König von Gottes Gnaden und nun gar der König von Preußen sich geben lassen? … Ich sage es Ihnen rund heraus: Soll die tausend-
15 jährige Krone deutscher Nation, die 42 Jahre geruht hat, wieder einmal vergeben werden, so bin *ich* es und meinesgleichen, die sie vergeben werden; und wehe dem, der sich anmaßt, was ihm nicht zukommt.

Zit. nach: Helmut Berding, Die deutsche Revolution von 1848/49. in: Quellen zur Geschichte und Politik, Stuttgart 1991, S. 84

6 **„Fürchten sie etwa die Frau?"**

a) *Aus dem preußischen Gesetz gegen den Missbrauch des Versammlungs- und Vereinigungsrechtes (11. März 1850):*

§ 8: Für Vereine, welche bezwecken politische Gegenstände in Versammlungen zu erörtern, gelten … nachstehende Beschränkungen: Sie dürfen keine Frauenspersonen, Schüler und Lehrlinge
5 als Mitglieder aufnehmen … Frauenspersonen, Schüler und Lehrlinge dürfen den Versammlungen und Sitzungen solcher politischer Vereine nicht beiwohnen. Werden dieselben auf die Aufforderung des anwesenden Abgeordneten der
10 Obrigkeit nicht entfernt, so ist Grund zur Auflösung der Versammlung oder Sitzung vorhanden.

Zit. n.: Ute Gerhard, Verhältnisse und Verhinderungen, Frauenarbeit, Familie und Rechte der Frauen im 19. Jahrhundert, Frankfurt a. M. 1978, S. 443 ff.

b) *Die „Abendpost", eine Berliner Zeitung, nahm in einem mit „Hermine" unterzeichneten Kommentar zu dem Gesetz Stellung:*

Was denken diese Kammer-Herren, fürchten sie etwa die Frau? Fürchten sie, wir blicken ihnen zu tief in die Karten und beteiligen uns bei einer möglichen deutschen Volkserhebung? Fürchten
5 sie das Weib seinen häuslichen Pflichten … zu entziehen, wollen sie die Frau nur in der Küche und Kinderstube sehen, verlangen sie, die Frau solle eine tote Arbeitsmaschine sein? Das wird ihnen nicht gelingen! Die Frau hat so gut wie der
10 Mann fünf Sinne, so gut wie er Geist und Verstand … Fürchten sie die Frau, weil sie kein gutes Gewissen haben? – Nicht ohne Grund wollen sie die Frauen fern halten von den Vereinen; diese Kammer-Herren haben Gründe
15 … Sie fürchten, die Frau könne ihre Gewalt über den Mann geltend machen; sie fürchten, dass durch ihre Mitwirkung, ihre Ermutigung, ja durch ironische Äußerungen Scham in dem Manne erwacht und er umso eher ermutigt und
20 mit Ernst, Ausdauer und Festigkeit die endliche Einlösung der königlichen Versprechungen fordert. Sie fürchten in der Frau die Mutter des kommenden Geschlechts, die Stamm-Mutter eines neuen Zeitalters! Und mit Recht. Die
25 deutsche Frau weiß, was sie der Gegenwart, was sie der Zukunft, sie weiß, was sie dem großen deutschen Vaterlande schuldig ist! … Nein, wir, die deutschen Frauen haben erkannt …, dass in unserer Hand die Zukunft der deutschen
30 Freiheit liegt.

Zit. nach: Ute Gerhard, a. a. O.

7 *Ironie der Zeit.* Zeitgenössische Karikatur

Im Jahre 1848

U: „Guten Tag ooch, Herr Hofrat Gumpel."

H: „Ihr Diener! Bester Freund, ein Wort im Vertrauen – nennen Sie mich einfach Herr Gumpel und lassen Sie den Hofrat weg."

Im Jahre 1849

U: „Guten Tag ooch, Herr Gumpel."

H: „Guten Tag! Lieber Mann, ein Wort im Vertrauen – nennen Sie mich einfach Herr Hofrat und lassen Sie den Gumpel weg!"

8 **Dreiklassenwahlrecht**

Aus einer Denkschrift der preußischen Regierung vom 12. August 1849:

Es liegt daher nahe, nach dem Verhältnis der Besteuerung das Stimmrecht zu regeln, indem man damit der Forderung „gleiche Pflichten, gleiche Rechte" zu genügen strebt und dabei ins-
5 besondere … gedenkt, dass ein sehr wichtiges Recht der Abgeordneten, um deren Wahl es sich handelt, in der Steuerbewilligung besteht … Die Verhältnisse (sind) im Großen und Ganzen so gestaltet, wie den ärmeren Mitgliedern der
10 Staatsgesellschaft die größere Summe der physischen (körperlichen), so in den reicheren das höhere Maß der geistigen Kräfte zu liegen pflegt, und somit dasjenige Gewicht, welches man anscheinend dem materiellen Vermögen beilegt –
15 in der Tat der höheren Intelligenz zugute kommt. Dass außerdem die Größe des Besitzes mehr oder weniger für das Interesse an dem diesen Besitz schützenden Staatsorganismus maßgebend ist, bedarf einer weiteren Ausführung nicht.

Zit. nach: Helmut von Gerlach, Die Geschichte der preußischen Wahlrechts, Berlin 1908, S. 12 ff.

a) Als Ursachen für das Scheitern der Revolution werden von heutigen Historikern unter anderem genannt:
   – die Zerstrittenheit zwischen Liberalen und Demokraten,
   – die Angst des Bürgertums vor einer sozialen Revolution,
   – die Ablehnung der Kaiserkrone durch Friedrich Wilhelm IV.,
   – der Rückzug der Bauern von der Revolution, nachdem ihre Forderungen weit gehend erfüllt waren,
   – die Unmöglichkeit einen Nationalstaat zu schaffen, in dem nur Deutsche lebten,
   – die unpolitische Grundhaltung der Mehrheit der Bevölkerung.
   Prüfe jedes dieser Argumente und nimm Stellung dazu.

b) Das Ergebnis der Revolution war nicht nur ihr Scheitern. Sie zeigte auch Wirkungen. Nenne solche Wirkungen.

c) Warum verzichtete Friedrich Wilhelm IV. auf die Kaiserkrone (M5)? Vergleiche seine Haltung mit derjenigen vom März 1848.

d) Warum bevorzugte das Bürgertum in Preußen das Dreiklassenwahlrecht gegenüber dem allgemeinen Wahlrecht (M7 und M8)?

e) Wie beurteilt die Berliner „Abendpost" die Diskriminierung der Frauen nach der Revolution durch das preußische Versammlungsgesetz (M6a und b)?

Menschen und ihr Alltag
in der vorindustriellen Gesellschaft

Kirchweih in Schelle, Gemälde von Jan Brueghel d. Ä. (Ausschnitt), 1614.
Links oben: Hexendarstellung in einem Ausschnitt eines Altars von 1522. Der Teufel entweicht dem Körper einer Frau.
Links unten: Bettlerin mit Kind, Kreidezeichnung von Johann Wilhelm Meil.
Rechts oben: Wandergesellen in traditioneller Kluft auf der Walz.
Rechts unten: Die Schule, Gemälde von Adrian Brouwer, um 1630.

1. „Die Folter macht die Hexen"?

1484	_____	Mit der „Hexenbulle" von Papst Innozenz VIII. ordnet die Kirche die Bekämpfung der angeblichen Hexen an. Hexerei wurde mit Ketzerei gleichgesetzt.
1487	_____	Der „Hexenhammer" erscheint – eine Sammlung aller Punkte zum Hexenglauben mit Begründungen zur Vernichtung der angeblichen Hexen.
1631	_____	Das Buch „Cautio Criminalis" von Friedrich von Spee, einem Gegner der Hexenverfolgungen, erscheint.

1 **Geständnis der Anna zur Steinhorst**
(Auszüge)
Die Richter haben die Taten, die sie während der Folterungen zugegeben hatte, als „Extrahiertes Bekenntnis" zusammengefasst und ihr zur Bestätigung am nächsten Tag vorgelesen. Anna zur Steinhorst wurde als Hexe verurteilt und bei lebendigem Leibe verbrannt. Um den Text besser verstehen zu können, sollte er laut gelesen werden. (Die Urkunde befindet sich im Stadtarchiv Münster, Acta criminalia, B II, 87.)

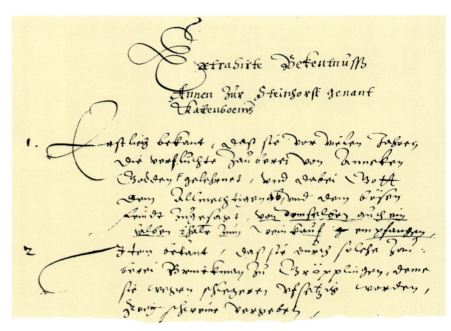

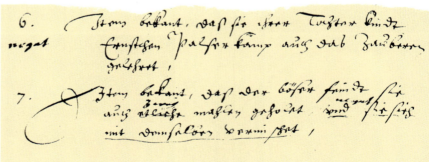

Worterklärungen

1. bekant – bekannte sie
   wein kauf – zur Bekräftigung des Paktes mit dem Teufel
2. item – ebenso
   deme sie … ufsetzig worden – auf den sie … wütend geworden war
   vergeben – bezaubern, verzaubern
6. negat – verneint
7. vermischet – Geschlechtsverkehr hatte

2 Transliteration
(das bedeutet: Übertragung in die für uns les-
bare Schrift) des „Extrahierten Bekenntnisses"
auf der gegenüberliegenden Seite

Extrahirte Bekentnusß
Annen zur Steinhorst genant
Kattenboems

1. Erstlich bekant, daß sie vor vielen Jahren
die verfluchte Zauberei von Anneken
Godden gelehrnet, und dabei Gott
dem Allmechtigen ab, und dem bösen
Feindt zugesagt, <u>von demselben auch ein</u>
<u>halben thalr zum wein kauf empfangen,</u>

2. Item bekant, daß sie durch solche Zauberei Brinckman zu Gröpplingen, deme
sie wegen schlegerei ufsetzig worden,
zwey schweine vergeben,

6. Item bekant, daß sie ihrer Tochter Kindt
negat   Ernstchen Palserkamp auch das Zauberen
gelehret,

7. Item bekant, daß der böser feindt sie
       zwej   negat
auch ~~etliche~~ mahlen geholet, <u>und sie sich</u>
<u>mit demselben vermischet,</u>

3 Treiben der Hexen, wie es sich die Menschen
vorstellten. *Rechts oben: Hexe auf einem flie-*
genden Bock; links oben: ein Hexensabbat.
Hexen und Hexer haben vornehme Kleidung
an (Holzschnitte aus dem Compendium Malefi-
carum von Francesco Maria Guazzo, Mailand
1608); unten: Hexe verursacht durch einen
Feuerpfeil den sogenannten „Hexenschuss"
(aus Ulrich Molitor, „von Hexen und bösen
Weibern", Reutlingen 1484)

**Wie wurde man
eine Hexe?**

Am 2. März 1619 starb Anna zur Steinhorst. Sie wurde als „Zaubersche mit dem
feur an der Galgheide hingerichtet". Was war dem vorausgegangen?
Das Leben der 60-jährigen Dienstmagd Anna zur Steinhorst aus Münster in
Westfalen änderte sich schlagartig, als im November 1618 die Richtherren der
Stadt erfuhren, was sich die Nachbarn bis dahin hinter vorgehaltener Hand
erzählten: Annas 9-jähriger Enkel Ernst habe seine Großmutter zum Hexensabbat fliegen sehen, sie habe ihn das Zaubern gelehrt. Von nun an war Annas Weg
vorgezeichnet, ein Weg, von dem es kaum mehr ein Abweichen gab und der fast
immer zum Tode führte. Warum traf dieses entsetzliche Unglück gerade Anna
zur Steinhorst? Nie hatte sie jemandem etwas Unrechtes zugefügt. Lag es etwa
daran, dass sie zwei uneheliche Kinder hatte?

In den folgenden Wochen vernahm der Rat der Stadt mehrere Zeugen. Sie meinten alle etwas Verdächtiges aus Annas Leben zu kennen, obwohl die Begebenheiten manchmal schon Jahrzehnte zurücklagen. Auch Anna selbst wurde befragt, aber es gab nichts zu gestehen. Das Gericht zweifelte jedoch nicht daran eine Hexe vor sich zu haben. Um Anna verurteilen zu können brauchten sie nur noch ihr Geständnis. Dieses wollten sie durch Folterungen erzwingen. Die alte Frau hielt die Qualen nicht lange aus. Sie gab alles zu, was die Richtherren von ihr hören wollten. Aus Angst vor weiteren Misshandlungen bestätigte sie anschließend ein „Extrahiertes Bekenntnis" und besiegelte damit ihren Tod durch das Feuer. Eine „Gnade" der Richter bestand darin, Anna vor ihrer Verbrennung – heimlich – strangulieren zu lassen.

Männer und Frauen mit magischen Kräften?

Schon lange bevor es das Wort „Hexe" überhaupt gab, lebten Menschen, denen man magische Kräfte zusprach. Viele glaubten, dass solche Menschen durch Zauber und Wahrsagerei Dinge bewirken könnten, für die es ansonsten keine Erklärung gab. Wenn zum Beispiel die Ernte zu gering ausfiel, eine Kuh verendete oder ein Nachbar erkrankte, konnte es passieren, dass dies mit Zauberei erklärt wurde. Dann suchte man die Schuldigen unter den Frauen und Männern mit den angeblich magischen Kräften um sie zu bestrafen.

Die Kirche sah in diesen Menschen etwa seit dem 13. Jahrhundert eine Bedrohung und Konkurrenz, die sie ausschalten wollte. Glaubten die Menschen nämlich weniger an die Hilfe Gottes und vertrauten sie eher auf die magischen Kräfte ihnen bekannter Zauberer, verlor die Kirche an Einfluss und Macht. Außerdem waren Vertreter der Kirche – Priester, Bischöfe und der Papst – davon überzeugt, dass nur der Teufel diese magischen Kräfte verleihen konnte. Den Zauberern unterstellte man ebenso wie den Ketzern, mit dem Teufel im Bunde zu sein. Vor Gericht spielte es daher keine Rolle, ob Männer oder Frauen wegen Ketzerei oder Hexerei angeklagt wurden. Zum vermeintlichen Schutz der Kirche erließen viele Päpste Verordnungen. So genehmigte Papst Innocenz IV. im Jahr 1252 die Einführung der Folter im Ketzerprozess und Papst Innocenz VIII., dem zahlreiche Beschwerden über das Treiben angeblicher Hexen zu Ohren gekommen waren, ordnete in der „Hexenbulle" 1484 an, dass gegen die vom Glauben abgefallenen Personen mit aller Schärfe vorgegangen werden sollte.

Bücher und Gesetze für Hexenprozesse?

Drei Jahre später erschien ein Handbuch zur Hexenfrage, der sogenannte „Hexenhammer". Darin lasen die Richter, wie sie Hexenprozesse zu führen hätten. Der Verfasser, ein Dominikanermönch, beschrieb auch die typischen Kennzeichen von angeblichen Hexen und betonte ausdrücklich, dass in erster Linie Frauen der Hexerei verfallen würden. Bald schon konnten viele Menschen dieses Buch kaufen, denn der Buchdruck war gerade erfunden worden; und wer die lateinische Sprache des „Hexenhammers" nicht verstand, erfuhr von den Lehren durch die Predigten der Geistlichen, durch Bilder und Geschichten.

Trotz „Hexenbulle" und „Hexenhammer" gingen die Gerichte bei der Verfolgung, den Verhören und der Bestrafung von vermeintlichen Hexen unterschiedlich vor, denn es bestanden keine allgemein verbindlichen Gesetze. Erst nachdem Kaiser Karl V. im Jahr 1532 eine Sammlung von Strafgesetzen, die sogenannte „Carolina", erlassen hatte, gab es eine allgemeine Grundlage für die Hexenprozesse. Sie blieb mehr als 200 Jahre gültig. Nach ihr richteten sich die meisten Fürsten. Der Feuertod auf dem Scheiterhaufen für Schaden stiftende Zauberei, das Inquisitionsverfahren und der Einsatz der Folter wurden hier festgeschrieben. Neu am Inquisitionsverfahren war, dass die Gerichte bereits unter-

4 **Die Schadenzauber-
taten der Hexen**
*Holzschnitt von Hans
Schäuffelein aus:
Ulrich Tengler, Der neü
Layenspiegel, Augs-
burg 1511.
Dargestellt sind von-
einander unabhängige
Einzelszenen. So lern-
ten auch Leseunkun-
dige die Merkmale der
Hexen kennen. Auf
dem Bild sind außer
Hexen- und Teufeldar-
stellungen noch an-
dere Personen zu se-
hen: Handeltreibende,
Zauberer, Rechtsge-
lehrte, ein Kranker. –
Ordne die Personen zu
und erläutere die ein-
zelnen Szenen.*

suchen mussten, wenn eine Person nur der Hexerei verdächtigt wurde. Dann war es sogar erlaubt grausame Foltermethoden anzuwenden. Außerdem durften beim Hexenprozess auch Personen als Zeugen aussagen, die sonst vor Gericht nicht gehört wurden; dazu zählten Kinder und Gefangene. Über eine Berufung (neues Gerichtsverfahren vor anderen Richtern) entschied der Richter; sie bedeutete aber die sofortige Fortsetzung der Folterungen.

**Höhepunkte
der Verfolgungen**

Die erste große Hexenprozesswelle ist um das Jahr 1590 festzustellen, weitere folgten um 1630 und 1660. In der Geschichtsforschung ist noch nicht geklärt, warum gerade in diesen Zeiten besonders viele Personen als Hexen verurteilt worden sind. Sicher ist, dass Missernten und Hungersnöte oder die schwierigen Verhältnisse während eines Krieges eine wichtige Rolle spielten.

5 *Drei Frauen* werden 1574 zu Baden in der Schweiz bei lebendigem Leibe verbrannt, weil sie angeblich Hexen sind (Zentralbibliothek Zürich).

Das Unrecht wird erkannt und benannt

Nur wenige wagten den allgemein anerkannten Lehren über die Hexen Widerstand entgegenzusetzen. Einer von ihnen war der Jesuitenpater Friedrich von Spee. Bei seiner Tätigkeit als Priester hatte er Menschen kennengelernt, die wegen Hexerei angeklagt, gefoltert und verbrannt worden waren. Er führte viele Gespräche mit Verdächtigten, Priestern und Richtern. Die Ergebnisse dieser Nachforschungen machten ihn so betroffen, dass er darüber ein Buch mit dem Titel „Cautio criminalis" schrieb. Es erschien 1631. Hierin wies er auf die Hauptursache der Hexenprozesse hin: „Die Folter macht die Hexen", denn er hatte klar erkannt, dass ein Mensch, der lange genug gefoltert wird, fast immer genau das erwartete Geständnis ablegt. Folgerichtig forderte er die sofortige Einstellung aller Prozesse gegen Hexen und die Abschaffung der Folter. Bei einigen Fürsten hinterließ das mutige Buch Spuren und sie stellten die Prozesse ein. Allgemein durchsetzen konnten sich die fortschrittlichen Gedanken von Spees jedoch erst im Zeitalter der Aufklärung im 18. und 19. Jahrhundert.

Unterschiedliche Verfolgung in europäischen Regionen

Beschränkten sich die Prozesse des 15. Jahrhunderts vor allem auf Südeuropa und die Alpenregion, so verschoben sich die Verfolgungen in den folgenden Jahrzehnten nach Norden bis Finnland und bis zum ungarischen Königreich im Osten. Neben Gebieten, in denen nach bisheriger Forschungslage Hexenprozesse kaum oder gar nicht stattfanden (Niederrheingebiet, nord- und ostdeutsche Tiefebene – außer Mecklenburg – und Bayern), gab es Gegenden mit massenhafter Hexenverfolgung. Seit der zweiten Hälfte des 17. Jahrhunderts ging die Zahl der Prozesse langsam zurück. Es dauerte aber noch mehr als 100 Jahre, bis es keine Hexenverbrennungen mehr gab. Im Aberglauben lebten die Gedanken jener Zeit allerdings in vielen Formen weiter – teilweise bis in unsere Tage.

6

Der Weg zum „Extrahierten Bekenntnis". Im Lesesaal des Stadtarchivs Münster (Bild) gibt man seine Bestellung ab. Die Angestellten des Archivs helfen dir gerne weiter. Die Kriminalakten aus vielen Jahrhunderten lagern in Archivkästen in klimatisierten Magazinräumen. Jeder Archivkasten enthält numerierte Aktenordner. In einem davon mit der Nummer 87 befindet sich das „Extrahierte Bekenntnis", an dem schon deutlich der Zahn der Zeit genagt hat.

**Im Stadtarchiv
in Münster**

Das „Extrahierte Bekenntnis" der Anna zur Steinhorst ist in eurem Geschichtsbuch nur in Auszügen abgedruckt. Um den gesamten Text im Original kennen zu lernen muss man in das Stadtarchiv Münster gehen. In den unterirdischen, modern ausgestatteten Magazinräumen wird dieses Dokument seit vielen Jahren aufbewahrt. Das Besondere an den dort vorhandenen Texten ist, dass sie zum Teil mehrere hundert Jahre alt sind und dass es viele von ihnen nur ein einziges Mal gibt. Ginge die Akte über die angebliche Hexe Anna verloren, würde sie z.B. verbrennen oder gestohlen werden, wäre damit für immer ein Stück Wissen über unsere Vergangenheit verschwunden. Die Archivalien sind daher sehr wertvoll und jeder, der sie in die Hand nimmt, muss damit äußerst sorgfältig umgehen. Die Magazinräume sind verschlossen und durch eine Alarmanlage gesichert. Wer mit einem Dokument arbeiten möchte, muss es bestellen. So wie die Waren in einem Versandhauskatalog Bestellnummern haben, hat jede Archivalie eine Signatur. Die Bücher, in denen diese Signaturen aufgeschrieben sind, heißen Findbücher. In ihnen findet man also alles, was man in einem Archiv bestellen kann: Akten, Urkunden, Protokolle, Nachlässe, Rechnungen, Fotos, Zeitungen usw. Das „Extrahierte Bekenntnis" der Anna zur Steinhorst hat die Signatur: Acta criminalia, B II, 87. Wenn ihr sie auf einen Bestellzettel schreibt, wissen die Archivare im Stadtarchiv Münster genau, welcher Text gemeint ist. Nach der Bestellung liegt die Akte mit dem „Extrahierten Bekenntnis" bald im Lesesaal des Archivs zur Benutzung bereit.

Dokumenten auf der Spur

Archiv ist von dem griechischen Wort archeïon abgeleitet, es bedeutet Regierungsgebäude. Dort wurden unter anderem wichtige Gesetze und Bestimmungen aufbewahrt, die für die Herrschaft notwendig waren. In einem Archiv werden heute sehr viel mehr Texte aufbewahrt und natürlich nicht mehr nur solche, die für die Herrschenden von Bedeutung sind. Heute werden dort alle Dokumente gesichert, die wichtig sind, um später noch nachlesen zu können, wie Menschen in einer vergangenen Zeit gelebt haben. Es gibt private Archive, wie zum Beispiel Schul-, Firmen-, Familienarchive, und öffentliche Archive, wie Stadt- und Staatsarchive. Während bei den privaten Archiven eine besondere Erlaubnis des Eigentümers notwendig ist um Dokumente ansehen zu können, hat bei den öffentlichen Archiven jeder Zutritt, der ernsthaft der Vergangenheit auf die Spur kommen will. Jedes Archiv ist für bestimmte Archivalien zuständig, oft drückt das schon der Name des Archivs aus, z. B. Universitätsarchiv oder Bistumsarchiv. In einem Stadtarchiv werden alle wichtigen Dokumente der städtischen Geschichte gesammelt und aufbewahrt: von den Akten der städtischen Ämter heute angefangen bis hin zu eventuell vorhandenen alten Papst- und Kaiserurkunden, Stadtplänen und Zeitungen.

Im Archiv

Du suchst nach ganz bestimmten Archivalien	*Du willst irgendein Archiv kennenlernen*

Welche Archive gibt es in deiner Stadt/Gemeinde?

Welches Archiv ist „zuständig" – in welchem Archiv könnte das Material aufbewahrt werden?

Erkundige dich durch Telefonat oder persönlichen Besuch: Wer ist für Auskünfte oder Führungen im Archiv zuständig?

Lass dir das Findbuch geben, in dem Archivalien für den gesuchten Zeitraum und das gesuchte Thema verzeichnet sind. Notiere die Signatur aus dem Findbuch auf einem Bestellzettel. Gib den Bestellzettel bei einem Archivar ab. Wenn du die Archivalie hast, gehe sorgsam mit ihr um.	*Sind Führungen möglich, vereinbare einen Termin.*

7 Aus dem Hexenhammer, 1487

… deshalb wollen wir zur zweiten Hauptfrage schreiten, und zwar zuerst, warum bei dem so gebrechlichen Geschlechte diese Art der Verruchtheit mehr sich findet als bei den Männern … das
5 Wort femina nämlich kommt von fe und minus (fe = fides, d. h. Glaube; minus = weniger; also femina = die weniger Glauben hat), weil sie immer geringeren Glauben hat und bewahrt, und zwar aus ihrer natürlichen Anlage zur Leicht-
10 gläubigkeit … Also schlecht ist das Weib von Natur, da es schneller am Glauben zweifelt, auch schneller den Glauben ableugnet, was die Grundlage für die Hexerei ist.

Jakob Sprenger, Heinrich Institoris, Der Hexenhammer. Ins Deutsche übertr. u. eingel. v. J. W. R. Schmidt, 1. Teil, Berlin 1906, S. 93, 99 f.

9 Folterung. *Die Öffnungen an dem Folterwerkzeug wurden für Beine und Hände immer weiter geschlossen, bis die Knochen brachen. Holzschnitt aus dem 16. Jahrhundert.*

8 Jesuitenpater Friedrich von Spee schrieb 1631:

Was suchen wir so mühsam nach Zauberern? Hört auf mich, ihr Richter, ich will euch gleich zeigen, wo sie stecken. Auf greift Kapuziner, Jesuiten, alle Ordenspersonen und foltert sie, sie
5 werden gestehen. Leugnen welche, so foltert sie drei-, viermal, sie werden schon bekennen. Bleiben sie immer noch verstockt, dann exorziert, … sie schützen sich durch Zauberei, der Teufel macht sie gefühllos. Fahrt nur fort, sie werden
10 sich endlich doch ergeben müssen. Wollt ihr dann noch mehr, so packt Prälaten, Kanoniker, Kirchenlehrer, sie werden gestehen, denn wie sollten diese zarten feinen Herren etwas aushalten können? Wollt ihr immer noch mehr, dann will ich
15 euch selbst foltern lassen und ihr dann mich. Ich werde nicht in Abrede stellen, was ihr gestanden habt. So sind wir schließlich alle Zauberer.

Friedrich von Spee, Cautio criminalis oder Rechtliche Bedenken wegen der Hexenprozesse. Dt. v. Joachim-F. Ritter, 2. Aufl., Köln/Graz 1967, S. 96.

10 Der Straßburger Prediger Johann Geiler 1508 in einer seiner Fastenpredigten:

Nun, du fragst, was ich davon halte, ob die Hexen die Kühe austrocknen und ihnen die Milch nehmen können, sodass sie keine Milch mehr geben, und können sie die Milch aus einem Stock oder
5 einem Axtstiel melken? Ich sage: Ja, durch die Hilfe des Teufels können sie es. Wie geht das vor sich? Es gibt eine gewisse Regel in dieser Sache, dass nämlich der Teufel ein Ding von einem Ort an den anderen tragen kann, wenn es leiblich
10 ist … Daher kommt es, dass eine Hexe auf einer Gabel sitzt und diese mit Salbe einreibt und die Worte spricht, die sie sprechen soll, so fährt sie dann dahin … Mit der Milch der einen Kuh macht er es auch so, die mag er aus ihr nehmen,
15 aus ihrem Leib ziehen und an einen anderen Ort tragen, wenn er das Zeichen der Hexen sieht.

Joseph Hansen, Quellen und Untersuchungen zur Geschichte des Hexenwahns und der Hexenverfolgung im Mittelalter. Hildesheim 1963, S. 288. Übers. durch d. Verf.

a) Nenne die Merkmale, die Anna zur Steinhorst nach damaliger Auffassung als Hexe kennzeichnen (VT, M2). Ergänze weitere Merkmale mit Hilfe der Abbildungen M3 und M4.

b) Der „Hexenhammer" (M7, VT) wird als das unheilvollste Buch der Weltgeschichte bezeichnet. Erkläre und urteile selbst.

c) Erläutere die Auswirkungen der Folteranwendungen für den Prozessverlauf anhand von M2, M7, M8 und M9.

d) Beschreibe und erkläre das Verhalten der Bevölkerung bei Hexenverbrennungen (M5).

e) Verfasse ein Gespräch: Menschen unterhalten sich nach der Predigt von Johann Geiler (M10) über Hexen. Denke dir unterschiedliche Standpunkte aus.

f) Wo liegt das zur Schule nächste Archiv? Was wird dort archiviert? Könnt ihr an einer Führung teilnehmen? Gibt es Quellen zum Hexenthema (vgl. M6)?

2. Alltag in Städten und Dörfern um 1800

2.1 Celle – eine norddeutsche Kleinstadt

Alltagsgeschichte als Lokalgeschichte

Hast du Lust ein Projekt zu organisieren zur Alltagsgeschichte deines Schul- oder Wohnortes am Ende des 18. Jahrhunderts? Dabei können die Arbeitsergebnisse einer Schule in Celle eine hilfreiche Anregung für die Materialsuche im Heimatmuseum oder Ortsarchiv in deinem Ort oder einem Ort in deiner Nähe sein. Das in Celle gefundene Material zeigt vor allem, dass der Zeitrahmen „um 1800" nicht zu eng gesehen werden muss: Eine Stadtbeschreibung von 1626 gibt auch die Zustände vom Ende des 18. Jahrhunderts sehr genau wieder, ein Bericht über eine Gutsherrschaft um 1770 ist auch 1830 nicht überholt. Die französische Besatzungszeit hatte zwar das Staatensystem und die große Politik in Deutschland beeinflusst, das alltägliche Leben aber kaum verändert.

Celle 1826: Stadt und Vorstädte

Celle war bis 1705 Residenzstadt der Herzöge von Braunschweig-Lüneburg gewesen, danach gehört sie zum Kurfürstentum (seit 1815 Königreich) Hannover. Sie bestand 1826 aus der Altstadt mit rund 4650 Einwohnern, getrennt durch Wall und Tore von den Vorstädten. Deren Bewohner, rund 5000, waren zwar beruflich mit der Stadt verbunden, aber nicht Celler Bürger im rechtlichen Sinn. Denn sie unterstanden, wie die Dorfbewohner des Gebietes um Celle, einem so genannten „Burgvogt", der ein Beamter der Regierung in Hannover war. An der Spitze der Stadt aber stand der „Magistrat", der zwar die Gesetze und Anweisungen aus Hannover zu befolgen hatte, aber in allen innerstädtischen Angelegenheiten selbst entscheiden konnte – also im Steuer- und Finanzwesen, in der Bauverwaltung, im Gesundheitswesen und in der Sozialfürsorge, im Schulwesen und in der Polizeiverwaltung.

1 Oben: **Titelbild der Beschreibung der Stadt Celle aus dem Jahre 1826.**
Es zeigt das „Zucht- und Irrenhaus".

Rechts: **Celle um 1750**

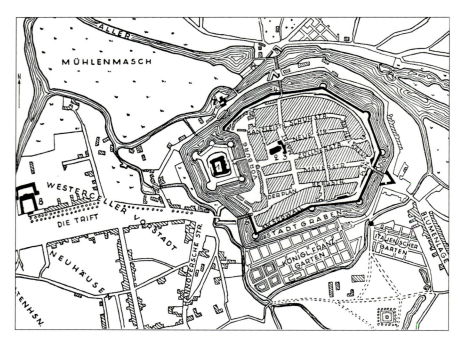

Der Magistrat bestand aus zwei Bürgermeistern, vier Senatoren, einem Sekretär und einem so genannten „Syndikus", der als ausgebildeter Jurist die Rechtmäßigkeit der Verwaltungsvorgänge zu überprüfen hatte. Sie blieben auf Lebenszeit im Amt und wenn ein Mitglied des Magistrats starb oder aus sonstigen Gründen ausschied, wählte der Magistrat selbst den Nachfolger aus. Die Bürgerschaft, die allgemeine Versammlung der erwachsenen männlichen Bürger, wählte für jeweils sechs Jahre aus den vornehmsten Gilden eine „Viermänner"-Vertretung. Sie musste vom Magistrat im Amt bestätigt werden und hatte ein Beratungsrecht in Finanz- und Steuerangelegenheiten.

Celle: eine Dienstleistungsstadt

Das Oberappellationsgericht in Celle, 1842

„Sage mir, wo du wohnst …"

Die Celler Innenstadt

Celle war eine „Dienstleistungsstadt", ihr Wirtschaftsleben war geprägt von Beamten und Angestellten zahlreicher Behörden, z. B. für Steuern, Polizei, Landwirtschaft, Forsten und Kirchen des Gebietes um Celle. Die angesehenste war das „Oberappellationsgericht" (gegründet 1710), das höchste Gericht für das Königreich Hannover, gefolgt von dem „Landgestüt" (gegründet 1735), in dem die Hengste für die Pferdezucht in Braunschweig-Lüneburg herangezogen wurden. Ebenfalls zentral für das Königreich bestimmt war das „Zucht- und Irrenhaus" (gegründet 1714). Die gemeinsame „Verwahrung" von Schwerkriminellen und geistig Kranken war damals durchaus üblich, wobei die Celler Anstalt als vorbildlich galt und häufig von interessierten Reisenden besucht wurde. Celle war auch Garnisonsstadt. Die Haushalte der Beamten und Angestellten der Verwaltungsbehörden bildeten die Lebensgrundlage der Celler Handwerker, Kaufleute und Gastwirte und etliche von ihnen besaßen als „Ackerbürger" zusätzlich Vieh sowie Ländereien vor den Toren. Dienstboten und Tagelöhner fanden in diesem System vielfältige Arbeitsmöglichkeiten.

Viele tausend Besucher bewundern jedes Jahr die bunt herausgeputzte Celler Innenstadt, die die Zeit seit 1826 fast unverändert überstanden hat. In den Häusern spiegelt sich die gesellschaftliche Ordnung der Bewohner wider: Die mächtigen Fachwerkhäuser im Stadtzentrum gehörten der Kirchengemeinde, der königlichen Regierung oder den reichen Kaufleuten und vornehmen Bürgern (z. B. Ärzten, dem Hofapotheker, dem Bürgermeister). In den Querstraßen im östlichen Teil der Stadt lebten die kleinen Handwerker, Händler, Schankwirte, Tagelöhner usw. Die Richter am Oberlandesgericht, hohe Offiziere, Leiter der Verwaltungsbehörden und auch Nachkommen des Hofadels bevorzugten die Westceller Vorstadt. In der Vorstadt Blumlage hatte die Celler Judenschaft ihre Wohnhäuser, Geschäftsräume und Synagoge (1738 erbaut). Denn im Königreich Hannover wurde den Juden erst 1842 die volle bürgerliche Gleichberechtigung zugesprochen; bis dahin war ihnen Grundbesitz in der Stadt verboten.

Vorindustrielle Gesellschaft: Bis zur Mitte des 19. Jahrhunderts wirkt die Lebensweise der Menschen im Königreich Hannover und im größten Teil Deutschlands wie erstarrt in der Form, die sie im Zeitalter des Absolutismus bekommen hatte: Die Bewohner der Städte sind eingeschlossen von Wall oder Mauer und Toren, der Landbevölkerung fehlt die uneingeschränkte Verfügung über Besitz und Bewegungsfreiheit. Die Menschen leben, entsprechend ihrem Beruf und Vermögen, in deutlich voneinander unterschiedenen Gesellschaftsgruppen mit unterschiedlicher Lebensweise und einer genau abgestuften Rangordnung. Die Ideen von bürgerlicher Gleichheit und Freiheit, die die französische Besatzungsmacht für einige Jahre in Deutschland verbreitet hatte, werden polizeilich verfolgt. Die Möglichkeiten sich im Beruf und der gesellschaftlichen Stellung zu verändern sind äußerst beschränkt. Erst mit der Entwicklung der Eisenbahn und der Fabriken beginnt auch ein grundlegender Wandel der Gesellschaftsordnung.

2 Müll und Wasser – zwei dauerhaft Probleme einer Stadtverwaltung 1826

a) Müllabfuhr

Ueber die Gassenreinigung (von denen der Unrath durch Kothwagen aus der Stadt geschafft wird) besagt ein Regierungsreglement vom 31. Januar 1735 folgendes: 1. Jeden Morgen wenn der Kothwagen zu erwarten ist, soll der Gassenkoth zusammengefegt werden, bey 2 Rthlr.* Strafe: 2. Unter den zusammengefegten Gassenkoth ist kein Kummer (Schutt) zu mengen, sondern jeder muß diesen auf eigene Kosten wegschaffen. Auskehricht muß aus den Häusern auf den Wagen geschüttet werden. 3. Glühende Torfasche und Kohlen auf die Gasse oder in die Mistgrube zu schütten, ist dem Hausherrn bei 8 Rthlr., und dem Gesinde bei Gefängnißstrafe verboten. Jeder muß dieselbe an einem sichern Orte aufbewahren, bis der Kothwagen ankommt, auf welchen sie aufgeschüttet werden soll. 4. Zerbrochene Bouteillen (Flaschen), Topfscherben, Aas und dergleichen auf die Straße zu werfen, ist dem Hausherrn bei 6. Rthlr., und dem Gesinde bei Gefängnißstrafe untersagt ... 8. Mist vor dem Tage, da derselbe weggefahren wird, oder auch mehr, als sofort weggeschafft werden kann, auszubringen, ist bei 2 Rthlr. Strafe verboten, auch ist in den drey Sommermonaten Junius, Julius und August, derselbe überall nicht anders als auf geschehene Anzeige und erhaltene Erlaubniß, mithin nicht länger, als früh bis 8 Uhr, auszubringen und auszufahren. 9. Die Fütterung der Pferde ist in den engen Gassen bei 2 Rthlr. Strafe verboten; auf den breiten Straßen aber, mit Genehmigung des Hausherrn erlaubt, jedoch so, daß solcher sodann den zurückgelassenen Unrath und Mist vor Abends zusammenfegen, und selbigen in seinen Hof oder sonst zur Seite bringen lasse; auch muß der Hausherr dahin sehen, daß die Passage (Durchfahrt) offen bleibe.

* Rthlr.: Reichstaler (1Rthl. entspricht ca. DM 10.–).

b) Wasserversorgung

Wasser kann in alle Theile der Stadt gebracht werden.
Behuf des den Brauhäusern zuzuführenden Wassers, so wie um den Feuersgefahr das nöthige Wasser zum Löschen zu haben, wurde ... 1639 durch Herzog Friedrich I. eine Wasserkunst angelegt, welche durch Röhren das Wasser durch alle Straßen leitet. Diese Röhren werden seit 1822 nach und nach durch eiserne ersetzt. Außer den öffentlichen Pfeifenbrunnen auf dem Schloßplatze bei der Burgvoigtey, Markt und dem Plane, wo beständig das Wasser zu Tage läuft, und außer den Kothbrunnen in den Straßen, die nur bei Feuersgefahr eröffnet werden, haben die Bürger das Recht auf ihren Höfen Pfostenbrunnen mit sogenannten Erdhahnen anzulegen, um das benöthigte Wasser zu erhalten. Die Unterhaltung dieser Wasserleitungen liegt der Domainencammer ob, doch wird deshalb von den Bürgern eine gewisse Abgabe für die Benutzung des Wassers bezahlt.

Ernst Spangenberg, Historisch-topographisch-statistische Beschreibung der Stadt Celle. Celle 1926, S. 184f. u. 188 f.

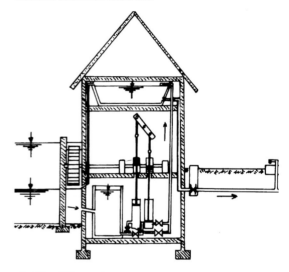

c) Die „Wasserkunst" war bis 1898 in Betrieb. Das Wasser der Aller läuft in den Behälter (2) und treibt zugleich das Wasserrad (1) an. Dadurch wird die Pumpe (3) bewegt, die das Wasser in den Druckbehälter (4) fördert. Von dort läuft es in das Röhrensystem (5).

Stadtsparkasse Celle, „Celle Kalender 1988", Blatt 4.

3 Jugenderinnerungen aus Celle um 1800

a) Ernst Schulze (1789–1817), Sohn eines Bürgermeisters, war ein zu seiner Zeit sehr bekannter romantischer Dichter.

Ungefähr bis in mein vierzehntes Lebensjahr wurde ich zu Hause für ein ganz gutmütiges, aber höchst unnützes und zu allen Dingen unbrauchbares Geschöpf gehalten ... Da ich allgemein für so ganz unbedeutend gehalten wurde, glaubte ich am Ende selbst, die Leute müßten doch wol Recht haben und Betrachtete mich immer als einen Menschen, aus dem nie Etwas werden würde. Diese Idee gab mir eine gewisse Scheu und ein linkisches Wesen, das mich nie verließ,

4 **Wohnzimmer eines reichen Celler Bürgerhaushalts** *um 1820, originalgetreu aufgebaut im Bomann-Museum. So könnte der „Salon" im Elternhaus des Dichters Ernst Schulze ausgesehen haben. Die „gute Gesellschaft" in Celle war bekannt für ihre Bildung und ihre Geselligkeit.*

so lange ich nicht bei meinen Spießgesellen, sondern in der Gesellschaft meiner Hausgenossen war.

Durch Erziehung konnte damals auch wenig auf
15 mich gewirkt werden, weil ich meinen Vater zwar herzlich liebte, ihn aber wegen seiner vielen Geschäfte fast nie sah, und meine Tante, die seit dem Tode meiner zweiten Mutter das Hausregiment führte, alle möglichen vortrefflichen Eigen-
20 schaften, nur nicht das Talent der Erziehung besaß. Meine jetzige Mutter, eine herrliche Frau, die in dieser Zeit zu uns kam, war damals noch zu jung, als da sie es verstanden hätte, uns vier Kinder gehörig zu behandeln …
25 Unter meinen Bekannten genoß ich aber ein großes Ansehen, theils weil ich die meisten an geistiger Bildung, die ich zu Hause verbarg, übertraf, theils weil ich immer der Erste auf dem Eise war, wenn es nur mit Mühe hielt, der Höchste
30 auf den Bäumen und Dächern, und der Letzte, der fortlief, wenn wir Fenster einwarfen, oder den Jungfern und Bedienten der alten Damen, die von einem Thee zu Hause kamen, die Laternen ausbliesen. Ueberhaupt reizte mich Alles, womit
35 ich Gefahr verbunden sah, und viele alte Matronen schalten mich oft einen heillosen Buben und tollkühnen Waghals, während man in meiner Aeltern Hause nichts davon ahnte …

Man glaubte, ich sei höchstens zum Pastor gut,
40 der auf dem Lande die Hände in den Schoos legen und im erbaulichen Müßiggang die schöne Natur betrachten könne.

Hermann Marggraff, Ernst Schulze. Leipzig 1855, S. 3–6.

b) *Salomon Philipp Gans (1784–1843) stammte aus einer der angesehensten Familien der Celler Judenschaft. Er war Rechtsanwalt und ein entschiedener und aktiver Verfechter liberaler Freiheitsideen.*

Da ich keine Spielkameraden hatte, die mit mir im gleichen Alter waren, sondern nur Spielkameradinnen, so entstand daraus eine gewisse Ängstlichkeit in dem Umgang mit anderen Kna-
5 ben … Endlich führte aber das Geschick mir zwei auswärtige Spielkameraden zu, die dann manche Freude und manches Leid der unschuldigen Knabenjahre … geteilt haben. Mein Großvater nämlich, ein steinreicher Kapitalist,
10 hatte den Entschluss gefasst nach seinem Tode eine milde Stiftung zu errichten, mit deren Hilfe zwei Knaben in dem Hause eines Gelehrten ernährt und erzogen werden sollten … und wollte noch bei seinen Lebzeiten dasselbe ein-
15 richten …

Er beschrieb (engagierte) daher einen jüdischen Gelehrten von Hamburg namens Süskind Meyer, der mich wenig interessierte, aber desto mehr interessierten mich seine beiden Söhne, die
20 mit mir fast in demselben Alter sich befanden, und die bald meine unzertrennlichen Spielkameraden wurden, für die ich die wärmste Freundschaft fühlte, die sich mir aber nur deshalb näherten um sich meine Freigebigkeit zu Nutzen zu
25 machen … Ich merkte aber natürlich nichts davon und so verflossen denn viele Jahre in ungestörter Freude dahin …

Stadtarchiv Celle, Abt. L 10, Nr. 5.

5 *Arme Leute in Celle – Städtische Sozialfürsorge 1826. In der vorindustriellen Zeit wurde Sozialhilfe überwiegend aus öffentlichen und privaten Stiftungen bezahlt. Die Leistungen galten als „Almosen", niemand hatte einen rechtlich gesicherten Anspruch darauf.*

a) *Ein Waisenhaus wurde 1696 gestiftet.*

Die Anzahl der Waisenkinder ist nicht bestimmt … Die gewöhnliche Anzahl der Kinder beläuft sich auf 40, und sie darf nicht füglich überschritten werden, wenn der Fond der Anstalt erhalten
5 werden soll. Zur Reception (Aufnahme) sind aber gewisse Eigenschaften erforderlich, von denen man, der Verfassung nach, nicht abgehen darf … Die Aufsicht über die Kinder, die Speisung derselben, die sorgfältigste Wachsamkeit
10 über ihre Gesundheit und Reinlichkeit u.s.w. ist dem Waisenhausverwalter übertragen. Die Inspection ist aber verpflichtet, sich durch öftere Nachsicht und Untersuchung selbst zu überzeugen, ob und wieweit die darüber vorhandenen
15 Vorschriften genau beobachtet werden. Den Unterricht in der Religion und andern nothwendigen und nützlichen Kentnissen ertheilt der angestellte Waisenlehrer. Zur Erlernung der erforderlichen Handarbeitungen, im Stricken, Nähen und
20 Spinnen, giebt der Werkmeister Anweisung, und die Töchter werden, besonders im Nähen, zugleich von der Ehefrau des Verwalters unterwiesen. Wollen die Knaben bei dem Ausgange aus dem Hause, ein Handwerk erlernen, so kommen
25 sie zu geschickten Meistern in die Lehre … Den Mädchen sucht man in guten Häusern Dienste zu verschaffen, und versieht sie bei ihrer Entlassung mit einer angemessenen Aussteuer an Wäsche und Kleidungsstücken. Die gewöhnli-
30 chen Unterhaltungskosten betragen jährlich 30 bis 40 Rthlr.

Spangenberg, a. a. O., S. 222 f.

b) *Ein „Werk- oder Arbeitshaus" (gegr. 1783) war für Menschen gedacht, die zu regelmäßiger Arbeit nicht (mehr) in der Lage waren:*

Jeder erhält, ohne weitere wöchentliche Unterstützung, nur das bezahlt, was er durch seine Arbeit verdient; wobei denn aber in Ansehung der Alten und Schwachen auf Fleiß und guten Wil-
5 len eben so sehr, wie auf das wirklich Gearbeitete Rücksicht genommen wird. Kinder werden nicht mehr in Verpflegung im Arbeitshause aufgenommen, sondern in ländliche Verpflegung unter Aufsicht der Ortsprediger gegeben. Eine Ge-
10 sammtspeisung für die Bewohner des Arbeits-

hauses ist eingeführt, für ihre kleinen Bedürfnisse und ihre Kleidung wird durch die Administration gesorgt, und bleibt dafür von dem Arbeitsverdienste etwas stehen. Die Aufnahme in dasselbe
15 geschieht nach dem Ermessen des Armencollegii; vorzüglich gern sollen verarmte Handwerksmeister solcher Gewerke aufgenommen werden, durch welche für die Bedürfnisse des Hauses und der Armenanstalt mit gesorgt werden kann.
20 Uebrigens kann es von jedem, auch nicht als Bewohner aufgenommen, Armen des Tags über benutzt werden, um dort zu arbeiten.

Ein Zwangshaus ist das Arbeitshaus nicht; wenn aber einiger Zwang für den Einzelnen eintritt, so
25 ist dieses Folge nur seines Benehmens. Morgens und Abends wird eine Andacht und außerdem sonntäglich eine Predigt und eine Catechismuslehre, abwechselnd, durch die Candidaten des Predigeramts, gehalten.
30 Für die Kinder der Armen ist die Arbeitsschule bestimmt.

Spangenberg, a. a. O., S. 201.

6 *Bettler und Obdachlose – die Ärmsten der Armen. Sie wurden, wenn sie unterwegs von der Polizei aufgegriffen wurden, in ihre Heimatgemeinden zurückgeschafft, häufig auch mit Gefängnis bestraft. Radierung von Johann Christian Klengel (1751–1824).*

7 *Zur so genannten „Armenpflege" gehörte auch die Möglichkeit Konzessionen für „Hausierer" zu erteilen,* d. h. für Menschen, die mit einem Kasten oder Korb voller Waren oder als Kesselflicker und Scherenschleifer von Haus zu Haus zogen. Die Berichte aus den Akten der Burgvogtei Celle halten Schicksale von Menschen aus den Vorstädten fest, z. B von:

Johann Carl Vitz, 64 Jahre alt, betreibt mit seinem Sohn Johann Christian, 29 Jahre, das Kesselflickerhandwerk. Der ältere Vitz leidet an der Gicht, der jüngere aber ist gesund, beide haben

5 kein Vermögen und leben in ausgesprochener Dürftigkeit mit ihren Familien. Der ältere hat eine Frau von 73 Jahren, der jüngere eine Frau und zwei minderjährige Kinder. Die Konzession ist begrenzt auf die Burgvogtei Celle und die Äm-

10 ter Eicklingen, Hermannsburg und Beedenbostel: „Haben beyde sich bislang gut betragen... Es fällt ihnen oft schwer, so viel zu verdienen als zur Unterhaltung zweier Familien erforderlich ist, weil bei der großen Concurrenz dieser Ge-

15 werbetreibenden die Arbeit, besonders wenn der Bezirk klein ist, sich zu sehr vertheilt, dem noch hinzu kömmt, daß beide nur zusammen gehen können Arbeit zu suchen, weil sie nur eine Concession haben, und wenn es an Arbeit mangelt,

20 der eine von ihnen zum öftern müßig bleiben muß, die Zehrungskosten aber immer doppelt sind, und mögte daher, unter diesen Umständen, die Bitte der Suplicanten (kniefällig Bittende) um Erweiterung des ihnen angewiesenen Bezirks

25 beim Ablauf ihrer Concession, einige Rücksicht verdienen.

Cellesche Zeitung, Beilage „Sachsenspiegel", 24./25. Juni 1977, S. 42.

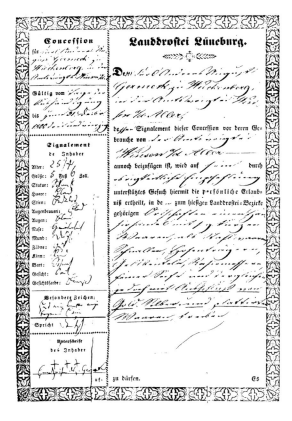

8 *Hausierer-Konzession für Carl-Andreas August Germeck aus Wieckenberg*
Da Fotografien zum damaligen Zeitpunkt noch nicht verbreitet waren, arbeiteten Urkunden, Konzessionen, Bescheinigungen und andere offizielle Dokumente mit einer genauen Beschreibung der jeweiligen Person (linke Spalte, Mitte). Vermute, warum in der linken Spalte auch eine Sparte „spricht" zu finden ist.

a) Umweltprobleme und eine gesunde Lebensweise bestimmen unser Denken in hohem Maße. Schildere die Situation in Celle 1826 (M2). Wie werden diese Aufgaben in deinem Heimatort geregelt?

b) Ernst Schulze und Salomon Philipp Gans (M3) waren Altersgenossen, ihre Väter hatten geschäftlich miteinander zu tun. Zeige an den Auszügen aus ihren Lebenserinnerungen, dass sie trotzdem in unterschiedlichen Lebenswelten aufwuchsen.

c) Welche Bestimmungen des Celler Waisenhauses (M5a) und des „Arbeitshauses" (M5b) erscheinen dir gut geeignet die Probleme der Insassen zu lösen?

d) Schildere die Situation der Randgruppen, die in den Materialien M5–M8 gezeigt werden. Gibt es sie heute noch? Wie ist ihre Lage heute?

e) Versuche das Wanderbuch des Müllergesellen Arnold zu entziffern und entwickele daraus eine Rollenbiografie, in die du auch andere Materialien dieses Kapitels einbeziehst.

2.2 Die kleine Welt der Dörfer im Umkreis von Celle

**Ein „hochadliger"
Gutsbezirk**

Ein „Haus- und Lagerbuch über das hochadlige Wensesche Guth Bargfeld" (bei Eldingen, ca. 20 km östlich von Celle) aus dem Jahre 1769 gibt Auskunft über die Besitzverhältnisse und die Grundlagen des bäuerlichen Lebens im 18. Jahrhundert: Noch bis Ende der 1830er-Jahre etwa gehörten die Bauernhöfe nicht den Bauern, sondern ihren „Herrschaften". In Bargfeld waren dies der Gutsherr v. d. Wense und der König, der jedoch vertreten wurde durch die Regierung in Hannover und den Amtsvogt in Beedenbostel. Die Bauern besaßen nach dem so genannten „Meier"-Recht ihre Höfe nur in lebenslanger Pachtung. Wenn ein Bauer starb oder den Hof an seinen Sohn übergeben wollte, benötigte der Nachfolger die Zustimmung des Amtsvogtes und auch des Gutsherrn und zahlte dafür eine Gebühr an beide. Alle Beteiligten hatten ein großes Interesse daran, dass der Hof gut bewirtschaftet wurde. Der Bauer hatte an die Amtsvogtei jährlich Grundsteuern und andere Zahlungen zu leisten, Wege und Gräben instand zu halten oder auch Fuhrdienste zu übernehmen. Dem Gutsherrn schuldete er ebenfalls Arbeitsleistungen unterschiedlichster Art: Arbeiten in Wald und Feld, aber auch Spinnen und Weben durch die Frauen auf dem Hofe. Daneben musste er Sachabgaben wie Getreide oder Vieh und Eier leisten. Weil diese Arbeiten überwiegend von den Bauernfamilien des Gutsverbandes erledigt wurden, lebten auf dem Gutshof selbst nur wenige Knechte und Mägde. Das Lagerbuch zeigt auch, dass zu dem Gutsverband Bargfeld nicht nur die Bauern in Bargfeld, sondern auch Höfe in den umliegenden Dörfern gehörten.

Gut Bargfeld

**Die Gutsherrschaft
Bargfeld**

Viele adlige Gutsbesitzer waren nicht hauptberufliche Landwirte, sondern bekleideten ein Amt in der Justiz, der Verwaltung oder der Armee. In diesen Fällen sorgten Pächter oder Verwalter dafür, dass die Einnahmen aus der Landwirtschaft ordnungsgemäß erwirtschaftet wurden. Die früheren Rechte eines Grundherrn hatten die adligen Gutsbesitzer an den Landesherrn abgeben müssen. So war jetzt anstelle des Herrn v. d. Wense der Amtsvogt in Beedenbostel der Vorgesetzte der Polizei, entschied geringfügige Ordnungsstörungen wie Beleidigung, Schlägerei oder Bettelei und verwaltete als unterste Instanz die öffentlichen Gelder. Die Familie v. d. Wense besaß dennoch nach wir vor das größte Ansehen und den größten Einfluss in der Gegend. Vor allem übten sie, wie viele adlige Gutsherrn im protestantischen Norddeutschland, das Amt des „Kirchenpatrons" aus: Ein neuer Pastor konnte nur mit ihrer Zustimmung in sein Amt eingesetzt werden. So kam es, dass der Pastor normalerweise nichts gegen den Willen des Gutsherren unternahm, sondern für den Gutsherrn und den Amtsvogt eintrat.

**Von „Vollmeier"
bis „Armenhäusler"**

Innerhalb des Dorfes waren Ansehen und Einfluss in einer genauen Rangfolge geordnet. An der Spitze standen die „richtigen" Bauernfamilien, d. h. die Inhaber alter Hofstellen, unterschieden je nach Größe des Hofes und Anzahl der Zugtiere in „Voll-, Halb- und Viertelmeier". In der Rangordnung unter ihnen standen die „Abbauern" oder „Brinksitzer". Diese hatten nur eine kleine Hofstelle, die erst in jüngerer Zeit am Rande des Dorfes oder auf Ödland eingerichtet worden war. Sie beackerten ihren Besitz mit ihrer Kuh oder geliehenen Zugtieren und arbeiteten mit ihren Familien als Saison-Arbeitskräfte bei den größeren Bauern, z. B. bei der Heu- oder Getreideernte. Sie standen an Ansehen über den „Häuslingen" oder „Heuerleuten", die gar keinen Grundbesitz hatten, aber ein Haus auf einem der großen Höfe bewohnten und für ihren Hauswirt arbeiteten. Als „Lohn" konnten sie mietfrei in einem der eigens gebauten „Heuerhäuser" woh-

1 ***Sommerliche Landschaft bei Greves-
mühlen in Mecklen-
burg 1830/1840***
*Idealbild eines großen
Gutsbetriebs.
In Wirklichkeit waren
in Mecklenburg die
Lebensbedingungen
der Gutsbauern
besonders erniedri-
gend.*

*Kinderarbeit auf dem
Lande. Frühe Foto-
grafie aus der Mitte
des 19. Jahrhunderts*

nen, bekamen von ihrem Hauswirt Holz, Torf und Getreide oder Kartoffeln. Vor allem durften sie auf dem Land ihres Hauswirts Getreide und Futtermittel anbauen um ein Schwein und Federvieh zu füttern. Außerdem bekamen sie ein Stück Gartenland zu Nutzung überlassen. Außer den Heuerleuten waren auf einem größeren Bauernhof auch immer Knechte und Mägde beschäftigt. Sie aßen mit der Bauernfamilie an demselben Tisch und aus derselben Schüssel, schliefen im Stall oder einer Kammer im Hause und bekamen als Lohn eine winzige Geldsumme sowie ein oder zwei Kleidungsstücke.

Außerhalb der Dorfgemeinschaft lebten die „Dorfarmen". Sie waren nur wider-willig geduldet und wurden in alten Katen oder Schuppen einquartiert. Es waren vor allem Alleinstehende oder Arbeitsunfähige. Wenn sie es, oft nach zähem Kampf mit den Bauern des Dorfes, geschafft hatten, in das „Armenhaus" einge-wiesen zu werden, hatten sie es immer noch weitaus besser als die Obdachlosen und Bettler: Sie wurden wenigstens notdürftig mit Nahrung, Kleidung und Feue-rung versorgt, denn Bargeld besaßen die Bauernfamilien in der Gegend um Celle nur sehr wenig.

**Dörfliche Verhältnisse –
über Jahrhunderte
kaum verändert**

Du kannst beispielsweise bei einem Besuch in einem der ländlichen Freilicht-museen feststellen, dass sich die Verhältnisse und das Leben auf den Dörfern um 1800 gegenüber dem späten Mittelalter nur sehr wenig verändert hatten: Noch immer stellten vor allem die Frauen – neben ihrer schweren Arbeit in der Land-wirtschaft – so weit wie möglich Nahrung und Kleidung selbst her. Nur die allernötigsten Gerätschaften ließen die Bauern bei dem Schmied oder Stellma-cher in einem der Kirchdörfer anfertigen. Kleidung, Hausrat und Möbel, die in Celle gekauft waren, mussten oft ein ganzes Leben lang halten. Noch immer bil-dete das Dorf eine Rechtsgenossenschaft mit gemeinschaftlichem Besitz an Wald, Heide, Torfmooren, Weide und Gewässern. Noch immer lagen die Par-zellen der einzelnen Höfe verstreut in der Gemarkung und wurden nach dem Prinzip der Drei-Felder-Wirtschaft beackert.

2   **Bauern und Gutsherr – das adlige Gut Bargfeld**

a) *Zehntabgaben – z. B.:*

Korn- und Fleischzehnten

Kornzehnte. Der ganze Kornzehnte vom Dorfe Bargfeld gehöret an den adelichen Hof.

Obgleich der Gutsherr den Fleischzehnten dann

5 und wann nicht in natura gezogen, sondern hin und wieder dafür baares Geld als nämlich gemeiniglich für ein Kalb 1 Taler 24 Mariengroschen (mg)*, für ein Lamm 15 mg, für ein Ferkel 15 mg, für ein Rauchhuhn 3 mg, für ein Zehnthuhn

10 3 mg, auch wol manchmal weniger oder mehr accordiret (verabredet) und erhalten hat, so erkennen doch sämtliche Zehntpflichtige ihre Schuldigkeit, den zehnten in natura entrichten zu müssen, wenn der Gutsherr solches verlanget.

b) *Arbeitsleistungen („Hand- und Spann-Dienste") – z. B.:*

Die beiden Vollhöfener in Bargfeld, Brase und Michels, dienen wöchentlich … mit einem Pferde. Zum Füttern und Essen werden ihnen sämtlich des Sommers zwey Stunden und des Winters

5 eine Stunde frey gegeben.

Ihre besondern Tagewerke anlangend, so müssen sie, wenn sie dazu angesagt worden, im Herbst und Frühjahr des Vormittags einen Morgen Landes umpflügen oder brachen … wofür jedoch …

10 nur eine Person zu Mittag gespeiset wird, und zwey Personen das Morgenbrodt erhalten …

Die beiden Köthners (Häuslinge) Bangemann und Wismars, wie auch der Brinksitzer Carloff dienen wöchentlich zwey Tage mit der Hand

15 von Sonnenaufgang bis Sonnenuntergang, und

müssen ohne Unterschied alle Arbeit verrichten, die ihnen angesagt wird. Zum Essen und zur Ruhe haben sie im Sommer zwey und im Winter eine Stunde des Tages frey.

20 Die beiden Köthner müssen auch gleich denen Spanndiensten des Morgens zum halben Tagewerke einen Morgen Landes pflügen …

c) *Beköstigung der Dienstleute*

1. Nur in der Zeit von Maitag bis Michaelis und wenn ausserdem den ganzen Tag gedroschen wird, gebühret ihnen das Morgenbrodt.

2. Von Maytag bis Bartholomaei gehöret ihnen

5 des Nachmittags ein so genanntes … Vesperbrodt, welches sie des Abends nach geendigter Arbeit abholen müssen …

3. Von Michaelis bis Maitag bekommen sie ausser der unten beschriebenen Mittagsmahl-

10 zeit, wie auch im ganzen Jahr des Abends gar nichts.

5. Das Essen wird den Dienstleuten niemals hi nausgebracht, ausgenommen das Morgenbrod den Mehern in der Heu- und Kornernte und de-

15 nen so im Herbst pflügen, wie auch das Mittag-essen den Mehern in der Heuernte.

6. Wird ihnen nur blos in der Ernte zu trinken gegeben, und auch alsdenn erhalten nur die Meher, Einfahrer und Banser (Leute, die das Ge-

20 treide in die Scheune fahren und einlagern) in der Roggenerndte Zellisches Rothbier in mässiger Quantität, alle übrige aber nichts als Covent (Dünnbier).

* 1 Taler = ca. DM 10.–; 1 Mariengroschen = ca. 27 Pfennige (= $\frac{1}{36}$ Taler).

Cellesche Zeitung, Beilage „Sachsenspiegel", Nr. 26–29, 29. Juni–20. Juli 1996.

3   **Kinderarbeit auf dem Lande.** *Kupferstich aus dem 18. Jahrhundert. Auch die Kinder werden als Arbeitskräfte ständig benötigt – zum Viehhüten, im Haushalt, auch zur Landarbeit.*

4 Armut auf dem Lande
Daniel Chodowieckis Radierung zeigt einen jener armen, zerlumpten Jungen, die im 18. Jahrhundert häufig anzutreffen waren. Chodowiecki war einer der wenigen Künstler, die die kindliche Armut unverblümt darstellten. Dies geschah so selten, weil die Maler bis ins 18. Jahrhundert noch vorwiegend von Auftragsarbeiten lebten und selbstverständlich ließ ein Tagelöhner seine Kinder nicht porträtieren.
Selbst in ländlichen Gegenden war der Hunger oft das größte Problem beim Großziehen der Kinder. Chodowiecki stellte in seinem Buch „Von Berlin nach Danzig" in einer Zeichnung dar – es geht um das Hungerjahr 1773 –, wie eine Frau einer Reisegesellschaft ihr dreijähriges Kind anbietet, weil sie es nicht mehr ernähren kann.

5 „Almosen" ist Sozialhilfe
Aus der „Armenkassen-Liste" der Amtsvogtei Beedenbostel. Einige Vorschläge für eine einmalige Unterstützung für 1838/39:
1. Catharine Marie Meyer in Eldingen, 44 Jahre, schwach und kränklich, unverehelicht, hat zwei uneheliche Kinder, geht in Tagelohn, arm, hat eine Reihenwohnung, bekommt einen Taler;
5 2. Witwe des Häuslers Chrysander in Rebberlah, 60 Jahre, allgemeine Schwäche und ist 12 Wochen lang bettlägerig gewesen, hat einen unehelichen Sohn, der sich in der Fremde befindet, ist arm, hat nichts, bekommt 2 Taler;
10 3. Brinksitzer Preers in Ahnsbeck, 61 Jahre, krank und gebrechlich durch einen Sturz aus der Bodenluke, 9 Kinder, von denen 3 noch die Schule besuchen, 6 dienen, Brinksitzer mit sehr geringem Grundbesitz, arm, bekommt 2 Taler;
15 4. Dienstknecht Lüchau in Jarnsen, gebürtig aus Ahnsbeck, 16 Jahre, hat ein Bein gebrochen, die Mutter ist eine arme Häuslingswitwe, arm, erhält freie Kur und 2 Taler;
5. Dorfhirte Jürgen Heinrich Gottschalk in Marwede, 45 Jahre, hat das rechte Bein gebrochen,
20 7 unerwachsene Kinder, arm, bekommt freie Kur und 3 Taler …;
6. Häusling Christoph Busse in Ummern, 61 Jahre, Krebs im Gesicht, 5 Kinder, die aber

25 nicht fähig sind zur Unterstützung, kein Vermögen, bekommt 2 Taler;
Zu diesen außerordentlichen Unterstützungen kamen noch die regelmäßig anfallenden. Als Beispiel für diese Gruppe greifen wir das Schicksal
30 der Zinngießerfamilie Cohrs in Metzingen heraus. Sie gehörte nicht zu der alteingesessenen Bevölkerung dieses Ortes, sondern verdiente sich im Hausiergewerbe das tägliche Brot. Brinksitzer Schneider Thiele hatte sie aufgenommen um
35 durch die Miete seine Einkünfte aufzubessern. Eines Tages war Zinngießer Cohrs aber erkrankt. Seines Alters wegen erholte er sich nicht recht wieder. Die geringen Ersparnisse waren bald verbraucht. So fiel er dem Amte zur Last.

Cellesche Zeitung, Beilage „Sachsenspiegel", Nr. 6, 10. Februar 1979.

6 Der blinde Schäfer
Johann P. Weber, Eschede (etwa 1795–1858) gibt in den Akten der Amtsvogtei Beedenbostel zu Protokoll:
Mein Großvater stammt aus einem Bauernhof in Schmarbeck, Amt Ebstorf, welchen der Hausmann Dierks führt, und ist in seinem väterlichen Hofe bis an sein Ende Dienstschäfer gewesen.
5 Mein Vater ist ebenfalls von Jugend auf bis an seinen Tod unausgesetzt Dienstschäfer gewesen, und hat sich während seiner Dienstzeit beim

Vollmeier Braul in Dalle, hiesiger Amtsvogtei,
mit meiner Mutter, eine Fuhle aus Endeholz, ver-
10 heirathet …
Sie hat zuerst nach der Verheirathung 5 bis
6 Jahre in Dalle bei Braul zur Miethe gewohnt,
und ist dann mit meinem Vater nach dem einstel-
ligen Hofe (Einzelhof) Schelploh gezogen, wo
15 Vater Schäfer wurde, und meine Mutter ebenfalls
einen eigenen Haushalt führte.
Nach kurzem Aufenthalt in Schelploh starb
meine Mutter, und behielt mich der Vollmeier
Becker im Hause, bis mein Vater bald darauf wie-
20 der heirathete, eine Person aus dem Hause des
Vollmeiers Niemann zu Marwede, und mit dieser
den Haushalt in dem kleinen Hause zu Schelploh
fortführte. Nach dem sechsjährigen Aufenthalte
in Schelploh zog mein Vater unter ganz gleichen
25 Verhältnissen nach Endeholz zu Vollmeier …
Rathmann. Mein Vater ist bei Rathmann sehr
lange geblieben und ist sowohl er als nachmals
auch meine Stiefmutter in dessen Hause gestorben …
30 Nach meiner Confirmation wurde ich bei Rathmann und Kraul-Bührke in Endeholz Schäfer, bis
ich am 8ten Februar 1814 im Gifhornschen
Landwehrbataillon Soldat wurde.
Nachdem ich im Jahre 1815 auf Urlaub wieder
35 entlassen, trat ich abermals bei Rathmann zu Endeholz als Schäfer in Dienst, überließ diesen
Dienst nach einem Jahr meinem Vater, und ging
als Schäfer nach Eschede zum Vollmeier Thiele,
wo ich mich mit Marie Dorothee Meineke aus
40 Eschede verheirathete. Dies war im Jahre 1816.
Seitdem bin ich bis auf die allerneueste Zeit immer Dienstschäfer größtentheils in Eschede gewesen. Meine Frau hat aber ununterbrochen bis
jetzt in Eschede zur Miethe gewohnt, und sind
45 unsere Kinder dort erzogen und confirmirt. Jetzt
diene ich als Knecht nur gegen Kost in Lut-
tern. …

Cellesche Zeitung, Beilage „Sachsenspiegel", Nr. 17, 28. April 1979, S. 42.

8   Ein armer Dorfpastor?

Der Pastor von Gr. Hehlen notiert:
1825/26: Von mir selbst weiß ich nichts zu sagen,
als daß ich in einer sechsundzwanzigjährigen
Dienstzeit fast noch keinen Tag ohne Nahrungs-
sorgen zugebracht habe, welchen Druckes ich
enthoben zu seyn sehnl.(ichst) wünsche.
1827: Bis unter die Hälfte fiel bald der Pacht-
preis des Pfarrlandes. Durch das Andringen meiner Gläubiger, welche bey verminderten Einkünften und starker Familie ich nicht befriedigen

9   *„Vater, gieb uns heute unser tägliches Brod."*
*Die Lithografie von 1830 zeigt eine idealisierte
Darstellung bäuerlichen Lebens.*

konnte, kam ich in eine so traurige Lage … Im
Pfingstfeste des Jahre 1826 ward ich durch einen
nächtlichen Einbruch bestohlen, so daß ich den
Werth des mir Geraubten auf 60 Rthr. berech-
nen kann … Mein ältester Sohn befindet sich
gegenwärtig in Celle auf der hohen Schule, um
sich auf das Studium der Theologie vorzuberei-
ten, woselbst er mir jährlich weit über 1000 Rthr.
kostet.

F. W. Schoof, Der Glaube und das tägliche Brot. Celle 1991, S. 190.

10   Ein Vollhof im Landkreis Celle

*a) Über den Vollhöfner Kuhls in Wohlenrode
(bei Eldingen) heißt es in den Grundsteuerakten
der Amtsvorgtei Beedenbostel 1663/66:*
Henning Kuhls: Ein Vollhoff und Gutsmann der
Herren von der Wense. Er (Kuhls) muss seinen
Besitz von diesem bestätigen lassen und
wöchentlich zwei Tage mit dem Gespann oder
mit der Hand arbeiten. Er gibt ihm außerdem
jährlich als Erbzins 15 Mariengroschen und zwei
Hähne. Den ganzen Fleischzins gibt er dem Pastor in Eldingen. Dem gnädigen Landesherren lei-
ster Hand- und Spanndienste und zahlt außerdem regelmäßige und außerdem ordentliche
Steuern. An Gebäuden gibt es auf diesem Hof
nicht mehr als das Wohnhaus. An Ländereien
gehören zu diesem Hof 40 Morgen Land, zwei
Wiesen und eine Hausweide, die insgesamt 5 Fuder Heu bringen. dazu hat er zwei Gartenstücke,
ausreichend für 1 1/2 Himpten (ca. 42 kg) Einsaat, sowie einen Bienenzaun in seiner Wiese.

b) Aus einer Übersicht aus dem Jahre 1770:
Der Vollhöfner Kuhls hatte zu diesem Zeitpunkt eine Frau und drei Kinder, die noch alle jünger als 18 Jahre waren. Außerdem gab es auf dem Hof einen Knecht und eine Altenteilerin (die Stiefmutter des Hauswirtes), insgesamt also sieben Personen. Außer dem Wohnhaus war nur ein Nebengebäude, vieleicht ein Speicher, vorhanden. Dieser Gebäudebestand war mit 150 Talern versichert. An Vieh besaß Kuhls fünf Ochsen, drei Kühe, zwei Rinder, ein Pferd (Hengst), 40 Heidschnucken und zwei Schweine, Bewirtschaftet wurden 79 $\frac{1}{2}$ Morgen Saatländereien . Auf den Brinkwiesen wurden jährlich 5 $\frac{3}{4}$ Fuder Heu gewonnen. An Grundbesitz war außerdem vorhanden eine Gartenfläche von 1 $\frac{1}{2}$ Himten (31 l bzw. 28 kg) Einsaat und ein Grashof von 1 $\frac{1}{2}$ Himten. Zwölf Obstbäume waren vorhanden und eine Immenstelle, die zu diesem Zeitpunkt

allerdings nicht besetzt war. An gutsherrlichen Lasten lagen auf dem Hof 104 Arbeitstage und eine Geldabgabe von 2 Talern 8 Groschen 1 Pfennig. Die geistlichen Abgaben betrugen 1 Taler 14 Groschen 6 Pfennig, dazu ein Scheffel (ca. 50 l bzw. 45 kg) Korn. Die landschaftlichen „Prästanda" umfaßten die Kontribution in Höhe von 15 Talern 25 Groschen 4 Pfennig, Viehschatz von 3 Talern 10 Groschen 4 Pfenig und ein „Tobacksgeld" von 12 Groschen. Schließlich gab es noch die Reutergefälle (Einquartierungskosten) mit 43 Tagen Speisung, 43 Bund Heu, 215 Pfung Häcksel, 11 Groschen 5 Pfennnig Grasgels und 13 Groschen 7 Pfennig Service. Insgesamt kamen für diesen Hof also geldliche Belastungen von jährlich 41 Talern 10 Groschen 3 Pfennig heraus. Um sie zu erwirtschaften, übernahm Kuhl auch Lohnfuhren.

Cellesche Zeitung, Beilage „Sachsenspiegel", Nr. 49, 7. Dezember 1985, S. 42.

11 *Bauernhochzeit bei Vollbauern in Südniedersachsen (um 1840). Die Gäste dieser Bauernhochzeit bringen Geldgeschenke mit. Sie haben auf ihren guten Böden Überschüsse erwirtschaften und verkaufen können. Bauernhochzeit in Lehre, Gemälde von Carl Schröder d. J. (1802–1867), Öl auf Leinwand.*

a) Erzähle, was es bedeutet, in der Gutsherrschaft Bargfeld zu leben (M2 und M10).
b) Weißt du, wie heutzutage die Arbeit der Bauern abläuft? Frage jemanden aus deiner Klasse oder Schule, der in einem Dorf wohnt.
c) Stelle dir vor, du bist Mitglied einer königlichen Kommission, die Probleme der Landbevölkerung untersuchen soll. Worauf würdest du in deinem Bericht besonders hinweisen, welche Vorschläge zur Verbesserung hättest du? Zieh für deinen Bericht den VT und alle Materialien heran.
d) Sammle aus den Materialien M1–M11 Informationen für eine Tabelle mit Überschrift „Landleben in der vorindustriellen Zeit".
e) Entwirf auf der Grundlage von M10a und M10b ein Rollenspiel: Der älteste Sohn des Bauern Kuhls möchte den Hof nicht übernehmen.

3. „Wenn einer eine Reise tut …" – Reisen in der frühen Neuzeit

Beschwerliches Reisen

Reisen wie heute oder gar Massentourismus war den Menschen im 18. Jahrhundert gänzlich unbekannt. Reisen war beschwerlich und nahm auch für kurze Entfernungen eine lange Zeit in Anspruch. Straßenkarten waren kaum vorhanden und wenn, dann waren sie meist ungenau und wenig hilfreich. Befestigte Straßen gab es kaum. Oft waren es eher Wege, die meist in schlechtem Zustand und zudem voller Gefahren waren. Herbergen gab es nur wenige. Viele waren heruntergekommen, schmutzig und boten den Reisenden nicht den Komfort wie heutzutage beispielsweise Hotels oder Pensionen. Dennoch waren zahllose Menschen unterwegs, zu Fuß, zu Pferd, mit den verschiedensten Wagen und Kutschen oder auch mit dem Schiff.

Unterwegs

Da waren zunächst die Soldaten, die die Straßen und Wege bevölkerten. Hinzu kamen alle die, die in Geschäften unterwegs waren: Händler auf dem Weg zu Messen und Märkten, Bauern, die in der nächsten Stadt ihre Produkte verkaufen wollten. Handwerksgesellen, Gelehrte und Scholaren, Studenten, reisten von Stadt zu Stadt um ihr Wissen und ihre Fähigkeiten zu erweitern. Gaukler, Spielleute und nicht zuletzt die große Masse der Bettelnden ergänzte diese Schar. Die Reisenden waren häufig sehr lange unterwegs und legten oft weite Strecken zurück. Ferne Länder, fremde Sitten und Gebräuche und fremd aussehende Menschen übten auf sie einen großen Reiz aus. Sie wollten in der Fremde und von den Fremden lernen oder einfach nur Erfahrungen sammeln oder andere Landschaften kennen lernen.

1 Landstraße mit Reisenden und Wirtshaus. *Gemälde von Jan Brueghel, um 1611*

3.1 Auf Schusters Rappen

1 **_Wanderer mit bepackten Rucksäcken_**
Kupferstich von Ferdinand Kobell

2 *Rechts:* **_Handwerksburschen auf der Wander-_**
schaft. *Die Dauer der „Walz" wurde von den Zünf-*
ten und Innungen durch feste Satzungen geregelt.

3 **_Der Schweizer_**
Gießerei-Fachmann
Johann Conrad
Fischer *auf einer*
Erkundungsreise
durch Deutschland.
Zeichnung, 1793

Die Fortbewegung zu Fuß war die am weitesten verbreitete Art des Reisens. Zwischen 30 und 50 Kilometer wurden so in der Regel täglich zurückgelegt. Kaum weniger beschwerlich als andere Fortbewegungsarten war das Wandern konkurrenzlos billig. Es ermöglichte, fernab großer und oft gefährlicher Routen zu reisen, und erschloss, was den Menschen im 18. Jahrhundert zunehmend wichtiger wurde, die Schönheiten der Natur. Hiervon berichten vor allem die Reisebeschreibungen vieler Dichter der damaligen Zeit. Auch ihre Gedichte legen hiervon Zeugnis ab.

Handwerksgesellen gingen seit langem auf Wanderschaft. Zuerst freiwillig, gehörte es etwa ab dem Ende des 16. Jahrhunderts zu ihrer „Ausbildung", mehrere Jahre unterwegs gewesen zu sein und bei fremden Meistern gearbeitet zu haben. Mit der Ausbreitung des Gesellenwanderns verbreiteten sich auch die „Unsitten": Herumlärmen auf den Gassen, geringer Arbeitseifer, Mitnahme der Geschenke der Zunft, oft auch fremder Zünfte ohne folgende Arbeitsleistung. Fanden die Gesellen keine Arbeit, was nicht selten vorkam, bettelten sie auch. Die Obrigkeit versuchte die negativen Begleiterscheinungen des Gesellenwanderns in den Griff zu bekommen: So musste jeder Geselle so genannte Kundschaften, eine Art Arbeitsnachweis, mit sich führen um jederzeit nachweisen zu können, wo er gearbeitet hatte. Trotz dieser Maßnahmen wurde Ende des 18. Jahrhunderts verstärkt die Frage nach Notwendigkeit und Nützlichkeit des Handwerkerwanderns gestellt. 1853 schließlich wurde der Wanderzwang aufgehoben.

4 Eine reisender Gerbergeselle berichtet, 1751

Auf seiner Wanderung kam der Gerbergeselle nach Laybach, der Hauptstadt der Crain (heute Ljubljana, Slowenien)

Ich und mein Camerad, der Breßlauer, bekamen allhier Arbeit, und arbeiteten bey dem Meister, Joseph Thalern, 34 Wochen. Wir waren die einzigen Evangelischen in der ganzen Stadt, daher uns
5 die Leute, wenn sie höreten, daß wir Lutheraner wären, als Meerwunder ansahen, indem die meisten ihr Lebetage keinen lutherischen Menschen gesehen, oder davon gehöret … Es giebt viel unter ihnen, die nicht geglaubet, daß die Lutheraner
10 Menschen wie sie wären.

Was die Kost anlanget, ist alles sehr wohlfeil, besonders seyn Auerhüner und anderes Flügelwerk so wohlfeil, daß wir bey unserm Meister manchen Tag zweymal frische gebratene Auerhüner
15 auf dem Tisch hatten, und fanden wir alhier eine so vortrefliche Kost, als gewiß an keinem Orte auf der Welt, in einiger Werkstatt anzutreffen seyn wird.

Später gelangte er nach Krakau in Polen

20 Ich habe alhier 5 Vierteljahr bey dem Weißgerber-Oberältisten, Hrn. Joachim, gearbeitet. In dessen ganzen Hause konte niemand deutsch als ich und der Meister, welches mir am Anfange, ehe ich etwas polnisch lernete, sehr bange that.
25 Als ich das erstemal in die Walke zog, ward mir durch die Arme von den Hammern eine Hand zerquetschet, welche mir aber der dasige Scharfrichter, der ein Deutscher war, glücklich curirte, doch muste ich 3 Wochen spatzieren gehen. Ich
30 habe mich allhier, weil alles in so gutem Preiß zu haben, ziemlich lustig gemacht, und dennoch schönes verdientes Geld, nebst einer ganz neuen Unterkleidung aus Leder, welche ich geschenkt bekommen, weggetragen.

Abgedruckt in: Wolfram Fischer, Quellen zur Geschichte des deutschen Handwerks. Berlin, Frankfurt a. M. 1957, S. 83, S. 87.

5 Ein Schneider berichtet über Berlin, 1798

Wir reiseten in Gottes Namen nach dem so schönen Berlin, wo wir gar nicht nöthig hatten auf der Herberge einzuwandern, denn es waren schon genug Meister unter den Thoren, welche auf die
5 zugewanderten Handwerkspursche warteten, wir wurden sogleich von ihnen in unsere Werkstätte geführt und herrlich tractirt (behandelt), so daß wir den folgenden Tag an unsere bestimmte Arbeit gehen könnten.

Abgedruckt in: Wolfram Fischer, Quellen zur Geschichte des deutschen Handwerks. Berlin, Frankfurt a. M. 1957, S. 95.

6 Wandergesellen. *Auch heute noch ist es bei den Zimmerleuten üblich, in ihrer traditionellen Handwerkstracht „auf die Walz" zu gehen und andernorts Erfahrungen zu sammeln. Viele Regeln der alten Wanderordnungen gelten auch heute noch.*

7 Aus der Oettingschen Wanderordnung, 1785

II. In Ansehung der Wanderjahre, und Orte, hat jedes Handwerk sich genau nach denjenigen Vorschriften zu benehmen, welche in der am Ende angehängten Tabelle hierüber enthalten sind.
5 III. Jedem, der sich nach seiner Zurückkunft … durch ächte Kundschaften legitimiren kann, daß er ausser Teutschland in großen Städten, und bei berühmten Meistern gearbeitet, werden zwei solche Wanderjahre für seine ganze Wanderschaft
10 angerechnet, und er bleibt überdieß noch von Bezahlung des Meistergeldes gänzlich befreyt.
IV. Imgleichen sollen iedem, der in großen Städten, und bei berühmten Meistern, innerhalb Teutschland gearbeitet, und nach seiner Zurück-
15 kunft sich … hierüber legitimirt haben wird, zwei in solchen Städten, und bei derlei Meistern, erstandene Wanderjahre für drei gerechnet werden, und er vom halben Meistergeld befreyt bleiben …
20 IX. Der bisher gewöhnlich gewesene Mißbrauch, die Wanderjahre sowohl bei uns selbst, als bei den Zünften, mit Geld abzukaufen, wird hiermit gänzlich abgestellt, auch in Zukunft nie mehr für Geld dispensirt (erlassen) werden.

Abgedruckt in: Michael Stürmer (Hrsg.), Herbst des Alten Handwerks. München, Zürich 1986, S. 215.

8 Fußwanderer,
aus einer Lithographie nach Karl Heinzmann.
Die Wanderer legten oft um die 50 km am Tag zurück.
Da sind Rast und Gedankenaustausch mit anderen Wanderern willkommen.

9 Auf einer Wanderung durch Böhmen

Der Dichter Johann Gottfried Seume, 1763 in Sachsen geboren, wanderte zwischen Anfang Dezember 1801 und Ende August 1802 von Grimma bei Leipzig nach Sizilien und wieder zurück. 1803 erschienen seine Reiseerlebnisse unter dem Titel „Spaziergang nach Syrakus".

Von Budin bis hierher (Prag) stehen im Kalender sieben Meilen, und diese tornisterten (wanderten) wir von halb acht früh bis halb sechs Uhr abends sehr bequem ab, und saßen doch noch
5 über eine Stunde zu Mittage in einem Wirtshause, wo wir bei einem Eierkuchen durchaus mitfasten und dafür fünfzig Kreuzer bezahlen mußten; welches ich für Eierkuchen eine stattliche Handvoll Geld finde. …
10 Unsere guten Freunde jagen uns hier Angst ein, daß rund umher in der Gegend Räuber und Mörder streifen … Ich gehe getrost vorwärts und verlasse mich etwas auf einen guten, schwerbezwingten Knotenstock, mit dem ich tüchtig
15 schlagen und noch einige Zoll in die Rippen nachstoßen kann. Freund Schnorr wird auch das seinige tun, und so müssen es schon drei gut bewaffnete, entschlossene Kerle sein, die uns anfallen wollen. Wir sehen nicht aus, als ob wir viel bei uns trügen, und wohl auch nicht, als ob wir das wenige das wir tragen so leicht hergeben würden.

Johann Gottfried Seume, Spaziergang nach Syrakus. München 1997, S. 8, S. 11.

10 Joseph von Eichendorff:
Der frohe Wandersmann

Wem Gott will rechte Gunst erweisen,
Den schickt er in die weite Welt;
Dem will er seine Wunder weisen
In Berg und Wald und Strom und Feld.

Die Trägen, die zu Hause liegen,
Erquicket nicht das Morgenrot;
Sie wissen nur von Kinderwiegen,
Von Sorgen, Last und Not um Brot.

Die Bächlein von den Bergen springen,
Die Lerchen schwirren hoch vor Lust,
Was sollt ich nicht mit ihnen singen
Aus voller Kehl und frischer Brust?

Den lieben Gott lass ich nur walten;
Der Bächlein, Lerchen, Wald und Feld
Und Erd und Himmel will erhalten,
Hat auch mein Sach aufs best bestellt!

a) Suche dir mindestens eine Abbildung heraus und erzähle eine Geschichte. Du kannst auch eine Bildergeschichte zeichnen.
b) Stelle aus dem Bericht des Gerbergesellen (M4) zusammen, was dir besonders bemerkenswert erscheint. Worüber würdest du noch gerne etwas erfahren?
c) Erkundige dich nach den Motiven, aus denen heute Menschen wandern. Vergleiche.

3.2 „Erfahren kommt von fahren"

Bildungsreisen

Mussten die einen, etwa die Handwerksburschen, reisen, so taten es die anderen aus freien Stücken, gleichsam zum Vergnügen und um sich zu bilden und um Erfahrungen zu sammeln. So war es etwa an den Herrscherhäusern Europas üblich, die Söhne im Alter von 17 bis 18 Jahren auf eine „Kavalierstour" zu schicken, die sie zu allen wichtigen Residenzen und Herrscherhäusern führte. Begleitet wurden sie von vielen Bediensteten unter der Leitung eines Vertrauten des Vaters. Dieser musste auf den jungen Herrn Acht geben. Gelehrte reisten um Kontakte zu Kollegen an anderen Orten herzustellen oder in Bibliotheken zu arbeiten. Dichter reisten um neue Erfahrungen zu machen und die Welt kennen zu lernen.

Pilger

Eine andere reisende Gruppe waren die Pilger. Sie reisten entweder zu Fuß oder auf Pferden, seltener benutzten sie Wagen. Ihr Ziel war meist Rom. Von dort aus fuhren viele mit dem Schiff nach Palästina weiter. Auch Wallfahrten waren sehr beliebt. Sie konnten mehrere Tage dauern und erfolgten meist zu Fuß.

Reisen ist mühsam

Wenn auch Dichter das Reisen immer wieder romantisch besangen und wenn das Reisen eine außergewöhnliche Faszination auf die Menschen ausübte, so war es doch selten ein Vergnügen. Wer mit der Kutsche, der eigenen oder einer der Post, reiste, hatte vielfältige Schwierigkeiten zu überwinden. Der Zustand der Straßen und der Wagen ließen nur ein sehr mäßiges Tempo zu, sodass Reisen mit dem Wagen kaum schneller vor sich gingen als zu Fuß. Hinzu kam die Gefahr von Un- und Überfällen. Gestürzte Pferde, gebrochene Achsen, umgestürzte Wagen, all das gehörte ebenso zum Reisealltag wie immer wieder auflauernde Räuberbanden.

Nötige Rast

Etwa alle vier Stunden musste in einer Herberge oder Poststation eine oft mehrstündige Rast eingelegt werden. Die Pferde, in der Regel zogen vier einen Wagen, mussten versorgt und gewechselt werden. Bei den Postkutschen wechselte auch der Postillion. In den Wagen saßen die Leute alles andere als bequem, die holprigen Straßen verstärkten die Unbequemlichkeit.

Regelmäßiger Post-verkehr

Ein regelmäßiger Postkutschenverkehr kam in Deutschland nach dem Ende des 30-jährigen Krieges auf. Im Laufe des 18. Jahrhunderts wurden allmählich alle größeren Städte in Mitteleuropa durch Postkutschenlinien miteinander verbunden. Bequemer wurde das Reisen erst wesentlich später, als Eisenbahnen, Flugzeuge und Autos Mobilität für fast alle möglich machten.

1 Reisende an einer Poststation, *auf der rechten Seite wandernde Handwerksburschen. Zeichnung, um 1830.*

2 *Auf den Komfort eines Bettes in einfachen Wirtshäusern* mussten Reisende bis weit ins 19. Jahrhundert verzichten; Strohlager in Gaststuben waren die Regel. Die Nacht in Massow. Zeichnung von Daniel Chodowiecki, 1773.

3 *Der Dichter Johann Wolfgang von Goethe* (1749–1832) bereiste in den Jahren 1786 bis 1788 Italien. Auf dem Weg nach Venedig, 1786 schreibt er:

Zu so viel abwechselnden Bildern und Gestalten gesellte sich noch eine Erscheinung, die, obgleich aus Deutschland abstammend, doch hier ganz eigentlich an ihrem Platze war, zwei Pilger näm-
5 lich, die ersten, die ich in der Nähe sah. Sie haben das Recht, mit dieser öffentlichen Gelegenheit umsonst weitergebracht zu werden; allein, weil die übrige Gesellschaft ihre Nähe scheut, so sitzen sie nicht in dem bedeckten Raume, sondern
10 hinten bei dem Steuermann. Als eine in der gegenwärtigen Zeit seltene Erscheinung wurden sie angestaunt und, weil früher unter dieser Hülle manch Gesindel umhertrieb, wenig geachtet. Als ich vernahm, dass es Deutsche seyen, keiner
15 andern Sprache mächtig, gesellte ich mich zu ihnen, und vernahm, dass sie aus dem Paderbornischen herstammten. Beides waren Männer schon über fünfzig … Sie hatten vor allem das Grab der heiligen Dreikönige zu Cöln besucht,
20 waren sodann durch Deutschland gezogen, und nun auf dem Wege, zusammen bis Rom, und sodann ins obere Italien zurückzugehen.
Ihre Kleidung war die bekannte … Der große Kragen, der runde Hut, der Stab und die Mu-
25 schel, als das unschuldigste Trinkgeschirr, alles hatte seine Bedeutung, seinen unmittelbaren Nutzen; die Blechkapsel enthielt ihre Pässe.

Johann Wolfgang von Goethe, Italiänische Reise, in: Sämtliche Werke in dreißig Bänden. Stuttgart und Tübingen 1851, Bd. 19, S. 57 f.

4 *Gerüchte schießen ins Kraut*
Aus einem Bericht über eine Reise nach Palästina im Jahre 1766

Ramle liegt 2 3/4 deutsche Meilen nach Südost zum Süden von Jafa … Bei meiner Ankunft zu Ramle ritt ich gerade nach dem Hospitio der Franciscaner, einem der geräumigsten in ganz
5 Palästina, welches auch noch in gutem Stande erhalten wird … Auch hier beschreiben mir die guten Väter die jetzigen Statthalter dieses Landes als geizig und ungerecht, und die Araber und Bauern als abscheuliche Räuber und Barbaren,
10 die die Pilgrime plünderten und prügelten, wo sie solche nur anträfen. Man erzählte unter anderem, daß die Araber einen Franciscaner, der von Ramle nach Jerusalem reisen wollte, in einen Backofen gesteckt hätten. Ich hatte die Araber in
15 anderen Gegenden nicht grausam gefunden und so war mir unbegreiflich, warum die in dieser Gegend so unmenschlich mit den Reisenden verfahren sollten; allein ich hielt es nicht für rathsam viel zu widersprechen. Auf nähere Erkundigung
20 hörte ich auch, dass die erwähnte Geschichte mit dem Franciscaner sich vor etwa 90 Jahren zugetragen habe …
Nach den vielen Erzählungen … glaubte ich anfänglich selbst, daß in Palästina jetzt die aller-
25 schlechteste Menschen-Race wohne. Bey einer nähern Untersuchung aber wird man wohl finden, daß die Einwohner dieses Landes nicht bösartiger sind als die in anderen Gegenden.

Zit. nach: Klaus Herbers, Unterwegs zu heiligen Stätten. Pilgerfahrten, in: Reisekultur, hrsg. von Hermann Bausinger u. a.. München 1991, S. 25.

5   *Reisen dienten Wolfgang Amadeus Mozart dazu, als Musiker und Komponist bekannt zu werden. Er hat fast ein Drittel seiner 36 Lebensjahre auf Reisen zugebracht.*

a) In einem Brief berichtet er:

Dieser Wagen stösst einem doch die Seele heraus … Von Wasserburg aus glaubte ich in der Tat meinen Hintern nicht ganz nach München bringen zu können – er war ganz schwielig und ver-
5 mutlich feuerrot …

Zwei ganze Posten (Poststationen) fuhr ich die Hände auf dem Polster gestützt und den Hintern in Lüften haltend …

b) Sein Vater Leopold Mozart, der ihn auf den meisten Reisen begleitete, berichtet in einem Brief vom 11. Juni 1763 über einen Radbruch:

2 Stunden außer Wasserburg brach uns ein hinteres Rad in Stücken. Da saßen wir …

Es hieß, der Wagen würde bis heute früh, folglich in Tag und Nacht restituiert (repariert) sein. –
5 Aber ja! Einen blauen Teufel! – Wir hofften, bis nach Tisch weiterzukommen – vergebens! Der Wagner hackte, und schnitt: der Schmid sengte und brennte, und schlug tapfer drauf …

Was war zu tun? – Geduld mit Unwillen hieß es!
10 Und so heißt es in diesem Augenblick noch, als ich dieses schreibe. Denn vor der Nacht wird die Chur (Sache) nicht zu Ende sein …

Es heißt also: Sitz auf, und bleibe heute nacht noch hier. Das beträchtlichste bey der Sache sind
15 die Kösten, denn wenigstens habe ich die Ehre die Pferde und den Kutsche zu verzehren (versorgen). In Gottes Namen; es ist besser Zehn Räder als ein Fuß oder ein paar Finger.

Zit. nach: Spielpläne 5 & 6. Stuttgart 1996, S. 164 (Bearbeitung der Verfasserin).

6   *Guter Rat aus einem Reiseführer, 1758*

Trete nicht in den Wagen, ohne verhero überzeuget zu seyn, daß die Räder bevestigt sind, und die Axe mit Wagenschmier wohl versehen ist.

Zit. nach: Uli Kutter, Der Reisende ist dem Philosophen, was der Arzt dem Apotheker, in: Reisekultur, a.a.O., S. 44.

7   *Gelehrte Kaufleute und Staatsdiener entwickelten im 18. Jahrhundert eine rege Reisetätigkeit. Die Reisemittel haben sich verbessert; zuverlässige Karten wurden gezeichnet, es gab stabile Koffer. Radierung, Ende 18. Jahrhundert*

8   *Aus einem Reiseführer von 1718 über Paris*

Gelehrte machen sich in der Frembde mit Gelehrten bekandt / besuchen fleißig die Klöster und Bibliothequen / frequentieren (besuchen) die Zusammenkünffte der Academien und gelehrten
5 Sociaeteten / und was mehr dergleichen zu ihrem propos (Anliegen) dienet. Politici lassen sich oft bei Hofe sehen / bemühen sich um die Bekanntschafft mit Staats-Leuten und Ministern / versäumen keine publique Solemnitaeten (öffent-
10 liche Feierlichkeiten) / betrachten die Verfassung dieses oder jenen Staats / observiren (beobachten) die daselbst gebräuchliche Maximen (Maßstäbe) / und andere dergleichen Sachen.

Zit. nach: Winfried Siebers, Ungleiche Lehrfahrten, Kavaliere und Gelehrte, in: Reisekultur, a.a.O., S. 44f.

a) Erstelle ein Infoblatt für Reisende der damaligen Zeit: Ratschläge und Tipps für mehrtägige Reisen. Lies hierzu vorher auch die Texte auf den Seiten 260 und 261.

b) Versuche eine Erklärung für die Gerüchte, über die M4 berichtet.

c) Diskutiert, wie ihr in der damaligen Zeit lieber gereist wärt, zu Fuß oder eher mit einer Kutsche.

3.3 Ob und wie Frauenzimmer reisen sollen?

Für Frauen, so sahen es die männlichen Zeitgenossen, schickte es sich nicht zu reisen und die Welt kennen zu lernen. Als ihr Beruf galt die Ehe. Ihr Platz hatte das Haus zu sein. Sie sollten gute Mütter, d. h. auch Erzieherinnen und Lehrerinnen ihrer Kinder, und nicht zuletzt Vorsteherinnen ihres Hauswesens sein.

Dennoch reisten immer wieder auch Frauen, auch wenn es als unschicklich galt. Trotz schwierigster Bedingungen fuhren sie weit in die Welt und erkundeten fremde Länder und Gebiete. Es waren meist selbstbewusste und wissbegierige Frauen, die sich nicht in die Schranken weisen lassen wollten, die die Gesellschaft ihnen auferlegte. Einigen wie Lady Montague eröffnete ihre Ehe die Möglichkeit, die Welt kennen zu lernen. Andere mussten sich jedoch erst Männerkleidung anziehen um ungehindert reisen zu können, vor allem in entlegene Gebiete. Denn dort waren reisende Frauen aus anderen Ländern höchst selten, wenn nicht sogar völlig unbekannt.

Die meisten reisenden Frauen haben ihre Eindrücke und Erlebnisse aufgeschrieben: Tagebücher, Reiseberichte und vor allem Briefe berichten von der Faszination des Reisens, aber auch von den Beschwernissen, die damit verbunden waren, für Frauen noch mehr als für Männer.

Immer aber war Reisen ein großes Abenteuer, für das es sich lohnte, alle Probleme und Widrigkeiten in Kauf zu nehmen und sich gegen die herrschende Meinung im eigenen Lande zu stellen. Das, was die Frauen sahen und kennen lernten, war eine große Bereicherung ihres Lebens und bedeutete für sie ein Gewinn von unschätzbarem Wert.

1 Die Reisen der Lady Montagu (1716–1718)
Karte nach der Umschlagseite des Buches von Lady Montagu, Briefe aus dem Orient

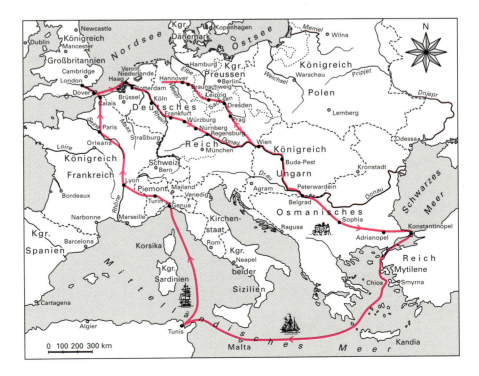

2 **Lady Mary Montagu (1689–1762) trug gern orientalische Gewänder** um unbemerkt durch die Basare streifen zu können.

3 **Lady Montagu über die Durchquerung des Elbsandsteingebirges und über Herbergen in Böhmen, 1716**

Wir kamen bei Mondlicht durch die fürchterlichen Gebirge mit ihren Abgründen, die Böhmen von Sachsen trennen und an deren Füßen die Elbe fließt … An vielen Orten ist der Weg so
5 schmal, dass ich keinen Zoll Zwischenraum von den Rädern bis zu dem Sturz in den Abgrund bemerken konnte. Doch ich war ein so gutes Weib, Herrn Wortley (Montagu), der fest an meiner Seite schlief, nicht aufzuwecken, … weil die Ge-
10 fahr ja doch unvermeidlich war, bis ich bei hellem Mondschein unsere Postillons auf den Pferden einnicken sah, gerade als sie in vollem Galopp waren.

(Die Dörfer) sind so arm und die Posthäuser so
15 elend, dass sauberes Stroh und reines Wasser Glückseligkeiten sind, die man nicht allemal erhoffen darf. Ich führe mein eigenes Bett mit und konnte oft keinen Platz finden, es aufzustellen. Lieber war es mir, so kalt es auch ist, mich in mei-
20 nen Pelz einzuwickeln und die ganze Nacht durchzufahren, als in den gewöhnlichen Stuben zu bleiben, die mit aller Art schlimmer Gerüche erfüllt sind.

Lady Mary Montagu, Briefe aus dem Orient. Frankfurt a. M. 1991, S. 55, zit. nach: Christine von dem Knesebeck, „Die Schönheit Fatimas". Lady Mary Montagu (1689–1762), in: Susanne Härtel, Magdalena Köster (Hrsg.), Die Reisen der Frauen. Weinheim und Basel 1994, S. 19.

4 **Über eine Reise nach Pommern, Juli 1784**

Agnes Sophie von Becker, eine Pfarrerstochter, begleitete ihre Freundin Elisa von der Recke, Tochter eines Gutsherrn, zwischen Juli 1784 und Februar 1786 auf einer Reise durch Deutschland. Sie wurden begleitet von dem Arzt Lieb und einer Gesellschafterin, Julie Reichardt. Sie reisten in einem eigenen Wagen mit Kutscher.

Stargard, den 30. Juli

Wir sind von Stolp bis hierher Tag und Nacht gereist, denn die Nachtquartiere in den so genannten Wirtshäusern sind äußerst säuisch und elend.
5 Köslin ist die erste ordentliche Stadt in Pommern und fünf Meilen von Stolp entfernt. Die letzte Meile vor der Stadt besteht aus einem Sandberge, der eine halbe Meile in die Höhe und herunter geht. Hier stiegen Lieb, Elise und ich vom Wagen
10 und gingen zu Fuße … Wir stiegen in der Stadt beim Postmeister ab, um ein paar Bissen zu essen … Hier in Stargard ist schon eine recht große und lebhafte Welt und die Stadt hat eine schöne Miene. Ein Kurländer … besuchte uns
15 und sorgte, dass wir eine gute Provision Kirschen auf den Weg bekamen. Sonst haben wir hier nichts als das Wirtshaus zum Prinzen von Preußen gesehen. Es ist für Frauenzimmer eine ganz notwendige Sache, vorläufige Connais-
20 sance (Bekanntschaft) und Adresse an jedem Orte zu haben, sonst reisen sie wie die Störche. Der Postillion bläst, es geht fort nach Schwedt.

Agnes Sophie von Becker, Vor hundert Jahren. Hrsg. und eingel. von G. Karo und M. Greyer, Stuttgart 1884, S. 17, zit. nach Wolfgang Griep, Annegret Pelz, Frauen reisen. Bremen 1995, S. 34 f.

5 **Brief aus Indien, 1805**

Julie Charlotte D'Aubigny von Engelbronner, geb. 1775, reiste nach Indien. Sie wollte ihre ältere Schwester besuchen, die dort bei einer englischen Familie arbeitete. Von dieser Reise berichtete sie in Briefen an ihre älteste Schwester, die in London lebte.

Am 26. März verließen wir Bombay, und die Erwartung in einem so neuen Schauplatze ganz unbekannte Dinge zu sehen, neue Kenntnisse einzusammeln in diesem Weltteile, der so selten von
5 den Frauenzimmern besucht wird, machte mich äußerst froh … Man hört hier im Hafen von Bombay so viel von den größten Reisen, man geht von hier nach Bengalen und China, wie unsere Casselaner nach Hannover reisen – wer
10 denkt da an Gefahr!

Julie Charlotte d'Aubigny von Engelbronner, Auszug aus den Briefen des Fräuleins d'Au, in: Journal des Luxus und der Moden, Weimar August 1806, S. 500 ff., zit. nach Griep/Pelz, Frauen reisen, a. a. O., S. 97.

6 *Früher wurden die Touristen in einer Sänfte über die Alpen getragen*

7 *Über eine Überquerung der Alpen 1718 berichtet Lady Montagu*

Wir wurden auf kleinen Sesseln aus geflochtenen Weiden, die auf Stäben befestigt waren, von Männern auf den Schultern getragen. Unsere Wagen aber wurden auseinander genommen und
5 auf Maulesel verpackt.

Lady Mary Montagu, Briefe aus dem Orient., a.a.O., S. 28.

8 *Soll nicht auch das Frauenzimmer reisen?*

Das Reisen gehöret eigentlich nur vor die manns-personen: ein Frauenzimmer aber kan heutigen tages durch gute aufferziehung und conversation mit honeten (ehrenwerten) leuten
5 in ihrem vaterland alles dasjenige erlernen, was zu einem galanten und qualificirten Frauenzimmer erfordert wird. Zugeschweigen die gefahr, welcher dieses zarte und annehmlich geschlecht auf reisen unterworffen ist; und das sprüchwort
10 ist bekannt: Von gereisten Frauenzimmer hält man nicht viel.

Dietrich Hermann Kemmerich, Neu-eröffnete Academie Der Wissenschaften …, Bd. 1–3. Leipzig 1711–1714, zit. nach: Wolfgang Griep, Annegret Pelz, Frauen reisen. Bremen 1995, S. 152.

9 *Ob und wie Frauenzimmer reisen sollen?*

Man könnte vielleicht gegenwärtiges Werk der Unvollständigkeit beschuldigen, und darin eine Lücke zu finden glauben, wenn von dem Reisen der Frauenzimmer nicht wenigstens Erwähnung
5 geschähe …

Ich getraue mir zwar nicht zu behaupten, daß Damen aus den höheren und gebildeten Ständen, die nach Geistesbildung und Veredlung des Charakters streben, reisen sollten; bey der Leb-
10 haftigkeit und Einbildungskraft und der Gefühle, die dem weiblichen Geschlecht größtentheils eigen ist, bey dem Mangel an Selbständigkeit und Festigkeit des Charakters, dessen es fast allgemein beschuldigt wird, möchte das Reisen jun-
15 gen Damen noch weit gefährlicher seyn, als Jünglingen oder jungen Männern. Indeß haben doch manche Frauenzimmer öfters Gelegenheit, in Gesellschaft ihrer Männer, Eltern, Vormünder, Brüder, Oheime oder anderer Anverwandten
20 bald kleinere, bald größere Reisen zu machen; und hier wäre zu wünschen, daß sie diese schickliche Gelegenheit, die sich ihnen zur Erhöhung ihrer Bildung darbietet, auch dazu benutzen möchten …
25 Hier entsteht also die Frage: Wie sollen Frauenzimmer aus den gebildeten Ständen reisen?
… Sie müssen sich nach den Frauen erkundigen die im Rufe stehen, die besten Gattinen, Mütter und Hauswirthinnen zu seyn, und mit ihnen Be-
30 kanntschaft machen und pflegen. Jedes Frauenzimmer beobachte sie in ihrem Verhalten und Betragen gegen ihren Gatten; beobachte die Mütter, wie sie ihre Kinder warten, pflegen und erziehen, unterrede sich mit ihnen über die Mit-
35 tel, deren sie sich bedienen, ihre Kinder gesund zu erhalten, stark und gelenkig zu machen, ihre Seelenkräfte zu entwickeln, sie vor unsittlichen Neigungen und Gewohnheiten zu verwahren.

Franz Posselt, Apodemik oder die Kunst zu reisen. Leipzig 1795, I. Bd., S. 733, zit. nach: Wolfgang Griep, Annegret Pelz, Frauen reisen. Bremen 1995, S. 215.

a) Stellt aus den Texten zusammen, worüber die Frauen berichten. Vergleicht mit den Berichten der Handwerksgesellen (S. 254).

b) Versetzt euch in die damalige Zeit und führt ein Streitgespräch: Eine Frau, die gerade eine Reise vorbereitet, diskutiert mit einem Onkel, der ein Gegner des Frauenreisens ist.

c) Schreibe eine Erwiderung auf die Texte M8 und M9 aus heutiger Sicht.

d) Führt eine Befragung durch: Frauenreisen heute. Über welche positiven und welche negativen Erlebnisse berichten Frauen? Welche Meinung vertreten Männer zu der Frage, ob Frauen allein oder nur in männlicher Begleitung weite Reisen unternehmen sollen?

4. Wie Menschen Feste feierten

4.1 Feste und Feiertage

„Danke für die Einladung zu deiner Geburtstagsfeier am Freitag um 15.30 Uhr. Ich kann allerdings erst etwas später kommen, denn ich muss bis 17 Uhr arbeiten." Ein Mensch des 17. Jahrhunderts hätte diese Verabredung wohl nicht verstanden, denn den Geburtstag als Fest, an dem Jahr für Jahr das Lebensalter gezählt und gefeiert wird, kannten die meisten Menschen damals nicht. Wenn ein persönliches Fest gefeiert wurde, war dies der jährlich wiederkehrende Namenstag, allerdings ohne Party und Geschenke. Ebenfalls nicht verstanden hätten die Menschen damals die genaue Abgrenzung von Arbeits- und Freizeit. Gearbeitet wurde sechs Tage in der Woche von Sonnenauf- bis -untergang; die Arbeit konnte dabei beliebig unterbrochen und vor allem ausgedehnt werden. Neben den Sonntagen gab es zahlreiche kirchliche Feiertage, an denen die Menschen nicht arbeiten mussten, z. B. Ostern, Pfingsten, Fronleichnam, das Johannisfest, aber auch die Kirchweih bzw. Kirmes. An viele religiöse Feiern schloss sich ein weltliches Fest an. So war mit der Kirchweih ein Jahrmarkt verbunden, mit einer Beerdigung ein üppiges Essen, der so genannte „Leichenschmaus".

Das Dorf feiert

Heute wissen wir zwar, dass die Menschen auf dem Lande feierten. Wir wissen auch, dass Alt und Jung, Männer und Frauen gemeinsam feierten. Je förmlicher eine Feier allerdings war, desto mehr traten die Frauen in den Hintergrund. Bilder aus der damaligen Zeit zeigen, dass ausgiebiges Essen und Trinken, Musik, Tanz und Spiele zu jedem größeren dörflichen Fest dazugehörten. Die Feste waren von Landschaft zu Landschaft verschieden. Weil es jedoch über Dorffeste kaum schriftliche Quellen gibt, ist vieles noch nicht erforscht. Viele interessante Fragen müssen daher unbeantwortet bleiben: Wer plante und organisierte die Feste? Wer bezahlte die Speisen und Getränke? Gab es einen bestimmten Festablauf?

1 Erntefesttanz
Bildteppich von Frans und Peter van der Borght. Die Abbildung zeigt die Phasen der Getreideernte, die in Wirklichkeit nacheinander abliefen. – Ermittle die einzelnen Phasen und beschreibe die Erntefeier.

2 St.-Georgs-Kirmes
Pieter Breughel d. J.,
nach 1616. Dargestellt
ist das Fest von Sankt
Joris, dem Patronats-
heiligen der Bogen-
schützen. Rechts hin-
ter der Eiche haben
sich bereits die Schüt-
zen zum Abschießen
des Holzvogels auf
einer Wippe aufge-
stellt. Im Hintergrund
betritt eine Prozes-
sion die Kirche.
Suche weitere reli-
giöse und weltliche
Elemente des Festes
auf diesem Bild.

3 1711 verbot Fürst Georg Albrecht aufgrund seiner calvinistischen Überzeugung alle damals in
Ostfriesland üblichen Bräuche.
Und weil das Setzen der so genandten Mey-
Bäume, das Auffhangen der Blumen und Kränt-
zen über die Gassen, das Herumbgehen mit dem
Stern um Heiligen drey Könige, das so genandte
5 Christ-Kindlein, damit man die Kinder zu erschrecken pfleget, wie auch das Kloht-Schiessen[1], das Torfflegen[2], und das dabey vorgehende
Lauffen, das Schiessen am Neuen-Jahrs-Tage,
und bey den Hoch-Zeiten, das Herumlauffen
10 und verkleiden am Nicolai-Tage[3], das so genandte Heeteweggen[4] oder warm Brodt essen an
den ersten dreyen Tagen in der Fasten, wie auch
das dabey gewöhnliches Ausruffen, das Spiehlen
mit Karten und Würffeln, und auf dem Drey-
15 Brett[5], wie auch das Lienen- oder Koor-Tantzen[6], das Herumlauffen und Spielen mit den
Bären und anderen Thieren, ein unnützes, theils
heidnisches, und liederliches Wesen ist, und denen Kindern, und andern unwissenden Leuten

20 gantz verkehrte und falsche Meinungen von
Göttlichen Sachen öffters beybringet, auch Müs-
siggang und andere böse Excessen nach sich zie-
het: So wollen Wir solches – poena (= Strafe) 20.
Gold-Gulden – gäntzlich abgeschafft haben.

1 Kloht-Schiessen: Eine Art „Straßenkegeln" mit 12 cm großen Holzku-
geln. Zwei Mannschaften müssen eine festgelegte Wegstrecke von mehreren
Kilometern mit möglichst wenig Würfen überwinden.

2 Torfflegen: Ein Spiel, wobei jemand eine bestimmte Anzahl in einer Reihe
liegender Torfstücke einzeln aufheben und an einem Ort zusammenbringen
musste, bis ein anderer ein weites vorgeschriebenes Ziel durch schnelles
Laufen erreicht hatte.

3 Herumlaufen und verkleiden am Nicolai-Tage: Diese Sitte war Ende des
letzten Jahrhunderts auf Norderney am Tage vor Nikolaus üblich. Dann nahmen die Kinder einen Teller, trugen ihn zu Bekannten und Verwandten, san-
gen dort, gaben den Teller ab und holten ihn am Nikolaustage wieder. Der
Teller war gefüllt mit Gebäck oder Spielsachen. Der Nikolaustag galt bis ins
19. Jahrhundert als höchstes friesisches Bescherungsfest.

4 Heeteweggen (= heiße Brötchen) oder warm Brodt essen: Ein Gemein-
schaftsmahl zu bestimmten Anlässen (z. B. Hochzeiten, Nikolausfest, Marti-
nitag [11.11.], 1. Mai), an dem frisch gebackenes Brot gegessen wird.

5 Drey-Brett: Ein Glücksradspiel auf dem Jahrmarkt oder ein Kartenspiel.

6 Lienen- oder Koor-Tantzen: Seiltanzen; auch ein Spiel für Kinder und
Jugendliche.

Policey-Ordnung Georg Albrechts 1711, S. 8, in: Miscellanea Ostfrisica III
1602–1747, Teil 11.

a) Beschreibe, wie Feste (VT, M1, M2) früher begangen wurden und vergleiche diese mit der Kirmes oder dem Jahrmarkt, den du kennst. Welche
Gemeinsamkeiten und Unterschiede erkennst du?
b) Erkundige dich, an welche Brauchtumsfeste aus M3 sich die älteren Mitglieder in deiner Familie oder deinem Bekanntenkreis erinnern, worauf sie
zurückzuführen sind und wie sie begangen wurden. Ergänze diese Liste mit
Brauchtumsfesten aus deiner Region.

4.2 Aus einer Wehrübung der Bürger wird ein Volksfest

Schützenfeste sind in Norddeutschland sehr verbreitet. So findet alljährlich auch das größte Schützenfest der Welt in Hannover statt. Der Schützenausmarsch und das riesige Volksfest mit Riesenrad, 5fach-Loopingbahn, Flugkarussells, Auto-Skooter, Losbuden, Imbissständen und Bierzelten lassen für viele Hannoveranerinnen und Hannoveraner in der ersten Juliwoche die eigentlichen Schießwettbewerbe in den Hintergrund treten. Zwar kann nicht jedes Schützenfest, das gefeiert wird, auf eine über 600-jährige Tradition zurückblicken wie das in Hannover, aber alle Feste lassen sich auf einen gemeinsamen Ursprung zurückführen: die Verteidigung der Stadt durch die Bürger.

Schützengilden entstehen

Erstmals werden Schützengilden um 1400 in Urkunden aus Flandern, einem Teil des heutigen Belgien, erwähnt. Über den Nordwesten breiteten sie sich dann nach Mittel- und Süddeutschland aus. In einer Zeit, in der es noch kein stehendes Heer gab, gehörten Verteidigungsaufgaben zu den Bürgerpflichten. Die waffenfähigen Bürger einer Stadt organisierten sich in Schützengilden um sich gegen die Landesherren zu wehren, die immer wieder versuchten die Städte unter ihre Kontrolle zu bringen. Um ihre Verteidigungsbereitschaft zu zeigen führten die Schützengilden in den Städten regelmäßige Wehr- und Schießübungen durch.

1 **Dieses Gemälde aus dem 19. Jahrhundert zeigt, wie ein Künstler sich das Papageienschießen des Mittelalters vorstellte.** *Im Hintergrund die Stadtsilhouette von Hannover.*

**2 Schütze und Schützenhaus auf dem Deckel
eines Pokals, 1665**
Gewehr und Zielscheibe hatten bald die Armbrust und den Holzpapagei ersetzt.

**Hannoveraner
schießen auf einen
Papageien**

Im 15. Jahrhundert war es in Hannover üblich geworden, für militärische Aufgaben je nach Bedarf Söldner zu verpflichten. Das entlastete die Bürger weit gehend von den lästigen Verteidigungspflichten. Außerdem stand der Stadt so eine kampferfahrene Truppe zur Verfügung. Um fit zu bleiben hielten die Söldner Wehrübungen ab. Eine davon war das so genannte Papageienschießen, das 1394 erstmals urkundlich erwähnt wird. Dabei wurde mit einer Armbrust auf einen bunten Holzvogel geschossen, der auf einer hohen Stange befestigt war. Woher diese Tradition stammt, ist weit gehend unklar. Unbekannt ist auch, ob diese Schießübung bereits mit einem Fest verbunden war. Bekannt ist lediglich, dass eine Tonne Einbecker Bieres aus Anlass des Schießens geliefert wurde.

**Ein Wettkampf
braucht Regeln**

Die Armbrust wurde später durch das Gewehr ersetzt und der bunte Papagei durch die heute übliche Zielscheibe. Bei den Schießübungen kam es immer wieder zu Streitigkeiten und Unregelmäßigkeiten, sodass der Hannoversche Rat 1575 die erste Schützenordnung erließ um den Ablauf des Wettschießens in geregelte Bahnen zu bringen. Geschossen wurde zunächst nur an Sonntagen von Anfang April bis Ende September. daran durften auch die Bürger der Stadt teilnehmen. Eine soziale Ausgrenzung gab es kaum, nur die besten Schützen zählten. Frauen waren nicht waffenfähig und daher nur als Begleitung oder Hilfspersonal zugelassen. Üblich war es auch geworden, dass eine Abordnung der Stadt zu Schützenfesten in andere Städte, sogar bis nach Magdeburg, reiste.

**Schützenfeste werden
zum Jahrmarkt**

Nach dem 30-jährigen Krieg begannen die Landesherren überall mit dem Aufbau stehender Heere. Dadurch war ein militärisch ausgebildeter Bürger nicht mehr notwendig. Die Schießwettkämpfe wurden nun endgültig zu Volksfesten. Bei drei Anlässen maßen Hannovers Schützen ihr Können: beim Pfingstschießen, beim Johannisschießen im Juni und beim Ochsenschießen im Herbst. Dabei häuften sich Klagen über maßloses Essen und Trinken und über Schlägereien. Als Mitte des 18. Jahrhunderts bei den Schießübungen zwei Tischlergesellen umkamen, verbot König Georg II. schließlich das Schützenfest. Die Bürger feierten dennoch weiter, sodass das Verbot nach Jahren schließlich wieder zurückgenommen wurde. An den meisten Orten war üblich geworden die Schießwettkämpfe mit einem Jahrmarkt zu verbinden. Das aber wurde nicht überall gerne gesehen. Der Rat der Stadt Goslar erklärte beispielsweise auf Druck der einheimischen Kaufleute und Handwerker mehrfach, das Freischießen sei kein öffentlicher Markt, zu dem auswärtige Händler anreisen dürften. Der Rat konnte sich jedoch nicht durchsetzen und die Einheimischen mussten die auswärtige Konkurrenz akzeptieren.

3 *Norddeutsche Schützenordnungen*

a) Die Hannoversche Schützenordnung aus dem Jahre 1710

Wir Bürgermeister und Rath der Churfürstl. Residenzstadt Hannover fügen allen … hiermit zu wissen, … daß Wir …

1. Alle Jahr zweene Schäffere (Schaffer), die denen Schützen getreulich vorstehen sollen, aus 6 Persohnen, so Uns von den löblichen Schützen praesentiret werden, verordnen, die zu solcher Funktion sich vermittelst eines leiblichen Eydes verbindlich machen, und darauff befteliget seyn sollen, zweene Bruchemeisters (Bruch = Strafe) zu erwehlen, welcher Wahl sich niemand von Unserer Bürgerschafft bey Vermeidung 5 Thlr. Straffe widersetzen noch das Ambt anzunehmen sich in einige Masse verweigern soll …

5. Wer nun mitschiessen will, derselbe soll auch mit ein- und ausmarschiren oder zum Schiessen gar nicht zugelassen werden …

9. Wem diesem Exercitio (Übung) beyzuwohnen auch vor der kleinen Scheiben mitzuschiessen (will), der soll aus freyer Hand und mit ausgestreckten Armen ohn Argelist oder ungebührenden Vortheil schiessen auch vor allen dreyen Scheiben kein gereifft noch geschroben Gewehr gebrauchen. Sollte aber dergleichen bei einem gefunden werden, so soll dasselbe zerbrochen und zerschlagen auch dem Schützen, so sich dessen bedienet vor dasmahl ferner mitzuschiessen nicht gestattet werden.

14. Ferner soll kein Schütze dem andern im Stande verhindern, kein Frembder auch zu dem, der da schiessen will, in den stand gehen bey Straffe eines halben Thalers …

17. Wenn jemand, der im Stande ist, mit Worten verdrießlich fallen würde, derselbe soll nach Befinden in die Broke büchse Straffe geben.

18. Wer den andern mit Scheltworten in und für dem Schützen-Hause angreifft, oder sonsten Hader, Zanck und Unwillen anrichtet, der soll mit Hülffe der Schützen von denen Schaffern umb zweene Thlr. gestraffet werden. Welcher auch in der Schützen-Gelage Unlust und Unwillen anrichtet, derselbe soll vier Thlr. zur Straffe geben.

28. Wer zur Ungebühr Pulver auf denen Tischen anzündet, oder auch auff dem Schützen-Saale aus dem Gewehr Schwermer schiesset oder sonst dergleichen wirfft, oder auch sonsten im Aus- und Einmarschiren schiesset oder plackert, wodurch leicht grosses Unglück entstehen kann, der soll zur Straffe zweene Thlr. erlegen.

31. Im übrigen sollen die sämbtl. Schützen denen ihnen vorgesetzten Schützen-Schaffern den gebührlichen respect geben.

Stadtarchiv Hannover, Bestand B 8094, S. 596–601.

b) Bei der Organisation und dem Ablauf der Schießwettbewerbe und des Hannoverschen Schützenfestes arbeiten heute die Schützenstiftung der Landeshauptstadt Hannover, der Deutsche Schützenbund e.V. und der Verein Hannoversches Schützenfest e.V. zusammen.

Die Bruchmeister gibt es auch heute noch, aber sie haben nur noch repräsentative Aufgaben.

Die Schießstandordnung des Deutschen Schützenbundes e.V., Wiesbaden, von 1995 gilt heute für alle Schützen.

2. Auf den Schießständen darf nur mit solchen Waffen und Munitionsarten geschossen werden, die durch die Erlaubnis für diese zugelassen sind …

3. Schießstandbenutzer müssen ausreichend gegen Unfall und Haftpflicht versichert sein.

4. Das Laden und Entladen sowie das Vornehmen von Zielübungen sind nur im Schützenstand mit in Richtung des Geschossfanges zeigender Mündung gestattet.

Grundsätzlich muss die Mündung so gerichtet sein, dass niemand durch einen sich unbeabsichtigt lösenden Schuss gefährdet bzw. verletzt werden kann …

8. Schützen, die sich mit geladener Waffe im Schützenstand umdrehen oder sonst in leichtfertiger Weise andere gefährden, sind von der Teilnahme am Schießen auszuschließen und vom Stand zu verweisen.

9. Personen, die durch ungebührliches Verhalten den reibungslosen Ablauf einer Veranstaltung stören oder zu stören versuchen, können vom Stand verwiesen werden.

10. Rauchen auf den Schützenständen ist untersagt.

11. Die waffenrechtlichen Alterserfordernisse beim Schießen mit Kindern und Jugendlichen sind zu beachten.

12. … Verantwortliche Aufsichtspersonen haben das Schießen ständig zu beaufsichtigen … Sie haben, wenn dies zur Verhütung von Gefahren erforderlich ist, das Schießen und den Aufenthalt im Schießstand zu untersagen. Die Benutzer von Schießständen haben die Anordnungen der Aufsichtspersonen zu befolgen. Die Aufsichtsperson darf selbst während der Aufsichtstätigkeit nicht am Schießen teilnehmen.

4 **Ein Schützenfest um 1775.** Nach einem heute verschollenen Aquarell von Johann Heinrich Ramberg (1763–1840).

5 **Der Hannoversche Bürgermeister Grupen**
schreibt zur Geschichte des Schützenwesens:
Es wurde häufig beklagt, dass der ein und andere Schütze sein Haus und sein Handwerksgeschäft wegen des von Ostern bis Michaelis (29. September) üblichen Montagsschießens vernachlässigt
5 habe, dass ein übermäßiges Feiern (in der Stadt) üblich geworden sei und dass betroffene Frauen es beklagten, dass ihre Mitgift von Männern als Start- oder Wettgeld verschwendet wurde. Daher haben die Landesregierung und auch Seine Kö-
10 nigliche Majestät Georg I. am 21. Oktober 1713 die Schießwettbewerbe auf das traditionelle Pfingst- und Johannisschießen beschränkt, sie haben das Montagsschießen, von Ostern bis Michaelis jeden Montag abgehalten, ganz verboten.

Christian Ulrich Grupen. Von dem Frey-Schiessen der bürgerlichen Schützen in den Städten. In: Hannoversche Beiträge, 26. Mai 1760, S. 1ff. Bearbeitung des Verfassers.

a) Schreibe für eine Informationsbroschüre einen Text über die Geschichte des Schützenfestes in deiner Stadt oder Gemeinde. Dazu kannst du dich im Stadt- oder Gemeindearchiv, bei der Zeitung oder bei der Schützengesellschaft erkundigen.

b) Vergleiche M1 und M2 und benenne die Gemeinsamkeiten und Unterschiede bei den Schießwettbewerben.

c) Notiere die Szenen, die du auf dem Bild M4 erkennst, und erkläre, welche Einstellung der Künstler zum Schützenfest hat.

d) Übertrage M3a in heutiges Deutsch. Stelle fest, welche Bestimmungen in M3b neu hinzugekommen und welche heute ausführlicher als früher beschrieben sind; welche Punkte wurden gekürzt und welche Punkte sind weggefallen? Vermute, warum diese Veränderungen vorgenommen wurden.

e) Stelle die Streitpunkte und Ausschreitungen bei einem Schützenfest zusammen, die in einer Schützenordnung (M3) notwendigerweise geregelt werden mussten.

f) Verfasse je einen Kommentar zum Verbot des Montagsschießens (M5) aus der Sicht eines leidenschaftlichen Schützen und aus Sicht seiner Frau.

4.3 Der Hof tanzt

Die Nacht zum Tage machen

Höfling

Das höfische Leben: ein Fest

Der Schein hunderter Kerzen spiegelt sich an den Wänden des Schlosses, die Paare tragen Kleider und Anzüge aus kostbarster Spitze und Seide. Zu der mäßig schnellen Musik der Hofkapelle tanzen die Mitglieder der Hofgesellschaft mit kleinen und würdevollen Schritten ein Menuett. Zuvor hatte eine Heerschar von Lakaien die Festgäste an einer Tafel mit kostbarsten Speisen bedient. Ein farbenprächtiges Feuerwerk unterbricht den Abend nur vorübergehend. Dann tanzen die Paare weiter – bis in den Morgen hinein. Wenn die Karossen mit den adligen Festteilnehmern im Morgengrauen zurückfuhren, begegneten sie den Bürgern, die ihre Arbeit begannen. Die höfische Welt verkehrte den natürlichen Tagesablauf, die Nacht wurde zum Tage, der Tag diente der Vorbereitung der Nacht. Möglich wurden solche nächtlichen Feste auch, weil man gelernt hatte große Festräume zu erhellen, ohne dass die Anwesenden vor Qualm und Ruß ständig Hustenkrämpfe bekamen. Bei den Festen wurde nichts dem Zufall überlassen. Musiker und Schauspieler, Köche und Choreographen waren mit einer Schar von Gehilfen an der Festinszenierung beteiligt. Gefragt war Abwechslung: heute ein mittelalterliches Turnier, bei dem der Sieger selbstverständlich schon feststand, morgen eine blutige Tierhatz oder Prunkjagd, übermorgen ein Festmotto aus der antiken oder mittelalterlichen Dichtung. Immer beliebter wurden Feste, die Themen des einfachen Volkes aufgriffen: eine Bauernhochzeit, ein Jahrmarkt oder ein Beisammensein in der Gastwirtschaft.

Bald hatte es den Anschein, als fände an den Fürstenhöfen Europas im 17. und 18. Jahrhundert jeden Tag ein Fest statt. Manchmal wurde mehrere Tage oder gar Wochen gefeiert. Der Geburtstag des Herzogs Karl Eugen wurde 1763 in Stuttgart z.B. zwei Wochen lang begangen, die Heirat Kaiser Leopolds I. mit der Infantin von Spanien sogar ein ganzes Jahr. Überwog im 16. Jahrhundert noch das pompöse, laute Fest, so bekamen die Feste bis zum 18. Jahrhundert einen schlichteren, privaten Charakter; immer jedoch waren das Schloss und sein Park die Stätten des Vergnügens.

1 Feuerwerk auf der Elbe
Kupferstich von C. H. Fritzsche, 1709

2 **Prunkjagd im Park von Schwetzingen**
*Gemälde, wahrscheinlich von Jacobus Schlachter, um 1730.
Bei dieser Wasserjagd wird das Wild in ein künstliches Bassin getrieben und von der Festgesellschaft vor stimmungsvoll gemalter Kulissenlandschaft ohne weitere Mühe getötet.*

3 **Gottfried Wilhelm Leibniz berichtet über ein Fest** *anlässlich des Geburtstages des brandenburgischen Kurfürsten in Charlottenburg, das wie ein Dorfjahrmarkt mit zahlreichen Buden inszeniert war:*

Bei der Eröffnung erschien der (Kurfürst verkleidet als) Doktor in feierlichem Aufzug auf einer Art Elefanten und die Frau Doktorin ließ sich in ihrer Portechaise (Tragsessel) von Türken
5 hereintragen. Dann kamen der Taschenspieler, die Springer und der Zahnbrecher und als dies ganze Gefolge des Doktors vorüber war, führten Zigeunerinnen einen Tanz aus, ihre Anführerin war die Fürstin von Hohenzollern. Man sah
10 auch einen Astrologen mit einem Fernrohr in der Hand ... Eine Dame der Fürstin Hohenzollern hatte Zahnweh und der Zahnbrecher mit der Zange eines Hufschmiedes zog ihr einen Zahn, so lang wie der Arm, er gehörte auch
15 einem Walross an. Der Doktor lobte seine Geschicklichkeit, indem er der Versammlung vorstellte, wie geschickt der Mann sein müsse um einen solchen Zahn auszuziehen ohne Schmerzen zu verursachen.

Zit. nach: Max v. Boehn: Deutschland im 18. Jahrhundert. Berlin, 1921, S. 308.

4 **Wie ein Sommertag im Schloss Herrenhausen** *zu Hannover um 1700 aussehen konnte, schildert ein Zeitgenosse:*

(Das Gefolge der Kurfürstin Sophie bestand) aus lauter gewählten Personen, die sich alle beeiferten, ihr den Aufenthalt angenehm zu machen. Aber auch die Kurfürstin übersah ihrerseits nichts, was
5 ihrem kleinen Hof Vergnügen machen konnte. Sie verschaffte ihm die Ergötzlichkeiten des Spazierengehens, des Fischfangs und besonders einer lebendigen und aufgeweckten Unterhaltung. Zuweilen fand man, wenn man es am wenigsten erwartete, kleine Vespermahlzeiten mit Reinlichkeit
10 und Delikatesse zubereitet in den Lustgebüschen. Ein andermal ward man überrascht durch die Töne mehrerer musikalischer Instrumente, die plötzlich sich zu einem angenehmen Konzert vereinigten:
15 Prächtige Gondeln, zum Gebrauch für diejenigen bereit, welche etwa Lust hatten eine Spazierfahrt auf dem Wasser zu machen. Kleine schön angestrichene und vergoldete Wagen, worin vier Personen sitzen konnten und die von zwei Pferden
20 gezogen wurden, standen am Abend für diejenigen bereit, die lieber im Park herumfahren wollten.

Zit. nach: J. Lampe: Aristokratie, Hofadel und Staatspatriziat in Kurhannover. Veröffentlichung der Historischen Kommission Niedersachsen 24, Bd. 1, S. 125.

a) Stelle zusammen, auf welch unterschiedliche Arten der Adel Feste feiert.
b) Der Hof Ludwigs XIV. (vgl. Seite 84 ff.) war das Vorbild für die Fürsten Europas. Nimm vor dem Hintergrund der Materialien (M1–M4) dazu Stellung.
c) Beschreibe die Gemeinsamkeiten und Unterschiede zwischen den Festen des Adels einerseits und der Bürger und Bauern andererseits.

4.4 Projekt: Ein Menuett tanzen

1   Menuett
*Stich von Daniel
Chodowiecki, 1779*

Das Menuett ist wahrscheinlich aus einem Volkstanz der französischen Landschaft Poitou entstanden. Das erste höfische Menuett soll 1653 Ludwig XIV. getanzt haben. Das Menuett war ein richtiger Modetanz, der bald an anderen Höfen von Königen, Fürsten und angesehenen Höflingen mit ihren Damen nachgeahmt wurde. Aus dem spontanen und schnellen Volkstanz war ein langsamer Schreittanz mit mäßig schnellen Bewegungen geworden, bei dem eine körperliche Berührung nur selten war und dann auch nur mit äußerster Zurückhaltung ausgeführt wurde. Neben der würdevollen Tanzhaltung ist vor allem der Tanzweg im Raum bezeichnend: Die Paare nähern und entfernen sich auf dem Grundriss eines umgekehrten „S", einer Acht oder eines „Z", sie formen Kreise, Reihen oder Mühlen. Erst im Zuge der Französischen Revolution büßte das Menuett seine Beliebtheit ein.

Die folgenden Seiten enthalten Hinweise, wie ihr einige Figuren eines Menuetts leicht einüben und aufführen könnt. Vielleicht könnt ihr eure Musiklehrerin oder euren Musiklehrer bitten, euch dabei zu unterstützen.

Die Menuette aus Georg Friedrich Händels „Feuerwerksmusik" oder seiner „Wassermusik" sind leicht zu beschaffen und eignen sich gut als Tanzmusik, aber auch Komponisten wie Johann Sebastian Bach und Wolfgang Amadeus Mozart haben bekannte Menuette komponiert.

2   Höfischer Tanz. *Menuett im Hafen von
Venedig. Gemälde von Pietro Fabris,
um 1770.*

3   Tanz auf dem Land

Arbeitet aus den Abbildungen M2 und M3 heraus, wodurch sich der Tanz auf dem Lande und der höfische Tanz unterschieden (Ort, Instrumente, Paare, Tanzart).

Eine im höfischen Tanz häufig benutzte Figur ist die „Reverenz", eine artige Verbeugung. An den Höfen verbeugten sich nicht nur die Männer vor den Frauen, sondern die Männer machten auch gegenüber höher gestellten anderen Männern Verbeugungen, dasselbe galt für die Damen.

Herren: Rechten gestreckten Fuß unbelastet nach vorne setzen, gleichzeitig dazu das linke Standbein etwas beugen bzw. einknicken, den Oberkörper dabei etwas neigen, aber die Dame beim Gruß ansehen; dabei den rechten Arm von links oben mit ausladender Bewegung nach rechts unten führen, so als ob ihr einen Hut vom Kopf zieht.

Damen: Linkes Standbein etwas einknicken, rechten Fuß mit der Spitze hinter den linken Fuß auftippen, der Oberkörper bleibt aufgerichtet, leichtes Kopfnicken und Lächeln, so als ob ihr einen „Knicks" macht.

Die zweitaktige Reverenz

4 **Schülerinnen und Schüler tanzen eine Mühle.** Während die Mädchen im Kreis gehen, verbeugen sich die Jungen einmal.

Reverenz und Mühle

Getanzt wird das Menuett von Georg Friedrich Händel aus der Wassermusik, Suite F-Dur. Vier Mädchen stehen Rücken an Rücken in einem Innenkreis, die vier Jungen stehen im Außenkreis jeweils ihrer Tanzpartnerin gegenüber und schauen sie an. Sie nähern sich auf folgende Weise:

Reverenz

Takt 1		2		3 und 4	5 und 6	7	8
Zähl-zeit	Bewegung	Zähl-zeit	Bewegung	Bewegung	Bewegung	Bewegung	Bewegung
1	rechten Fuß unbelastet nach vorn	1	rechtes Bein kleiner Schritt vorwärts	wie Takt 1 und 2, nur mit linkem Fuß beginnend	Reverenz (Herrenverbeugung/ Damenknicks (s.o. und Foto)	rechtes Bein Schritt zurück	linkes Bein Schritt zurück zur Ausgangsposition
2	rechten Fuß zurück	2	linkes Bein nachstellen				
3	—	3	—				

Mühle

Die Mädchen fassen die rechte Hand vom gegenüberstehenden Mädchen und gehen im Uhrzeigersinn in acht langsamen Schritten im Kreis herum, lösen die Hände und stellen sich neben ihre Tanzpartner in den Außenkreis.

Die Jungen stehen im Außenkreis und verbeugen sich einmal nach Absprache.

Die Wiederholung ist ähnlich, nur dass jetzt die Jungen in den Innenkreis gehen, sich an den Händen fassen und die Mühle tanzen (s.o.); die Mädchen machen einen Knicks gemeinschaftlich nach Absprache.

Positionen der Mühle

 Junge

 Mädchen

1. Reverenz

2. Anfang Mühle

3. Ende Mühle

4. Wiederholung

5. Lernen: nicht für die Schule, sondern für das Leben?

5.1 Was Bauernkinder lernten

„Ein Leben ohne Schule? Wie schön!", werden viele von euch denken. Aber könntet ihr euch ein Leben ohne Schule überhaupt vorstellen?

Erste Ansätze für eine Schulpflicht

Vor mehr als 200 Jahren war es für Kinder durchaus noch nicht selbstverständlich, regelmäßig zur Schule zu gehen. Die Anfänge der Schulpflicht in Norddeutschland liegen im 16. Jahrhundert nach der Reformation. Die Landesherren erließen Kirchenordnungen, in denen die Einführung von Schulen angeordnet wurde. Die Kinder sollten dort „in der Furcht Gottes, rechter Lehre und guter Zucht" erzogen werden und das Lesen lernen um den in deutscher Sprache veröffentlichten Katechismus und vielleicht auch die Bibel lesen zu können. Die Schulen waren ein Teil der Kirchenorganisation, der Unterricht wurde vom Küster oder Kantor erteilt, der dem Pfarrer unterstellt war. Allerdings ließen sich diese Ansätze einer Schulbildung für die Landbewohner, immerhin der größte Teil der Bevölkerung, kaum verwirklichen.

Eine Schulpflicht wird notwendig ...

Im 17. und 18. Jahrhundert änderte sich vieles. Mit dem Ausbau der staatlichen Verwaltung wurde es nötig, eine genügend große Anzahl von Beamten heranzuziehen, die lesen, schreiben und rechnen konnten. Die Landesherren erließen Verordnungen, in denen die allgemeine Schulpflicht angeordnet wurde; 1642 in Sachsen, in Preußen 1717 und in Bayern erst 1802. 1787 wurde in Preußen zum ersten Mal eine eigene oberste Landesbehörde für das Schulwesen eingerichtet, deren Vorgesetzter, der Minister Freiherr Karl Abraham von Zedlitz, den ersten „Gesamtplan für ein künftig vom Staat zu verantwortendes Unterrichtswesen" vorlegte. Der König Friedrich II. vertrat allerdings die Ansicht, dass es „auf dem platten Lande" genug sei, „wenn sie ein bisgen lesen und schreiben lernen", da sie sonst in die Städte laufen und „Sekretairs und so was werden" wollten.

... und kann dennoch nicht durchgesetzt werden

Die allgemeine Schulpflicht konnte zunächst nicht durchgesetzt werden, vor allem nicht auf dem Land, wo es häufig an Schulen fehlte, die Eltern das Schulgeld nicht aufbringen konnten und die Kinder zur Landarbeit, zum Viehhüten und zur Beaufsichtigung der anderen Kinder gebraucht wurden. Zudem hinderte das Schulgeld viele Eltern daran, ihre Kinder regelmäßig zur Schule zu schicken. Die Kinder sollten 6–7 Jahre die Schule besuchen (im Winter täglich, im Sommer wenigstens ein- oder zweimal wöchentlich), im Durchschnitt betrug die Schulzeit aber kaum mehr als zwei Jahre. In vielen Orten konnten nur etwa 10 Prozent der Kinder nach Verlassen der Schule richtig lesen und mehr als ihren Namen schreiben.

Bedingungen des Unterrichts

Dies lag auch an den Bedingungen, unter denen der Schulunterricht stattfand und die sich bis zur Mitte des 19. Jahrhunderts kaum verbesserten, obwohl die staatliche Obrigkeit versuchte durch Kontrollbesuche, so genannte Visitationen, Mängel festzustellen und zu beheben. Die schlechten Schulgebäude und die mangelhafte Ausstattung der Schulen, die fehlende Ausbildung der Lehrer, ihre schlechte Bezahlung und ihre niedrige Stellung blieben kennzeichnend für die Schulsituation auf dem Lande.

1 *„Antikes Schulwesen". Kupferstich aus Nürnberg 1825.*

2 **Karl Abraham Freiherr von Zedlitz**
*Vorschläge zur Verbesserung des Schulwesens
in den Königlichen Landen (1787)*
Wenn der Schulunterricht den Endzweck haben
soll die Menschen besser und für ihr bürgerliches
Leben brauchbar zu machen, so ist es ungerecht,
den Bauer wie ein Tier aufwachsen, ihn einige
5 Redensarten, die ihm nie erklärt werden, auswendig lernen zu lassen; und es ist eine Torheit,
den künftigen Schneider, Tischler, Krämer wie
einen künftigen Konsistorialrat oder Schulrektor
zu erziehen … Darauf folgt also, dass der Bauer
10 anders als der künftige Gewerbe oder mechani-
sche Handwerke treibende Bürger und dieser
wiederum anders als der künftige Gelehrte oder
zu höheren Ämtern des Staates bestimmte Jüngling unterrichtet werden muss. Folglich ergeben
15 sich drei Abteilungen aller Schulen des Staates:
1) Bauern-, 2) Bürger- und 3) Gelehrte Schulen.
… Gelehrt muss der Bauer durchaus nicht sein …
Der Bauer soll ein guter und in seinem Stande
verständiger, brauchbarer und tätiger Mann wer-
20 den. Hierzu gehört:

a) Religion im eigentlichen Verstande; folglich
außer den Glaubenslehren lautre christliche Mo-
ral des Evangeliums; das ist innige tiefe Vereh-
rung Gottes und seiner Regierung, Liebe des
25 Nächsten und Liebe zu den Pflichten des uns angewiesenen Standes; …
b) Lesen; etwas Übung im Schreiben und Rechnen, das Letzte vornehmlich aus dem Kopf.
c) Einige Erfahrungssätze aus der Mechanik, …
30 Kenntnis der gangbaren Maße und Münzen des
Landes.
d) Etwas Naturgeschichte und Naturkenntnis,
um ihm anzugewöhnen bei ihm misslungenen
Ernten oder Pflanzungen, beim Sterben seines
35 Viehes usw., die Ursachen anderswo als in der
vermeintlichen Hexerei zu suchen …
e) Wenige … medizinische Regeln, damit er den
ihm oft tödlich werdenden Branntwein nicht für
Universalmedizin ansehe …
40 f) Einige Kenntnis der Landesverfassung …

Berthold Michael / Heinz-Herrmann Schepp, Die Schule in Staat und Gesellschaft. Dokumente zur deutschen Schulgeschichte im 19. und 20. Jahrhundert. Göttingen/Zürich 1993, S. 73 ff.

3 **Bauernschule.** *Radierung nach einem Bild von Daniel Chodowiecki, Ende des 18. Jahrhunderts. Nicht in allen Dörfern gab es ein festes Schulhaus; insbesondere in den kleineren Dörfern wurde noch bis in die Mitte des 19. Jahrhunderts in so genannten Reiheschulen unterrichtet, d. h. der Reihe nach in den Häusern der Dorfbewohner. Dies brachte teilweise sehr lange Schulwege mit sich und oft äußerst schlechte Schulzimmer, die auf den Höfen eingerichtet wurden.*

4 **Anonymes Schreiben vom 11. Februar 1787**
Ehemals bin ich ein Landschullehrer gewesen, aber aus Verdruss eilte ich wieder zurück in die Stadt, … denn es ist ein wahres Elend sowohl für den Landschullehrer als dessen Kinder, dass
5 1. größte und kleine Kinder zugleich den Unterricht untereinander hören, denn nie kann der Lehrer für das Getöse der kleinen Kinder, den großen einen ruhigen und vernehmlichen Unter-

richt geben: immer sind verdrießliche Auftritte
10 da, die ihn stöhren.
2. die Schulstuben, besonders in den großen Gemeinen, wo beinahe 100 Kinder zusammen kommen, sind ohnehin zu klein und zu niedrig …
3. Viele Kinder kommen ganz unordentlich und
15 zum Theil nicht eher in die Schule bis sie 10 und mehrere Jahre erreicht haben: Dies macht auch den Unterricht fast vergeblich.

Acta des Schuldirectorium (Braunschweig) verschiedene Verbesserungsvorschläge betr. 1787, fol. 84, in: Hanno Schmitt, Schulreform im aufgeklärten Absolutismus. Weinheim und Basel 1979, A 187.

6 **Protokoll einer Prüfung von Bewerbern um eine Schulmeisterstelle in Jessen unter Vorsitz des Pfarrers im Jahr 1729**
1. Martin Ott, Schuster aus A., hat in der Kirche gesungen: „Christ lag in Todesbanden". – Dreierlei Handschrift hat er gelesen – mittelmäßig. Drei Fragen aus dem Verstand beantwortet – recht.
5 Aus dem Katechismus von dem heiligen Abendmahl aufgesagt und die 54. Frage darauf beantwortet – ohne Fehler. Drei Reihen Diktat geschrieben – vier Fehler. Des Rechnens ist er durchaus unerfahren.
10 2. Jakob Mühl, Weber aus D., hat die Fünfzig hinter sich, hat gesungen „O Mensch, bewein dein –". Aus dem Katechismus die 10 Gebote und die 41. Frage aufgesagt ohne Fehler. Diktat drei Reihen geschrieben – fünf Fehler. Des Rechnens
15 auch nicht kundig …
4. Johann Schütt, ein Kesselflicker von hier, hat 50 Jahre des Lebens auf Erden gewandelt und hat gesungen: „O Ewigkeit, du Donnerwort". Beim Katechismus bemerkte man, dass er bei
20 diesen Stücken noch nicht in Übung steht. Diktat drei Reihen geschrieben – ging an, was Buchstaben betrifft doch zehn Fehler. Des Rechnens nur im Addieren (Zusammenzählen) erfahren.

5 **Tabellarische Schul-Bemerkungen,** *die bei einer Visitation einiger Landschulen des Amts Wickensen im Jahre 1786 gemacht wurden.*

Hanno Schmitt, Schulreform im aufgeklärten Absolutismus. Leistungen, Widersprüche und Grenzen philanthropischer Reformpraxis im Herzogtum Braunschweig-Wolffenbüttel 1785–1790. Weinheim und Basel 1979, A 179 f.

Name der Schul-Orte	im Lesen in der Bibel	in Lesen und verstehen anderer moralischer Erzählungen	in der Art des Betens	im Antworten auf vorgelegte Religionsfragen	im Schreiben	im Rechnen
			Fähigkeiten derer Kinder			
de 6. Nov. 1780 Linse	gantz gut	ebenmäßig	langsam, deutlich und mit Andacht	ganz vernünftig und mit Nachdenken	Einige ziemlich	das ein mal eins ziemlich
eod. Dohnsen	recht gut	ziemlich	etwas geschwind	gantz gut	ziemlich	etwas
eod. Harderode	ziemlich	nicht sonderlich	ziemlich	ziemlich, doch sieht man deutlich, dass sie die Fragen selten verstehen, sond. bloß auswendig erlernt beantworten	kein einziger	nichts

5. Friedrich Loth, ein Unteroffizier … ein Bein
25 verloren, 45 Jahre des Lebens alt, hat gesungen:
„Christ lag in Banden –". Katechismus – wohl
inne. Vier Fragen aus dem Verstand – ziemlich.
Diktat drei Reihen – doch mit acht Fehlern.
Rechnen, Addieren und ein bisschen Subtrahie-
30 ren (Abziehen).
Beschluss: „Es wurde nun einmütig erklärt, dass
wohl Jakob Mühl der annehmbarste wäre, woge-
gen den andern nicht zu trauen, namentlich dem
Kesselflicker, sintemalen er viel durch die Lande
35 streiche, dagegen der Kriegsknecht wohl die
Fuchtel gegen die armen Kindlein zu stark gebrauchen ins Verdacht zu nehmen sei, was den
mitleidigen Müttern derselben doch sehr ins
Herz stechen und weh tun könnte. Im Vertrauen
40 auf Gottes Segen wurde Mühl gewählt und ihm
angezeigt, dass er flugs zuziehen sollte.

Zit. nach: Hermann Holstein, Schulgeschichtliche Perspektiven. Ratingen,
Kastellaun 1974, S. 18 f.

7 Lehrplan für die Landschulen im Herzogtum Braunschweig vom 5. Februar 1767:

Zu der ersten Classe rechnet er (der Schulmeister) die Kinder, welche schon in der Bibel fertig
lesen, die fünf Hauptstücke des Catechismus ins
Gedächtniß gefasset haben, auch etwas schrei-
5 ben und rechnen können … Der Schulmeister
soll endlich die vier Species (Arten) der Rechen-
kunst den Kindern beibringen, und nur solche
Exempel zur Uebung geben, die im gemeinen
Leben vorkommen. Er gehet darauf zur Regula
10 de tri (Dreisatz) fort, wenn einige Lust und
Fähigkeit dazu haben.
In die zweite Classe gehören die Kinder, welche
noch nicht fertig lesen können, die Hauptstücke
des Catechismi noch nicht auswendig wissen,
15 auch noch keinen Anfang im Schreiben und
Rechnen gemacht haben …

9 Blick in das Innere einer Dorfschule um 1800
Kupferstich von Johann Mettenleiter.

Die dritte Classe begreift die übrigen Kinder in
sich, welche Buchstabieren und die Buchstaben
sollen kennen lernen. Der Schulmeister muss
20 also diesen Kindern
a) die Kenntniß der Buchstaben beibringen, und
einzelne Wörter buchstabieren lassen.
b) kleine Sprüche oder Verse aus Liedern durch
öfteres Vorsagen lehren.
25 c) die Hauptstücke des Catechismi nach den
eigentlichen Worten durch Vorbeten ins Gedächtnis prägen.

Zit. nach: Fredersdorff's Promtuarium der Fürstlich-Braunschweig-Wolffen-
büttelschen Landes-Verordnungen in einem wesentlichen Auszuge derselben. Braunschweig 1816, S. 92–95.

8 Aus dem Wochenplan der Hauptschule Engerhafe von 1769

Schulzeit: vm = 9–12 h
nm = 13–16 h

Mittwochs- und Sonnabend-
nachmittags frei

1. Ordnung = ältere Schüler mit Lese-
und Schreibkenntnissen
3. Ordnung = ABC-Schützen

Ostfriesisches Schulmuseum
Folmhusen, 1994, S. 18.

			Die erste Lektion	Die zweite Lektion	Die dritte Lektion	Die vierte Lektion	Die fünfte Lektion
Montag	1. Ordnung	vm	Wiederholung der Predigt / monatl. Spruch u. Psalm	Psalm und Wochenspruch Ordnung des Heils	Lesen in der Bibel, in Briefen und holländ. Büchern	Buchstabieren in der Bibel, Schreiben	Schreiben nebst Korrektur
		nm					
	2. Ordnung	vm	wie die 1. Ordnung	wie die 1. Ordnung	Lesen im Psalter	Buchstabieren	Anfangen zu Schreiben
		nm					
	3. Ordnung	vm	Stück aus Katechismus	kl. Wochenspruch	Anfangen zu Lesen	Buchstabieren	Buchstaben lesen
		nm	kl. Wochenspruch	Katechismus			
Dienstag	1. Ordnung	vm	Monatspsalm und Wochenspruch	Katechismus			
		nm		bibl. Historie	Mit der 3., 4. und 5. Lektion		
	2. Ordnung	vm	allenthalben wie 1. Ordnung		wie am Montag		
		nm					
	3. Ordnung	vm	kl. Wochenspruch	Katechismus ohne Erklärung	mit allen Ordnungen		
		nm					

10 Dorfschule im 17. Jahrhundert, *Gemälde von Jan Steen (1626–1679). Die Frau des Schulmeisters hilft beim Unterrichten. Das Lied vom armen Dorfschulmeisterlein aus Schwaben gilt auch für Norddeutschland:*

„Da wohnt in einem Häuslein klein das arme Dorfschulmeisterlein. Des Sonntags ist er Organist, des Montags fährt er seinen Mist, des Dienstags hütet er die Schwein, das arme Dorfschulmeisterlein."

11 Die Lage eines Landschullehrers im Königreich Hannover 1829

Es ist wirklich zum Erbarmen, wenn man die klägliche Lage eines Landschullehrers in's Auge fasst. Seine Carriere fängt gewöhnlich mit einer Stelle an, die kein eignes Schulhaus hat. Er wird bei einem der Schul-Interessenten einquartiert und muss seine Schule in der Wohnstube, einem dumpfigen, gewöhnlich höchst schmutzigen Gemache, wo jedes Mitglied der Familie aus- und eingeht und seine Geschäfte nach Belieben verrichtet, abhalten.

Seine Einnahme besteht dafür in freiem Essen, Mittags und Abends, am Familientische: für Frühstück und Vesperbrot giebt man ihm die so genannten Pröven, Würste und Brot von ungenießbarem Bestande; dazu bekommt er an baarem Gelde als Schul-Geld von 5–15 Thaler (eine Magd in der Landwirtschaft erhielt damals 20–25 Taler/Jahr), je nachdem die Schulgemeinde groß ist. Bei dieser nicht selten ungesunden Kost und in der oft zum Ersticken dumpfigen Stube (denn es wird ihm höchstens nur eine eigne Kammer eingeräumt) wird er an Leib und Seele matt und träge und bekümmert sich nach Abhaltung seiner Schule um keine Präparation (Vorbereitung) und sonstige Bildung … Will er seine Lage etwas erträglicher und angenehmer machen, so muss er den Bauern dienstreiche Hand leisten; dadurch sinkt er bald unter den Kleinknecht hinunter.

L. Hahse, Über den niederen Unterricht oder über die Elementarschulen im Königreiche Hannover, in: Hannoversches Magazin. 1829, S. 569 f. Zit. nach: Reinhard Oberschelp, Niedersächsische Texte 1820–1832. Hildesheim 1985, S. 437 f.

a) *Untersuche das Reformprogramm von 1787 (M1) hinsichtlich der Ziele und der Gliederung des staatlichen Schulwesens. Vergleiche mit dem heutigen Schulsystem. Überlege, warum der König seinen Minister beauftragt hatte ein Reformprogramm zu entwickeln.*

b) *Beschreibe die äußeren Bedingungen des Schulunterrichts auf dem Land (M3, M4, M9 und M10).*

c) *Stelle aus den Materialien M4, M6, M10 und M11 zusammen, wie es um die wirtschaftliche Situation, das soziale Ansehen und die Ausbildung der Dorfschullehrer bestellt war. Erkundige dich danach, wie die Ausbildung der Lehrerinnen und Lehrer heute ist.*

d) *Erkläre anhand der Quellen M7 und M8 die Organisation des Unterrichts in den Landschulen (Einteilung in „Klassen", Stundenplan, Anteil der einzelnen „Fächer"). Vergleiche mit der heutigen Situation.*

5.2 „salve magister!" – Lateinschulen in der Stadt

Schulwesen in der Stadt

In den Städten bestanden im 18. Jahrhundert mehrere Schultypen nebeneinander, die nicht leicht voneinander abzugrenzen sind. So gab es die so genannten „gelehrten" Schulen, die auf die Universität vorbereiteten, Gymnasien, Lateinschulen, Stadt- und Bürgerschulen, Privatschulen (so genannten Klipp- und Winkelschulen) und gegen Ende des Jahrhunderts die Realschulen. Während in den Elementarschulen auf dem Land und in den Städten Jungen und Mädchen gemeinsam unterrichtet wurden, allerdings häufig nach Bankreihen getrennt, gab es Lateinschulen und Gymnasien nur in der Stadt und nur für Jungen.

Entstehung der Gymnasien

Die Lateinschulen und Gymnasien hatten sich aus den im Mittelalter entstandenen Klosterschulen entwickelt, in denen die künftigen Geistlichen auf ihren späteren Beruf vorbereitet wurden. In der Elementarstufe wurde im Singen, Lesen und Schreiben unterrichtet, in der Mittelstufe wurden die Schüler in die so genannten „Sieben freien Künste" (Grammatik, Rhetorik [Redekunst], Dialektik [Diskutierkunst], Arithmetik, Geometrie, Astronomie, Musik) eingeführt und in der Oberstufe dann in die theologische Wissenschaft. Im späten Mittelalter gründeten die Stadtbürger eigene städtische Lateinschulen, deren Unterricht sich aber inhaltlich nicht von dem der kirchlichen Schulen unterschied. In ihnen liegt der Ursprung des heutigen Gymnasiums.

Was lernten die Schüler in der Stadt?

Bis ins 18. Jahrhundert blieben Religion und klassische Sprachen, insbesondere Latein, nach wie vor die zentralen Unterrichtsfächer. Teilweise war Latein auch Unterrichtssprache, die Schüler mussten lateinische Reden und Aufsätze verfassen und wurden dazu angehalten, auch in der Pause lateinisch miteinander zu reden. Neben dem Studium der lateinischen Grammatik und lateinischer Autoren wurde vor allem Griechisch gelernt, die Sprache des Neuen Testaments, das dann oft auch wieder ins Lateinische übersetzt werden musste, aber auch Hebräisch. Langsam und zunächst vereinzelt drangen im 18. Jahrhundert neue Fächer und neue Unterrichtsinhalte in die Lateinschulen ein, z. B. Geschichte und Geografie, in der zweiten Hälfte des 18. Jahrhunderts auch moderne Sprachen (Deutsch, Französisch) und naturwissenschaftliche Fächer. Entsprechend der Hauptaufgabe des höheren Schulwesens, der Heranbildung künftiger Beamter und Pfarrer für den Staat, war das Ziel der schulischen Bildung die Vorbereitung auf das Studium an der Universität und die Aneignung der Tugenden, die von den Untertanen und Staatsdienern erwartet wurden.

1

Beerdigung Ernsts des Frommen von Sachsen
Der Kupferstich von 1675 zeigt Schüler mit ihren Lehrern bei einem Leichenbegängnis. Ein solches galt nicht als „ehrlich", wenn der Schülergesang fehlte. Dem Kantor, aber auch den Schülern, standen dafür Gebühren von den Bürgern zu. Damit dafür aber kein Unterricht ausfallen musste, enthielten die Schulordnungen häufig auch Bestimmungen darüber, wann die Beerdigungen stattzufinden hatten.

2 Aus der Schulordnung der Stadt Helmstedt von 1755

(„*Verzeichnis der lectionen, die in der lateinischen Schule zu Helmstedt zu tractieren sind*"). Ebenso wird auch ein genauer Stundenplan für die III. Klasse, die von einem „Cantor" unterrichtet wird, aufgeführt.

Aus der Schulordnung der Stadt Helmstedt von 1755, in: Friedrich Koldewey, Braunschweigische Schulordnungen von den ältesten Zeiten bis zum Jahre 1828, 2. Bd., Schulordnungen des Herzogtums Braunschweig, Berlin 1890, S. 401.

	Classe I. Rector.						Classe II. Conrector.				
	von 7–8 od. 8–9	von 8–9 od 9–10	v. 9–10 od.10–11	von 1–2 od. 2–3	von 2–3 od. 3–4		von 7–8 od. 8–9	von 8 9 od.9–10	v. 9–10 od.10–11	von 1–2 od. 2–3	von 2–3 od. 3–4
Montag	Wiederhohlung der hauptpredigt. Freylinghausens grundlegung.	Ciceronis orationes et philosophica wechselsweise.	Das griechische.	Historie.	Virgilius, Horatius, wechselsweise.	Montag	Wiederhohlung der predigt. Christenthum.	Cornelius Nepos.	Das griechische.	Die historie.	Terentius und Livius wechselsweise.
Dienstag	Freylinghausens grundlegung.	wie am	montage	wie am	montage	Dienstag	wie	am	montage	wie am	montage
Mittwochen	Antiquitates Romanae.	Oratoria.	wie am montage	—	—	Mittwochen	Epistolae Ciceronis.	wie am montage	Anfangsgründe d hebräischen.	—	—
Donnerstag	Das nüzlichste aus der logic und moral wechselsweise.	Exercitium ordinar. Caesar u. Livius wechselsweise.	Das hebräische.	Die Geographie.	Ciceronis orationes et philosophica wechselsweise.	Donnerstag	wie am montage	Exercitium ordinar. Cornelius.	Das Griechische.	Die Geographie.	Prosodia.
Freytag	wie am donnerstage	Caesar, Livius, wechselsweise	Das hebräische.	Die geographie.	wie am donnerstage	Freytag	wie am montage	Cornelius.	Das griechische.	Die geographie.	Prosodia.
Sonnabend	Mythologie.	Oratoria. Alle 4 wochen eine rede	Repetitio.	—	—	Sonnabend	Epistolae Ciceronis.	Repetitio.	Anfangsgründe des hebräischen.	—	—

3 In der Schulordnung der Stadt Holzminden 1756 heißt es in Kap. III „Von den Schülern":

1. Wer als ein Schüler aufgenommen werden will, der muss … mit einem handschlage angeloben, dass er den gesezzen der Schule nachleben, from, fleißig und gehorsam seyn wolle …

5 4. in der schule muss ein jeder zur gesetzten Zeit in reinlicher und ordentlicher Kleidung erscheinen und die nötigen bücher, auch dinte, papier und federn mitbringen, auch während den schulstunden ohne erlaubnis des lehrers nicht aus der

10 schule gehen.

5. Allen praeceptoribus (Lehrern) ist ein jeder schüler hochachtung, liebe und gehorsam schuldig.

6. In den stunden, da gelehret wird, müssen

15 sich alle schüler alles plauderns enthalten und stille und aufmerksam zuhören, sich das, was sie nicht wissen, sorgfältig merken, auch wol, damit es dem gedächtnße nicht entfalle, aufschreiben …

20 12. kein Schüler darf sich in bier-häusern oder anderen öffentlichen gelagen finden lassen.

13. Würfel- und carten-spiel, imgleichen das degen-tragen und alles, was lehrbegierigen jun-

25 gen leuten nicht ziemet, bleibt den schülern schlechterdings verboten.

14. Wenn die schul-stunden geendigt sind, sollen die schüler ohne alles geräusche, ohne lermen und geschrey, sittsam auseinander und so fort nach

30 hause oder in ihren ort gehen, auf der gasse nicht hauffen weise stehen bleiben, und sich hüten, dass sie nicht den geringsten unfug anfangen …

Cap. VI. Von der schul-zucht.

5. Den ausbrüchen der bosheit muss durch drohungen und strafen vorgebeüget werden … bey

35 der bestraffung würklicher bosheiten gehet er stuffenweise. Die boshaften werden als räudige schaafe von der übrigen heerde so lange abgesondert und besonders gesezzet, bis sie sich schämen lernen. Sie werden in gegenwart des lehrers

40 und der schüler einer anderen claße, oder auch des rectoris erinnert; endlich folgen, wenn dies alles fruchtlos ist, schläge. Alles schlagen an den kopf aber ist den lehrern nachdrücklich verboten … Auch das gefängnis wird zur strafe der

45 bosheiten dienen …

Friedrich Koldewey, Braunschweigische Schulordnungen von den ältesten Zeiten bis zum Jahre 1828, 2. Bd., Schulordnungen des Herzogtums Braunschweig. Berlin 1890, S. 402 ff.

4 Lateinischer Grammatikunterricht im Gymnasium im 18. Jahrhundert; unter diesem Bild steht das Gedicht:

Grammatica. Die Sprach-Künst
Durch die Grammatic lernet man
Recht reden, ohne Fehler schreiben
Sie zeigt den Thon der wörter an
5 Und macht dass sie in Ordnung bleiben.
In allen unsern Wissenschaften
kan ohne diesen Grund nichts haften.
Doch geht es zimlich sauer ein,
Biß dieses Fundament geleget.
10 Es will der Stock gebrauchet seyn,
Wo sich bey Knaben Faulheit reget.
Wer was unachtsam übergangen,
Dem wird der Esel umgehangen.

Zit. nach: J. Heigenmooser und A. Bock, Geschichte der Pädagogik, 4. Aufl., München 1923, Abb. 16, entnommen aus: Robert Alt, Bilderatlas zur Schul- und Erziehungsgeschichte, Bd. 1. Berlin 1960, S. 404.

5 In seinen Jugenderinnerungen an das Jahr 1794 berichtet K. F. Klöden, der die erste Gewerbeschule in Preußen gründete, aus seiner Zeit in der Klippschule.

An jedem Tage war die erste Schulstunde dem Bibellesen gewidmet. Es wurde da angefangen, wo man am vorigen Tage stehen geblieben war, bis man mit der Bibel „fertig" war. Dann wurde
5 sofort mit dem ersten Worte des ersten Buchs Mosis wieder angefangen ... Es wurde darin etwas geleistet, denn in etwa acht Monaten waren wir durch. Das ist viel, erklärt sich aber, wenn man weiß, dass durchaus nichts erläutert wurde
10 und dass es zum guten Ton gehörte ohne allen Ausdruck, so schnell wie immer möglich, ohne Anstoß weg zu lesen ...
Des Mittwochs und Sonnabends von 8 bis 9 Uhr wurde das Einmaleins aufgesagt und überhört (ab-
15 gehört). Montags und donnerstags von 9 bis 10 Uhr wurde die Folge der biblischen Bücher abgefragt. Wir mussten sie vorwärts und rückwärts hersagen können und es geschah mit großer Fertigkeit. Dienstags und freitags von 9 bis 10 lasen wir
20 Hübners biblische Historien, deren Inhalt nachher abgefragt wurde. Erklärungen wurden auch hier nicht gegeben ... Mittwochs und sonnabends von 9 bis 10 Uhr wurde das schnelle Aufschlagen von Bibelstellen eingeübt.
25 Am Dienstag und Freitag von 2 bis 3 war Schreibstunde. Es wurde aber in der Schule nicht geschrieben, sondern jeder legte sein Schreibebuch dem an dem Tische sitzenden Rektor vor und zeigte ihm, was er zu Hause geschrieben hatte. Je
30 nachdem es geraten war, wurde es stillschweigend übergangen oder die Hand musste hingehalten werden und es gab einige Hiebe mit der Rute ...

K. F. Klöden, Jugenderinnerungen. Hrsg. v. M. Jähns, Leipzig 1874, S. 51 ff. u. S. 62 ff., zit. nach: Katharina Rutschky, Deutsche Schulchronik. München 1991, S. 48, S. 82 f.

a) Erarbeite die Gemeinsamkeiten und die Unterschiede zwischen den „Fächern" und dem Stundenplan von 1755 (M2) und denen eines heutigen Gymnasiums.
b) Setze die Schulordnung (M3) in eine sprachlich moderne Fassung um und vergleiche sie mit den Bestimmungen der Schulordnung deiner Schule.
c) Beschreibe anhand der Schulordnung und M4 Erziehungsziele und Methoden des Unterrichts an einer Lateinschule.
d) Beschreibe und beurteile die in den Jugenderinnerungen von Klöden (M5) erkennbaren Unterrichtsmethoden an einer Klippschule.
e) Stell dir vor, du wärst ein Schüler einer Stadtschule im 18. Jahrhundert. Schreibe einen Brief an einen Freund, in dem du von deinem Schulalltag berichtest.

5.3 Adel verpflichtet – auch in der Erziehung

**Erziehung durch Haus-
lehrer und Hofmeister**

Die Erziehung und Bildung adliger Kinder – zunehmend aber auch die der Kinder reicher Bürger – fand in der Regel an den Höfen, in adligen Häusern und auf den Gütern durch Gouvernanten, Hauslehrer und so genannte Hofmeister statt; nur ausnahmsweise wurden Söhne aus solchen Häusern in Schulen geschickt, und dann fast ausschließlich in Schulen, die auf die Ausbildung junger Adliger besonders eingestellt waren. Die Hofmeister waren oft junge Gelehrte, die sich damit eine Zeit lang ihren Lebensunterhalt verdienten, so z. B. auch die berühmten Philosophen Kant und Hegel oder auch der Dichter Hölderlin. Viele waren für die gesamte Erziehung der ihnen anvertrauten Kinder verantwortlich, begleiteten sie überall hin und übernahmen auch einen großen Teil des Elementarunterrichts. Wenn die Söhne dem Kindesalter entwachsen waren, gingen sie auch oft mit ihnen an die Universitäten und auf Reisen.

1 *„Ritter-Exercitien-
Lexicon" (1742).
Es zeigt die verschie-
denen Fertigkeiten,
die eine standesge-
mäße Ausbildung an
den Ritterakademien
vermitteln sollte.*

Im 17. und zu Beginn des 18. Jahrhunderts entstanden Ritterakademien und Kadettenkorps. Hier sollten junge Adlige auf ihre zukünftigen Aufgaben im zivilen und militärischen Staatsdienst vorbereitet werden. Die Erziehung künftiger Offiziere in den preußischen Kadettenkorps war vor allem auf Disziplin und militärischen Drill ausgerichtet. In den Ritterakademien erwarben die Söhne der Adligen die Kenntnisse für den militärischen, juristischen und diplomatischen Dienst. Daneben gehörten zur standesgemäßen Ausbildung Fertigkeiten wie Reiten, Jagen, Fechten und Tanzen, die zur Teilnahme an den geselligen Veranstaltungen der Höfe notwendig waren, ebenso wie die galanten Umgangsformen nach dem Vorbild des französischen Hofes.

**„Französische Bildung"
für die Mädchen**

Das Vorbild des französischen Adels wird auch in der Mädchenerziehung deutlich, die vorrangig der Vorbereitung auf das gesellige Leben des Adels diente. In seltenen Fällen erhielten sie auch einen über die elementaren Grundkenntnisse hinausgehenden Unterricht in Fremdsprachen und naturwissenschaftlichen Fächern, in der Regel aber vor allem Unterweisung in den Sitten und Manieren des französischen Hofes, Tanz- und Gesangsunterricht. Ein „gelehrtes Frauenzimmer" entsprach nicht den damals gängigen Vorstellungen von der „natürlichen" Bestimmung der Frau.

2

Der adeliche Hofemeister, Frankfurt 1693.
Das Bild zeigt den Weg des jungen Adligen zu den höchsten Stellungen im zivilen und militärischen Staatsdienst. Die Inschriften auf den Treppenstufen lauten u. a.: Theologie, allgemeine Geschichte, Mathematik, exotische Sprachen, Geografie, Genealogie (Stammbaumforschung), Redekunst, Morallehre, Politik, Natur- und Völkerrecht. An den Seiten der Treppe stehen „Exercitia corporis" (körperliche Übungen) und „peregrinationes" (Reisen).

3 **Der Tanzmeister.** *Kupferstich von Philipp Carnot, 1745. Darunter steht eine Anrede an den Tanzmeister: „Großer Meister dieser Kunst, der du den jungen Mädchen so sehr gefällst, liebst du noch keine, sodass die junge Iris (vermutlich die Schülerin) eines Tages die Macht haben wird alle Herzen in eine sanfte Sklaverei zu bringen". Der Tanzmeister: „Ach, für eine solche Absicht sind deine Bemühungen überflüssig: Ohne sie mit neuer Anmut zu verzieren, werden alle, die sie sehen, allein durch ihre natürliche Schönheit besiegt."*

4 **Ein Kinderfräulein gesucht! (Berlin 1769)**
Eine adlige Herrschaft außer Berlin verlangt eine Person weiblichen Geschlechts, die im Christentum gegründet, wenigstens geschriebene Schrift lesen kann und der französischen Sprache
5 mächtig ist, zur Aufsicht kleiner Kinder in ihre Dienste. Wer gesonnen ist, in diese Dienste zu gehen, kann nähere Nachricht bey dem Kaufmann Herrn Rhau in der Stralauer Straße empfangen. (Anzeige in der Vossischen Zeitung).

Zit. nach: Katharina Rutschky, Deutsche Schulchronik. München 1991, S. 18 f.

5 **Erziehung im Kadettenkorps**
Aus einem Brief des Dichters A. v. Platen (1796 bis 1835) vom 4.1.1809 an seine Mutter
Dann wird im Speisesaal hinunter marschiert, und dann betet einer vor. Dann statten die Unteroffiziere Rapport (Bericht) ab und dann wird in die Lektionen (Unterricht) marschiert, und in
5 Reih und Glied. (Du wirst sehen, wenn ich dir den weiteren Tagesablauf erzähle, wie oft dies Aufstellen in Reih und Glied geschieht. Und wenn man unter diesen vielen Male im Gliede nur einmal den Fuß ein wenig bewegt oder gar
10 den Kopf dreht, so bekömmt man abends nichts zu essen oder noch eine härtere Strafe. Ist das nicht entsetzlich!?) Die Lektionen dauern nun bis 9 Uhr. Dann wird wieder aufgestellt und das Brot ausgeteilt. Es kommen die Offiziere und visitie-
15 ren uns ob wir ganz ordentlich angezogen (z. B. das Halstuch gut und schön gebunden). Wer das nicht ist bekömmt wieder Strafe oder sonst Verdruss. Dies dauert nun bis 10 Uhr, dann wird wieder in die Hörsäle abmarschiert. Die Lektionen
20 dauern nun bis 1 Uhr. Da wird gegessen.
Um $^3/_4$ auf 2 wird aufgestanden und wieder aufgestellt, da gehts spazieren, immer in Reih und Glied wie die Soldaten wir dürfen da kaum miteinander reden. Um 4 Uhr kommen wir wieder
25 nach Hause. Es geht wieder in die Hörsäle …
Um 7 Uhr hören die Lektionen auf … Dann wird zu Nacht gegessen. Um 8 Uhr aufgestanden. Die Stunde von 8 bis 9 ist nun die einzige Freistunde, und diese haben wir manchmal nicht einmal. Um
30 9 Uhr wird wieder aufgestellt, Rapport abgestattet und im Schlafsaal hinauf marschiert … Endlich heißt es: auseinander. Wir müssen uns geschwinde ausziehen und ins Bett legen. Ist das ein Leben für Menschen? Jeder Hund, jede Katze,
35 ja, jeder gemeine Soldat hat es besser als wir.

Zit. nach: Katharina Rutschky, Deutsche Schulchronik, a.a.O., S. 53f.

a) Beschreibe anhand des VT, M1, M2 und M5 die Zielsetzung und die Inhalte der Erziehung adliger Jungen.
b) Vergleiche die Erziehung adliger Mädchen (VT, M3 und M4) mit der Erziehung der Jungen.
c) Versucht im Stadt-, Kirchen- oder Schularchiv Material über die Geschichte eurer Schule oder der Schule in eurer Stadt zu finden und erstellt eine Dokumentation in Form einer Wandzeitung oder einer Informationsbroschüre.
d) Entwerft eine Collage zum Thema „Schule in 100 Jahren".
e) Formuliert eine Antwort auf die Frage, die in der Überschrift des Kapitels gestellt wird: Lernen: nicht für die Schule, sondern für das Leben?

Verzeichnis der Namen, Sachen und Begriffe

Verwendete Abkürzungen:
Abb. = Abbildung; amerik. = amerikanisch; aztek. = aztekisch; bayr. = bayrisch; böhm. = böhmisch; christl. = christlich; dt. = deutsch; engl. = englisch; europ. = europäisch; franz. = französisch; gest. = gestorben; griech. = griechisch; Hl. = Heiliger; Hz. = Herzog; ital. = italienisch; Jh. = Jahrhundert; Ks. = Kaiser; Kt. = Karte; kath. = katholisch; Kg. = König; Kf. = Kurfürst; lat. = lateinisch; österr. = österreichisch; pfälz. = pfälzisch; port. = portugiesisch; Präs. = Präsident; preuß. = preußisch; russ. = russisch; schott. = schottisch; schweiz. = schweizerisch; span. = spanisch

Hinweise:
▷ Verweis auf ein Stichwort
~ ersetzt das Stichwort bei Wiederholung
☞ hier wird der Umgang mit bestimmten Materialien besonders geübt (Schlüssel)
Halbfett gesetzt sind historische Grundbegriffe, die im Buch in einem Kastentext erläutert werden. Die Seitenzahl gibt den Fundort an.
Bei Herrschern und kirchlichen Amtsträgern sind Regierungs (Amts-)daten, bei anderen Personen Lebensdaten angegeben.

Bildnachweis

AKG: Archiv für Kunst und Geschichte, Berlin (9, 10 li., 13, 29.1, 35 unt., 40 re., 44, 45, 46, 50 li.+re., 53, 54 ob., 79 unt., 96, 102 ob., 105.4, 117.2, 121, 134 li.+re., 142 unt., 145.3 re., 145.4 re., 147, 149 unt., 151 li., 156, 164 unt., 165, 171.2, 172, 173.6, 177, 187.8, 192, 205, 208, 230 ob., 230/231 (Erich Lessing), 260, 263, 270.3, 274)
Alinari, Florenz (70)
Courtesy Amon Carter Museum, Fort Worth, Texas, 1970.187, After Frances Flora Bond Palmer, Across the Continent. „Westward the Course of Empire Takes Its Way.", litograph (hand colored), 1868 (120/121)
Badisches Landesmuseum Karlsruhe, Bildarchiv, Inv. Nr. 79/741.16 (273)
Bauernkriegsmuseum, Böblingen (56 unt.)
Bayerische Staatsbibliothek, München (88.6)
Bayerisches Nationalmuseum, München (48 re.)
The Bettmann Archive Inc., New York (135)
Bibliothèque publique et universitaire, Genf (22 re.)
Bibliothèque Nationale, Paris (10 re., 83.1, 148, 166, 175)
Bilderberg (Frieder Blickle), Hamburg (254)
Wilhelm Blos, Die Deutsche Revolution. Geschichte der Deutschen Bewegung von 1848 und 1849. Illustriert von Otto E. Lau. Verlag von J. H. W. Dietz Nachf., Stuttgart 1892, S. 203 (211)
Bodleian Library, Oxford (34, 35.2)
Bomann-Museum, Celle / Cramers Kunstanstalt, Dortmund (243)
BPK: Bildarchiv Preußischer Kulturbesitz, Berlin (24.1, 29 unt., 30 ob.+unt., 36 ob., 38.7, 40 ob., 45, 54 unt., 69.1, 81 unt., 92 unt, 109, 111, 129 re., 178, 186, 196/197, 203, 212, 213, 217, 226.1+2, 230 unt., 233.3, 247 unt., 253.2, 259 ob., 270.1, 270.2 (Alfredo Dagli Orti), 281 (Jörg P. Anders))
British Museum, London (125, 169)
Brown Universitiy Library, Anne S. K. Brown Military Collection (136)
Bulloz, Paris (98, 162, 167)
Bulloz, Musée Carnavalet, Paris (153, 180, 187.5 re.)
Cesa, Marburg (23 ob. li.+re.)
Jean-Loup Charmet, Paris (99)
Deutsche Luftbild, Hamburg (91.3)
Deutsches Historisches Museum, Berlin (170, 179, 224, 269)
Deutsches Museum, München (103)
Dietz Verlag Berlin, Bildarchiv (197 ob.+unt., 214, 219, 227, 229)
Emslandmuseum Schloss Clemenswerth, Sögel (91.2, 113 Mi., 114.2 (Werner Franke, genehmigt d. d. Bezirksreg. Weser-Ems in Oldenbourg), 114.3)
Edith Ennen, Frauen im Mittelalter. Büchergilde Gutenberg, Frankfurt (12)
ENSBA, Paris (20 li.)
Mary Evans, Picture Library, London (87, 123)
Georg Fischer AG, Schaffhausen, Schweiz (253.3)
Roger Franz, München (145.5 li.)
Franz, Spiegel Buch, Ulm (31 li.+re.)
Fürstliche zu Waldburg-Wolfegg'sche Hauptverwaltung, Wolfegg (58.7)
Germanisches Nationalmuseum, Nürnberg (47.1, 52, 66, 74, 204)
Archiv Gerstenberg, Wietze (171.3, 174, 202)
Giraudon, Paris (69 unt., 83 li., 86, 88.5, 148/149, 158, 160, 183 li.+re., 187.5 li., 200)
Graphische Sammlung Albertina, Wien (21 re., 45)
Wolfgang Griep / Annegret Pelz, Frauen reisen. Bremen: Edition Temmen 1995, S. 53, 081 Friederike Sophie Christiane Brun, Tagebuch meiner ersten Reise. o. O. (Kopenhagen: Selbstverlag) 1782, Titelblatt (259 Mi.)
Gutenberg Museum, Martina Pipprich, Mainz (25)
Hamburger Kunsthalle, Elke Walford (75, 78)
Hansmann, München (255)
J. Heigenmooser / A. Bock, Geschichte der Pädagogik. 4. Auflage, München: Seyfried 1923, Abb. 16 (279)
Heimatchronik der Stadt und des Landkreises Celle, Bd. 16 der Reihe „Heimatchroniken der Städte und Kreise des Bundesgebietes". Archiv für deutsche Heimatpflege GmbH, Köln 1956, S. 81 (240 re.)
H. Henkus, Tarmstedt (271)
Herzog-Anton-Ulrich-Museum, Braunschweig (14.2)
Herzog-August-Bibliothek, Wolfenbüttel (280.2)
Hessisches Hauptstaatsarchiv, Wiesbaden (67)
Historical Picture Service Inc., Chicago (145.3 li.)
Historisch-topographisch-statistische Beschreibung der Stadt Celle im Königreiche Hannover, G.E.F. Schulz'sche Buchhandlung, Celle 1826, Titelbild (240 ob.)
Historisches Museum am Hohen Ufer, Hannover (63, 81 ob., 264, 267)
Historisches Museum Schwerin, Abteilung Volkskunde (247.1)
Michael Jeiter, Morschenich (231 unt.)
Joslyn Art Museum, Omaha (142 ob.)
Luftbild Klammet & Aberl, Ohlstadt, Freigabe d. d. Reg. v. Obb. Nr. G43/640 (91.1)
Friedrich Koldewey, Braunschweigische Schulordnungen von ältesten Zeiten bis zum Jahre 1828, 2. Band, Schulordnungen des Herzogtums Braunschweig. Berlin: Hofmann & Comp. 1890, S. 401 (278)

Konrad Verlag, Weißenhorn (61)
Kunstsammlungen der Veste Coburg (62, 244)
Philippe Ladet (168)
Landesbildstelle Baden (56.4)
Landesmuseum Mainz (44)
Rupert Leser, Bad Waldsee (58.8)
Mansell Collection, London (164 ob., 172)
François Martin, Genf (72)
Mauritius, Stuttgart (231 ob.)
Museen der Stadt Regensburg, Bayerisches Nationalmuseum München (48 li.)
Museo del Prado, Madrid (65.2)
Museum für Post und Kommunikation, Frankfurt a. M. (256, 258)
National Galleries of Scotland, Edinburgh (276)
The National Gallery, London
New York State Historical Association, Cooperstown (140)
Courtesy of the Newberry Library, Chicago (132)
Niedersächsisches Hauptstaatsarchiv, Hannover (245)
Österreichische Nationalbibliothek, Wien (23 u.l., 262)
J. R. Partington, A History of Greek Fire and Gunpowder. W Heffer & Sons (26.2+3)
Peabody Museum of Salem (146)
Rudolf Pfeil, Schwäbisch Hall (11)
Jürgen Maria Pietsch, Spröda (45 ob.)
Rüdiger Reckstadt, Stadthagen (23 Mi. li.)
Reiß-Museum, Mannheim (176, 222)
Rheinisches Amt für Denkmalpflege, Abtei Brauweiler (Klaus Lieven), Pulheim (113 unt.)
Rheinisches Bildarchiv, Köln (80, 209)
RMN: Agence Photographique de la Réunion des Musées Nationaux, Paris (84, 85, 149 ob.)
Royal Collection Enterprises Ltd., Berkshire (22 re., 122, 129 li.)
Sächsische Landesbibliothek, Deutsche Fotothek, Dresden (15 (Rabich), 101, 268.1)
Scala, Florenz (18 li.+re., 23 u.r., 47.2)
Schlossbauverein Burg an der Wupper, Solingen (223)
Gotthelf Schlotter, Darmstadt (246)
Bernd Schmidt, Fellbach (20 re.)
G. Schünemann, Geschichte der deutschen Schulmusik. II. Bd., Leipzig 1932, Taf. 60 (277)
Schützenstiftung der Landeshauptstadt Hannover (265)
Ursula Seitz-Gray, Frankfurt a. M. (207.2)
Ronald Sheridan's Photo-Library, London (120)
Silvestris, Kastl (23 Mi. re (Heiner Heine)., 241 unt. (Hoffmann))
Skupy und Hartl, Wessling (37)
Societäts-Verlag, Frankfurt a. M. (259.1)
Johan B. A. Van Soeren, Erlangen (128)
Sparkasse Celle, Celler Kalender 1988, Blatt 4 (242)
Staatliche Kunstsammlungen Dresden / Kupferstich-Kabinett (253.1)
Staatliche Museen zu Berlin (44)
Staatliches Museum zu Berlin, Sammlung der Zeichnungen (182)
Staats- und Stadtbibliothek Augsburg (235)
Stadtarchiv Celle (241 ob.)
Stadtarchiv Münster, Roswitha Link (232, 237.6)
Städtisches Museum Braunschweig (49, 251)
Steffens-Bildarchiv, Mainz (23 Mi.)
Stiftung Akademie der Künste, Kunstsammlung (Hans-Joachim Bartsch), Berlin, Daniel Chodowiecki, Tagebuch einer Reise von Berlin nach Danzig 1773, 5. Die Nacht in Massow (257)
Storia 2, Nicola Zanichelli S.p.A., Bologna, S. 234 (Foto: J. Freeman) (127)
Klaus Sturm, Stadtbergen (95)
Superstock Jacksonville (FL/USA) (145.5 re.)
Topkapi Sarayi Müzesi, Istanbul (65.3)
Universität Freiburg (16)
Universitätsbibliothek München / v. Trichter, Curiöses Reit-Jagd-Fecht-Tantz- oder Ritter-Exercitien-Lexicon. Leipzig 1742, Bild gegenüber Titelseite (280.1)
Roger Viollet, Paris (73, 157, 173.5)
Westfälisches Landesmuseum für Kunst und Kulturgeschichte, R. Wakonigg, Münster (44)
Die ZEIT Nr. 1 vom 27. 12. 1996, S. 45, aus: Ausstellungskatalog „Grand Tour", Tate Gallery, London (261)
Zentralbibliothek Zürich Ms.F23 p.399 (236)
Theodor Zink Museum, Kaiserslautern (207.1)

Nicht in allen Fällen war es uns möglich den Rechteinhaber der Abbildungen ausfindig zu machen. Berechtigte Ansprüche werden selbstverständlich im Rahmen der üblichen Vereinbarungen abgegolten.